COLLECTION J. VERMOT

SÉRIE A **2** FRANCS LE VOLUME

A. DEVOILE

MÉMOIRES

D'UN

VIEUX PAYSAN

SUIVIS DES

LETTRES D'UN VIEUX PAYSAN

AUX LABOUREURS SES FRÈRES

NOUVELLE ÉDITION

PARIS

J. VERMOT, LIBRAIRE-ÉDITEUR

Success. des Maisons HIVERT et DESESSERTS

33, QUAI DES AUGUSTINS, 33

MÉMOIRES
D'UN VIEUX PAYSAN

IMPRIMERIE DE BEAU, A SAINT-GERMAIN-EN-LAYE.

MÉMOIRES

D'UN

VIEUX PAYSAN

SUIVIS DES

LETTRES D'UN VIEUX PAYSAN

AUX LABOUREURS SES FRÈRES

PUBLIÉS

PAR A. DEVOILLE

3ᵉ édition

PARIS

J. VERMOT, LIBRAIRE-ÉDITEUR

Successeur des maisons Hivert et Désesserts

33, QUAI DES AUGUSTINS, 33

1859

AVANT-PROPOS

DE LA PREMIÈRE ÉDITION.

Le vieillard, qui a écrit ces lignes, est mort depuis quelque temps. Nous ayant honoré de son amitié pendant sa vie, il jugea à propos, avant de sortir de ce monde, de nous confier ses manuscrits, pour en faire l'usage que nous croirions convenable.

Nous en extrayons aujourd'hui la partie qu'il avait lui-même intitulée *Mémoires d'un vieux paysan*, et nous la livrons au public : bien convaincu que les habitants des campagnes, auxquels elle s'adresse spécialement, nous sauront gré de leur avoir communiqué ces pages d'un de leurs frères.

Plusieurs s'étonneront, sans doute, qu'un simple paysan ait su s'élever quelquefois à de si hautes considérations, et s'exprimer en un style qu'on ne rencontre guère dans cette condition. Nous nous en étonnerions nous-mêmes, si nous n'avions connu ce respectable vieillard, et s'il n'était constant, d'ailleurs, qu'un sens droit, appuyé sur un cœur sain, et mûri par la réflexion, l'expérience et de bonnes lectures, peut, même sans le secours de l'instruction classique, s'élever à une hauteur que n'atteignent souvent pas des esprits plus cultivés.

Habitants des campagnes, dans les circonstances graves où nous nous trouvons, ce livre peut vous être utile. Lisez-le, méditez-le, profitez-en ; et puisse l'esprit qui animait l'estimable auteur se ranimer et se perpétuer longtemps parmi vous !

L'Éditeur, A. D.

MÉMOIRES
D'UN VIEUX PAYSAN.

I.

Trois profits à mourir où l'on est né.

Je suis vieux. Par un privilége singulier, j'aurai vécu et je serai mort sur le même coin de terre qui m'a vu naître. C'est un avantage que peu de personnes ont eu, même dans ma condition, et qui deviendra de plus en plus rare, à cause de l'esprit de notre siècle. Et, quand je dis avantage, je sais à quoi je m'expose de la part de plus d'un lecteur.

En effet, on vante beaucoup les voyages. J'entends bien des personnes dire que celui qui n'a pas voyagé ne sait rien. On applique ici, comme ailleurs, le vieux proverbe bien connu : La vie est dans le mouvement.

Cela est-il vrai? Je n'en sais rien, ou plutôt je n'en crois rien. Je n'oserais assurément opposer à l'opinion de tant de gens instruits l'opinion d'un modeste laboureur. Mais l'expérience est aussi une science, et l'expérience m'a souvent montré le profit le plus net du côté de la vie sédentaire et paisible.

Je signale seulement, en passant, quelques avantages de cette apparente immobilité de ma vie. D'abord, j'ai appris à me connaître moi-même : résultat précieux, et plus rare qu'on ne pense. En tout cas, il échappe pour l'ordinaire à l'homme que sa condition et ses goûts condamnent à voyager. Il m'est arrivé de rencontrer des hommes rentrés au foyer après une longue absence : ils parlaient beaucoup, ils semblaient beaucoup savoir ; mais, en perçant l'écorce, on s'apercevait facilement qu'ils n'avaient pas même la première lettre de la vraie, de la seule science : la science de soi-même.

Un autre profit que j'ai tiré de ma vie sédentaire, c'est d'apprendre à connaître les autres. S'imagine-t-on, par hasard, que le moyen de connaître les hommes soit de beaucoup voyager ? Non. On voit, en voyageant, bien des figures, bien des costumes, bien des usages, peut-être même bien des vertus ou des défauts ; mais ce n'est pas encore là connaître l'homme. Un trait pris ici, un trait pris là, ne composent pas précisément l'homme ; pas plus que des traits pris sur diverses figures ne composent une figure réelle. On peut même avoir étudié les différents caractères des peuples, sans pour cela connaître l'homme. Quand on saura que le Français est léger, l'Italien dissimulé, l'Anglais spéculateur, etc..., connaîtra-t-on pour autant ce profond, ce grand mystère qui s'appelle l'homme ? Non : pas plus qu'on n'aurait une physionomie précise en prenant le nez bourgeonné d'un Allemand, les yeux noirs d'un Espagnol, les cheveux rouges d'un Anglais, et les tempes aplaties d'un Hottentot.

On prétend qu'un savant se plaisait à dire : Je crains pour adversaire l'homme qui n'a étudié qu'un livre. Il faut en dire autant de celui qui n'a étudié qu'un homme : c'est le moyen de connaître, non-seulement celui-là, mais l'humanité entière, au moins dans ses traits principaux, dans ce qui la constitue essentiellement.

Un troisième profit que je dois à mon obscure et tranquille existence, c'est d'avoir appris à connaître et à aimer

Dieu : trésor cent fois plus précieux que tous ceux que j'aurais pu acquérir ailleurs. Combien j'ai vu d'hommes quitter leur hameau natal et leur condition première, pour aller, comme ils le disaient, *tenter les aventures*. Je les ai vus revenir, au moins en partie : les uns avaient amassé de la fortune, les autres acquis du talent ; ceux-ci ramenaient une femme, ceux-là une épaulette..... Mais tous ou presque tous avaient perdu leur Dieu. Qu'étaient-ce donc que leurs succès ? Quelle fortune avaient-ils donc faite? La connaissance de Dieu, la foi en Dieu, l'amour de Dieu, sont choses qui se perdent facilement le long des chemins. *Dieu n'est pas dans le mouvement* (1) ; c'est lui-même qui nous l'a dit. Il semble qu'à mesure que l'homme s'éloigne du lieu de son berceau, il s'éloigne aussi du Dieu de son berceau. Eh bien ! je le dis : aucun malheur n'est comparable à cette perte. A l'heure où me voici, il ne me reste rien que la douce pensée d'avoir toujours gardé la foi de mon enfance. Oh ! je le jure par mes cheveux blancs : je n'ai jamais envié un bonheur qui pouvait me coûter l'amitié de mon Dieu et le salut de mon âme.

II.

Le lieu de mon berceau.

Je suis né dans un village : condition qui échoit à la très grande majorité des hommes. C'est donc une sorte d'abus d'aller, comme l'on fait, chercher le type humain dans les villes, au centre de ce que l'on veut bien appeler la civilisation. Il y a cent raisons pour que la nature de

---

(1) Non in commotione Dominus. (III *Reg.*, xix, 11.)

l'homme soit faussée dans ces grandes agrégations de vivants, où les passions se mettent en commun, et où les vertus se cachent. Au village, au contraire, où moins de causes étrangères agissent, le moule humain doit être mieux conservé. Non que je veuille dire que tout y soit bon, et même meilleur. Hélas! depuis la chute d'Adam, tout est bien défiguré dans notre pauvre nature. Mais encore, c'est là qu'on doit le plus tôt retrouver la physionomie primitive de l'homme déchu, puisque c'est là proprement que s'exerce le grand, le seul métier auquel Dieu ait condamné notre père coupable : celui de travailler la terre (1).

On ne remarque pas assez que tous les arts qui occupent aujourd'hui une si grande place dans l'estime et dans l'activité des villes, ne sont que des accessoires ; qu'ils n'appartiennent point à l'existence primitive de l'homme ; qu'ils ne sont qu'une nécessité secondaire, fondée sur la multiplication, et, surtout, sur les vices de l'espèce humaine. En tout cas, ils sont de beaucoup les cadets en date de l'agriculture. Pourquoi ont-ils pris la première place? Pourquoi l'artiste qui enfile des rimes ou des notes est-il plus prisé que le paysan qui fait pousser des pommes de terre? C'est ce que je ne m'explique que par cette loi, qui paraît générale dans l'humanité déchue : Que partout les branches cadettes usurpent la place des aînées.

Le nom de mon village importe peu : je ne le nommerai pas. A quoi bon le nommer? Si mon nom, par un hasard extraordinaire, parvenait à devenir célèbre (ce à quoi je ne songe nullement) la gloire qui s'attacherait à lui ne reviendrait pas même au modeste lieu qui m'a vu naître. Tous les beaux esprits de ville, sous les yeux de qui passeraient mes lignes, s'obstineraient à dire qu'elles

---

(1) Maledicta terra in opere tuo : in laboribus comedes ex ea cunctis diebus vitæ tuæ..... In sudore vultûs tui vesceris pane..... (*Genes.*, III, 17, 19.) Et emisit eum Dominus Deus de paradiso voluptatis, ut operaretur terram, de quâ sumptus est. (*Ibid.*, 23.)

sont le fait d'un avocat d'arrondissement, ou au moins d'un huissier lettré de bourgade. Il n'en est rien pourtant. J'ose attester que c'est bel et bien moi, Matthieu Charrue, qui tiens la plume et trace ces lignes. J'ajoute même que personne ne me les a soufflées, que personne ne m'en a donné la première pensée, que personne ne les a lues ni corrigées, et que les voici telles qu'elles sont sorties de dessous mon bonnet de laine.

Si donc il y a quelques défauts (et je ne doute pas qu'il n'y en ait plusieurs), c'est à moi, à ma mauvaise éducation, à mon ignorance, à mon défaut de jugement, qu'il faut les imputer. Et si, par hasard, il s'y trouve quelque chose de bien, c'est à Dieu seul qu'il faut en renvoyer la gloire.

Car je crois en Dieu : je suis chrétien ferme et sincère ; chaque jour même ma foi s'accroît. La raison de cela est que je suis paysan et vieux, et qu'il n'est pas possible à un vieux paysan de ne pas croire. On dit que, parmi nos jeunes gens, il y a une tendance marquée à s'affranchir du joug sacré de la foi : c'est un grand malheur. Le jour où le paysan ne croira plus, la France sera perdue. Quant à nous autres vieillards, l'incrédulité nous serait impossible. J'ai vu tous ceux de mon âge vivre et mourir croyants, sauf une exception ou deux.

Certes ! je ne crois pas qu'il en sera de même de la génération actuelle : beaucoup de ceux qui la composent s'éteignent, ou s'éteindront dans l'indifférence. Cela tient à ce qu'autrefois la religion était posée comme la pierre angulaire de l'éducation, et qu'aujourd'hui c'est l'intérêt. Alors on s'occupait, avant tout, de l'autre monde ; aujourd'hui, on ne songe guère qu'à celui-ci. L'enfant qui naît maintenant n'est pas d'une autre trempe que celui qui naissait il y a quatre-vingts ans ; seulement, il trouvait alors des parents qui s'efforçaient de relever ses yeux vers le ciel ; aujourd'hui, on fait tout ce que l'on peut pour les abaisser vers la terre. La différence est là : au point de départ. Un prochain avenir nous dira de quel côté était la raison.

III.

Ma naissance.

Je naquis le 21 septembre 1770 ; je cours par conséquent ma quatre-vingt-deuxième année (1). Que de choses se sont passées dans cet espace de temps, si long pour un mortel, si court pour l'humanité !

Est-ce un avantage, est-ce un désavantage de parvenir à un âge avancé ? Je n'en sais rien, ou plutôt je crois que ce peut être l'un ou l'autre. L'essentiel en toutes choses est que la volonté de Dieu se 'asse. Si Dieu eût borné la vie pour moi à quelques années, c'eût été bien ; il a permis qu'elle se prolongeât sur ma tête à une grande vieillesse, c'est encore bien, sans doute. Que son saint nom soit béni !

Ma vie se divise en deux portions bien distinctes : celle qui s'est écoulée avant la Révolution, et celle qui l'a suivie. Je ne parle ici que du dehors ; car, au dedans, je suis resté le même. Dieu soit loué ! j'ai tout vu changer, sans changer moi-même. Et, soit dit ici en passant : de toutes les classes de la société, c'est celle du laboureur qui est le moins sujette à changements. Le soc est un point d'appui qui ne bouge guère. L'agriculture est, à proprement parler, l'axe de la société : gare si jamais cet axe se dérange ! Le sort du monde serait compromis.

Je dois dire que les choses ont subi d'étranges changements dans cette crise extraordinaire, qu'on a si justement appelée la Révolution : c'est à n'y pas croire. Quel-

---

(1) Cet ouvrage a paru, pour la première fois, en 1851.

quefois, je me surprends encore à douter si je vois bien réellement ce que je vois. Personne ne mesure mieux un changement, c'est-à-dire un déplacement, que celui qui n'a pas bougé. L'objet qui ne remue pas sert de point de comparaison pour celui qui se meut : c'est par les bornes que le voyageur compte ses pas. Je suis une de ces vieilles bornes, qui servent à marquer les pas du siècle. Malheureusement, ou peut-être heureusement, chaque jour ces bornes disparaissent : la main du temps les arrache. Je regarde autour de moi, et je me trouve seul ! seul débris de l'autre siècle ! seule ruine qui atteste ce qui fut !

Et, pourtant, nous étions un grand nombre. Mais la mort a fauché à ma droite et à ma gauche, et déjà je sens que sa main s'appesantit sur moi.

J'étais le septième de douze enfants. Dans ce temps-là, les familles étaient nombreuses, et nos bons patriarches des champs se ressentaient encore un peu de l'orgueil qu'éprouvaient les vieux patriarches de la Judée à étaler une nombreuse famille. Au fait, une grande famille est la richesse du laboureur. Tandis que le nombre des enfants semble à charge au négociant ou à l'homme de lettres, il enrichit le cultivateur. Voilà comment la loi primitive de la race humaine se rapproche du métier primitif de l'homme. Nos premiers parents étaient laboureurs ou destinés à l'être, quand Dieu leur dit : *Croissez et multipliez-vous.*

J'ai toujours remarqué que Dieu attache surtout ses bénédictions aux nombreuses familles. C'est là que les parents ont le plus de consolations, et les enfants le plus de joies. Le cœur d'un père, d'une mère, est chose qui se dilate à volonté : chacun peut y prendre place, sans faire tort à son voisin ; c'est une source qui donne sans s'épuiser. Là aussi, les enfants sentent mieux, et à meilleure heure, le besoin de se soutenir, de s'entr'aimer, de donner et de recevoir : ce qui est un des plus grands charmes de la vie. Ils n'ont pas, comme les enfants uniques, le malheur d'être gâtés ; chez eux, l'égoïsme est inconnu ; leurs joies et leurs douleurs sont toujours en commun. Ils savent plaindre pour être plaints, accorder pour recevoir, aider pour être aidés. L'affection paternelle et maternelle, qui se répand sur eux, est comme une rosée céleste qui tombe sur tous les coins de la famille; ils en sont pénétrés et rafraîchis, mais non brûlés et corrompus. C'est là aussi qu'on sent le mieux le besoin du travail. Chacun comprend de bonne heure que le patrimoine le mieux arrondi s'amincit en se fractionnant; on s'entend répéter sans cesse qu'il faudra demander à sa propre activité des moyens de subsistance : aussi tous mettent cœur à l'œuvre, et contractent, dès le jeune âge, ces habitudes d'économie et de travail, qui sont toujours la première, la plus grande et la plus sûre richesse de l'homme. Ainsi, pendant que les enfants uniques ou peu nombreux, comptant sur la fortune de leurs parents, s'adonnent volontiers à la paresse, à la vanité ou à la débauche; traitent quelquefois avec dureté les auteurs de leurs jours, et finissent, pour l'ordinaire, par dissiper en peu de temps des biens péniblement amassés : les membres des nombreuses familles, au contraire, se distinguent par leur infatigable activité, par leur attachement à leurs parents, et parviennent assez souvent à se créer une existence aisée, d'autant plus honorable qu'elle est le fruit de leur industrie et de leurs vertus.

Ma naissance fut donc une grande joie pour ma famille. On s'était déjà réjoui six fois avant moi; on ne crut pas que ce fût une raison pour ne pas se réjouir une septième. J'ai ouï dire qu'en ce jour-là il y eut festin chez mon père, et qu'on y mangea une poule au riz. C'était un grand luxe, alors. Le bon vieux curé y assista. Mon parrain et ma marraine, qui étaient tous les deux déjà avancés en âge, y portaient leurs habits de noces. J'ajouterai que, comme une vie d'homme ne suffisait pas toujours à user un vêtement, ce fut moi qui fus chargé de mener à terme celui de mon parrain : on m'en fit mon habit de première communion.

Mon nom de baptême fut Matthieu, précisément parce

que j'étais né le jour de saint Matthieu. C'était une règle chez nos parents de donner à leurs enfants le nom du saint qu'on honorait le jour de leur naissance. Mon père pensait que ce n'était pas sans quelque raison d'en haut, qu'un enfant naissait en la fête de tel saint, plutôt qu'en celle de tel autre. Il existait, selon lui, un rapport intime entre les habitants de l'autre monde et ceux de celui-ci; en sorte, disait-il, que si nous étions encore au temps heureux où les esprits célestes descendaient sous forme visible parmi les hommes, il n'y a pas de doute que le Seigneur ne dépêchât quelques-uns de ses élus pour venir saluer et nommer les nouveau-nés de chaque jour : abandonnant à chacun d'eux ceux qui auraient paru dans le monde le jour de leur fête. C'est une raison qui en vaut une autre ; mais mon père y tenait. C'est ce qui fit qu'un de mes frères s'appela Loup, malgré toutes les objections des voisins, et même du parrain, qui trouvaient ce nom ridicule. Mon père répondait qu'il n'y a rien de ridicule au ciel, et que ceux-là seuls sont ridicules qui ne savent pas faire inscrire leur nom dans les registres du paradis.

Et, puisque j'ai prononcé ce mot de ridicule, il faut que je consigne ici une observation en passant. N'est-ce pas dans cette invasion de noms, plus absurdes les uns que les autres, qu'il faut chercher le vrai ridicule? Je ne m'y reconnais plus. Qui est-ce qui peut, sans rire ou sans hausser les épaules, prononcer ces noms singuliers que l'on a aujourd'hui la sottise d'appliquer aux enfants? Les premières fois que j'entendis ces bizarres appellations, usitées dans les villes, je ne pus me défendre d'un peu de pitié : mais je ne songeais guère qu'un jour cette comédie se reproduirait dans nos villages, et que j'aurais la satisfaction de voir des Emmeline, des Césarine, des Adine, des Irvina, etc., autour de moi. Béni progrès! Depuis quand le calendrier de l'Eglise est il devenu si pauvre, que de ne pouvoir fournir des noms à tous les habitants d'un hameau? Ou depuis quand les saints du paradis sont-ils devenus ridicules?

1.

Habitants des campagnes, vous ne devenez sots que du moment où vous voulez imiter les habitants des villes.

IV.

Mon enfance.

Mon enfance fut ce qu'était alors une enfance au village. Dès le bas âge, on m'apprit à prier, à connaître et à craindre Dieu.

J'aurais ici bien des observations à faire sur la différence qui sépare, sous ce rapport, les temps actuels du temps d'autrefois. Je n'aime point à médire de mon siècle ; et, si j'ai su me tenir en garde contre un défaut, c'est particulièrement contre celui de dénigrer injustement le présent, au profit du passé. Cependant il ne m'est pas possible de ne pas signaler la décadence que nos campagnes ont subie, sous le point de vue de l'instruction et de l'éducation de famille. Ainsi, pour parler d'un point précis, mon père était versé, non-seulement dans la connaissance claire, détaillée, des dogmes et de la morale du christianisme ; non-seulement il était à même d'expliquer très-exactement le Symbole et le Décalogue ; mais il savait encore les cérémonies, les fêtes et les usages de l'Eglise ; il savait quelle épître et quel évangile devaient se dire en tel jour ; il connaissait le but de telle pratique, et son sens réel ou symbolique ; il savait les principaux traits de l'histoire de la religion, les événements les plus remarquables de l'Ancien et du Nouveau Testament. Je l'entendais souvent accompagner le prêtre dans la récitation des prières publiques, dans l'introït, dans l'offertoire de la Messe, etc...

Il connaissait presque tous les psaumes par cœur. Et pourtant mon père savait à peine lire, et ne signa jamais qu'avec une croix. Chaque soir, il nous entretenait de quelque vérité de la religion : nous répétant ou nous commentant ce qu'on nous avait appris au catéchisme, avec toute l'exactitude d'un théologien. Aux principales fêtes, il nous exposait le mystère qui en était l'objet, ou nous racontait les traits les plus saillants de la vie du saint qu'on honorait en ce jour.

Eh bien ! je dois le dire, ces leçons simples et paternelles faisaient sur nous une profonde impression. Nous écoutions avec un grand respect. Les plus petits mêmes faisaient silence pour entendre. Et l'on ne saurait croire quelle place occupa toujours dans mon cœur cette première instruction du jeune âge, liée à tous les plus doux souvenirs du foyer. Je sens qu'aucune autre, pas même celle du prêtre, n'aurait pu la remplacer. Les leçons du prêtre sont forcément rares et courtes ; elles ont de plus un caractère d'autorité qui leur donne peut-être un certain poids pour l'intelligence, mais qui les empêche de pénétrer assez avant dans le cœur. L'instruction, au contraire, qui se distribue au foyer, en même temps qu'elle est continue, a quelque chose de grave et de doux, tout à la fois, qui l'imprime bien avant dans le souvenir. Nous étions tellement habitués à entendre notre père saisir les choses sous le côté religieux, que, de lui-même, notre esprit se portait aussi dans cette direction, et que rien à nos yeux ne pouvait rendre estimable ce qui contredisait les commandements de Dieu ou de l'Eglise. La religion était bien réellement la lumière de notre intelligence, la règle de nos jugements, le motif de nos actions, et le juge de nos consciences. Nous n'estimions bien que ce que nous savions plaire à Dieu, et mal que ce que nous prévoyions devoir lui déplaire.

Précieuse instruction du foyer, gage de la vertu et de la paix, seul fondement solide du bonheur, qu'êtes-vous devenue depuis ? Qui vous apprécie encore, qui vous cherche, qui vous maintient? Hélas! Dieu a disparu, ou est du moins bien près de disparaître de la chaumière du laboureur. Autre temps, autres soucis. L'habitant des campagnes a suivi le torrent des villes; il a déserté le Dieu de son berceau. Je vois les jeunes pères de famille (je dis jeunes par rapport à moi) se préoccuper de beaucoup de choses, et déployer un empressement, une activité qu'on n'avait peut-être pas de notre temps. Mais je m'aperçois que leurs intérêts spirituels propres, et ceux de leur famille, entrent pour peu de chose dans ce mouvement incessant et inquiet; je crois même que c'est, en général, la chose la plus négligée. Je souhaite que ce changement tourne à bien; mais j'ai peine à en attendre autre chose que de mauvais résultats.

Aucun événement bien grave ne signala ma première enfance, si ce n'est que le feu consuma notre grangeage et notre écurie. J'avais trois ou quatre ans, quand ce désastre nous frappa. On ne sut point alors quelle en était la cause. La voix publique accusa un de nos anciens domestiques, que mon père avait été obligé de renvoyer, à cause de sa conduite équivoque. Des indices, qui plus tard acquirent une certaine gravité, désignaient cet homme comme l'auteur de notre malheur : il nous en voulait depuis sa sortie de chez nous, il nous avait menacés, on l'avait vu rôder autour de notre domicile pendant la nuit, etc... : toutes circonstances qui favorisaient les soupçons conçus sur son compte. Mais mon père n'en voulut rien croire. C'était, disait-il, *le feu du ciel*. Nous étions assez habitués à son langage, pour comprendre ce que cela voulait dire. Il ne nous cachait pas, du reste, sa pensée. — De qui, demandait-il un jour à l'aîné de mes frères, de qui penses-tu que nous viennent les moissons de nos champs, les herbes de nos prés, les fruits de nos arbres? — Du bon Dieu. — Et pourquoi nous les donne-t-il? — Pour sa gloire et pour notre bien. — Mais sa gloire ne passe-t-elle pas avant tout? — Oui : c'est la première fin pour laquelle il nous a créés. — Or, si sa gloire exige qu'il nous mette à l'épreuve, avons-nous lieu de nous en plaindre ? — Non : il reste toujours le maître de ce qu'il nous donne. — Eh bien ! mon enfant, ne nous plaignons donc pas, et disons tous comme le saint homme Job : *Dieu nous l'avait donné, Dieu nous l'a ôté ; que son saint nom soit béni !*

Et cependant nous perdions beaucoup. Cet événement faillit nous ruiner. Toutes nos récoltes avaient été consumées, et la plus grande partie de notre bétail périt aussi dans les flammes. Ma mère et mes sœurs pleurèrent beaucoup ; et nous autres, plus petits, nous pleurions aussi comme elles. Mon père seul resta calme, et ne démentit jamais ces sentiments de résignation, que l'habitude lui avait presque rendus naturels. — Le bon Dieu, disait-il souvent, sait si ce qu'il nous a ôté nous était nécessaire ou non : dans le premier cas, il nous le rendra ; dans le second, nous pourrons nous en passer. — Ce sera, disait-il une autre fois, une raison pour nous de travailler davantage. Persuadons-nous que c'est un motif de plus que le Seigneur nous a donné pour nous exciter à reconquérir, par notre diligence, ce que nous avons perdu, sans qu'il y ait de notre faute.

On se remit, en effet, au travail avec une nouvelle ardeur. Et je ne sais comment cela se fit, si ce n'est que Dieu y mit la main ; mais peu à peu nos brèches se réparèrent, et, peu d'années après, nous ne nous sentions plus du coup qui nous avait si rudement frappés.

Cette leçon ne fut point perdue pour moi. Plus tard, quand l'âge de la réflexion me vint, je compris le mérite de la résignation et de l'abandon à la Providence. Je crois fermement que nous péchons trop souvent par ces deux côtés : on ne sait pas se résigner, on ne sait pas espérer ; la prudence humaine est le mobile de notre conduite. Nous ne comptons que sur nos propres efforts, pour obtenir des profits ou réparer des pertes. Et Dieu, qui est jaloux de l'abandon filial de ses enfants, se plaît à déconcerter les calculs de notre fausse sagesse ; il nous abandonne à elle, nous laisse dans la main de notre propre conseil, et l'expérience prouve souvent combien cette punition est terrible. Oui, oui, heureux l'homme qui sait mettre sa confiance au Seigneur ! Heureux, surtout, le laboureur, s'il se laisse aller paisiblement au cours de cette bonne Providence, dont l'action doit être si visible pour lui, puisqu'il depend exclusivement d'elle !

C'est peut-être le cas de signaler ici une différence qui m'a toujours frappé entre le cultivateur et l'homme de métier : c'est que celui-ci, étant l'unique agent de son travail, est naturellement tenté de ne le rapporter qu'à lui. En effet, qu'a sous les yeux l'artisan ? Ses instruments et son industrie : rien de plus. Le fileur, le tisserand, le manœuvre, ne voyant que le produit de leur volonté, s'apercevant qu'aucune cause étrangère ne se mêle de ce qu'ils font, sont insensiblement conduits à tout rapporter à eux. Ils tombent dans une sorte d'indifférence ou d'oubli pour cette Cause première, dont l'assistance secrète échappe à leurs yeux. Le laboureur, au contraire, est sans cesse rappelé à la pensée d'un agent surnaturel, qui tient en ses mains le résultat de ses travaux. Il sait fort bien que ces moi-sons, qui lui ont coûté tant de peines, peuvent lui être enlevées par l'acte d'une volonté supérieure, indépendante, que rien ne peut empêcher ni même prévoir. Il est donc forcé de sentir que, s'il travaille, un autre féconde ; que, s'il espère, il n'a jamais droit de compter sur rien. Le tonnerre qui gronde dans les airs, et auquel l'homme de l'atelier ne fait pas même attention, est pour lui souvent un arrêt suprême, une sentence de vie ou de mort. Et toujours, et malgré lui, en quelque sorte, il est forcé de se souvenir qu'ils sont DEUX pour préparer les résultats ; et que c'est en vain qu'il labourera la terre et l'ensemencera, si Celui qui est dans les cieux n'envoie le soleil et la pluie pour féconder la semence, et n'écarte les intempéries des saisons.

Cette réflexion m'a paru importante, et j'en ai conclu, dans mon gros bon sens, que c'est là, peut-être, qu'il faut chercher la raison pour laquelle l'homme des champs sera le dernier qui retiendra la foi religieuse, et surtout le dogme de la Providence. Il est difficile, il est impossible à un vrai laboureur de ne pas croire en Dieu.

V.

Ma mère.

J'ai quatre-vingts ans, et je ne puis encore prononcer ce nom sans attendrissement. L'amour de ma mère a occupé dans mon cœur une place que rien n'a pu remplir. C'est quelque chose d'indéfinissable que l'ascendant qu'avait pris sur moi cette bonne et douce créature. Je ne sais si le type que j'ai admiré en elle se reproduira encore : tant de fermeté alliée à tant de douceur ; tant de bon sens et tant de modestie ; tant de sensibilité, et tant de force de caractère ; une vigilance si grande sur sa famille ; tant de droiture et de délicatesse dans les relations de la vie. Non : les mœurs modernes ne tendent plus à produire de pareils résultats. D'autres soins préoccupent aujourd'hui les mères de famille. Et pourtant, cette femme n'avait rien d'extraordinaire ; elle n'était point d'une nature à part. Beaucoup d'autres, dans le village même, la valaient, sous le rapport de l'intelligence et de l'activité. C'est que la religion, hors de laquelle il n'y a rien de solide, avait donné une trempe particulière à cette nature de femme, qui peut tant pour le bien, comme pour le mal.

Je le dis avec conviction : c'est par les femmes que la famille, et par conséquent la société, se perd ou se sauve. C'est la femme qui fait les mœurs privées et publiques.

Son action saisit l'existence humaine à son point de départ, à sa racine, pour ainsi dire, et lui donne la tournure qu'elle doit conserver. On ne se débarrasse presque jamais entièrement de l'influence maternelle. Ceci était vrai surtout dans le temps de ma jeunesse, quand l'homme passait ordinairement sa vie où il était né, et restait, par conséquent, bien plus longtemps soumis au joug domestique. Il n'y avait pas d'âge qui dispensât de respecter ses parents. A trente ans, à quarante ans, on avait encore de la déférence pour eux ; on les consultait, on s'en rapportait à leur avis. L'opinion publique eût flétri l'homme qui aurait, je ne dis pas outragé ses parents, mais seulement affecté d'agir sans les consulter. Les cheveux blancs passaient alors pour l'indice de la sagesse, et non pour le signe de l'imbécillité et du radotage.

Quelque envie que j'aie de ne point médire du siècle actuel, je ne puis m'empêcher de remarquer à quelle distance il est, sous ce rapport, de celui qui l'a précédé. Je crois voir dans la jeunesse, même des campagnes, une disposition assez caractérisée à secouer le joug paternel. Non-seulement on ne consulte plus les vieillards, mais on se détourne d'eux volontiers. Autrefois, on cherchait dans le passé des règles pour agir et former sa conduite ; actuellement, on se lance vers l'avenir, on dédaigne ce qui fut, et cela s'appelle le progrès. La sagesse des *anciens*, si appréciée dans l'antiquité, est tournée en ridicule par la jeunesse présomptueuse : c'est le fils qui prétend renseigner son père, et la fille diriger sa mère. Autrefois, les parents commandaient ; les rôles sont renversés : maintenant, ils obéissent. A douze ans, à quinze ans, on les intimide déjà ; à vingt ans, on les épouvante. J'en ai vu trembler devant leurs enfants, et se soumettre aux exigences les plus humiliantes, pour en obtenir la paix. Et quand ils sont vieux, c'est pire encore : on les dédaigne. Le sort du vieillard, autrefois si heureux, est aujourd'hui bien triste. On le laisse à sa solitude ; et si l'on ne porte pas toujours l'inconvenance jusqu'à lui manquer de respect, on n'a du moins plus pour lui ces égards affectueux que la vénération inspire.

Un grand écrivain (1) a donc eu raison de dire : *En ce temps-là, la vieillesse était une dignité; aujourd'hui, elle est une charge.*

Disons-le aussi, les pères ne sont plus ce qu'ils étaient autrefois. Nul doute qu'ils n'aient perdu, jusqu'à un certain point, le droit même de se plaindre. Leurs enfants sont ce qu'ils les ont faits. L'insubordination dans la jeunesse suppose le relâchement dans l'autorité paternelle. Mais ceci demanderait un livre à part. Je reviens à ma mère.

Ses soins pour moi furent les plus tendres qu'il soit possible d'imaginer. Peut-être avais-je obtenu de sa part quelque prédilection. Ma première enfance fut laborieuse et maladive : il n'en faut souvent pas davantage pour séduire entièrement le cœur d'une mère. Cependant cette préférence ne fut point assez sensible pour être remarquée de mes frères et de mes sœurs, et exciter leur jalousie. Nous vécûmes toujours en bon accord.

Les leçons et les exemples de ma mère, sous le point de vue religieux, concordaient parfaitement avec ceux de mon père. On ne voyait pas chez nous le triste spectacle d'une contradiction flagrante entre la conduite des deux chefs de la famille. Bien que quelquefois les punitions ou les reproches que mon père nous infligeait parussent un peu durs à notre excellente mère, cependant elle semblait toujours les approuver, et ne les mitigeait jamais de sa propre autorité. Tout au plus intervenait-elle par voie de supplication. Cet heureux accord donna à notre éducation une trempe ferme et solide. Nous étions tellement habitués à toujours voir la raison dans la volonté de notre père et de notre mère, qu'il ne nous prenait jamais envie d'y opposer la moindre résistance. Il nous semblait entendre la voix de Dieu même. En revenant plus tard sur

---

(1) Châteaubriand.

ces souvenirs de ma première enfance, j'ai pu me convaincre que les ordres de nos parents n'avaient pas toujours été conformes aux règles de la véritable sagesse. Plus d'une fois, leur jugement dévia. Mais il n'en résulta pour nous aucun détriment, et j'en ai conclu que Dieu a surtout égard à la droiture des intentions, et supplée par sa miséricorde aux imperfections toujours si grandes de la sagesse humaine.

C'est une précieuse habitude que celle d'élever constamment les vues des enfants vers un but supérieur. On a beau se le dissimuler : cette vie si courte ne sera jamais qu'un passage vers l'éternité. Or, la sagesse ne demande-t-elle pas que, en toutes choses, on considère surtout la fin ? Le voyageur ne songe qu'au but où il tend, et écarte avec soin tous les obstacles qui peuvent l'en détourner. Heureux les enfants que leurs parents ont habitués, dès le bas âge, à ne chercher que Dieu et le salut de leur âme ! Rien, du reste, en cela ne gêne le cours des choses humaines : on n'en est ni moins appliqué à ses occupations temporelles, ni moins apte à amasser ou à conserver les biens de la terre. Mon père et ma mère, bien que toujours préoccupés de la pensée religieuse, bien que convaincus de la brièveté et de la vanité des choses d'ici-bas, n'en étaient pas moins les paysans les plus laborieux, les plus soigneux d'acquérir, qu'il y eût peut-être dans tout le village. A les entendre parler, on eût pu croire qu'ils ne songeaient qu'au ciel ; à les voir agir, on se serait persuadé qu'ils ne pensaient qu'à la terre. Tant il est vrai de dire avec l'apôtre saint Paul que *la piété est bonne à tout !*

VI.

Le seul homme que rien ne remplace.

Il y avait, dans ce temps-là, une figure qui dominait toutes les autres : c'était celle du prêtre.

On comprend à peine, dans notre siècle d'indépendance et d'incrédulité, quel rôle jouait le ministre de Dieu, au sein des populations agricoles. Il était bien vraiment le chef et le guide de tous. L'âme n'a pas plus d'empire sur le corps qu'il n'en avait sur tous ses subordonnés. Non-seulement il était écouté dans tout ce qui concernait les devoirs de son ministère; non-seulement sa parole en chaire, au confessionnal, était reçue comme celle de Dieu même ; mais son influence s'étendait encore sur l'ordre temporel. Son instruction le mettant naturellement au-dessus de ses paroissiens, et, d'autre part, sa position l'élevant au-dessus de tous les intérêts, il était comme le juge et l'arbitre universel. C'était bien, dans la force du terme, le *juge de paix*. Quand une contestation s'élevait entre deux habitants de la paroisse, il était de droit désigné comme le conciliateur, et rarement en appelait-on de sa décision. Sans doute, son jugement était presque toujours juste ; cependant, il lui arrivait quelquefois de se tromper ; mais même dans ce cas, la partie lésée se soumettait à sa sentence, au moins de peur de lui déplaire. Je n'ai pas appris qu'il en soit jamais résulté de bien graves dommages pour qui que ce fût.

Mon père et ma mère avaient pour le vieillard qui desservait notre paroisse une déférence particulière. Ils vénéraient réellement en lui l'image même de Jésus-Christ.

Ils semblaient s'être mis, avec toute leur famille, sous son bienveillant patronage. Ils le consultaient en tout, montraient pour ses avis une soumission parfaite, et n'eussent certainement osé compter sur la protection du Ciel dans une entreprise quelconque, si auparavant l'homme de Dieu n'y eût donné son assentiment.

Et lui, à son tour, le bon vieillard, avait pour nos parents et pour toute leur famille une attention paternelle. Il nous rendait en tendresse et en amitié ce que nous lui accordions en déférence et en respect. Il venait souvent nous voir, s'asseyait près de notre modeste foyer, et conversait familièrement avec nos parents, ou avec l'un de nous. Je crois encore sentir sa main caressante poser sur ma tête, ou frapper doucement sur mes joues. Souvent il nous amusait par quelque agréable récit, ou nous expliquait un point d'instruction religieuse. Nous aimions surtout à le voir venir, à certains jours, s'asseoir à notre table, par exemple aux fêtes de nos parents : il était alors d'une admirable gaîté ; sa mémoire, fournie de mille petites anecdotes plus ou moins drôlatiques, ne laissait presque pas reposer notre attention ; et son air de bonhomie et de simplicité ajoutait un charme particulier à tout ce que racontait sa bouche. C'étaient nos jours les plus heureux ; surtout quand nous avions été sages, et que nos parents n'avaient que du bien à dire de nous. Certes, ces joies étaient simples, on en conviendra ; eh bien ! leur souvenir embaume encore ma vieillesse.

Maisce même prêtre, si bon et si familier avec nous au coin du feu, reprenait dans le sanctuaire toute sa dignité et toute sa gravité. Nous le voyions alors à une énorme distance de nous. Jamais la condescendance qu'il nous avait témoignée ne compromit le respect que nous lui devions. Sa figure si rieuse était tout à coup devenue austère ; et la bouche qui prononçait en chaire ou au catéchisme de si graves vérités, ne nous paraissait plus être celle qui nous avait débité la veille des contes à faire pâmer de rire.

Aujourd'hui, le prêtre est banni de la société intime du laboureur : en général, on le respecte encore, mais on ne l'aime plus. Mille préjugés sont descendus des villes dans les campagnes, et y ont pris racine. On n'est pas loin de regarder le prêtre comme un ennemi. Le moderne libéralisme est à peu près venu à bout de persuader à l'habitant des hameaux qu'écouter son curé c'est faire acte de servitude ou de bêtise. Hélas ! il n'est pas même rare de rencontrer de prétendus esprits forts, des incrédules en habit de bure et en bonnet de coton, résister ouvertement au ministre de l'Evangile, et comploter pour lui rendre la vie désagréable ou le ministère difficile. Je ne sais ce que les campagnes auront jamais à gagner à ce changement de conduite. Ma longue expérience m'a appris que, de tous les conseillers et de tous les guides que l'homme peut rencontrer sur cette terre, le plus sûr est le prêtre. Le prêtre est, en général, l'esprit le plus juste et le cœur le plus pur. Sa position même, son éducation, son genre d'instruction, la route qui lui est tracée par son devoir, en font nécessairement l'homme le plus désintéressé, le plus impartial, le plus véritablement désireux du bien de son prochain. Sans doute, on trouve (et j'en ai vu moi-même) des amis de l'humanité, dont il faut estimer les avis et apprécier les efforts ; mais trop souvent des vues terrestres, l'amour de la gloire, gâtent des œuvres ou des leçons, louables d'ailleurs. C'est chez le prêtre que j'ai, en général, trouvé le moins de ces défauts inhérents à notre pauvre nature. Lui veut le bien pour le bien ; il agit sans aucun espoir de récompense humaine ; la plus grande partie de ses actions se font dans l'obscurité. Que de démarches utiles que personne ne connaîtra jamais ! Que d'aumônes spirituelles et temporelles versées en secret ! Que de sacrifices qui ne sont connus que de Dieu seul ! Et, bien loin de recevoir sa récompense en éloges ou en reconnaissance de la part des hommes, ne le voyons-nous pas souvent agir contre le torrent de l'opinion, braver, pour remplir son devoir, l'opposition la plus injuste et la plus tenace? Ne tient-il pas à notre bien, souvent plus que nous-mêmes? Que d'hommes sauvés par le prêtre, pour ainsi dire, malgré eux!

Je voudrais surtout qu'on se souvînt des services que le sacerdoce catholique a rendus au monde. Je voudrais que le laboureur n'oubliât pas, en particulier, que c'est à l'action bienfaisante du prêtre qu'il a dû longtemps ce calme profond, cette pureté et cette simplicité de mœurs, qui faisaient des campagnes un si agréable séjour. Car, si ce n'est au prêtre catholique, à qui donc fut-on redevable de cette ère de paix? Qu'on examine, pour preuve, les villages où l'autorité du prêtre ne règne plus. N'est-il pas vrai que c'est là surtout qu'on voit les vieilles mœurs s'effacer, la paix disparaître, l'immoralité, les divisions, la débauche s'établir et exercer leurs ravages? L'influence du prêtre fut toujours, et sera à jamais, le thermomètre du bien-être moral des campagnes. Supposez au prêtre l'ascendant qu'il doit avoir, et vous verrez l'ordre régner dans la commune, et la paix dans les ménages; les pères conserveront leur autorité à la fois douce et ferme; les enfants seront dociles, la jeunesse rangée; on évitera les divisions et les procès ruineux; l'ivrognerie sera inconnue; le riche généreux n'aura rien à craindre du pauvre; le pauvre secouru respectera les droits du riche; en un mot, partout l'ordre régnera, et la tranquillité publique aura sa base dans la tranquillité privée. Supprimez, au contraire, l'empire du prêtre sur l'habitant des campagnes, c'est le tableau opposé qui sera vrai. J'en pourrais citer de nombreux exemples, et chaque jour ces exemples tendent à se multiplier.

Oh! qu'ils sont coupables, ces écrivains pervers, ces gouvernants à courte vue, qui ont travaillé à détruire l'influence du prêtre!

Oh! qu'ils sont aveugles, les laboureurs qui ont donné dans ce piège perfide, et se sont ainsi laissé décapiter!

Avant peu, les uns et les autres recueilleront les fruits de leur folie.

VII.

Mon éducation.

Le système de nos parents était de nous donner le genre d'instruction que comportaient notre condition et les besoins de l'époque : ce qui veut dire que nous apprîmes tous à lire, quelques-uns à écrire, et un ou deux à calculer. — Dans mon temps, disait mon père, on n'avait pas besoin de savoir tout cela ; mais le siècle a bien marché depuis. Je ne veux pas que mes enfants soient trop en arrière. — On le voit, il aimait le progrès à sa façon. — Je remarque, ajoutait-il, qu'à mesure qu'on devient plus savant, on devient plus rusé. A mesure que l'instruction vient, la bonne foi s'en va. — Personne ne saurait nier cette vérité, que chaque jour rend de plus en plus sensible.

En effet, on imaginerait à peine, dans notre siècle de duplicité, de finesse et de papier timbré, jusqu'à quel point la parole était autrefois l'expression de la pensée, et avec quelle force elle liait la volonté. Presque tous les contrats reposaient sur elle. On convenait des conditions d'un marché, on touchait en main, on buvait une pinte, et l'affaire était réglée pour toujours. Que de possessions, que de droits dont il eût été impossible de montrer un seul titre ! Les enfants tenaient respectueusement aux conventions de leurs pères. Et aujourd'hui, nous voyons les contrats les mieux réglés, les plus détaillés, prêter matière à une foule de procès ! Ah ! c'est que la bonne foi remplace tout, et que rien ne la remplace.

Habitants des campagnes, si la probité se retire du milieu du monde, qu'elle ait au moins un asile dans votre cœur et sur votre bouche ; que son dernier sanctuaire soit le foyer du laboureur.

La nature m'avait doué d'une certaine facilité ; j'appris vite à lire et à écrire. Nos parents ayant besoin du travail de leurs enfants, surtout après le désastre qui nous avait frappés, nous n'allions en classe que les trois ou quatre mois d'hiver. C'était le genre adopté alors. Je fus donc environ quatre hivers à l'école ; et, pendant ce temps, malgré des interruptions si prolongées, j'acquis assez de science pour être évidemment le premier de tous mes condisciples. Je ne crois pas m'en être jamais prévalu. J'avais trop bien appris de mes parents et de M. le curé, que c'est Dieu qui dispense les talents à son gré, et que nous ne devons jamais nous glorifier si nous en avons reçu plus qu'un autre, puisque nous n'y avons pas le moindre mérite. Bien loin de mépriser ceux qui étaient au-dessous de moi, je leur montrais, au contraire, une véritable bienveillance, en les aidant, par exemple, à surmonter les difficultés qui surpassaient leurs forces. Cela me valut l'amitié de tous. En me laissant aller à une vanité, peut-être bien naturelle à mon âge, je me serais infailliblement attiré des jalousies, et, par suite, des inimitiés ; en me montrant indulgent envers tous, j'ai eu la consolation de n'avoir que des amis, dont le plus grand nombre m'ont été attachés jusqu'au tombeau.

Je dis ceci simplement et sans amour-propre, pour faire voir quelles profondes racines jettent toujours les leçons d'un bon père C'était au mien que je devais ces sentiments de modestie, cet art de rester l'égal de chacun, quand j'étais le supérieur de tous. Sans cesse, j'étais ramené, par les leçons paternelles, à la considération de ma propre misère. On ne me laissait jamais oublier que Dieu seul est grand, que tout don vient de lui ; on m'apprenait que quand même toute science, toute richesse, toute puissance et toute gloire seraient réunies en un seul homme, ce ne serait encore rien en comparaison de cet immense Océan de beauté, de force et de grandeur, devant qui toute créature n'est que pur néant. On m'accoutumait surtout à voir ce qui me manquait, beaucoup plus que ce que je pouvais avoir; et par là on m'ôtait jusqu'à la pensée de me prévaloir de ma faible supériorité.

C'est un grand tort, selon moi, que celui de gonfler outre mesure la vanité des enfants. Et, pourtant, fait-on autre chose aujourd'hui? On dirait que père, mère, parents, maîtres, amis, tout conspire pour inspirer à l'enfant une haute idée de lui-même. A peine peut-il ouvrir la bouche, qu'on lui fait déjà compliment sur son esprit. Le sentiment de la vanité est éveillé chez lui, presque en même temps que celui de l'existence. Une coutume, surtout, s'est établie depuis quelque temps dans nos écoles de village, laquelle me paraît tenir au plan général qui semble adopté pour faire grandir partout l'orgueil humain. Je veux parler de l'habitude de donner des prix, c'est-à-dire des primes à la vanité. C'est l'émulation qu'on se propose d'exciter : on ne stimule guère que l'orgueil. J'ai vu, en général, ceux qui sortaient des écoles publiques chargés de récompenses, devenir pour l'ordinaire de fort mauvais citoyens. Ce que je dis s'applique surtout aux écoles d'enseignement secondaire. On peut en penser ce que l'on voudra : mais voilà l'opinion d'un vieux paysan. On voit chaque jour le nombre des ambitieux augmenter; la société est rongée, en quelque sorte, par une foule de mécontents que des succès littéraires avaient enflés, qui se croyaient capables de tout, et qui ne pouvant, à cause de la foule des concurrents, arriver à rien, déversent sur la société même l'aigreur qui les tourmente. A quoi cela tient-il en bonne partie? A ce qu'on a déplacé le mobile de la conscience, et fondé sur les exigences de l'orgueil ce qui ne devait reposer que sur le sentiment du devoir.

VIII.

Le choix d'un état.

Mes succès si visibles à l'école et au catéchisme flattaient naturellement l'amour-propre de mes parents. Ma mère, surtout, y paraissait fort sensible ; et, certes! quelle que fût d'ailleurs sa vertu, il n'y a pas lieu de s'en étonner. L'idée lui vint alors de profiter des heureuses dispositions dont je paraissais doué, pour me destiner à un état plus relevé que la modeste condition où le Ciel m'avait fait naître. C'est toujours du cœur d'une mère que part la première pensée ambitieuse sur le compte d'un enfant. Hélas! ces pauvres femmes ne peuvent s'empêcher d'aimer plus qu'elles-mêmes les fruits de leurs entrailles, et de rêver pour eux un état meilleur que celui où elles ont vécu, une part plus légère aux travaux et aux douleurs dont elles ont fait la triste expérience.

Mon père parut écouter sans peine les projets de ma mère ; un instant même il les partagea. Mais bientôt son bon sens naturel l'emporta. Il se demanda si le bonheur était bien réellement en proportion de la hauteur de la condition, et si la source de la félicité n'est pas plutôt dans le cœur et dans la disposition intérieure de l'homme, que dans sa position sociale et dans les avantages extérieurs dont il peut être favorisé. Son jugement net et ferme puisa bien vite dans le sentiment religieux la réponse à cette question. Il comprit que, n'ayant point été, lui, trop malheureux dans la condition de cultivateur, il n'y avait pas de raison pour que ses enfants le fussent davantage après lui. — Ou ils seront raisonnables, disait-il à ma mère, ou ils ne le seront pas : dans le premier cas, ce qui nous a suffi leur suffira ; dans le second, une condition plus brillante et une plus grande fortune ne les rendraient pas plus heureux. — Il fut ainsi décidé que je resterais laboureur.

C'est, assurément, un des grands malheurs de l'époque actuelle, que ces sentiments de modération disparaissent du sein de la classe agricole. L'ambition, qui travaille tous les rangs de la société, a aussi pénétré chez elle. L'accessibilité des emplois pour tous a une apparence d'équité qui séduit : en résumé, et pratiquement parlant, c'est un leurre. Il n'est certainement pas nécessaire que tout le monde parvienne, ou puisse parvenir, à quelque fonction sociale ; mais ce qui est nécessaire, c'est que la paix règne dans les esprits et dans les cœurs.

Or, répétons-le, la paix est incompatible avec l'activité torturante de l'ambition. Tous les esprits éclairés reconnaissent que l'une des principales causes du trouble qui règne maintenant dans le monde, est cette aspiration turbulente des classes inférieures vers les conditions élevées. Un cours d'études ne mène pas toujours aux emplois, tant s'en faut ; quand il y conduit, il rend peut-être l'homme plus instruit, il ne le rend pas meilleur ; et quand il n'y conduit pas, il mène infailliblement au mécontentement, à l'aigreur, au goût des révolutions.

Laboureurs, le sol que vous cultivez est trop dur, le cercle de vos travaux trop pénible, pour perdre ainsi les fruits de vos sueurs. Il est triste de voir une famille entière se livrer à des labeurs ingrats et continus ; un père, une mère, s'épuiser pendant toute une année, pour fournir aux dépenses qu'occasionne l'éducation d'un de leurs enfants, qui, s'il ne parvient pas à l'objet de ses désirs (et c'est ce qui arrive dix-neuf fois sur vingt), devient le fardeau, la croix, et souvent même l'opprobre de ses parents.

Habitants des campagnes, défiez-vous de ces perfides séductions de l'amour-propre. Quelques exemples, il est vrai, sont là pour vous encourager. Mais combien y en a-t-il? Pour un qui réussit, combien manquent leur but? Et cette coupe est de celles où l'on ne boit jamais impunément. Toujours, ou presque toujours, l'enfant qui a fréquenté les colléges perd le goût de sa condition; il aspire à un état plus élevé; il prend en pitié l'ignorance et la rusticité de ses parents, la simplicité du village, les pratiques de la religion, les saines traditions du foyer. Il ne voit plus que de loin et avec dédain ses liaisons d'enfance, ses croyances naïves d'autrefois; son imagination rêve d'autres choses, et c'est presque un miracle s'il ne verse pas honteusement dans les voies de la débauche.

Encore une fois, paisibles laboureurs, vos sueurs méritent un autre prix. Oh! mettez-vous en garde contre ce piége funeste! Mieux vaut mille fois un honnête cultivateur qu'un savant parleur ou un bel esprit révolutionnaire et impie.

C'est vous, c'est votre classe qui fournit surtout des soldats à l'ordre et des défenseurs à la patrie; n'allez pas vous mettre sur le pied de préparer des recrues pour les révolutions et des champions pour l'émeute.

IX.

Un vide.

Notre vieux curé n'avait point encore donné son avis sur la question de ma vocation. Nos parents étaient cependant dans l'habitude de ne rien faire, et presque de ne rien penser, sans l'avoir préalablement consulté. Mais il leur avait tant de fois répété que l'ordre de la Providence est que le fils suive la voie tracée par son père, qu'ils n'auraient osé, en vérité, lui exprimer le désir de voir un de leurs enfants quitter, pour un état plus relevé, le soc de la charrue.

Et, pourtant, le bon vieillard songeait à moi. La facilité avec laquelle je résolvais les questions, quelquefois fort difficiles, qu'il proposait au catéchisme, avait nécessairement attiré son attention sur mes dispositions naturelles, et lui avait fait naître la pensée que Dieu me destinait peut-être à une plus haute vocation. Il me nommait volontiers son *petit théologien*. Toutefois, les éloges qu'il m'accordait de temps à autre étaient bien tempérés par la sévérité de ses reproches, et par la gravité habituelle qu'il mettait dans ses relations avec nous. C'était son art d'être familier et sévère tour à tour, et dans la juste mesure. Ma conduite ne démentant point, d'ailleurs, mes talents naturels, le saint prêtre avait songé à faire de moi un Capucin.

Il faut avoir vu et comparé les deux époques, pour sentir quel vide la suppression des ordres religieux a laissé dans le monde. Si j'étais plus savant, je montrerais quel coup leur absence a porté à la science et à l'instruction publique. J'ai ouï dire que les grandes entreprises littéraires et scientifiques sont tombées avec eux ; que nous voyons aujourd'hui un grand nombre de demi-savants, aussi superficiels que bavards, mais fort peu de savants et d'érudits de bon aloi. Cette question dépassant ma portée, je laisse à de plus instruits le soin de l'éclaircir. Tout ce que je sais, c'est que si le vide laissé en haut est aussi grand que celui d'en bas, on aura de la peine à le combler.

Car, vraiment, ces bons religieux se mêlaient à tout. Mes compatriotes savent, et ceci n'est point une vanterie de ma part, que j'ai réussi à introduire plusieurs améliorations dans la culture de notre territoire, et que mon nom même demeure attaché à certains procédés, à certains instruments et à quelques changements avantageux dans la méthode d'assoler la terre. On veut bien me faire honneur de tout cela : on a tort : la gloire en revient à un saint Trappiste de mes amis, nommé le frère Dorothée, qui était bien certainement un des plus habiles agronomes qui existassent dans ce temps-là. Les Jésuites eux-mêmes, qui étaient pourtant des hommes bien savants et aussi habiles à écrire des livres qu'à enseigner la jeunesse, les Jésuites, dis-je, n'avaient pas dédaigné de s'occuper de l'art nourricier des Etats, et ont rendu à l'agriculture des services que l'on n'a bien appréciés que depuis que l'on en a été privé. Voici ce que je lisais dans une gazette de la Révolution, et ce mot m'a frappé parce qu'il sortait de la bouche d'un régicide : « Je ne crois pas qu'on doive
» abolir en entier les établissements religieux .. Le culte,
» les sciences et l'AGRICULTURE demandent que quelques-
» uns soient conservés... Les moines ne sont pas, dit-on,
» nécessaires à l'agriculture : non, mais ils lui sont utiles.
» On sait combien les campagnes ont perdu à la suppres-
» sion des Jésuites (1). »

(1) Grégoire, *Disc. à l'Assemblée nationale.*

Mais, ce qui rendait surtout ces institutions précieuses aux habitants des campagnes, c'étaient leurs rapports quotidiens avec eux, c'était la douceur de leur commerce, c'étaient les services que ces bons moines ne refusaient jamais; c'était surtout cette double leçon de la parole et de l'exemple, qui maintenait l'homme des champs dans la ligne du devoir, et rappelait sans cesse à leur immortelle destinée des esprits toujours trop disposés à s'incliner vers la terre.

On n'a pas assez réfléchi à l'influence qu'exerçaient, sous ce point de vue, les ordres religieux. Je sais ce qu'il y a eu d'abus dans plusieurs d'entre eux; j'ai entendu, et j'ai pu vérifier par moi-même, les reproches qu'on leur a adressés. Les diatribes inspirées par l'esprit révolutionnaire sont à peu près tout ce que bien des gens savent aujourd'hui des moines. Eh bien! je n'hésite pas à dire que cela a été singulièrement exagéré; et que, à tout prendre, le bien que faisaient les monastères était incomparablement au-dessus du mal que pouvait produire le mauvais exemple de quelques-uns de leurs membres.

Oui, je dis qu'il faut à tout homme un moniteur, pour le rappeler à sa fin première. Oui, je dis que, comme le sel est nécessaire pour empêcher la chair de se corrompre, ainsi il faut, ici et là, des exemples de vertu, pour garantir la société de la gangrène du vice. L'exemple a sur l'homme une influence que l'on ne saurait nier. En voyant le Trappiste partager ses heures entre le travail et la prière, le laboureur comprenait qu'il y a temps pour tout. Il n'eût pas même songé alors à violer le saint repos du dimanche, sous prétexte que ses récoltes fussent en danger : car le monastère ne travaillait pas ce jour-là, et pourtant rien ne s'y perdait. Malgré ces longues prières, malgré des offices de jour et de nuit, malgré un grand nombre de jours fériés, jamais la besogne des moines n'était en retard; leurs champs étaient toujours labourés à temps, et leurs vignes taillées dans la saison. Et la réputation de sainteté qui s'attachait à tel et tel de ces cénobites, répandait comme une bonne odeur de vertu dont chacun profitait. Je ne parle pas de la prédication, de la confession, de la visite des malades, du soin des pauvres, de toutes ces œuvres de charité spirituelle et corporelle dont ces maisons étaient l'inépuisable foyer. Il faudrait, pour traiter un tel sujet, plus de science et de talent que je n'en ai, moi, pauvre laboureur ; mais je ne puis m'empêcher de protester contre des reproches trop répandus, et dont j'ai été à même de constater l'exagération. Oui, laboureurs, je le répète haut et ferme :

La suppression des ordres religieux vous a fait un tort que rien ne réparera.

X.

La plus grande action de ma vie.

Le bon vieillard ne m'avait jamais parlé de ses projets sur moi : je ne les ai sus qu'après sa mort. Il craignait de me donner une trop haute idée de ma propre valeur, de me dégoûter, peut-être, de l'état de mon père ; et, dans le cas où Dieu ne m'aurait point appelé à la vie religieuse, d'engendrer dans mon âme ce malaise qu'y cause toujours l'amour-propre désappointé.

J'allai donc quatre hivers à l'école, et, après ma première communion faite, je dus travailler avec mes parents.

J'ai parlé de ma première communion : je ne puis laisser tomber ce mot sans lui donner un souvenir.

Cet acte est, sans contredit, le plus sérieux de la vie. Il termine, à proprement parler, le premier âge de l'existence : il commence la vie chrétienne. Je n'ai rien fait avec autant de réflexion et de gravité. Cette impression a été, et demeurera à jamais, la plus profonde que j'aie éprouvée. J'ai reçu, depuis, bien des fois le corps de mon Dieu ; mais jamais cette action sublime ne m'a pénétré aussi vivement. L'ardeur de ma foi était telle que je ne sais si mon respect et ma religieuse terreur eussent été plus grandes, dans le cas où Dieu m'aurait visiblement apparu. C'était tout à la fois de la crainte et de l'amour, de l'hésitation et de l'empressement, du sévère et du doux. Non, je n'ai jamais goûté une semblable félicité dans ma vie ; je n'ai jamais retrouvé ce rayon de miel. Je me souviens que le dimanche qui suivit, notre curé me demandant ce que c'est que le ciel : encore tout entier à l'impression de la grande action que j'avais faite, je lui répondis vivement : *Le ciel, c'est une première communion qui dure toujours.*

C'était là l'expression vraie de mes sentiments. Et ils étaient, je le crois, plus ou moins partagés par tous mes petits compagnons. La plupart d'entre eux fondaient en larmes, pendant la courte, mais pathétique allocution que le prêtre nous adressa au moment où nous allions nous approcher, pour la première fois, de la table sainte. Depuis six mois, que dis-je ? depuis que nous avions l'usage de raison, on ne cessait de nous entretenir de cette grande action. Nos esprits en étaient entièrement occupés ; c'était comme le point culminant de notre existence. Quoi d'étonnant, alors, qu'au jour où l'acte si longtemps prévu, redouté, désiré, se consommait, il y eût comme une explosion de notre tête et de notre cœur ? Toutes les facultés de l'être se trouvaient condensées sur ce seul point.

Les choses ont quelque peu changé depuis. Il faut bien se mettre dans l'esprit que l'ordre surnaturel était alors celui qui préoccupait le plus tôt, et le plus, l'esprit de l'enfant. On ne voyait, on ne jugeait, on ne sentait que par la religion. Aujourd'hui, dès que l'enfant jouit d'une première lueur de raison, son attention est attirée sur des objets terrestres. C'est dans l'ordre des choses matérielles qu'il est d'abord placé, et, pour ainsi dire, enfermé. La religion n'est guère pour lui qu'un accessoire. Sans doute, le prêtre, qui a autant, et, peut-être, plus de zèle aujourd'hui qu'autrefois, fait tous ses efforts pour fixer la pensée de son petit troupeau sur les choses surnaturelles. Certes ! ni les catéchismes, ni les instructions de toute sorte, ni les confessions, ni les encouragements, ne sont épargnés. Mais qu'est-ce que cela, quand, à peine rendu à la vie domestique, l'enfant se retrouve livré à des pensées, à des impressions toutes différentes? quand il voit la doctrine du prêtre contredite de point en point par le langage ou par la conduite de ses parents ? quand il sent tomber pièce à pièce l'édifice qu'on avait eu tant de peine à construire dans sa tête? Là où les parents ne le secondent pas, le zèle du prêtre est à peu près impuissant.

Eh bien ! voyez, à propos de première communion, ce qu'un enfant doit penser de cette action si importante et si glorieuse. Sans doute, il comprend que c'est une *cérémonie* nécessaire ; on lui en a parlé de bonne heure : personne, il le sait, ne s'abstient de s'asseoir, au moins une fois, à la table sainte. Il voit même qu'une espèce de déshonneur s'attache à celui qui se dispense de cette initiation à la vie chrétienne. Mais, au fond, sous quel point de vue ce grave devoir se présente-t-il à lui ? Comme une action à peu près tout extérieure. Il sait que, la première communion une fois faite, on se croit quitte avec Dieu, ou, du moins, avec l'adorable Sacrement de nos autels. Il se réjouit, il est vrai, de l'approche de ce jour ; mais c'est pour y figurer, et, s'il le peut, y briller. C'est une sorte de parade pour lui. Une petite fille, surtout, se réjouira en pensant aux beaux habits que l'on doit, suivant l'usage, lui préparer pour ce jour-là ; c'est sa toilette qui l'occupe, beaucoup plus que tout le reste. Et la mère fait tout ce qu'il faut pour donner cette direction à l'esprit de sa fille, l'entretenant volontiers de sa robe ou de son bonnet, mais fort peu de la grandeur du Dieu qui doit venir, et des dispositions nécessaires pour le bien recevoir.

En somme, à supposer que l'enfant ait attaché à ce grand acte toute l'importance qu'il mérite, cette impression passera vite, quand il s'apercevra que ses parents, qui ont fait comme lui une première communion, s'en sont tenus là.

Naturellement le fils imite son père, et la fille sa mère.

Dieu soit loué ! jamais nos parents ne nous donnèrent le funeste exemple de l'abandon des sacrements. L'effet produit par ma première communion dura donc longtemps chez moi. Le parfum de piété et de bonheur qui avait embaumé mon âme ce jour-là, passa, sans doute, comme passe le parfum d'une fleur ; mais les fruits restèrent.

Quant à notre toilette, elle nous avait peu préoccupés. Une de mes sœurs, qui fit sa première communion avec moi, n'eut de neuf qu'une paire de souliers, et, je crois, une coiffe de taffetas noir. Pour moi, j'avais hérité de l'habit de mon parrain, que l'on me rajusta et qu'on fit le plus ample possible, afin qu'il me servît longtemps. Mais mon père et ma mère, qui communièrent aussi avec nous, avaient mis, l'un le grand habit de drap gris qui avait servi pour ses noces, et l'autre, l'unique paire de souliers qu'elle eût eue dans sa vie, et qu'elle gardait soigneusement dans son buffet, pour ne l'exhiber qu'aux grands jours.

XI.

Le travail des champs.

Dans un siècle comme celui où je finis ma carrière, je sens que ma jeune âme eût été mal à l'aise, avec la conscience des dispositions heureuses dont la nature m'avait doué. Je me serais cru appelé, au moins, à être un haut fonctionnaire de l'Etat. En ce temps-là, je n'eus pas une seule fois l'envie de sortir de ma condition. On m'aurait fait rougir jusqu'au blanc de l'œil, en m'adressant un compliment. L'idée ne me venait même pas que je pusse songer à être autre chose que ce qu'avait été mon père.

L'enfant du laboureur contracte de bonne heure un véritable attachement au lieu qui l'a vu naître. On comprend que la plupart des hommes qui foulent la terre sans la travailler, la connaissent moins et l'aiment moins que celui qui lui consacre ses travaux et son temps. La terre est une amie de cœur, pour l'habitant des campagnes. L'affection que le savant porte à ses livres, le laboureur l'a pour ses champs. Le territoire du village est vraiment pour lui comme un grand livre, dont il connaît toutes les pages. Il n'est pas un angle de terre, pas un coin de pâturage, pas une haie, auxquels ne se rattachent pour lui les souvenirs les plus variés et les plus doux. Hélas! l'homme aura beau faire pour concentrer tout son être sur le présent : toujours il sera condamné à demander le bonheur, ou à l'avenir par l'espérance, ou au passé par le souvenir.

Me voilà vieux : eh bien! à travers les événements qui

ont rempli ma vie, ce qui est resté le plus ferme, ce qui a le mieux résisté au choc du temps, ce sont mes souvenirs d'enfance. Ils sont encore là, frais, purs, embaumés, vivaces même : pareils à ces pousses vertes qui percent sous les décombres.

C'est de l'ensemble de ces petits liens que résulte l'attachement pour la patrie, qui caractérise en général l'homme des champs. Personne n'aime son pays comme lui. Je parle surtout du temps d'autrefois. L'enfant de la campagne est comme ces plantes aux mille racines, qu'on ne peut extirper sans les briser. C'est lui surtout qui, dès qu'une circonstance fâcheuse, comme la milice, par exemple, l'arrache au foyer, souffre et pleure ; c'est lui surtout qui aime à recevoir des nouvelles *du pays*, qui s'intéresse à tout ce qui lui rappelle le nom de ceux qu'il a aimés.

Méfiez-vous du laboureur qui abandonne la terre qui l'a vu naître. C'est qu'il était mal famé, ou que la détresse jointe à l'inconduite l'oblige à chercher ailleurs des moyens d'existence. Le vrai laboureur, c'est-à-dire l'homme rangé, économe, laborieux, bon chrétien, bon père, époux fidèle, celui-là, dis-je, sauf quelques rares exceptions, vivra et mourra où il est né. L'ouvrier quitte volontiers le lieu de son berceau ; le besoin de se perfectionner, le goût des aventures, trop souvent les habitudes de la débauche, lui font bientôt prendre en dégoût sa terre natale. Il s'en va vers les grandes cités ; car c'est là surtout que ses talents, ou ses espérances, ou ses mauvais instincts, espèrent trouver leur compte. Je ne dis pas qu'il oublie entièrement la terre où il est né ; mais il y pense peu, il y pense moins, et il est bien rare qu'il y revienne.

Le travail des champs a cela de propre qu'il est aussi sain pour le corps que pour l'âme. En même temps qu'il donne aux membres une vigueur particulière, il ne trouble nullement les puissances de l'esprit. L'homme des campagnes travaille ordinairement seul, en face de la nature et de Dieu. Il est par conséquent exempt des inconvénients qui s'attachent aux réunions, au contact des hommes entre eux. Dans toute agrégation d'êtres pour le même travail et sous le même toit, les vices se mettent en commun, et les vertus s'isolent.

J'ai été très-frappé de la justesse d'une réflexion que j'ai lue par hasard dans un livre, et je ne résiste point au désir de la transcrire : « L'air des champs, y est-il dit, a une qualité occulte, une vertu cachée que rien ne remplace. C'est là que nos rustiques aïeux acquéraient cette force de constitution physique et morale qui se perd au sein des villes. La délicatesse des hautes classes les empêche de jouir des bénéfices de la nature. On reste dans la sphère des exercices qui font le gracieux et le joli, au lieu du mâle et du grand. A quels excès n'arrivent point, sous ce rapport, certaines personnes du grand monde ! Il y a des femmes dont les sens sont si susceptibles que, dans la nuit, les simples craquements d'un charbon éteint les empêchent de dormir. On sait quels succès obtenait, dans le siècle passé, le célèbre Tronchin, en obligeant ses vaporeuses clientes à faire le travail de leurs femmes de chambre et de leurs cuisinières. »

Et, parlant de cette même catégorie de personnes sensuelles, l'auteur ajoutait : « Il y a des gens, comme dit Cheyne, qui regardent leur médecin comme leur blanchisseuse, à qui ils donnent leur linge sale à blanchir dans l'intention de le salir de nouveau ; ils ne veulent être délivrés du danger présent que pour être en état de recommencer leurs débauches (1). »

Je me souviens que, dès que je fus en état de réfléchir, j'éprouvais un grand plaisir à voir nos campagnes et à y travailler. L'habitude que j'avais contractée dans l'éducation, de retrouver partout l'idée de Dieu, jetait sur les tableaux divers qui se déroulaient devant moi comme une

---

(1) Le doct. Deray : *Perfectionnement physique et moral de l'homme, considéré particulièrement dans ses rapports avec la civilisation moderne.*

sorte de teinte religieuse. J'éprouvais une joie sincère et profonde à voir la nature sous ces aspects d'abondance et de fertilité, qui plaisent surtout aux laboureurs. La plus douce récréation de notre bon père était de conduire sa femme, le dimanche, dans nos champs : comme les travaux du ménage retenaient presque toujours la pauvre mère à la maison, c'était pour elle un bonheur sensible de voir les sillons verts, au printemps, et de se livrer à l'espérance d'une riche moisson. Cette joie, nous la partagions. Mon âme, naturellement plus poétique peut être, trouvait ses délices à écouter le chant matinal de l'alouette, à voir la verdure naissante des prés et des bois : à certains jours du mois de mai, surtout, quand la nature s'étale, pleine de force et de fraîcheur, aux rayons d'un chaud soleil, j'éprouvais une sorte de transport de joie. L'hiver me semblait long, principalement parce qu'il prive le laboureur du travail des champs.

J'avais obtenu, par mes succès au catéchisme, deux prix, c'est-à-dire deux livres, que je lisais continuellement. Je les savais littéralement par cœur, et, malgré cela, je les relisais toujours avec un nouveau plaisir. L'un était une *Vie des Saints* abrégée, où l'on trouvait une courte notice sur le saint de chaque jour. Tous les soirs mon père m'en faisait lire une à haute voix, et les traits qui m'avaient d'abord frappé se gravaient ainsi de plus en plus dans ma tête. L'autre était un récit de voyages. Si le premier parlait mieux à ma raison et à mon cœur, celui-ci plaisait davantage à mon imagination. Mais toutes mes lectures se bornaient là. Dans ce temps, les livres étaient rares. Je vois aujourd'hui la jeunesse de nos campagnes lire avidement toutes sortes de livres : c'est là un grand mal. Il est impossible que la foi et les mœurs se maintiennent au milieu de cette passion de la lecture, qui livre en pâture à de jeunes imaginations une si grande quantité d'idées étrangères ou opposées aux principes de leur éducation. Le roman est à la mode : et il me revient que très-souvent la morale et le dogme sont blessés par ces impures productions. Quelle calamité ! Du reste, ces lectures n'eussent-elles d'autre effet que de monter la tête, que de repaître de chimères, que d'arracher les jeunes gens à la vie pratique pour les jeter dans une sphère d'aventures, si peu faite pour l'esprit positif du laboureur ; n'eussent-elles, dis-je, d'autre effet que celui-là, elles seraient déjà un grand mal. On m'a cité plusieurs traits de jeunes gens, de jeunes filles surtout, qui se sont laissé prendre à ces piéges perfides, et ont retracé dans leur conduite les exemples romanesques des personnages qu'elles avaient admirés dans leurs lectures. Ce qui veut dire qu'elles sont devenues la honte de leurs familles, le scandale de leurs paroisses et le déshonneur de leur sexe.

Dans ma jeunesse, de pareils malheurs n'eussent point été à craindre. On restait dans le positif. Personne n'eût ajouté foi à ces chimériques créations, qui ont aujourd'hui tant de vogue. Le siècle actuel m'a l'air d'un enfant qu'on amuse avec des contes, ou d'un vieillard tombé en radotage. Dans les âges qui l'ont précédé et qu'il méprise, on avait cent fois plus de bon sens dans l'esprit, de rectitude dans le jugement et de solidité dans la manière d'agir.

En ce temps-là, la vie de l'homme était partagée en deux : les devoirs religieux d'une part, et le travail des champs de l'autre. Nous n'avions pas tant de jeunes gens beaux parleurs, ni de jeunes filles bien mises ; mais nous avions plus de bons ouvriers, plus de bonnes ménagères, plus de tranquillité, de joie et d'aisance.

XII.

Le foyer.

Il est quelque chose que j'ai grand regret de voir disparaître du milieu de nous : c'est la vie du foyer.

Le foyer est le centre de toutes les joies pures, de tous les biens véritables. C'est au foyer que la Providence a attaché le peu de bonheur que l'homme peut goûter ici-bas.

Les anciens l'avaient déjà compris ; car j'ai lu qu'ils prenaient soin de mettre leur domicile sous la protection de quelques divinités domestiques, qu'ils appelaient Dieux Lares, et dont les images garnissaient le foyer. C'étaient pour eux comme les anges gardiens de la maison. Mais les mœurs des païens contredisaient ici leurs croyances : car la vie domestique était, pour ainsi dire, inconnue chez eux. Leur existence était tout au dehors : dans les camps, dans les comices, au forum, sur la place publique ; cela tenait, en grande partie, à l'état social d'alors, et aussi à ce que la femme était considérée, non comme l'égale, mais comme l'esclave de l'homme.

C'est donc le christianisme qui a créé proprement la vie du foyer. C'est lui qui a appris à l'homme à chercher *au dedans le royaume de Dieu.* On ne vit pas, ou l'on ne vit que rarement, dans l'antiquité païenne, le beau spectacle qui devint si commun dans les siècles de foi. L'homme et la femme unis par des liens étroits, que la mort seule peut dissoudre, et mettant en commun leurs biens et leurs maux, leurs joies et leurs tristesses ; des enfants soumis à l'autorité de leurs parents, grandissant sous la double influence des leçons de la religion et de l'exemple paternel ; la paix, l'union, le goût du travail, l'amour de la médiocrité, toutes les vertus religieuses, sociales et domestiques fleurissant à la fois dans ces jeunes âmes : c'est là, ce nous semble, le plus beau spectacle que la terre puisse présenter au ciel, et elle le lui présenta longtemps.

Aujourd'hui, ce type s'efface : la famille s'en va, et la société avec elle. Les mœurs révolutionnaires ont pénétré jusque dans la vie intime. Le respect pour l'autorité n'existant plus nulle part, l'enfant a aussi brisé le joug paternel. La débauche et l'irréligion se sont trop souvent assises au foyer : et l'enfant, ne voyant plus dans les auteurs de ses jours le sceau sacré que la religion leur avait imprimé, s'est mis à les mépriser. Je dois le dire, la honte au front et les larmes aux yeux : ce spectacle n'est pas rare, même dans nos campagnes. Dès le jeune âge, on manifeste parfois une telle irrévérence envers ses parents, que l'observateur ne sait de quoi s'attrister davantage, ou de la mauvaise éducation donnée aux enfants, ou des fruits qu'elle produit.

Nous aimions singulièrement le foyer paternel. Je me souviens que mon père m'ayant envoyé un jour, pour une commission importante, en un lieu assez éloigné pour que je fusse obligé de coucher en route, j'éprouvai un tel regret de quitter notre chaumière, que les larmes m'en vinrent aux yeux. De toute la journée, je ne pus rien manger ; ce ne fut qu'en rentrant le lendemain que mon serrement de cœur cessa, et que la joie me revint. J'avais alors au moins quinze ans.

Combien de jeunes gens riront de moi, en lisant ces lignes ! Je suis bien arriéré, je le vois ; je ne comprends rien aux grands mots de progrès, de liberté, d'indépendance, d'émancipation. Cela est vrai. Mais la paix douce et pure que nous goûtions au sein de la famille, ne valait-elle pas bien toutes les satisfactions plus bruyantes que procure la prétendue liberté ? J'ai vu la jeunesse réglée, modérée, amie du travail et de la tranquillité : je la vois aujourd'hui agitée, avide, tourmentée d'ambition, impatiente du repos, ennemie du foyer : dans laquelle des deux conditions se trouve la plus grande somme de bonheur ?

On dit qu'il s'est élevé tout récemment une classe d'écrivains qui osent attenter à la sainteté de la famille, en détruisant l'indissolubilité du mariage, sa base. Suivant eux, le nœud conjugal ne serait qu'une simple convention, une union libre, que les deux époux peuvent briser à volonté. Dès lors, l'existence des enfants serait livrée au hasard, puisque l'amour maternel, cette merveilleuse image de la Providence, ce lien si doux, si fort, cet indestructible ciment de la famille, puisque l'amour maternel, dis-je, disparaîtrait dès lors, et ne serait remplacé par rien. Par rien, je le répète : car cette prétendue adoption des enfants par l'Etat n'est qu'une déception et une chimère. Hélas ! si l'amour maternel a peine à suffire aux besoins de cet être souffrant et chétif qui fait son entrée dans le monde, comment l'Etat, cette abstraction qui est tout le monde et qui n'est personne, qui n'a ni cœur ni entrailles, pourvoirait il aux nécessités sans nombre qui circonviennent l'enfant au berceau ? Si toute la tendresse, toute la vigilance d'une mère, secondée par la religion, peut à peine écarter de l'adolescence les dangers multipliés que le monde et les passions sèment sous ses pas; comment cette puissance aveugle, insaisissable et sans foi, qu'on appelle l'Etat, étouffera-t-elle dans un jeune cœur le germe des passions, ou y fera-t-elle prospérer le goût de la vertu ? En entendant de telles doctrines, on ne saurait se défendre d'un sentiment de pitié, et pour ceux qui les prêchent, et pour ceux qui les écoutent. Les hommes qui peuvent sciemment proclamer de telles monstruosités sont bien coupables : ils m'apparaissent comme les précurseurs du chaos et de la ruine universelle.

Habitants des campagnes, laissez ces horribles enseignements se propager chez les bourgeois beaux esprits, ou dans les immondes bas-fonds des grandes villes. Mais vous, restez fidèles aux saines traditions, et rattachez-vous aux enseignements sacrés de la foi et aux douces affections du foyer. Votre bonheur est là, et le salut de la société aussi.

XIII.

Un mariage.

Vers ce temps, une de mes sœurs se maria. Elle passait pour être fort belle, et l'occasion s'était présentée de la marier avantageusement, pour parler le langage reçu. Un membre de tribunal, appelé dans notre village pour quelque commission de son état, avait été frappé de sa rare beauté, et l'avait demandée à mon père. Assurément, il y avait là de quoi flatter un pauvre paysan, dans ce temps surtout où les emplois n'étaient guère dévolus qu'à des hommes d'une certaine fortune et d'une certaine naissance ; je crois même que celui-ci était cadet d'une famille noble. Cependant, cet honneur n'éblouit point mon père. C'était le bonheur de ses enfants qu'il cherchait avant tout, et son dicton habituel était que : *Contentement passe richesse.* — Or, disait-il un jour à ma mère, que gagnerait notre fille à devenir la femme d'un *Monsieur ?* Rien que des maux, ce me semble. Il lui faudrait renoncer à toutes ses habitudes et à tous ses goûts. Elle aime le travail des champs ; sa santé robuste a besoin du grand air. Comment vivrait-elle dans cette atmosphère empestée des villes? D'ailleurs, quoique sage et bien élevée, notre fille n'est cependant qu'une paysanne ; elle n'a d'autre civilité que celle que l'on pratique aux champs : ce n'est ni une précieuse, ni une grimacière, comme sont les dames de la ville. Eh bien ! que ferait-elle, la pauvre enfant, au milieu du beau monde, enfermée dans un salon, obligée de figurer, de recevoir chez elle, de diriger un grand repas, de faire, enfin, les honneurs d'une maison ? Tu sens bien, ma femme, que ce serait pour elle une torture continuelle, un véritable martyre. Elle ne manquerait certainement pas de faire des gaucheries. Elle n'a, d'ailleurs, pas la langue assez bien pendue pour tenir tête à des dames si savantes. On rirait donc de notre pauvre Marie-Anne ; elle serait la fable de la ville. Son mari ne manquerait pas de s'en apercevoir ; il prendrait alors le parti de la cacher, de la reléguer au fond de sa cuisine. Sens un peu : quelle triste existence !

» Ensuite, ajoutait-il, j'ai vu quelquefois réussir des mariages où la femme apportait au ménage plus de biens que son mari : rarement j'ai vu heureuse celle qui épouse plus riche qu'elle. A moins de circonstances peu communes, elle est ordinairement considérée comme une esclave. Or, ce monsieur a de la fortune et une belle place, et notre Marie-Anne n'aura rien que quelques sillons de terre. Il est évident qu'elle courrait grand risque d'être malheureuse.

» Et encore, si ce Monsieur l'épousait à cause de ses bonnes qualités : mais non, c'est uniquement parce qu'elle est belle qu'il la veut en mariage. Eh bien ! c'est là un futile motif. Et quand l'air de la ville, quand le changement de régime, quand une existence concentrée auront flétri les roses de ses joues, que deviendra notre chère enfant? La beauté passe : les qualités restent. De toutes les raisons qui font rechercher une femme en mariage, la beauté est celle qui la flatte davantage ; mais c'est certainement la moins solide, et un léger triomphe

3.

de vanité est souvent payé par de grands malheurs.

» Non, non : notre fille épousera un homme de sa condition. »

Ces raisonnements de mon père n'étaient pas sans justesse, et ma mère avait trop de bon sens pour ne pas s'y rendre. Il fut donc décidé que ma sœur n'épouserait point le *Monsieur* qui l'avait demandée.

Elle avait, du reste, été consultée. Quelque flatteuse que fût pour elle une demande en mariage, de la part d'un homme placé si fort au-dessus d'elle, cependant les inconvénients qui pouvaient en résulter pour son sort à venir frappèrent assez son esprit pour contre-balancer en elle les petites fumées de l'ambition et de l'amour-propre. Elle jugea à propos de remettre l'affaire à la décision de notre vieux curé et de ses parents, lesquels n'eurent aucune peine à lui faire sentir que, si elle pouvait être heureuse en restant paysanne, elle ne le serait certainement pas en tâchant d'être femme de condition. Elle ne fit pas difficulté de le croire ; et, quelque mois après la démarche du Monsieur, ma bonne Marie-Anne épousait un jeune homme du village, un de ses amis d'enfance.

Ce fut une fête dans tout le hameau. La considération dont jouissaient mes parents ne permettait à personne de rester indifférent à tout ce qui pouvait les intéresser. C'était le propre de ces temps de simplicité de faire d'un village entier comme une seule famille, où toutes les joies et toutes les douleurs étaient en commun. La noce fut gaie au possible : notre vieux curé voulut y présider lui-même. Je me souviens qu'au moment de donner aux jeunes époux la bénédiction nuptiale, il ne put se retenir de leur rendre cette justice : qu'ils n'avaient jamais une seule fois contristé son cœur de pasteur et de père. Est-il beaucoup de jeunes gens à qui un prêtre puisse aujourd'hui rendre un pareil témoignage ?

Ma sœur Marie-Anne était la première de la famille qui eût quitté la maison paternelle, bien qu'elle ne fût pas l'aînée. Elle y laissa un vide qui fut longtemps senti. Il nous semblait toujours, dans les réunions du soir, qu'il nous manquait quelque chose. Et elle-même, la pauvre enfant, bien que fort attachée à son époux et à ses nouveaux parents, n'en éprouvait pas moins le besoin de revenir souvent dans la maison paternelle. Elle pleurait quelquefois en nous quittant, et il est bon de noter qu'elle n'était point sortie du village. Mais un je ne sais quoi, disait-elle, l'attachait tellement au lieu de son berceau, qu'elle n'était entièrement heureuse que quand elle s'y retrouvait.

O douce et irrésistible influence du foyer paternel !

Ma sœur eut une existence paisible et heureuse. C'est, de tous les membres de la famille, celle qui eut le meilleur lot. Un hasard me mit à même de savoir plus tard ce qu'était devenu son premier amant. Eh bien ! j'appris qu'il avait épousé, aussi pour sa beauté, la fille d'un riche fermier, laquelle, moins sage que ma sœur, s'était laissé séduire par la perpective d'un nom et d'un rang. Or, l'événement justifia tout ce qu'avait dit mon père : cette jeune femme, transplantée dans le séjour de la ville, y fut d'abord très-malheureuse. Puis, la petite vérole étant venue la priver de sa beauté, elle fut dédaignée de son mari, homme sans conduite et sans mœurs, qui l'abandonna pour courir après des étrangères. Peu d'années après, elle mourut, épuisée par la tristesse et la douleur.

Ainsi, celle qui eût été malheureuse avec un homme de qualité, vécut tranquille et à l'aise avec un pauvre laboureur. Tant il est vrai que c'est folie de vouloir sortir de sa condition, et que Dieu a réservé des bénédictions particulières à ceux qui marchent dans la voie tracée par leurs pères.

XIV.

Les procès.

Vers ce temps-là, nous eûmes un procès. Un de nos voisins, homme jaloux et entêté, fâché de voir prospérer mon père, tandis qu'il se ruinait lui-même par son inconduite et ses mauvaises spéculations, vint à bout de nous susciter une querelle, à propos d'une raie de champ qu'il prétendait avoir été usurpée sur lui. Mon père était l'homme du monde le plus pacifique, et surtout le plus loyal. Très-certainement s'il eût été sûr, ou même s'il eût douté que le terrain contesté n'était pas à lui, il se fût empressé de le rendre. Il n'aurait pu goûter un instant de sommeil avec la crainte d'avoir une parcelle, seulement, du bien d'autrui. Mais, en revanche, il était ferme quand il était sûr de son droit. — J'ai des enfants, disait-il; et de même que je serais au désespoir de leur laisser un atome de bien mal acquis, de même je ne souffrirai pas qu'on leur enlève ce qui leur appartient.

Les procès sont ruineux pour tout le monde : ils le sont surtout pour les laboureurs. Les habitants des campagnes n'ont pas d'ennemi plus redoutable. En bien des localités, c'est là la cause première de la gêne de certains cultivateurs, qui devraient être, et seraient réellement à l'aise, s'ils avaient su se garantir de cette cruelle et ruineuse manie.

Au temps dont je parle, les procès étaient rares; car je

me souviens que le nôtre fut un événement. Aujourd'hui, ils sont infiniment plus communs. Je vois avec regret les justices de paix et les tribunaux souvent assiégés de laboureurs. Un procès est une chose ruineuse, même quand on le gagne. On y perd son temps, ses amis, son argent, sa tranquillité, et, en somme, on ne fait profiter que les gens de loi. Un vieux proverbe bien connu dit qu'il faut gagner sept procès pour se ruiner.

Dans ce vieux régime tant maudit, dans ces siècles d'ignorance, on avait pourtant trouvé moyen de se faire justice sans consumer sa fortune. Un tribunal était établi dans chaque paroisse (on parlait alors beaucoup de paroisse, et très-peu de commune), tribunal équitable, impartial, éclairé, et surtout gratuit. Il y avait alors dans chaque église une confrérie pieuse établie à l'honneur de la sainte Vierge, laquelle s'assemblait le dimanche pour réciter le petit office dédié à cette Reine des anges et des hommes. Les fonctionnaires de cette association étaient élus chaque année par leurs confrères, et composaient comme un conseil de sages ou de prud'hommes. Or, c'était à cette espèce de conseil de famille qu'était dévolue de droit la connaissance et la décision de toutes les affaires litigieuses qui s'élevaient entre les associés. Ainsi le portait le réglement, et nul n'était tenté de s'y soustraire. La question était donc mûrement examinée, et jugée à la pluralité des voix. Il était bien rare que la sentence ne fût pas juste, et plus rare encore qu'on en appelât de cet arbitrage tout bénévole, tout paternel, à un tribunal plus savant, peut-être, mais plus coûteux.

Naturellement, notre affaire fut portée devant cette *justice de paix :* le nom ne fut jamais mieux mérité. Je me rappelle encore avec quelle solennité la chose se passa. Le préfet de la Congrégation avait mis ses beaux habits. L'office étant fini, et un *Pater* ayant été récité pour l'heureux succès de la démarche qu'on allait faire, ledit préfet, suivi de ses assistants et des membres du conseil, parut, tenant le réglement sous le bras, et tous ensemble se rendirent sur le terrain en litige. Mon père et son adversaire furent entendus : quelques vieillards déposèrent, d'après leurs souvenirs et leur connaissance des lieux ; on apporta même le *pied terrier* de la commune. Ensuite les juges se retirèrent à l'écart pour délibérer, et prononcèrent bientôt la sentence. Mon père fut confirmé dans sa possession, son adversaire débouté et condamné aux frais. Or, les frais consistaient à fournir un verre d'huile, ou un cierge d'un quart, pour éclairer l'autel de la sainte Vierge.

Mais le condamné ne voulut point se soumettre. Entêté, comme je l'ai dit, il déclina l'autorité que chacun avait jusqu'alors respectée. Ce fut un grand scandale, bien qu'au fond personne n'en fût étonné de la part d'un tel homme. Mon père fut donc cité devant le tribunal de l'Intendance. Je me souviens qu'il délibéra s'il suivrait le procès ou abandonnerait son terrain. Les honnêtes gens, et le curé le premier, le détournèrent de ce dernier parti, par la raison que ce serait non-seulement donner tort au bon droit, mais encourager les méchants, et, surtout, décréditer le conseil de la Congrégation, dont personne ne voudrait plus désormais accepter l'arbitrage. Cette dernière raison fut décisive.

Hélas ! l'esprit révolutionnaire faisait déjà des progrès. Le temps approchait où toutes les mauvaises passions allaient avoir leur jour de triomphe. Notre méchant voisin ne faisait que préluder aux injustices qu'il devait commettre plus tard.

Le procès fut entamé. Il coûta à mon père une grande perte de temps, de tranquillité et d'argent. Alors, comme aujourd'hui, la marche de ces sortes d'affaires était lente. Il fallait se transporter souvent au chef-lieu ; les juges devaient venir sur le terrain : ce qui ne se faisait pas sans frais. Bref, au bout de trois ans, quand mon père eut gagné une seconde fois, tout compte fait, il avait perdu environ dix fois ce que valait le terrain en question. Aussi jura-t-il que de sa vie il ne soutiendrait un procès, et que, si on lui prenait son manteau, plutôt que de le réclamer, il donnerait encore sa tunique.

Encore une fois, laboureurs mes frères, fuyez les procès comme la peste.

XV.

L'approche de l'orage.

Ma jeunesse s'écoulait ainsi, heureuse et calme. J'avais dix-sept ans, et je ne songeais à autre chose qu'à servir mon Dieu et à aider mes parents. Nos petites affaires allaient assez bien. Un seigneur, dont mon père cultivait un domaine, charmé de sa probité et de sa bonne conduite, venait de lui diminuer notablement son prix de fermage : ce qui nous ouvrait une nouvelle perspective de bien-être. Nos santés, d'ailleurs, étaient excellentes. Mon père, bien que déjà sexagénaire, était encore vert et robuste comme un jeune homme ; ma mère semblait aussi augmenter chaque jour d'activité ; et tous leurs enfants, gais, vigoureux et dispos, semblaient rivaliser entre eux de dévouement et d'ardeur au travail. Comment un ménage ainsi constitué ne prospérerait-il pas ?

Hélas ! pourquoi faut-il que le bonheur ne puisse durer ici-bas ! Pendant que le calme régnait dans notre intérieur, le trouble se préparait au dehors.

Uniquement occupés de leurs travaux, les habitants des campagnes n'avaient alors aucune idée de la politique. Toutes les questions qui les agitent si fort maintenant, leur étaient parfaitement étrangères. On vivait paisible sous l'empire des lois et sous le sceptre d'un monarque qu'on était habitué à considérer comme le représentant de Dieu sur la terre. Les habitudes d'obéissance étaient si profondément enracinées dans tous les cœurs, que la seule pensée qu'on pût vivre en dehors d'une autorité inviolable ne fût certainement entrée dans aucune tête. En deux mots, la société d'alors était comme une machine bien montée et bien graissée, dont le jeu s'exécute de lui-même : c'était l'histoire du corps humain, quand une santé parfaite rend imperceptibles mille opérations, qu'une lésion quelconque rend sensibles par la douleur.

Cependant l'orage se préparait. Une troupe d'écrivains licencieux avait entrepris de détruire l'autorité de Dieu sur la terre : chaque jour de nouveaux libelles attaquaient les dogmes ou la morale du christianisme. Sans doute, ces choses se passaient dans les hautes régions de la société ; il n'en descendait rien, en apparence, chez le peuple, et notamment chez le peuple des campagnes. Cependant, les effets n'en étaient pas moins réels, quoique peu sensibles ; ces livres impies étaient lus, dévorés, applaudis dans la noblesse et dans la haute bourgeoisie. C'était la mode, alors, d'être ce qu'on appelait philosophe. Peu à peu, on abandonnait les pratiques religieuses : les sacrements, les temples mêmes se désertaient. Les mœurs devenaient de plus en plus relâchées ; la cour, il faut en convenir, avait la première donné l'exemple du libertinage. La contagion gagna insensiblement les grands, puis la partie la plus riche de la bourgeoisie, et menaçait d'envahir avant peu tout le corps social.

La classe agricole, je le répète, était certainement celle que ce mouvement atteignait le moins ; de toutes les parties du corps, c'était la plus saine. Elle ne se doutait donc pas de ce qu'un prochain avenir apportait. Toutefois, pour être juste, je dois dire que l'antipathie contre les seigneurs, c'est-à-dire contre les grands propriétaires, y était fort grande. L'école philosophique avait au moins réussi à infiltrer des sentiments de jalousie et de haine chez les habitants des campagnes. On se plaignait plus que jamais du joug, et jamais le joug n'avait été moins lourd. L'idée même d'un partage plus égal des biens de la terre commençait à germer dans certaines têtes. Mais de là aux injustices et aux horreurs qui allaient se commettre, il y avait encore loin.

Mon père cependant se plaignait déjà de l'affaiblissement de la foi, par comparaison aux jours de sa jeunesse. Sans se rendre bien compte des causes, il signalait les effets. Il voyait avec amertume le respect pour le prêtre diminuer, le goût de la parole de Dieu s'affaiblir, la simplicité et la pureté des mœurs s'altérer. — Quand je me reporte aux jours de mon enfance, disait-il, je crois être dans un monde nouveau ; tout a changé, jusqu'aux costumes. — S'il avait vu ce dont j'ai été témoin, qu'aurait-il dit ?

Mais nous prenions cela un peu pour l'effet de cette manie qu'ont tous les vieillards de se plaindre du présent et de vanter le passé. Et, au fait, peut-on s'étonner de cet instinct de la nature ? Nous ne voyons l'existence et le monde que par rapport à nous. Or, dans la jeunesse, tout est joie et bonheur : la vie abonde et se répand au dehors ; l'espérance surtout, cette fée à la baguette enchantée, prolonge indéfiniment l'avenir, et y jette ses plus riantes couleurs. Comment alors ne pas aimer, goûter, savourer l'existence ? Comment ne pas tout voir à travers un prisme séducteur ? Mais, plus tard, quand la vieillesse a glacé le sang, resserré le cœur, coupé les ailes à l'imagination, substitué le regret à l'espérance, la réalité aux rêves, la triste expérience aux douces chimères ; quand tout est froid, quand tout vous repousse ou vous délaisse, comment aimer encore la vie ? Comment, tout au moins, ne pas trouver une énorme différence entre ce qu'elle est et ce qu'elle fut ? Ah ! c'est moins la nature et le monde qui changent, que nous-mêmes. Les hommes étaient déjà méchants ; mais nous n'avions point encore eu de contact sérieux avec eux. L'expérience a terni tout ce que l'imagination avait doré.

Ce qui nous frappa, d'abord, étrangement, et commença à nous ouvrir les yeux sur l'avenir, ce fut une conversation de notre vieux curé avec mon père. Nous étions rangés, un soir d'hiver, autour de notre foyer, quand le bon prêtre, complimenté par mon père sur sa belle santé (il avait alors quatre-vingts ans), répondit, en secouant la tête : — J'ai assez vécu, et je serais bien fâché de vivre davantage. J'espère que Dieu exaucera ma prière, et me fermera les yeux avant qu'ils ne soient témoins de tout ce qui va se passer. — Le ton de tristesse avec lequel le saint vieillard prononça ces paroles fit sur nous une profonde impression. Sollicité de s'expliquer, il entra dans les plus grands détails, et nous fit part des craintes trop bien fondées de ceux que leur position ou leurs talents mettaient à même de lire dans un prochain avenir. Ces sombres pronostics nous frappèrent d'autant plus, que tout était tranquille à la surface. Nous autres jeunes gens, nous étions incrédules sur ce chapitre ; mais mon père ne fit aucune difficulté d'y croire, et y ajouta, en forme de preuve, ses propres observations. — Il y a longtemps, nous disait-il, que le monde se détériore. Il me semble que le bon Dieu ne peut manquer de bientôt nous punir. Toutes les classes de la société ont eu, à peu près, part au délit ; il faudra bien qu'elles aient leur part du châtiment.

XVI.

Une habitude de famille.

C'était l'usage chez nous de lire chaque soir la *Vie des saints*. Je ne sais s'il est une habitude plus précieuse et plus douce que celle-là. Mon père et ma mère avaient vu de tout temps deux gros volumes in-folio portant ce titre ; la pensée leur vint, au moment de leur mariage, de demander à leurs parents ce vénérable meuble de famille : ce qui leur fut accordé. Mon père nous a avoué bien des fois qu'il avait renoncé pour cela à une petite portion de champ, à laquelle il avait droit ; et ma mère, à son tour, avait été obligée de promettre en compensation quelques objets de toilette à ses sœurs. Ainsi, sans s'être concertés, ces deux époux chrétiens arrivèrent munis, chacun de son côté, de ce qu'ils regardaient comme le premier de leurs meubles. Je crois que Dieu leur en a tenu compte, en inspirant à leurs enfants un goût, je pourrais presque dire une passion, pour ces intéressantes et utiles lectures.

Que de fois, dans les soirées d'automne, quand le vent mugissait autour de notre chaumière ; ou en hiver, quand un froid piquant nous resserrait autour du foyer, que de fois, dis-je, nous prêtâmes l'oreille, avec une attention toujours soutenue, à ces doux récits des souffrances ou des actions de nos prédécesseurs dans la foi ! J'éprouvais un charme infini à laisser ma pensée errer dans les détours de ces glorieuses annales : suivant tantôt les anachorètes au fond de leurs solitudes, tantôt les apôtres dans leurs courses évangéliques, tantôt les martyrs dans la voie sanglante qui les a conduits au ciel. C'étaient ceux ci, surtout, qui avaient le privilége d'exciter notre attention et notre pieux enthousiasme. Telle était l'impression que faisaient sur nous les exemples des héros du christianisme, que bien des fois nous prîmes la résolution de mourir comme eux. Volontiers, ainsi qu'on le raconte de sainte Thérèse et d'un de ses frères encore enfants, eussions-nous quitté le toit paternel pour aller chercher la palme du martyre, si nous eussions su où la cueillir. Pieux élans d'une ferveur naissante, naïfs désirs de mon jeune cœur, votre souvenir me réjouit encore, et parfume pour ainsi dire ma vieillesse ! Il était peu de saints, et même peu de traits dans la vie des saints, qui n'eussent trouvé place dans ma sûre et vaste mémoire. Et, aujourd'hui encore, malgré mes quatre-vingts ans, je me souviens bien mieux que du jour d'hier, de ces scènes sacrées, de ces tableaux vivants, offerts à mon imagination enfantine.

Jamais, au reste, ce goût ne m'a abandonné ; mon âge mûr, ma vieillesse même, ont gardé les pieuses empreintes de mon berceau. J'ai connu, autant que mon état et mon peu d'instruction me le permettaient, la littérature du jour. Nouvelles, feuilletons, romans, journaux, livres de tout genre, j'ai un peu goûté, j'ai un peu tâté de tout. Eh bien ! je dois le dire : tout cela m'a paru éminemment pauvre et futile, en comparaison de ces pages si simples, mais si pleines d'instruction, où sont consignées les victoires qu'ont remportées sur la chair et le monde nos aînés dans la carrière. Là, je vois trop souvent triompher le vice ; ici, la palme appartient toujours à la vertu. Là, l'écrivain cherche à me corrompre, m'amollit, me trompe, ou tout au plus m'amuse ; ici, il tend sans cesse à me rendre meilleur, il m'éclaire sur mes devoirs, il me fortifie, il m'encourage, il me donne le secret de la patience et du bonheur.

Il serait difficile de contester l'influence qu'a exercée sur notre siècle la triste littérature dont on l'a saturé. Qui ne reconnaît, dans les actes, le fruit des doctrines ? Où le socialiste, où l'ouvrier égaré, ont-ils puisé la pensée qui arme leur bras homicide ? Trop souvent dans ces pages criminelles où la société leur est représentée sous de faux traits, où on leur apprend à voir dans tout roi un tyran, dans toute fortune une usurpation, dans toute supériorité une injustice. Je ne fais qu'une simple supposition : admettons qu'au lieu de se repaître des tableaux menteurs que la littérature moderne lui présente, la classe inférieure se soit nourrie de la lecture de la *Vie des saints*, croit-on que nous en serions où nous en sommes ? Le présent serait-il aussi triste, et l'avenir aussi menaçant ?

Et, au fond, qu'y a-t-il de plus digne de notre attention et de notre amour, que ces saintes archives du christianisme? Pour moi, j'éprouve une sorte de fierté à les étudier : il me semble que ce sont là mes titres de noblesse. Le cours des siècles a vu bien des conquérants, bien des savants, bien des littérateurs, bien des artistes. Qui sait leurs noms maintenant? Où vivent leurs souvenirs? A peine chez quelques érudits. Quant à nous, chrétiens, nos parchemins sont impérissables ; nous avons dans nos saints une suite d'aïeux, dont la mémoire ne s'éteindra pas. Tous les jours, le temps efface les calendriers que le monde s'est faits ; le nôtre est immortel : pas un nom n'y meurt, pas une syllabe ne s'y rature.

Après cela, où nous mènerait l'exemple de ces hommes que l'opinion du monde a faits illustres? En quoi leurs talents ou leurs actes sont-ils imitables? Qu'auriez-vous à gagner, bons paysans, à savoir des nouvelles de Phidias le sculpteur, d'Apelles le peintre, de Tamerlan le conquérant, ou même de Cicéron l'orateur? Je ne vois pas trop quel profit vous pourriez retirer de la lecture de leurs vies : leurs talents sont au-dessus de votre portée, et leur conduite n'est pas des plus édifiantes. Tout au plus pourriez-vous leur faire hommage d'une stérile admiration. Mais, pour nos saints, c'est autre chose : ce sont vos amis, vos frères, vos pères dans la foi ; ce sont vos patrons, ceux de vos enfants ou de votre pays ; ils ont professé la même foi que vous, combattu les mêmes combats, vaincu les mêmes ennemis : leur but était le vôtre, leurs ennemis les vôtres, leurs moyens les vôtres ; et le terme heureux auquel ils sont parvenus est le seul auquel vous tendez. Sans doute, beaucoup d'entre eux ont été élevés à un degré de grâce et de gloire que vous n'atteindrez pas ; mais encore il est doux de les admirer, et possible, jusqu'à un certain point, de les imiter ; car tout, dans leur vie, n'est pas au-dessus des forces humaines, et vous pouvez encore, au moins de loin, marcher sur leurs traces.

Etudiez donc, habitants des campagnes, étudiez ce livre si fortifiant, si plein, si consolant, qu'on appelle la *Vie des saints*. Vous ne le lirez jamais sans devenir meilleurs. Faites-le lire à vos enfants ; qu'il soit votre compagnon, votre ami, votre guide, et, j'ose le dire, votre consolateur. Qu'il soit comme l'hôte de votre vie domestique, comme l'ange qui préside à vos foyers. Substituez-le à ces livres dangereux, qui se glissent, sous des titres innocents et séduisants parfois, jusqu'au sein de vos chaumières, pour corrompre la foi de vos fils et les mœurs de vos filles. Les livres profanes, même les meilleurs, souvenez-vous-en, n'inclinent guère que vers la terre : la *Vie des saints* relève toujours vers le ciel. La famille, la commune, le peuple où ce livre serait lu et goûté, verraient la paix et l'ordre fleurir dans leur sein : car c'est là, et là seulement, que se trouvent la vraie politique, le *vrai socialisme*, la vraie philanthropie ; là, l'œil le moins clairvoyant découvre le nœud de ces formidables problèmes, dont la philosophie cherche si laborieusement et si inutilement la solution, et qui ne se résoudront, peut-être, qu'aux lueurs du dernier incendie.

XVII.

Une perte pour tous.

Peu de temps après, notre bon curé mourut. Ce fut un deuil général : chacun croyait avoir perdu son père. Mais nulle part ce malheur ne fut mieux senti que chez nous. Nous lui devions à peu près tout ce que nous étions, et tout ce que nous avions. Fils de cultivateur, il avait toujours donné d'excellents conseils à mon père ; et certainement notre bien-être temporel était en grande partie son œuvre. Je ne parle pas du point de vue religieux : évidemment, c'était à ses instructions, à ses soins, à sa bonne amitié, que nos parents devaient d'avoir une famille si bien rangée. Pour mon propre compte, je confesse que le peu que je valais venait de lui : il fut le principal instrument dont Dieu s'est servi pour accomplir en moi les desseins de sa miséricorde.

Chaque fois que je repasse dans mon esprit l'influence que ce saint homme a exercée sur moi, je ne puis m'empêcher de bénir sa mémoire. C'est lui qui m'a montré la voie : c'est lui qui m'a guidé à l'entrée de la carrière. Sa bonne et vénérable figure se dressait devant moi comme celle d'un ange gardien, d'un père tendre, d'un pasteur vigilant ; j'aimais à reposer respectueusement mes yeux sur sa physionomie, à la fois si bonne et si spirituelle. Il était bien vraiment pour moi le représentant de Dieu sur la terre. Mais autant sa voix était caressante et m'ôtait toute gêne quand il conversait avec nous, autant elle reprenait d'autorité et d'ascendant, quand j'étais seul à seul avec lui au tribunal sacré.

Il ne m'appartient pas de révéler tout ce qui s'est passé, là, entre lui et moi. Le cœur de l'homme est un abîme. Ceux qui l'ont comparé à une mer agitée n'ont rien dit que de vrai. Nous portons en nous un fonds inépuisable de corruption. Quiconque sait scruter son cœur et ses reins, est tout surpris d'y voir en germe une foule de vices, auxquels il se croyait étranger. Mais que cette connaissance de soi-même est rare ! Et c'était justement à me donner cette vraie science que tendaient tous les efforts de ce noble vieillard. Découvrant en moi une intelligence vive, jointe à un certain fonds de turbulence, il tâchait de me jeter le frein ; et ce frein, c'était l'idée sérieuse, la conviction profonde de ma propre faiblesse. Il tenait à me faire bien comprendre que de moi je ne pouvais que le mal : son mot le plus ordinaire était celui ci : *Nous n'avons pour fonds que le néant, et pour acquit que le péché.*

Je ferai ici un aveu qui ne me coûte rien, parce que l'expérience m'a appris qu'aucune faiblesse n'est étrangère à l'homme. J'avais fait une chute grave ; la honte de l'avouer me retint longtemps loin du remède. Je n'osais prendre sur moi d'aller révéler à mon confesseur la faute qui me pesait sur le cœur. Et, pourtant, les troubles de ma conscience se faisaient sentir jusque dans mon sommeil. L'aspect du prêtre me devenait pénible ; quand cet œil doux et fin se fixait sur moi, il me semblait qu'il lisait au fond de mon cœur la faute que j'essayais vainement d'y enfouir. La rougeur alors me montait au front. A la fin, le poids me devint insupportable. Un sermon que le vieillard fit un jour sur l'endurcissement et ses causes, acheva de jeter la frayeur au fond de mon âme. J'allai me confesser. Ah ! que la parole du prêtre fut pénétrante ce jour-là ! comme elle tourna et retourna son glaive dans mon âme saignante ! Avec quelle tendresse, mais avec quelle force, cette main paternelle infusa le vinaigre et l'huile dans ma plaie ! Je vis alors quel piége affreux l'esprit de ténèbres m'avait tendu, moins encore en me poussant au mal qu'en me décidant à le dissimuler. Je fus guéri de cette tentation pour ma vie ; et certainement c'est là le service le plus signalé que m'ait rendu cet homme qui m'en a rendu tant d'autres.

O vous que quelque blessure secrète a atteints au fond de l'âme, ah ! gardez-vous à jamais de la laisser s'envenimer ! Hâtez-vous de la découvrir à celui que Dieu a doué du pouvoir de guérir. La voix du prêtre est la seule qui puisse pénétrer sans inconvénient dans les profondeurs de l'âme humaine ; sa main est seule assez discrète pour sonder toutes nos plaies, assez douce pour les panser, assez puissante pour les cicatriser. Gardez, gardez que jamais une de ces plaies ne s'aigrisse : une blessure est aisée à guérir ; un ulcère est parfois incurable.

On vit clairement, à la mort de notre bon prêtre, quelle place il tenait dans la population. Aujourd'hui de tels vides se font à peine sentir, ou du moins sont bientôt comblés. Dans ce temps-là, le prêtre se mêlait à tout : il était de toutes les joies et de toutes les douleurs. Sa place était marquée dans chaque cœur et dans chaque foyer. En le perdant, on perdait vraiment un membre de la famille. Partout son départ laissait un vide. La douleur fut donc universelle : parents et enfants, riches et pauvres, jeunes gens et vieillards, tous pleuraient le conseiller, le guide et l'ami qui venait de les quitter.

Le saint prêtre fut enterré au sanctuaire de l'église. Alors on ne croyait pas qu'il y eût d'inconvénient à ce que le père reposât au milieu de ses enfants, et le prêtre sous les yeux de son Dieu.

Un des plus anciens curés du pays prononça son oraison funèbre. Il n'eut pas besoin de grands efforts pour émouvoir son auditoire. Les larmes coulaient d'avance. Jamais discours n'en fit plus répandre. A travers les excellentes choses que dit l'orateur, je fus surtout frappé de celle-ci : — La vie de votre digne curé fut un long sillon ensemencé de bon grain. — Rien n'était plus vrai que ce mot : pas une pensée, pas une parole, pas une action, pas une heure, pas une minute de cette sainte existence, n'avaient été perdues pour le ciel. L'orateur, faisant allusion à l'époque de troubles où l'on allait entrer, félicita le défunt d'avoir été sauvé de l'aspect douloureux de tant de désordres et de tant de crimes qui devaient bientôt souiller le sol de la patrie. Il le compara à un navire revenant d'un long voyage, chargé de riches marchandises, et entrant au port, au moment même où l'horizon chargé couve une horrible tempête.

La révolution éclata en effet peu après : ce fut un bouleversement profond, radical, universel.

Combien de causes et quelles causes l'avaient préparée, c'est ce que je ne saurais dire. Sans doute, depuis longtemps s'amassaient les matériaux de ce vaste incendie. Une telle catastrophe n'éclate pas, sans que beaucoup de fautes et de crimes en aient été les précurseurs ; mais il faut avoir assisté à cette explosion terrible pour bien comprendre ce qu'elle eut d'imprévu pour la plupart des habitants de la campagne. Presque tous vivaient dans une profonde sécurité, quand ce coup de tonnerre les arracha à leur insouciance, et leur fit sentir que le vieux monde allait être renversé, le pouvoir complétement détruit, et l'axe de l'univers, en quelque sorte, déplacé.

Quant à moi, je ne sais si j'en fus surpris. Tant de fois mon attention avait été tournée de ce côté par les prédictions des sages, que j'avais fini par m'accoutumer à l'idée d'un changement, sans trop savoir sur quoi il porterait. Mon jugement, du reste, ne chancela pas un seul instant : j'avais pour me guider une double règle, une double foi, qui ne pouvait faillir. J'aimais l'autorité sous toutes ses formes : je la voyais ébranlée jusqu'en ses fondements. J'avais toujours cru que le pouvoir descend d'en haut ; on proclamait qu'il vient d'en bas : dès lors la nouvelle doctrine était jugée pour moi. La révolution avait écrit sur son drapeau trois mots séduisants : *Liberté, Egalité, Fraternité*. Mais bientôt sa conduite démentit le sens véritable de cette devise ; dès le début, je compris que ces trois paroles, si belles, si attrayantes, n'étaient que des impossibilités ou des mensonges. Mais ceci est assez grave pour que je m'y arrête un moment.

XVIII.

La souveraineté du peuple.

Je suis un pauvre paysan, et je hasarde quelques pensées sur la politique.

Des écrivains, de prétendus amis du peuple, sont venus à bout de persuader à la multitude que le pouvoir réside en elle, et même qu'il émane d'elle. C'est là, à mon sens, une énorme absurdité, dont le peuple doit bien se défendre, s'il n'en veut être la victime.

Le pouvoir vient de Dieu : c'est en Dieu seul qu'il réside, comme dans sa source. On ne peut sortir de là sans livrer l'homme et la société à des hasards, à des désordres sans fin.

Dès que nous admettons un Dieu créateur et une Providence (et grâces au Ciel ! c'est encore là la croyance de l'immense majorité des habitants des campagnes), dès ce moment, dis-je, nous devons reconnaître que ce Dieu a arrangé notre monde sur certaines bases et d'après certaines lois. Nous devons admettre que c'est lui qui a distribué aux hommes leurs qualités de corps et d'esprit : coordonnant tout de manière à ce que chacun puisse remplir ici-bas sa destinée, et atteindre, par là, sa fin ultérieure, qui est le salut éternel.

La diversité des talents et des aptitudes est donc un fait providentiel. La main qui a fait le ciron et l'éléphant, le chêne et le brin d'herbe, a fait aussi l'homme simple et l'homme de génie. On aura beau raisonner : on ne fera pas que les hommes soient égaux en forces physiques et morales, en talents, en courage, en aptitude, en bonne volonté, en santé, en vertu, etc... Ce sont là des inégalités que de vains discours n'effaceront pas, que de vains efforts ne feront point disparaître. Toutes les forces de l'univers peuvent-elles seulement donner à un homme une ligne au-dessus de sa taille ?

Or, ces inégalités en entraînent forcément une autre : c'est que les uns peuvent conduire, et que les autres ne peuvent qu'être conduits. D'où il suit que le pouvoir ne saurait être le droit de chacun ; puisqu'il est absurde que Dieu ait donné à tous un droit qui peut et doit être inutile pour le plus grand nombre.

La dépendance me semble être, au contraire, la loi générale des êtres humains. On voit partout apparaître la nécessité d'obéir. Obéissance aux parents, obéissance aux maîtres, c'est le lot du jeune âge : obéissance aux magistrats, obéissance aux lois, c'est le devoir de l'homme mûr. Où et quand cesse-t-on d'obéir ? Et comment obéit-on, si l'on doit commander ? Et quand commande-t-on, si l'on doit toujours obéir ?

Je trouve absurde qu'on ait revendiqué le droit de commander, c'est-à-dire le pouvoir, pour la multitude : la multitude qui n'est point un être, mais une collection d'êtres différents et souvent opposés ; la multitude ! cette confusion difforme, multiforme, protéiforme ; la multitude ! ce chaos inextricable d'instincts aveugles, de désirs violents, de passions indomptées ; la multitude ! cette contradiction perpétuelle et toujours vivante. Autant vaudrait chercher la paix et l'ordre dans les vagues d'une mer irritée.

Que veut-on dire quand on dit que le peuple est souverain ? D'abord, qu'est-ce que le peuple ? Ou ce mot ne veut rien dire, ou il veut dire la somme de tous les individus qui composent une nation. Si c'est là le sens du mot, et on ne saurait le nier, il s'ensuit que tout être humain a sa portion de souveraineté. Par conséquent, point d'exclusion : jeunes et vieux, femmes et enfants, tout doit avoir sa voix, jouir de son droit. Pourquoi, alors, des exceptions ? Pourquoi des limites d'âge, de domicile, de condition ou de sexe ? Une femme, un enfant, ne font-ils pas partie d'un peuple ? Un galérien, un voleur, n'en sont-ils plus ? Comment se fait-il que les plus chauds partisans de la souveraineté populaire, les démagogues de 93 eux-mêmes, avaient néanmoins posé des limites à l'exercice de la souveraineté, en éliminant, par exemple, toutes les femmes et tous les jeunes gens au-dessous de vingt ans ? De telles exclusions sont absurdes et choquent le principe.

Ensuite, où et comment s'exercera la souveraineté populaire ?

1° Pour exercer un droit, il faut au moins en connaître la valeur et l'étendue. Or, les dix-neuf vingtièmes des hommes n'ont pas, et n'auront jamais assez d'intelligence, pour faire un acte vraiment libre, en exerçant leur souveraineté. La plupart ne savent réellement ce qu'ils font, quand ils remplissent une fonction politique. S'il s'agit de voter, par exemple, c'est une confusion, un tohu-bohu effroyable : on vote au hasard, sans savoir pour qui ni pourquoi; on cède, ou à un entraînement de parti, ou à une coterie, ou à un intérêt de localité, ou à une haine aveugle, ou à une espérance plus aveugle encore. Bref, la multitude, dans ces cas-là, n'est que l'ignorance multipliée par elle-même. C'est une vague sur une vague, une série de flots sans nombre, se heurtant, se précipitant, ici ou là, selon que le vent les pousse.

2° Sur quoi s'exercera la souveraineté populaire? Je n'en sais rien, ni le peuple non plus. Et d'abord je remarque en passant qu'on a trop souvent confondu le peuple avec la populace. La populace (la seule partie du peuple qui fasse les révolutions) n'est bonne que pour détruire. Oh! là, elle est vraiment souveraine. Le peuple, ainsi entendu, est souverainement habile à renverser. Quant à construire, je ne sais, et il ne sait lui-même, ce qu'il peut faire. Je vois partout des lois et des codes, œuvres d'individus ; je n'en vois point œuvres d'un peuple. Jusqu'à présent, je le répète, toute la souveraineté populaire s'est bornée à détruire. Triste souveraineté que celle-là : la souveraineté du faible et de l'idiot !

3° Par quels moyens s'exercera la souveraineté du peuple? Je n'en vois que deux possibles : l'exercer par soi, ou par des représentants.

La première supposition, qui est au fond la seule rationnelle, est tout à fait inapplicable. Il est impossible, en effet, que le peuple soit toujours sur pied, toujours réuni en assemblées ou en comices, pour décider de tout ce qui peut l'intéresser. Comprendrait-on une nation perpétuellement debout sur ses places publiques, pour confectionner des lois, ou délibérer sur leur application? Je ne sache rien de plus absurde. Où en serait le travail? la famille?

Et pourtant, je le répète, c'est là la seule application complète du principe de la souveraineté du peuple. Car,

La seconde supposition, qui est la seule usitée, contredit le principe lui-même. 1° Tous ne votent pas pour les mêmes représentants : ce qui fait qu'une portion des souverains, et souvent une portion très-notable, exerce son pouvoir à vide, et n'a point de mandataires, ou n'en a que de contraires à ses vues et à ses droits. Il m'est arrivé bien des fois de démontrer par le calcul que, en tenant compte des citoyens qui ne votent pas, de ceux qui votent dans un autre sens, de ceux que l'on condamne à ne pas voter, aucun représentant de tel ou tel département n'avait plus du quinzième des suffrages de ses prétendus mandants : 20,000 voix, par exemple, sur 300,000 habitants. 2° Les représentants peuvent agir et agissent souvent dans un sens opposé à celui de leur mandat. D'où il suit que le souverain ne fait pas ce qu'il veut, n'est pas servi à son goût, c'est-à-dire n'est pas souverain. 3° Le bon sens dit que tout pouvoir, servi par un mandataire infidèle, a le droit de le révoquer, et l'expérience prouve qu'il n'a jamais manqué de le faire. C'est un droit essentiel à la souveraineté. Or, ici, le mandat du représentant a une durée fixée (et nous défions tout souverain populaire de faire autrement). D'où il suit que le souverain a les mains liées vis-à-vis de son mandataire, c'est-à-dire que le maître est le serviteur, et le serviteur le maître, pendant un temps déterminé. Or, comme ce temps déterminé renaît forcément et toujours, il s'ensuit que toujours et forcément le souverain est obligé de subir des lois qu'il ne peut ni faire, ni défaire, ni contrôler.

La belle souveraineté !

4° La plus simple raison dit que la Providence ne peut avoir confié à l'humanité une faculté, ou, si l'on veut, un droit qui ne puisse pas tourner à son avantage. Or, la souveraineté populaire a mille inconvénients et aucun avantage.

En effet,

Elle entretient dans les masses une agitation continuelle ;

Elle exige des déplacements fréquents, et entraîne, par là, des pertes de temps et d'argent ;

Elle crée et fomente des divisions au sein des populations : chacun prenant fait et cause pour son élu ;

Elle détruit toute sécurité pour l'avenir, en rendant toujours possibles les secousses et les déchirements. Car, à chaque époque déterminée par la constitution, il faut procéder à des changements, à de nouvelles élections, lesquelles entraînent nécessairement des troubles et des inquiétudes. Le fait l'a assez prouvé ;

Elle livre les intérêts des nations au hasard : en sorte que l'existence d'un grand peuple se trouve souvent dépendre de circonstances imprévues, d'événements fortuits, et même abandonnée aux caprices d'une poignée d'émeutiers.

Est-il besoin que je fasse ici appel aux souvenirs ?

Elle ôte donc toute perspective d'avenir, et anéantit, ou du moins, fait languir le commerce, l'industrie, l'agriculture, les sciences, les métiers, les arts : sous le nom du progrès, elle tue tout progrès. Qui ose, en effet, se lancer dans les entreprises, hasarder des fonds, nouer des relations importantes, commencer de grandes constructions ou de grandes réparations, quand le jour de demain peut déconcerter toutes les prévisions, et ruiner toutes les espérances ?

Elle donne la préséance aux plus indignes ; elle abaisse la vertu, et élève le vice. Il est par trop évident qu'en révolution le bas monte en haut, et le haut descend en bas. *Révolution* même ne veut pas dire autre chose. Dans une société troublée, c'est l'intrigant, c'est l'audacieux, c'est l'ambitieux, qui s'agitent, qui se produisent, qui se hissent au faîte : le vertueux, au contraire, l'humble, le désintéressé, le pacifique, s'effacent, se tiennent à l'écart. Les emplois les plus importants sont dévolus aux plus indignes, et souvent aux plus incapables. Chacun peut vérifier par lui-même ce que j'avance ici.

Enfin, elle est, quoi que l'on dise et que l'on fasse, un système perpétuel d'oppression. Oui, oppression, véritable oppression de la minorité par la majorité. Pourquoi, en effet, la majorité fait-elle loi ? En réalité, est-ce que le nombre crée le droit ? Un ne peut-il pas avoir raison contre dix, contre cent, contre mille ? N'a-t-on pas vu quelquefois un homme de sens tenir tête, pour la justice, à des masses nombreuses ? Je ne comprends pas que la vérité cesse d'être la vérité, parce qu'elle est soutenue par le petit nombre, et niée par le plus grand.

La vérité est indépendante par sa nature : elle subsiste, *quand même*. — Mais il s'agit d'intérêts, dit-on. — Soit : mais là encore peut se montrer l'injustice. Le nombre ne fait pas plus la justice qu'il ne fait la vérité. Si un homme est dépouillé par une masse, s'ensuit-il qu'il le soit justement ? Quand tous mes concitoyens s'entendraient pour brûler ma chaumière, ce n'en serait pas moins un acte d'odieuse vexation.

Faisons une supposition. Les laboureurs forment la grande majorité des Français. Admettons un instant qu'ils s'entendent, et ne nomment pour représentants que des laboureurs. Supposons, de plus, que ces laboureurs élus s'entendent à leur tour pour décharger la terre de toute espèce d'impôts, reporter toutes les charges sur le commerce, sur les beaux-arts, sur les fonctions libérales, etc... Que dirait-on ? Que penserait la minorité opprimée ? Quelles réclamations ne ferait-elle pas entendre ? Sans doute, cela n'aura pas lieu ; mais ce ne serait, au fait, qu'une conséquence rigoureuse, et, qui plus est, irrécusable du principe de la souveraineté populaire, c'est-à-dire de la souveraineté du nombre.

5° Il est surtout quelque chose qui souffre beaucoup de cette omnipotence de la multitude : c'est la religion. J'ai vieilli : l'expérience m'a convaincu qu'il n'est pas possible de rien fonder sans la religion. Ah ! si ce principe sacré dominait dans les cœurs, il ne serait pas besoin de discuter sur les formes de gouvernement : elles seraient toutes bonnes. Mais, au milieu du dépérissement général de la foi, il est indubitable que l'agitation politique favorise cette funeste tendance des sociétés à s'affranchir du joug de Dieu. Quand on ne souffre plus de maître en politique, il est difficile d'en accepter un en religion. La haine pour les prétendus despotes de la terre s'étend facilement au Roi qui règne dans les cieux. L'expérience a prouvé que l'irréligion s'allie, comme naturellement, à cet amour effréné de la liberté politique, dont on fait parade aujourd'hui. L'expérience a aussi prouvé qu'un peuple sort toujours d'une révolution, pire qu'il n'y est entré. Et la raison de cela est simple : c'est que les révolutions lâchent la bride à toutes les passions et à tous les vices; c'est que ce sont toujours des époques de démoralisation et de licence.

Du reste, il est aisé à un peuple qui se croit souverain en politique, de se croire aussi souverain en religion. Le protestantisme, par exemple, est-il autre chose que la souveraineté en matière religieuse? Comment cette indépendance ou souveraineté, qu'on revendique pour le peuple dans l'ordre politique, ne s'étendra-t-elle pas naturellement à l'ordre de la religion? La foule grossière ne sait pas faire de distinction. L'espace qui sépare ces deux genres d'idées est pour elle facile à franchir ; *plus de roi, plus de pape*, n'est qu'un seul cri pour elle, comme pour les premiers protestants.

Toute la révolution française étant donc fondée sur le principe de la souveraineté populaire, ne put enfanter que des injustices et des absurdités. Elle prétendit apprendre à l'homme tous ses droits : elle ne parvint qu'à lui faire oublier tous ses devoirs.

XIX.

Parallèle.

J'ai dit que la démocratie n'est autre chose que le protestantisme en politique, comme le protestantisme lui-même n'est autre chose que la démocratie en religion. Je tiens à développer cette idée en peu de mots, et je prie tout homme religieux de vouloir bien peser ces considérations.

Il me semble d'abord qu'il n'y a en religion, comme en politique, que deux systèmes possibles : l'un qui admet une autorité supérieure à l'homme ; l'autre qui place dans l'homme même le principe de l'autorité.

Par le catholicisme et par le monarchisme, l'homme reconnaît un pouvoir supérieur, duquel il relève et qu'il doit respecter. Par le protestantisme et par la démocratie, l'homme, indépendant de toute autorité supérieure, ne relève que de lui-même.

Ainsi, comme, dans le catholicisme et dans le monarchisme, il y a, d'une part, commandement, et, de l'autre, obéissance ; de même, dans le protestantisme et dans la démocratie, il n'y a ni obéissance ni commandement.

L'indépendance de la raison et de la volonté, c'est-à-dire l'individualisme, fait donc le fond du protestantisme et de la démocratie. Et, tandis que le catholicisme et le monarchisme supposent l'homme, en général, fait pour obéir ; le protestantisme et la démocratie le déclarent fait pour commander.

Cela posé, suivons de plus près le protestant et le démocrate dans leur marche parallèle.

Le protestant dit : *Je n'obéirai pas* (1) ! Le démocrate répète : *Je n'obéirai pas !*

Le protestant rejette toute autorité supérieure, extérieure, indépendante en matière de religion ; le démocrate rejette tout pouvoir supérieur et indépendant en matière politique.

Le protestant dit : Toute intelligence est juge de sa foi. Le démocrate dit : Toute volonté est maîtresse de ses actions.

Le protestant en appelle à l'Ecriture ; le démocrate à la Constitution. Seulement, comme le protestant interprète l'Ecriture d'après son sens privé, le démocrate traduit aussi la Constitution selon ses propres pensées.

Le protestant dit : Point de pape ! Le démocrate dit : Point de roi !

Le protestant non-seulement rejette l'autorité du pape, chef suprême de l'Eglise et vicaire de Jésus-Christ ; mais encore il supprime toutes les autorités et dignités secondaires : évêques, patriarches, curés, etc.... Le démocrate, non-seulement abolit l'autorité du roi, ce représentant de Dieu (2), mais encore anéantit tous les titres et toutes les dignités subalternes : ducs, marquis, barons, etc....

Le protestant, faussant l'histoire, attribue à la papauté tous les vices des papes ; le démocrate, faussant l'histoire, impute à la royauté tous les vices des rois.

Le protestant rompt avec un passé de quinze siècles ; le démocrate, au moins en France, rompt avec un passé de quatorze siècles.

Le protestant rejette la tradition, qui est une véritable hérédité ; le démocrate nie l'hérédité, qui est une véritable tradition.

Le protestant tire la vérité de l'intelligence de l'homme, laquelle est bornée et remplie d'erreurs ; le démocrate tire l'autorité de la volonté de l'homme, laquelle est remplie de passions et de faiblesses

(1) Dixisti : Non serviam. (*Jerem.*, II, 20.)
(2) Dei... minister... in bonum. (*Rom.*, XIII, 4.)

Le protestant n'a pas de symbole fixe; le démocrate n'a aucun programme arrêté.

Luther, Calvin, Bucer, Œcolampade, Mélanchthon, Zwingle, etc...., se condamnaient, s'anathématisaient l'un l'autre; Robespierre, Vergniaud, Danton, Tallien, Barrère, et, de nos jours, Proudhon, Blanqui, Louis Blanc, Cabet, Considérant, etc...., se sont déclaré une guerre à mort: ceux-là par l'échafaud, ceux-ci par la plume, en attendant mieux.

Le protestantisme, dès son début, recruta (l'histoire le prouve) toute la lie de la société : les princes oppresseurs, les seigneurs débauchés, les moines prévaricateurs, les prêtres scandaleux, les populations lasses du joug religieux, etc.... La démocratie recueille, de droit, tous les bas-fonds de la société : les galériens, les repris de justice, les débauchés, les paresseux, les perdus de dettes, les ivrognes, etc.... Je crois qu'on ne saurait me démentir sur ce point.

Le protestantisme dépouilla les catholiques de leurs temples, et les couvents de leurs biens. La démocratie s'empara des biens des religieux et des nobles, et brûla ou prit les châteaux et les couvents.

Le protestantisme, rejetant le culte extérieur, bannit les arts du sein de la religion; il brûla les tableaux et les images de Jésus-Christ et des saints. La démocratie est ennemie née des beaux-arts, les déclarant inutiles aux peuples, et bons pour amuser les loisirs des despotes.

Le protestantisme détruit : on le suit à la trace des ruines La démocratie renverse : on reconnaît son passage aux décombres qu'elle laisse derrière elle.

Le protestant vante beaucoup les droits de la raison. Le démocrate ne parle que des droits de l'homme.

Le protestantisme, ou plutôt le rationalisme, son premier-né, explique toutes ses erreurs par ce mot : Progrès! La démocratie justifie toutes ses folies par ce mot : Progrès!

Le protestantisme devait faire le bonheur de l'humanité. La démocratie ne parle que du bien du peuple. Malheureusement, on ne saurait citer ni de l'un ni de l'autre une pensée, et, surtout, une œuvre utile aux hommes.

Le protestantisme n'a pas créé un dogme, ni établi une loi utile au monde. La démocratie n'a pas fondé un seul établissement de bienfaisance, un seul hôpital, un seul asile pour le pauvre et le souffrant. Elle n'a encore donné que des déclamations, des promesses, des colonnes de journaux, des prisons et des échafauds. Et pourtant elle a régné en France dix ans, sans contrôle.

Le protestantisme n'a pas créé une œuvre d'art remarquable, en sculpture, peinture ou architecture (1). Nous défions la démocratie de montrer un homme ou un monument notable qu'elle ait inspirés.

Tout ce qui reste de vrai dans le protestantisme existait avant lui et sans lui. Tout ce qu'il y a de réalisable et de raisonnable dans la démocratie a existé hors d'elle et avant elle.

Le protestant abaisse toutes les barrières qui séparent les différents cultes. Le démocrate enlève toutes les barrières qui séparent les différents peuples.

Le protestant, au nom de la tolérance, persécute les catholiques. Le démocrate, au nom de la fraternité, fait la guerre aux *aristos*.

Le protestant Calvin alluma le bûcher pour Michel Servet. Le démocrate Robespierre dressa l'échafaud pour les citoyens Danton, Vergniaud, etc....

L'Angleterre protestante brûle pape et cardinaux en effigie. Nos démocrates, en cent endroits, guillotinent en effigie.

Le protestant se croit le droit de rejeter, le lendemain, sa profession de foi de la veille. Le démocrate change de programme et de symbole, de la veille au lendemain.

(1) La seule exception qu'on pourrait faire en faveur du temple Saint-Paul, à Londres, n'en est pas une. Chacun sait que Wren, rchitecte de ce temple, n'a fait que copier et amoindrir le plan Saint Pierre de Rome.

Le protestantisme fut une démocratie du lendemain. La démocratie est un protestantisme de la veille.

Chez les protestants, la communauté choisit ses pasteurs et leur donne la mission. Chez les démocrates, le peuple nomme les fonctionnaires et leur attribue l'autorité.

Le protestantisme n'a plus d'Evangile. La démocratie n'a point de code.

Le protestantisme mène par la logique à l'athéisme. La démocratie mène logiquement à l'anarchie.

En effet, le protestant conséquent peut et doit être panthéiste; le démocrate conséquent peut et doit être communiste. Qu'on examine : si le démocrate nie qu'un homme puisse être, par droit de naissance, supérieur à tout autre, c'est-à-dire s'il nie que l'on puisse naître roi, pair, marquis, duc, etc...., pourquoi ne nierait-il pas qu'on puisse naître millionnaire ? Pourquoi l'égalité ne s'étendrait-elle pas à la fortune, comme aux titres et aux rangs ? Ainsi, le communisme, dans l'ordre social, correspond au panthéisme, dans l'ordre religieux. Dans l'un et dans l'autre, l'homme n'est qu'une portion du grand Tout, un accident dans l'ensemble, un atome perdu dans la masse.

Le protestantisme est une immense négation religieuse, qui peut se réduire à ces mots : Point de papisme ni de ses suites. La démocratie n'est qu'une immense négation politique, qui peut se réduire à ces mots : Point de monarchisme ni de ses suites.

Les premiers protestants, Luther, Mélanchthon surtout, gémirent profondément sur les progrès de l'erreur dont ils avaient posé le principe, et dont ils étaient loin, dès l'abord, de prévoir les conséquences ; ils firent d'inutiles efforts pour arrêter le torrent dans sa marche ; on a d'eux, là-dessus, des aveux bien frappants ; ils s'indignaient, ils s'effrayaient : il était trop tard. Les premiers démocrates de 89 furent singulièrement dépassés dans leurs prévisions ; ils ne voulaient que des réformes, ils eurent une révolution ! Et en 1848 ! On voulait faire un acte d'opposition, on eut une catastrophe ; on voulait contrarier un ministère, on renversa un trône ; beaucoup de démocrates ont gémi des suites de leurs imprudences, et essayé d'enrayer le char révolutionnaire sur la pente : il était bien tard.

Dans le protestantisme, le mot d'hérésie disparaît. Dans la démocratie, celui de révolte n'existe plus.

Ainsi, le protestantisme est, au fond et dans sa dernière conséquence, la négation de toute foi et de tout culte ; la démocratie, menée à terme, est le renversement de tout ordre et de toute constitution politique.

L'un détruit la religion ; l'autre anéantit la société.

Là-dessus, je demande à tout homme honnête si un tel système religieux est soutenable ; je demande à tout homme sensé si un tel principe politique est admissible.

XX.

L'élément révolutionnaire dans les campagnes.

La marche du principe révolutionnaire fut d'abord lente : en tous cas, je l'ai dit, elle fut inaperçue de la masse des habitants des campagnes. Nous étions occupés de nos travaux, sans songer à autre chose qu'à faire ce qu'avaient fait nos pères, quand le nouvel ordre de choses vint nous surprendre. Je me souviens même que les premières démarches de l'Assemblée Constituante, les décrets qui allaient changer radicalement l'ordre établi, ne trouvèrent guère que des incrédules parmi nos bons paysans. Ce qui leur ouvrit les yeux, ce furent les faits de spoliation exercés contre les seigneurs : oh ! cet argument, chacun le comprit. Quand on vit piller et brûler les châteaux ; quand on vit des aristocrates, jusque là si puissants et si révérés, s'enfuir, épouvantés, devant quelques forcenés armés de torches, alors la lumière se fit, et tout l'élément révolutionnaire de nos campagnes s'agita.

Et qu'on ne s'étonne point si je parle d'élément révolutionnaire même au sein des campagnes. Hélas! l'homme et ses misères se retrouvent partout. L'eau la plus limpide se trouble dès qu'on la remue, et les meilleurs vins ont leur lie. Au fond de nos populations, en apparence si paisibles, sommeillaient bien des vices qui n'attendaient que l'occasion de s'éveiller. Je fus surpris moi-même, je l'avoue, de ce que je vis et entendis autour de moi. Je ne croyais pas l'homme aussi mauvais. Des laboureurs que je savais laborieux, paisibles, que j'avais même crus religieux, se trouvèrent tout à coup transformés en démocrates braillards, pillards, en ennemis du roi et des nobles, et, je le dis, la honte au front, en ennemis de Dieu et de son culte. Rien ne m'a plus frappé dans le cours de ma vie. Le nombre, il est vrai, en fut petit ; mais, comme deux ou trois coquins font plus de bruit que mille honnêtes gens, il s'ensuivit que ces révolutionnaires semblaient vraiment une partie notable de la population. Ils se multipliaient par leurs cris, leurs démarches, leurs intelligences au dehors, par leurs rapports avec les administrations : on ne parlait que d'eux, on ne voyait qu'eux, rien ne se faisait que par leur ministère ; la terreur tenait tout le monde en silence ; en sorte que l'on pouvait dire, à ne regarder que la surface, que les campagnes étaient révolutionnaires, puisque la révolution s'y montrait et y agissait à son gré.

Et, encore, en dehors de ces partisans avoués de la démocratie, un bon nombre de laboureurs donnèrent quelque approbation aux mesures de la révolution. Je parle surtout de la spoliation des couvents et des nobles. Il est certain que beaucoup d'entre eux, une fois le premier étonnement passé, applaudirent du fond de leur cœur à cette iniquité. L'amour de la terre est tout à la fois le défaut et la vertu de l'homme des champs ; il aime la terre et la cultive, c'est bien ; il s'y attache et l'idolâtre, c'est trop. S'allonger, augmenter le nombre de ses prés, ou de ses champs, ou de ses vignes, c'est toute son ambition. Ce fut donc une joie de pouvoir se dire : J'aurai enfin, je puis donc avoir ce coin de terre qui m'ira si bien, cette pièce si nécessaire pour arrondir les miennes. Disons-le haut : on vit avec satisfaction entamer ces propriétés jusque là inviolables ; et si un bon nombre de cultivateurs, retenus, les uns par leur conscience, les autres par la crainte d'être obligés de restituer, ne profitèrent d'abord pas de la vente des biens nationaux, ils n'en comprirent pas moins, avec une secrète joie, qu'un jour ces belles pièces de terre pourraient leur revenir, à eux ou à leurs héritiers. Ils ressemblaient en ceci à l'homme qui ne vole pas, mais se réserve de profiter de l'objet volé.

J'ai toujours cru que la justice divine ne laisserait pas cette maligne satisfaction sans quelque punition exemplaire. Et qui sait si les dangers que court la propriété, sous les menaces du socialisme, ne seront pas précisément la peine de cette complicité avec les ennemis de Dieu et de l'ordre social ? Notre vieux curé disait : On est toujours puni par où l'on a péché ; et, comme dans l'autre monde il n'y a pas de sociétés, mais seulement des individus, il s'ensuit que les corporations qui ont péché doivent subir leur peine en ce monde.

Or, toutes les classes de la société ont été fustigées dans le temps de la Révolution : le tour de l'agriculture serait-il encore à venir ?

XXI.

Liberté.

La révolution, disions-nous, avait écrit trois mots sur son drapeau : Liberté, Egalité, Fraternité.

Jamais mensonge plus solennel ne fut proclamé à la face du soleil. Il n'y a pas eu d'époque dans le monde où les hommes aient été moins libres, moins égaux et moins frères.

Liberté ! Il y a étrangement d'illusions sur ce mot, et des illusions qui ne sont pas encore près de se dissiper, à ce qu'il paraît. Je ne trouve rien de moins libre que le peuple qui vit sous les révolutions.

Exemple : Il est dans l'essence de l'homme qu'il puisse remplir ses devoirs envers Dieu et envers ses semblables. Certes ! celui-là ne sera jamais réputé libre qui ne pourra sans obstacle rendre hommage à son Créateur selon ses goûts, honorer ses parents, soulager ses amis ou ses frères. Or, sous le règne de la démagogie, tous ces actes étaient considérés comme crimes, et punis comme tels. Pour avoir rendu à Dieu le culte que la conscience impose, on était arrêté, mis en prison, guillotiné même. Un père qui avait fait passer des secours à un fils émigré ; un fils, une fille, un frère, une sœur, qui avaient cherché à sauver un membre de leur famille arrêté sous le plus léger prétexte, étaient eux-mêmes mis en prévention et jugés, comme coupables de lèse-nation. Un domestique, pour avoir porté secours à son maître, devenait criminel, tandis que celui qui dénonçait ou livrait son ancien bienfaiteur était loué et récompensé. Etait-ce là de la liberté ?

On arrachait le jeune homme à sa famille pour l'envoyer périr, dans les armées, de faim, ou de froid, ou sous les balles ennemies. Etait-ce de la liberté ?

On forçait le marchand à livrer sa marchandise à tel prix, sous peine des fers. Etait-ce de la liberté ?

Pas un prêtre ne pouvait paraître, pour administrer au croyant les secours de la religion qu'il réclamait. Etait-ce de la liberté ?

Personne n'osait se fier à son compatriote, à son voisin, à son ami, à son parent. Une prime était offerte à la délation. On n'osait parler, respirer, pour ainsi dire : les murs mêmes semblaient avoir des oreilles. Sur les moindres prétextes, vous étiez exposé à être jeté en prison, traîné en jugement, et souvent condamné. Toutes les relations de voisinage, de parenté, étaient suspectes. Etait-ce là de la liberté ?

Je n'ai jamais pu comprendre qu'il y ait eu des hommes assez fous pour croire que de telles époques étaient libres. Les révolutions sont essentiellement despotiques, c'est un fait d'histoire : mais qu'au moins elles ne prennent pas le masque de la liberté. Les révolutionnaires sont partisans nés du pouvoir violent, soit : mais qu'ils ne se vantent pas d'affranchir l'homme et l'humanité.

Non : la liberté n'est possible qu'avec un pouvoir fort et indépendant. La liberté n'est pas l'affranchissement de tout joug : elle est, avant tout, le droit de remplir ses devoirs. Pour que chacun soit vraiment libre, il est nécessaire que sa conscience soit respectée, d'abord : ensuite, il lui suffit qu'il puisse accomplir ses obligations, fonctionner dans son état, se mouvoir dans sa sphère. Il faut, surtout, que jamais une pression violente et injuste ne soit exercée sur lui. Or, encore une fois, il n'y a qu'un pouvoir fort, supérieur, indépendant de toute volonté subordonnée, qui puisse ainsi maintenir les droits de chacun, empêcher qu'un ne nuise à tous, ou que tous ne nuisent à un. Et ce don ne saurait appartenir à ces pouvoirs subits, nés de la force, maintenus par la force, tous essentiellement tyranniques, parce qu'ils sont obligés de demander à la violence ce que le droit leur refuse, et de se dédommager d'un passé qu'ils n'ont pas, d'un avenir qu'ils ne sauraient avoir, par la licence du présent.

On dit que la démocratie saura désormais éviter ces excès. Je n'en crois rien : le tigre ne s'apprivoise pas. Je croirai plutôt que les lions s'offriront un jour à conduire nos chevaux, et les loups cerviers à garder nos brebis, que je ne croirai à la conversion de ces natures démagogiques, forcément violentes et sanguinaires. C'est l'orgueil qui a créé les révolutions : et l'orgueil ne recule devant aucun excès. Celui qui ne peut souffrir le joug de personne, brûle d'imposer le sien à tous. Celui qui ne respecte pas les droits de Dieu, ne saurait respecter les droits de l'homme. Celui qui ne veut pas de supérieur, doit nécessairement rogner toutes les têtes qui semblent dépasser la sienne. Et ce qui le prouve, c'est que le révolutionnaire n'épargne pas même ses propres amis, quand ils commencent à lui porter ombrage. C'est Robespierre guillotinant Danton, et Tallien guillotinant Robespierre.

Révolution et liberté sont les deux mots et les deux choses les plus opposés : qu'on le comprenne donc enfin !

XXII.

Égalité.

Egalité ! autre amorce que toutes les révolutions ont placée à la hampe de leur drapeau, pour attirer les niais.

Il n'y a certainement pas de plus grands ennemis de l'égalité que ces prétendus égalitaires. Le seul genre d'égalité qu'ils aient jamais vraiment reconnu et efficacement appliqué, c'est celui de la guillotine. L'égalité, pour eux, consiste à couper toutes les têtes qui leur portent ombrage : mais le niveau ne s'étend pas plus loin. Car, pour leur propre compte, dès qu'ils sont parvenus à aplanir ainsi leurs voies, à force de troncs décapités, il faut voir avec quelle ardeur ils saisissent l'occasion de se placer et de se maintenir au-dessus des autres.

Rien, selon moi, n'a mieux prouvé combien cette soif de distinction est particulière aux démagogues, que la conduite de ceux qui furent, et qui resteront à jamais, les modèles des révolutionnaires, les *grands*, les *sublimes* égalitaires de 93. La nécessité où l'on était alors de se tenir sur ses gardes, pour soi et pour les siens, nous obligeait, nous pauvres paysans, à lire les feuilles publiques. Je les dévorais avec avidité ; et mon heureuse mémoire, jointe à l'intérêt tout spécial des circonstances, faisait que non-seulement les noms des principaux personnages de l'époque se gravaient dans mes souvenirs, mais encore tous les accidents importants, toutes les phases de cette sanglante tragédie, qui aura, je crois, un jour son égale, mais qui ne l'a pas encore eue jusqu'à présent. Or, j'entendais,

5.

par le moyen des feuilles démocratiques, tous ces grands niveleurs proclamer, ou à l'assemblée ou aux clubs, la nécessité d'établir enfin cette égalité parfaite, qui était, selon eux, le vœu de la nature. Ils déclamaient, avec une force parfois entraînante, contre ces prétendues distinctions introduites par la violence, contre ces titres aristocratiques, aussi ridicules, disaient-ils, dans leur nature, qu'injustes dans leurs conséquences. C'était bien. Mais quel fut mon étonnement de retrouver, quelques années après, ceux de ces illustres patriotes qui avaient échappé au couperet fraternel, de les retrouver, dis-je, affublés de ces mêmes titres sur lesquels ils avaient si bien déversé leur verve et leur fiel démocratique ! J'avais peine à en croire à mes oreilles, quand j'entendis parler du *comte* Sieyès; du *comte* Carnot, du *comte* de Volney, du *duc* Cambacérès; du *duc* Augereau; quand je revis ces anciens partisans de l'égalité absolue occuper des places honorables et lucratives, et se laisser chamarrer la poitrine d'une foule de cordons et de croix. Je croyais rêver, et c'était pourtant la vérité.

Je compris alors combien sont creuses ces doctrines égalitaires, et combien ceux qui les proclament y croient peu. Je sentis, jusqu'au bout des doigts, la vérité de cette parole : L'égalité, pour le révolutionnaire, consiste à renverser tout ce qui le dépasse, et à s'installer sur des ruines.

Ne doutons pas un seul instant que les successeurs des apôtres de la Convention penseraient et agiraient comme eux. Il n'y a déjà qu'à ouvrir les yeux. Les voyez-vous se disputer l'empire des doctrines ? Les voyez-vous se tirailler les lambeaux de l'opinion publique ? Voyez-vous cette guerre d'extermination (par la plume) préludant à celle qui ne manquera pas de surgir, quand ils seront les maîtres (1) ?

— C'est une profonde erreur de croire que l'égalité ab-

(1) Nous rappelons au lecteur que ceci s'écrivait en 1851.

solue des classes soit un avantage pour une nation, disait un jour notre bon curé. L'histoire prouve que les nations les plus puissantes du monde étaient divisées en plusieurs classes. Les Romains n'en comptaient pas moins de douze : d'abord les sénateurs et les chevaliers ; puis le peuple subdivisé en dix centuries. Et cependant le dernier des Romains était libre, et fier d'être romain ; il sentait sa dignité d'homme, et il la possédait.

Le bon vieillard avait raison, et mes propres observations ont plus tard confirmé les siennes. Voyez, par exemple, l'Angleterre. Aucun pays n'est plus divisé en classes que l'Angleterre, et c'est un pays riche, puissant, industriel : les choses y sont stables ; les lois, les positions demeurent ; tout y est fort et grand. Je ne parle que du gouvernement, bien entendu. La France prend la route opposée : où peut-elle aboutir? Nos législateurs n'y ont rien compris. Ils se sont laissé dominer par la soif de niveler et d'abolir ; mais, quand une fois on a mis le pied dans cette voie, on ne sait plus où s'arrêter. Du reste, je n'entends point que la France soit divisée en castes immuables et absolues, comme chez les Indiens, par exemple. Non : je veux que, comme jadis chez les Romains, et aujourd'hui chez les Anglais, tous puissent s'élever de classe en classe : c'est ce qui fait un grand gouvernement. Je veux qu'on puisse arriver par la parole ou par l'épée, comme dans notre ancienne monarchie : c'est ce qui fait les peuples grands. Je veux qu'on passe d'un rang à un autre, comme autrefois chez nous encore, où le bourgeois pouvait insensiblement arriver à la noblesse, et en monter tous les degrés : c'est ce qui rend les nations glorieuses et fortes. Mais, dans ces cas-là, le mérite seul se fait jour, le génie seul arrive au sommet ; et, par là, se trouve garantie des pièges mêmes de l'ambition toute cette tourbe de *dévorants* de bas étage, chez qui l'orgueil égale l'impuissance, et qui emploient à bouleverser les États une activité qui eût tourné, dans un ordre de choses régulier, à leur propre bonheur et au profit de la patrie.

Non, non, il n'y a pas d'égalité possible. Dieu lui-même n'en admet point devant lui. Il n'a pas doté deux créatures de la même manière, ni au même degré. Il n'a pas fait deux âmes, deux tiges de blé, deux feuilles d'arbres, deux étoiles, semblables et égales en tous points. Souvent, au milieu des champs, je faisais cette réflexion : que la variété fait toute la beauté de la nature, et que c'est à cette perpétuelle et universelle inégalité qu'on y découvre, qu'est due la magnificence du spectacle déroulé sous nos yeux.

Si l'égalité est une chimère dans l'ordre de la nature, c'est-à-dire s'il est impossible de ramener à la même taille toutes les montagnes, tous les arbres, tous les cours d'eau, tous les animaux, tous les brins d'herbe, comment y ramènera-t-on tant d'êtres intelligents, dotés de qualités naturelles si diverses, et surtout pouvant continuellement, au moyen de la liberté, modifier leurs propres conditions et manières d'être ? Et si l'inégalité de tempérament, d'âge, de force, de volonté, d'intelligence, de santé, etc... est absolument inévitable, comment les mêmes devoirs et les mêmes droits s'enteront-ils sur cette variété ? C'est-à-dire comment ceux qui feront mal auront-ils les mêmes droits que ceux qui feront bien ? Comment le paresseux aura-t-il les mêmes droits que le diligent ? Comment l'immoral méritera-t-il la même considération que l'homme rangé ? Comment, avec des forces et des capacités différentes, aura-t-on les mêmes devoirs ? C'est-à-dire, obligera-t-on le faible à faire autant que le fort, l'idiot à remplir les mêmes offices que l'homme de génie ? Le seul énoncé d'une telle proposition en fait voir le ridicule.

Or, si les hommes n'ont pas les mêmes droits et les mêmes devoirs d'une manière absolue, il faudra nécessairement en revenir à la répartition proportionnelle, c'est-à-dire traiter chacun selon sa capacité et selon ses mérites. Mais qui sera juge de cette répartition ? Qui sera chargé de fixer à l'individu sa quote-part de droits et de devoirs ? Quelle sanction la décision aura-t-elle, sous un régime où toute loi divine est rejetée, où l'homme est livré sans frein à l'empire de ses passions? On sent qu'on tombe dans un labyrinthe de difficultés, ou plutôt dans une anarchie complète.

Ah! qu'il est bien plus simple de laisser aller le cours des choses comme la Providence et la nature l'ont établi. Sans doute, il y a des inconvénients, et il ne peut pas ne pas y en avoir, avec une nature corrompue comme l'est celle de l'homme ; mais mieux vaut encore subir les suites du péché originel, corrrigé par les lois divines et humaines, que de se condamner à la perpétuelle anarchie créée par les passions des hommes et l'oubli des lois de Dieu.

XXIII.

Fraternité.

C'est le christianisme qui a inventé ce mot : qu'il reste chrétien, et que la folie humaine ne le gâte pas.

Le christianisme seul a pu rendre frères des hommes que le caractère, les intérêts, les passions, les différences de talent ou de fortune, divisaient irréconciliablement. Il n'a fallu rien moins que la parole et les exemples d'un Dieu, pour rapprocher ce que le péché avait si profondément divisé.

Je me souviens que, plus d'une fois, notre vieux curé nous parla, au catéchisme, de l'état misérable où était plongée une grande partie de l'humanité avant la venue de Jésus-Christ. Il parlait de ces infortunés que les guerres ou d'autres causes avaient réduits à l'esclavage. Un jour, en particulier, il nous peignit si vivement le sort de ces pauvres proscrits de l'espèce humaine, qu'il nous fit tous pleurer. — Le maître, disait-il, avait sur son esclave un pouvoir absolu : il pouvait le vendre, le frapper, le priver de nourriture, le tuer même, sans avoir à en rendre compte à personne. En un mot, on regardait l'esclave plutôt comme un animal que comme un homme. — Il nous cita différents traits vraiment révoltants, notamment celui d'un grand de Rome qui jetait des esclaves vivants à de gros poissons pour les nourrir.

Eh bien ! ce fut Jésus-Christ qui abolit cette odieuse distinction entre l'homme et l'homme. Et on appréciera mieux encore le service qu'il rendit en cela à l'humanité, quand on saura que le nombre des esclaves était dans une proportion énorme vis-à-vis du reste de la population. A Rome (et Rome, c'était le monde) il y avait vingt esclaves pour un homme libre.

On a beau chercher à peindre sous les plus noires couleurs la condition du pauvre dans l'état actuel ; elle ne peut être comparée à celle de l'esclave sous le paganisme. Sans doute, il y a des hommes bien malheureux ici-bas, et notre progrès si vanté ne tend guère qu'à en augmenter le nombre. Mais il reste encore au plus misérable prolétaire des biens, des consolations, que l'esclave n'avait pas. Ensuite, à quoi faut-il attribuer cette grande indigence, cette affreuse détresse d'une classe assez nombreuse dans nos sociétés modernes ? Uniquement à l'affaiblissement de l'esprit religieux. Le mercantilisme a remplacé le dévouement ; la philanthropie s'est substituée à la charité, le scepticisme à la foi : et voilà la cause de nos malheurs. Le pauvre, en perdant l'esprit religieux, a perdu la moralité, l'amour du travail, le goût de l'économie, la résignation dans ses maux ; le riche, d'autre part, en devenant irréligieux, a perdu la volonté et l'art de faire le bien ; il est devenu égoïste, sensuel et dur : de là, une guerre perpétuelle s'est établie entre ces deux portions de la société ; un duel à mort entre celui qui a et celui qui n'a pas.

Et cette guerre, ce duel, qui l'a établi ? La démocratie. C'est elle qui a voué le riche à l'anathème ; c'est elle qui a fait voir au pauvre un oppresseur, un spoliateur même, dans quiconque est favorisé des dons de la fortune. A personne donc moins qu'à elle, il ne convient de parler de fraternité. Etait-ce de la fraternité, quand on pendait un homme à la lanterne, uniquement parce qu'il était riche ? Etait-ce de la fraternité, quand on précipitait la populace sur les châteaux et sur les couvents ? Etait-ce de la fraternité, quand on battait monnaie sur la place de la Révolution, c'est-à-dire quand des milliers d'hommes montaient sur l'échafaud, uniquement parce qu'ils avaient eu le malheur de naître affublés d'un titre, ou nantis d'une fortune ?

Je le dis avec honte : il n'était pas possible d'abuser plus indignement d'une expression sublime. La fraternité, que la démagogie prétend imposer au monde, est celle que pratiqua Caïn. Et, encore une fois, qu'on ne se laisse pas prendre aux doucereuses promesses de ces hypocrites de la liberté. Les fils ont hérité du caractère menteur et méchant des pères. Et puis, à supposer que quelques-uns mettent de la sincérité dans leurs paroles, ils seraient forcés, par les événements mêmes, à démentir leur théorie. Il est absolument nécessaire qu'il y ait des aînés dans une famille ; on ne saurait renverser cette loi de la Providence : elle est écrite dans toutes les pages de l'histoire; en vain donc nos démagogues voudraient l'effacer de la grande famille humaine.

Toute infraction aux lois divines entraîne toujours des calamités que le coupable auteur ne peut lui-même prévoir. Le premier homicide ne songeait d'abord pas, j'en suis sûr, à immoler son frère innocent. Mais le principe qu'il avait admis dans son cœur exigeait cette conséquence : il la tira.

Révolutionnaires de bonne foi, si vous existez quelque

part, ne vous flattez pas de vous arrêter sur la pente : avec vos principes d'égalité absolue, vous arriveriez nécessairement à la fraternité à la mode de Caïn. N'oubliez pas ce mot, qui devrait être gravé partout en lettres de sang :

LE CHAR RÉVOLUTIONNAIRE NE S'ENRAYE JAMAIS.

XXIV.

Une victime.

La Révolution nous frappa en passant. Les doctrines qu'elle professait, et surtout sa manière d'agir, choquaient trop vivement les idées de ma famille, pour ne pas y rencontrer une vive opposition. Etait-il, d'ailleurs, une âme honnête qui ne dût pas subir cet orage ? Quand l'ouragan éclate, il n'est pas un brin d'herbe qui ne s'en ressente.

Mon père fut jeté en prison. On l'accusait de mille choses aussi criminelles les unes que les autres, comme, par exemple, d'être un aristocrate, un *feuillant*, un modéré ; de correspondre avec Pitt et Cobourg ; de faire passer des secours aux émigrés ; de tenir à la superstition romaine ; de respecter le repos du dimanche, et de ne pas se soucier du décadi ; d'avoir pleuré la mort de Louis XVI (ce qui était vrai, soit dit en passant), et de cent autres délits de cette importance.

Le véritable grief était que mon père n'était pas, ne pouvait pas être révolutionnaire et impie, ou, du moins, qu'on le supposait incapable de le devenir. Les obstacles que la démagogie cherchait à écarter de son chemin étaient quelquefois purement passifs : elle ne supportait pas la présence d'un honnête homme, qui, par ses précédents et sa conduite actuelle, fût une condamnation vivante des attentats qu'elle commettait contre l'humanité.

Un beau soir donc, pendant que nous causions paisiblement près de notre foyer, deux gendarmes se présentèrent, accompagnés du maire de village. Or, ce maire était précisément le mauvais voisin avec qui nous avions eu un procès. Lui-même avait dénoncé mon père. Il ne pouvait supporter la pensée d'avoir été vaincu, ni celle d'être obligé de vivre côte à côte avec un honnête homme.

Ils déclarèrent mon père en état d'arrestation. Cette nouvelle nous frappa de consternation : car, bien que la tournure des affaires nous présentât cet événement comme possible, cependant l'obscurité dans laquelle nous vivions, la considération dont mon père jouissait, et son caractère éminemment paisible, nous semblaient des raisons d'espérer que nous pourrions échapper à la fureur de l'hydre révolutionnaire. Il n'en fut rien. Il était huit heures du soir : c'était le 12 février 1793, trois semaines après la mort de Louis XVI.

J'étais alors souffrant assez gravement d'une chute que j'avais faite d'un arbre. Cet accident, qui eût été si malheureux dans toute autre circonstance, avait été considéré comme un grand bonheur dans celle-ci : car, sans cela, j'aurais fait partie de cette célèbre levée de dix-huit à vingt-cinq, qui fit tant de victimes et tant de héros. J'avais eu la cuisse cassée : l'opération, pour la remettre, fut difficile ; une fièvre ardente s'empara de moi, et le chirurgien eut un instant peur pour ma vie. Mais tel était le délire révolutionnaire, que ce fut à peine si l'on se laissa toucher de mon état pour me dispenser de partir immédiatement, quand le décret de la Convention vint jusqu'à nous. Le révolutionnaire magistrat de notre village mettait une insistance étrange à me faire partir ; il alla jusqu'à m'accuser au district de simuler un mal que je n'avais pas ; ce qui provoqua une visite de médecin, où mon état fut facilement constaté. Sur quoi il se rabattit à dire que je m'étais jeté exprès en bas de mon pommier, pour me dispenser de servir la patrie : je croirais assez volontiers que cette supposition ne rencontra pas rien que des incrédules.

Quoi qu'il en soit, on me laissa libre, mais avec l'injonction expresse de me rendre au district, pour y recevoir ma feuille de route, dès que je serais rétabli. Je ne savais trop que désirer : ou une guérison qui m'exposait à être tué par le boulet ennemi, ou des souffrances qui m'arrachaient des cris de douleur et menaçaient mon existence. Je me soignais pourtant, ou plutôt j'étais soigné avec une grande assiduité par ma pauvre mère, qui, tout en compatissant à ma douleur, éprouvait cependant une sorte de satisfaction à voir qu'elle devait à cette circonstance le bonheur de conserver son fils. S'il avait fallu, me disait-elle avec une touchante naïveté, opter entre les deux genres de mort dont j'étais menacé, il lui eût semblé préférable de me voir expirer dans mon lit et entre ses bras, plutôt que de me sentir au milieu des privations de la guerre, soutenant une cause impie, et exposé à mourir, sans secours d'aucune sorte, sur un champ de bataille.

J'étais donc entré en convalescence, quand le malheur, dont j'ai parlé plus haut, vint nous surprendre et nous plonger dans la tristesse. Rien ne saurait peindre notre consternation au moment où nous vîmes notre bon père, vieillard plus que sexagénaire, saisi au collet par ces deux gendarmes, puis enchaîné comme un vil malfaiteur, et emmené, nous ne savions où, à la mort peut-être ! Que cette séparation fut triste ! que les adieux furent déchirants ! Je vois encore tous les membres de la famille se jetant entre ses bras, l'embrassant, l'étreignant tour à tour à la fois, et l'arrosant de leurs larmes. Ma mère, femme forte pourtant, tomba en faiblesse, et ce fut un bien, peut-être, car elle n'eut pas la douleur de voir sortir son époux. Pour lui, il était serein comme à l'ordinaire ; la fermeté de son caractère ne se démentit pas. Il nous rassurait, nous consolait de son mieux : nous faisant entendre que son absence ne pouvait pas durer longtemps, puisque l'on n'avait rien à lui reprocher, et qu'on ne trouverait certainement aucune accusation fondée à dresser contre lui. — C'est une épreuve, mes enfants, ajoutait-il, et Dieu la permet pour notre bien. Vous savez que rien n'arrive que par sa permission, et qu'il peut avoir de bonnes raisons de laisser ses serviteurs en proie à l'injustice des hommes. Si la république est juste, elle vous renverra votre père ; si elle ne l'est pas, à quoi nous sert de vivre ? Il vaut mieux mourir que d'être plus longtemps témoin de l'injustice des hommes. D'ailleurs, votre père est vieux : partir un peu plus tôt, ou un peu plus tard, qu'importe devant l'éternité ?

Hélas ! ces paroles nous attristaient davantage, bien loin de nous consoler. En attendant, les gendarmes emmenaient leur prisonnier. Je me souviens que ma plus jeune sœur s'était tellement enlacée à son pauvre père qu'on eut peine à l'en détacher : elle voulait partir et mourir avec lui. Mon sang bouillonnait dans mes veines : j'avoue que la colère dominait en moi la douleur. Mille pensées se heurtaient dans ma tête : je sentais tout mon être se révolter contre une si criante injustice. Des idées de vengeance naissaient en moi : si la faiblesse ne m'eût retenu, je ne sais à quoi je me serais porté, dans l'espèce de transport dont j'étais saisi. Le misérable, surtout, qui avait dénoncé mon père, m'était tellement odieux que je fus vingt fois tenté de me précipiter sur lui, pendant qu'il excitait, lui, radieux et triomphant, les gendarmes à bien faire leur devoir, et ajoutait encore l'insulte à l'injustice. Cette heure fut une des plus horribles que j'aie passées de ma vie.

Enfin mon père s'éloigna de nous. Nos yeux le suivirent encore longtemps, à la lueur de la lanterne que portait l'un des gendarmes, et nos cris l'accompagnèrent jusqu'à ce qu'il eût entièrement disparu. Chose étrange ! mais que les circonstances expliquent assez : presque personne ne lui donna un témoignage de sympathie : on le regardait passer sans dire mot, sans lui faire un signe d'amitié : tant la terreur avait glacé les voix et les cœurs!

Notre chaumière devint bien triste : tout le long des jours, tout le long des nuits, nous avions devant les yeux cette image chérie ; et Dieu sait sous quels traits elle se présentait à nous ! Mon père était dans la prison du district, mais il n'y resta guères : on le conduisit dans celle du chef-lieu d'arrondissement. Mes sœurs, mes frères s'empressèrent, dès le surlendemain, d'aller pour le voir, ou, au moins, pour s'informer de lui. Une seule fois, on leur permit d'entrer dans sa prison : les autres jours, ils furent impitoyablement repoussés. Il était défendu d'avoir aucune communication avec lui, de rien lui faire passer; et telle fut la rigueur de la consigne, que nous dûmes renoncer à ces démarches inutiles, peut-être même nuisibles, en ce qu'elles pouvaient aggraver le sort du pauvre prisonnier. Nous fûmes donc réduits à ignorer ce qu'était devenu l'être le plus cher que nous eussions au monde ; il aurait pu être condamné et mené à l'échafaud, sans qu'il nous fût donné de le voir, de l'embrasser une dernière fois, et de recevoir sa suprême bénédiction.

Cette cruelle incertitude aggrava tellement mon état, que je tombai dangereusement malade. L'irritation, à laquelle j'étais en proie, prenait chaque jour un nouvel aliment dans l'aspect de notre vil ennemi, qui, sous prétexte d'ordre reçu pour nous surveiller, venait chaque jour exercer chez nous une odieuse inquisition. Ah! que Dieu me pardonne toutes les brèches que je fis à la sainte vertu de charité! Mais que l'amour des ennemis, que le pardon des injures, me semblaient alors difficiles!

Révolutions, que votre puissance pour le mal est grande ! Que de maux vous faites, sans le savoir et sans le vouloir, peut-être ! On a eu raison de le dire : le roi le plus méchant ne peut faire tout le mal qu'il veut, parce qu'il manque d'instruments pour servir sa volonté ; mais la révolution, même la plus bénigne (s'il pouvait y en avoir), en fait toujours plus qu'elle ne veut, parce qu'elle a des milliers d'instruments qu'elle ne cherchait pas, auxquels elle ne songeait pas, et qui la servent en aveugles. Le despotisme ne frappe que certaines personnes, ou certaines classes ; l'anarchie atteint tout.

XXV.

L'agriculture et les révolutions.

La révolution avait été proclamée au nom du peuple, et pour le peuple. Depuis trois ans, les promesses les plus magnifiques pleuvaient partout, sur nos campagnes, en particulier ; on nous annonçait un nouvel âge d'or ; la terre allait nous appartenir, et donner ses fruits presque sans travail. Le fait est que cette époque fut très-malheureuse pour l'agriculteur. Non-seulement il ne nous vint ni protection ni secours, de la part du gouvernement ; mais, au contraire, les contingents, la conscription, le maximum, pesèrent effroyablement sur nous. De plus, comme si le ciel eût voulu punir la terre, les récoltes furent rares et mauvaises : la cherté se manifesta, et prit un caractère plus grave des circonstances ; chacun, ayant peur, s'efforçait de cacher ses denrées ; et, la force publique cherchant à les découvrir, la disette augmentait par les mesures mêmes que l'on prenait pour la faire cesser.

Au reste, quelle classe de la société, quel genre de commerce ou d'industrie ne souffrit pas de cette commotion générale? La détresse était partout, parce que le désordre était partout. La révolution avait beaucoup promis; elle eut la force en main, et fit tout ce qui peut se faire avec la force. Elle remplit les prisons de familles riches, confisqua les plus opulents patrimoines, préleva des taxes forcées pour plus de cent millions, vola trois milliards de biens au clergé, cinq milliards à la noblesse; et, en résumé, à quoi aboutit-elle? au malaise universel et à la banqueroute. De tant de cloches fondues, de tant de châsses démolies, de tant de calices réduits en monnaie, de tant d'églises et de châteaux pillés, que resta-t-il bientôt? La famine et la misère : misère si profonde, si universelle, que la ville de Toulouse ne pouvait pas payer les mois de nourrice de ses orphelins; que la ville de Bordeaux ne pouvait plus allumer ses réverbères; que la Convention laissa après elle cinquante milliards de banqueroute; et que Carnot (un fameux révolutionnaire, pourtant), nommé membre du gouvernement du Directoire, ne pouvait pas trouver un domestique, faute d'argent ou de crédit pour répondre de ses gages.

Les suites de la guerre se faisaient aussi vivement sentir dans nos campagnes. C'est surtout sur le pauvre laboureur que pèse ce grand désastre qu'on appelle la guerre. C'est le paysan qui fournit des soldats, des charrois, des vivres. Jamais, mieux qu'à cette époque néfaste, ce dur fléau n'exerça sur nous ses ravages. Certaines provinces (surtout celles des frontières) furent horriblement foulées. C'étaient de continuelles réquisitions en hommes, en chevaux, en vivres; c'était tantôt à cette ville, tantôt à cette autre, qu'il fallait conduire des grains, du foin, de la paille. Pendant ce temps-là, les travaux étaient négligés; le découragement s'emparait du cultivateur; l'incertitude des événements, la difficulté de vendre les denrées, la rareté du numéraire, la dépréciation du papier-monnaie, les mutations qui venaient de s'opérer dans les propriétés par la vente des biens dits nationaux, et surtout le départ forcé de tous les jeunes gens pour l'armée, toutes ces causes, et bien d'autres que je ne puis mentionner, avaient jeté le désordre dans l'agriculture. Je n'oublierai jamais le coup d'œil attristant qu'offraient nos campagnes. Dans notre village, par exemple, beaucoup de champs étaient restés incultes : les uns parce qu'ils avaient été achetés comme biens nationaux, et que personne ne voulait les labourer; les autres parce que, comme chez nous, le maître était en prison ; ceux-ci, parce que le plus valide des membres de la famille avait été obligé de partir ; ceux-là, parce que les propriétaires avaient été menacés du pillage, s'ils ensemençaient leurs terres, etc....

Je le répète, l'esprit révolutionnaire tue toute espèce de zèle et d'ardeur au travail. A quelque état que l'on appartienne, on gémit, on souffre, on se décourage, sous la pression, sous les menaces incessantes de la démagogie. L'agriculture, comme tous les états, vit de tranquillité et d'ordre : il lui faut le calme du présent, et la perspective de l'avenir. Le laboureur sent surtout trop bien le prix du travail, pour en aventurer les résultats; il perd le courage de semer, quand il n'a pas la certitude de récolter.

On a beaucoup vanté les résultats de la division de la propriété : ce devait être là, suivant nos économistes, le point de départ de l'aisance universelle. On a dit et répété à satiété que le sol était négligé entre les mains des nobles et des moines. Je n'entrerai point dans cette question : la division de la propriété est consommée, et son morcellement semble toucher à sa dernière limite. Au lieu de quelques cent mille propriétaires, nous en avons sept ou huit millions : c'est là un fait sur lequel il serait inutile de disputer. Quant aux avantages qui en ont été la suite, je ne partage point là-dessus tout à fait les idées reçues. On me dispensera d'entrer dans les détails; mais je ne puis m'empêcher de faire ici une observation : c'est que la grande propriété est une garantie d'ordre, et la base de l'esprit de conservation. En effet, quand elle s'en va en parcelles, la terre n'a plus de prix : personne n'y tient. Le laboureur alors est trop pauvre pour pouvoir la soigner, en sorte que partout le sol dépérit. Il est remarquable aussi que c'est dans le pays où la propriété est le plus morcelée que les doctrines du socialisme et du communisme font le plus de ravages. Voyez la France, et comparez-la avec l'Angleterre, où se trouvent les plus riches et les plus puissants propriétaires du monde. Je me rappelle que, dans ma jeunesse, l'aisance et la paix régnaient dans nos campagnes ; nous n'avions point de mendiants dans la contrée. Aujourd'hui ils y pullulent. Partout, le laboureur est mal à l'aise, la misère fait des progrès incessants, et l'époque n'est pas éloignée, peut-être, où chacun mourra de faim à côté de son coin de champ.

XXVI.

Le droit de propriété et la révolution.

Jamais l'injustice n'a porté bonheur. Toujours une nation expie les attentats qu'elle laisse commettre contre les lois générales de la Providence. C'est pourquoi les révolutions, qui ne sont au fond que de grandes injustices, laissent après elles de si longues traces de souffrances.

La propriété est, de sa nature, un droit sacré. Elle est la base de la famille, le fondement de nos sociétés chrétiennes. C'est par la propriété que l'homme s'arrête sur un coin de terre, qu'il s'y établit, qu'il y travaille, qu'il s'y multiplie. Otez la propriété : le foyer, la famille, le travail, la patrie, disparaissent à la fois. L'homme ne sera plus différent de l'oiseau, qui bâtit au hasard son nid et s'en va, ou du sauvage, qui parcourt toute la superficie de ses déserts, sans se fixer nulle part.

Et cela est si vrai, que, quand on veut coloniser, c'est-à-dire civiliser, un pays, on commence toujours par y constituer le droit de propriété. Un barbare est à moitié chemin de la civilisation, dès qu'il est propriétaire.

Ces idées vivaient depuis quinze siècles au sein de la société chrétienne. Elles y étaient tellement entrées dans les mœurs, que l'on ne songeait pas même à s'enquérir de la manière dont les grands propriétaires avaient pu le devenir. La propriété était un fait : on la respectait.

Quand donc les assemblées révolutionnaires mirent la main sur une grande partie du sol, elles commirent un attentat qui devait, tôt ou tard, amener la ruine de la société. Elles eurent beau colorer cette usurpation des prétextes les plus pompeux; l'injustice était flagrante. Une longue possession avait consacré les biens des grandes familles et des monastères : ce titre seul suffisait, et il suffisait tellement, qu'aujourd'hui même nos lois, toutes révolutionnaires qu'elles sont, admettent le droit de prescription comme une nécessité de l'ordre social. Eh! où en serait-on s'il fallait discuter, vérifier la légitimité de tous les titres de possession? Ce serait jeter dans toutes les relations sociales une perturbation sans fin. Et il ne sert de rien de dresser contre les classes ou contre les personnes des accusations, des listes de proscription, pour se donner ensuite le droit de les dépouiller. Ce serait un procédé par trop facile, de couper la tête à quelqu'un, pour pouvoir légitimement s'emparer de ses biens. Le brigand qui tue sa victime avant de lui prendre sa bourse, commet un double crime, et voilà tout.

J'entends aujourd'hui des gens se plaindre que l'ordre

6

social est ébranlé par la base, et que la propriété est menacée dans son universalité : cela est vrai ; mais, si on a lieu de s'en plaindre, on n'a point droit de s'en étonner. Il y a soixante ans que le principe a été posé, et cette sorte d'ennemis de la société qu'on appelle, sans doute par ironie, les socialistes, ne font que tirer les rigoureuses conséquences des actes de la révolution de 93. On a pillé les moines : de quel droit ? Parce qu'ils étaient oisifs ? Que de rentiers d'aujourd'hui ne travaillent pas davantage, et même cent fois moins ! Il n'y a, je crois, aucun des arguments produits contre les aristocrates et les moines, qui ne puisse être retourné, avec autant de raison, contre les propriétaires d'aujourd'hui. L'énorme injustice commise contre le droit de propriété pèse et pèsera à jamais sur la société, jusqu'à ce que la ruine universelle soit consommée, et que les mots de propriété et de vol aient disparu du langage.

Honnêtes propriétaires, vous avez beau vous raidir, vous retenir sur la pente : votre arrêt est porté depuis soixante ans. Heureux si vous n'avez pas encore, comme vos devanciers, l'honneur, peu envié, de porter votre tête sur l'échafaud !

XXVII.

La famille.

La révolution, avons-nous dit, fut avant tout une séparation violente entre l'Eglise et l'Etat. Depuis l'origine du christianisme, la société, sentant le besoin de se rattacher au principe qui l'avait arrachée à la pourriture du paganisme, s'était livrée, en quelque sorte, corps et âme à son action : comme un malade désespéré s'abandonne au médecin qui vient le guérir. Qu'était-ce, en effet, que le monde au moment où la croix apparut? Un horrible chaos, un cloaque sans fond. On l'a trop oublié : sans le christianisme la société serait perdue, parce que, depuis longtemps, les derniers vestiges d'un ordre quelconque auraient disparu de son sein. Mais l'esprit du mal, qui vit depuis le commencement, ne pouvait supporter le joug que lui imposait la foi nouvelle. L'adversaire de tout bien, qui déclara la guerre à l'homme dès son berceau, et avait fini par étouffer la tradition primitive, recommença sa lutte avec une plus vive ardeur contre le principe naissant. Et le duel a duré dix-huit siècles, avec des alternatives de succès et de défaites.

Qu'on ne s'y trompe pas : la révolution française fut, au fond, l'explosion de cette longue révolte contre Dieu. Elle consomma, ou crut consommer, la lutte qui durait depuis longtemps. Fille de l'incrédulité, elle espéra avoir raison de Dieu. Sans aucun doute, elle eût réussi, si la religion eût été chose humaine. Je ne suis qu'un modeste paysan, sans instruction et sans lettres ; mais il me semble que l'argument le plus fort en faveur de la religion de Jésus-Christ, est précisément qu'elle ait résisté à une attaque aussi longue et aussi furieuse, où tout était contre elle et rien pour elle, en apparence. Je respecte les nombreuses preuves par lesquelles on démontre son origine divine ; mais celle-là m'a toujours frappé entre toutes. Non, encore une fois, un ouvrage humain n'eût pu tenir bon contre une si horrible tempête.

La distinction du mariage civil et du mariage religieux fut une des conséquences du schisme que l'Etat consommait vis-à-vis de l'Eglise catholique ; et ce fut, sans contredit, une des plus funestes. Je vis mon vieux père froncer le sourcil, la première fois que cette mesure révolutionnaire parvint à sa connaissance. — Voilà la pierre du coin ébranlée, dit-il, avec un accent de tristesse ; ils s'attaquent à la famille ; tôt ou tard l'édifice croulera ; ce n'est plus, maintenant, qu'une affaire de temps. — Il avait raison.

J'entends aujourd'hui bien des gens se plaindre des attaques dirigées, par les modernes destructeurs, contre la sainteté du mariage et l'indissolubilité du lien conjugal. Ils n'ont pas tort de se plaindre ; mais la première source du mal est là. Du jour où la société arracha à l'empire de la religion le contrat le plus sacré, l'acte le plus important de la vie du citoyen ; dès ce jour, elle dut s'attendre à n'avoir bientôt plus de frein à opposer au débordement du vice. On n'efface pas impunément le sceau divin des endroits où Dieu l'a placé. On a voulu faire du mariage une affaire purement humaine, une cérémonie purement civile ; on lui a enlevé le prestige qui l'avait jusqu'alors entouré, en laissant croire au peuple que ce contrat sublime puise toute sa force dans la loi humaine, que c'est la parole du magistrat, et non l'assistance du prêtre, qui serre ce nœud sacré. Aussitôt le peuple a commencé par perdre le respect qu'il portait jusqu'alors à cet acte si important de la vie. Il comprit que la sanction de Dieu n'était plus nécessaire. Les mariages dits *civils* se multiplièrent, sinon dans les campagnes, au moins dans les villes ; et, si quelques âmes fidèles cherchaient encore un prêtre pour les marier en secret, la plupart se contentaient de la ridicule formalité établie par l'autorité révolutionnaire.

Puis vint la prétendue loi du divorce, qui acheva de détruire, aux yeux du peuple, le caractère sacré du mariage. La loi évangélique était sapée par sa base. L'union de l'homme et de la femme ne pouvait plus être considérée que comme un accouplement fortuit, comme un nœud fragile, qu'un caprice avait formé, et qu'un caprice pouvait rompre. Aussi cette loi fut-elle accueillie avec une monstrueuse facilité. Dans les trois premiers mois de 1793, le nombre des mariages rompus égala le tiers des mariages contractés ; c'est-à-dire que, sur trois couples, un brisait son contrat; sur trois familles, une était livrée à toutes les chances du hasard et aux funestes exemples de l'inconduite. Et la contagion gagnait. Nul doute qu'avant peu le divorce ne fût devenu la loi commune, si l'on n'eût posé quelques limites à cette effroyable licence. La révolution elle-même eut peur de son œuvre, et opposa une barrière aux ravages du torrent.

Qu'on ne se fasse donc pas d'illusion : le coup mortel a été porté alors à cette pierre angulaire de la société qu'on appelle le mariage. Tout ce que nous entendons aujourd'hui, et tout ce que l'on verra plus tard, n'en sont que les conséquences. Sans doute, le divorce a été aboli dans la loi; mais il est resté dans les idées, et même dans les mœurs. Il me revient que des désordres étranges souillent plus d'un foyer dans les grandes villes, et que le mariage n'y est souvent qu'un divorce réel, dissimulé sous un masque d'honnêteté.

Après tout, si le peuple est souverain, si le pouvoir vient de lui, surtout si ce pouvoir est inaliénable, en quoi les lois civiles peuvent-elles enchaîner la volonté humaine? Qu'est-ce que ces bouts de papier qu'on appelle des lois? Les pères ont-ils pu lier leurs fils? Je ne comprends pas comment, à moins d'un véritable despotisme, on forcerait deux époux à subir un joug qu'ils ont contracté librement, et qu'ils maudissent tous les deux, quand ce joug n'a d'autre sanction qu'une volonté, ou plutôt une force, qui leur est étrangère. Si l'homme est souverain, qui peut lui faire la loi? S'il a le droit de penser, en religion, en politique, comme bon lui semble, qui l'empêchera d'en faire autant en morale? Et si l'opinion est libre, pourquoi l'action ne le serait-elle pas? On ne peut, dans cette supposition, échapper à l'absurdité, ou plutôt à l'extrême immoralité, que par l'inconséquence.

Oui, oui, tôt ou tard, le germe donnera son fruit. On apprendra bientôt ce que l'on aura gagné à repousser Dieu de la société. L'homme, hélas! ne se corrige pas par la raison : il ne se corrige pas même par l'expérience des autres. Il faut qu'il subisse lui-même les conséquences de ses erreurs pour les reconnaître, et faire un pas dans la voie du retour.

Que d'hommes ont applaudi à la spoliation du clergé et des nobles, qui ne songeaient guère qu'un jour le même procédé menacerait leur fortune !

Que de prétendus libéraux ont applaudi à la séparation du mariage religieux et du mariage civil, qui ne songeaient pas qu'un jour s'ensuivrait la ruine de la famille !

Seigneur, que l'homme est aveugle et que vos jugements sont justes !

XXVIII.

Une visite.

Mon père tomba malade en prison. Sa robuste santé ne put tenir à ce défaut de grand air et d'exercice, à cet isolement de sa famille, et surtout aux soucis qui préoccupaient sa tête. Des bruits de toute nature couraient dans ces temps de trouble, et empruntaient des circonstances mêmes des motifs de crédibilité. Vraiment, qu'y avait-il d'impossible, et même d'invraisemblable, dans ces jours d'anarchie sanglante ? Que d'hommes se couchaient inquiets la veille, et ne se couchaient plus le lendemain ! Des milliers de familles avaient perdu un membre, sans s'y attendre. Le fatal couperet prenait au hasard. Une grande fortune ou des titres de noblesse n'étaient pas les seules raisons de son choix : il n'épargnait ni l'obscurité, ni la pauvreté, ni l'humilité de la condition.

Nous pouvions donc, comme tout autre, devenir ses victimes. Chaque matin, chaque soir, vingt fois le jour, mon père se demandait : Sont-ils encore tous là ? Ma femme ne serait-elle pas en prison, mon fils à l'armée ? Et personne ne pouvait lui répondre. Et nous, à notre tour, nous nous demandions les uns aux autres : Notre père est-il déjà guillotiné ? Est-il encore en prison ? Y est-il malade ? Non, on ne se figure pas ce qu'a de triste une pareille incertitude. Nous n'en dormions plus, nous en perdions l'appétit. Très-souvent encore on allait au chef-lieu ; mais le geôlier ne répondait pas, ou nous disait que notre père était *rogné*, ou trouvait quelque autre moyen de nous jeter dans l'angoisse. Il n'était point tel à l'égard des autres prisonniers ; et la raison de cette différence, je la sus plus tard : c'est que mon père ne lui avait pas glissé d'argent dans la main, au moment de son entrée en prison. O incorruptible justice des révolutions !

Un jour, un de nos voisins nous apporta, de la part d'un inconnu, une feuille du *Moniteur*. On sait que ce journal insérait chaque jour les noms des victimes, des soixante victimes qui formaient, pour Paris seulement, la fournée quotidienne : nous y lûmes le nom de Charrue. A ce mot, ma mère fut prise d'un tremblement si fort qu'elle tomba à la renverse, et demeura toute la journée dans un état d'agitation impossible à décrire. Notre douleur était au comble. Ce n'était pourtant qu'une coïncidence de noms : un prêtre qui vint passer la nuit chez nous, nous rassura, en nous faisant voir que le Charrue guillotiné à Paris était d'un autre département. Seulement, il nous apprit que mon père était malade ; il le tenait d'un prisonnier qu'on venait d'élargir. Il nous dit tout ce qu'il savait ; mais on sent qu'en nous tirant d'une inquiétude, il nous jetait dans une autre. Notre père ne sachant pas écrire, il n'y avait pas à attendre de ses nouvelles directes. Nous apprenions qu'il existait encore : mais pour combien de temps ? Le mal n'était-il pas beaucoup plus grave qu'on ne nous le disait ? Et lequel valait mieux : mourir sur l'échafaud, ou périr de consomption, de faim, de tristesse, au fond d'un cachot ?

Comme j'étais à peu près guéri, il fut décidé que j'irais au chef-lieu du département, et qu'à tout prix je verrais mon père. Nous recueillîmes tout ce que nous pûmes d'argent : mes sœurs vendirent leurs boucles d'oreilles et leurs autres petits bijoux : le tout forma une somme de *douze livres dix sous*, pour parler le langage du temps; et je partis, muni de ce riche capital, dans l'espoir d'acheter au moins la permission d'embrasser, au nom de sa famille, le pauvre prisonnier.

En arrivant au chef-lieu, je me hâtai de me présenter à je ne sais quel commissaire qu'on m'indiqua, pour lui exposer le but de mon voyage, et le supplier de m'accorder la permission de voir mon père. La première chose qu'il me dit, avant de me répondre, fut que mon ordre de départ était parti le matin, et que j'avais, moi Mathieu Charrue, à me rendre dans le délai de trois jours au district, pour y recevoir ma feuille de route.

Je ne saurais dire au juste quel fut le sentiment que cette nouvelle excita en moi. Depuis longtemps je m'attendais à être soldat, et dans les rêves que je faisais au coin du feu ou sur mon lit, je m'étais déjà figuré toutes les chances que cette carrière pouvait m'offrir, d'après ce que la renommée nous rapportait chaque jour des événements de la guerre. Je puis donc dire qu'il n'y avait rien de surprenant pour moi dans ce que je venais d'apprendre. Aussi n'en parus-je point attristé. — Il faut partir, me dit le commissaire d'une voix rude. — On partira. Mais, citoyen commissaire, est-ce que je ne pourrais pas voir mon père? — Tu verras ton père.

La joie que cette parole me causa fut si vive que j'eus peine à ne pas sauter au cou de cet homme, dont le geste et le ton m'avaient d'ailleurs si fort déplu. J'oubliai immédiatement la guerre et ses suites, pour ne plus songer qu'à la satisfaction de revoir un père chéri. Le commissaire me donna un billet, et je volai à la prison. Le geôlier fit quelque difficulté de m'introduire, malgré mon *permis d'entrer* : il céda, à la fin. Dieu ! quel spectacle ! mon pauvre père était couché sur un mauvais lit de camp ; sa barbe était longue et sale, sa figure décharnée ; il avait horriblement vieilli. Je me jetai dans ses bras avec un transport que je ne saurais rendre : Ah ! mon père ! mon bon père !

Il ne me reconnut guère qu'au son de ma voix. L'unique fenêtre de la prison ne donnait qu'un faible jour ; et puis la captivité avait comme ébranlé ce tempérament si vigoureux. Quand il fut assuré qu'il tenait son fils entre ses bras, il m'étreignit avec une force qui m'exprimait, d'une manière muette, mais bien sensible, les sentiments qui oppressaient son cœur. Je pleurais, lui souriait : l'injustice des hommes et trois mois d'une dure prison n'avaient point altéré l'admirable sérénité de son âme. Il me parla sans aigreur : il ne se plaignit point, et parut ne s'inquiéter que du sort de sa femme et de ses enfants. On devine avec quelle avidité il écouta ce que j'avais à lui en dire. — Pauvre femme ! dit-il à la fin, pauvres enfants ! que le Seigneur vous tienne sous sa garde ! Je le prends à témoin que, si je désire sortir d'ici, c'est uniquement pour vous : car, pour moi, je suis bien partout où Dieu me veut.

J'ai réfléchi bien des fois sur cette circonstance de ma vie, et jamais je n'ai pu le faire sans attendrissement. Aujourd'hui encore, je sens mon cœur ému, quand je me rappelle ce vénérable vieillard, au moment où il m'exprimait avec tant de calme sa généreuse résignation. Ah ! il n'y a que les âmes fortes qui sachent ainsi dominer les événements de la vie, et accepter sans amertume les coups de la malice des hommes. Et même, je le dirai franchement, ce n'est guère que dans la classe à laquelle j'ai l'honneur d'appartenir, que se trouvent encore les âmes de cette trempe. La vie sobre et austère du laboureur peut seule imprimer au caractère de l'homme cette belle virilité qui n'exclut point la sensibilité, tout en rejetant la faiblesse. On aurait beau le nier : il reste incontestable que l'éducation efféminée des classes bourgeoises produit, pour premier effet, l'abâtardissement des caractères. L'âme s'amollit nécessairement sous l'empire des sens ; or, des sens flattés, gâtés, obéis servilement, deviennent facilement les maîtres impérieux, auxquels on ne résiste plus. L'homme est ainsi bâti, qu'il ne saurait élever un des plateaux de sa double nature sans abaisser l'autre, accorder à l'âme sans refuser au corps, et flatter celui-ci sans asservir celle-là.

Après les premières effusions de nos cœurs, j'appris à mon père que j'avais reçu l'ordre de partir. A peine le mot fatal fut-il lâché que je m'en repentis, je l'avoue : il était à craindre que ce nouveau chagrin, s'ajoutant à tant d'autres, ne comblât la mesure de ses douleurs. Je me trompais : le noble vieillard reçut encore ce coup sans en être ébranlé. — Je m'y attendais, mon fils, me dit-il; et si je suis surpris d'une chose, c'est de te voir encore ici. Que la volonté de Dieu soit faite ! Pourvu que tu n'oublies point, à travers la dissipation des camps, les principes que j'ai cherché à te donner, cela suffit : Dieu fera le reste. L'homme est partout ce qu'il veut être. Il n'est pas de position nécessairement mauvaise. Avec un peu de courage et de bonne volonté, on peut toujours s'en tirer, le cœur pur et les mains nettes. Fais ce que dois, advienne que pourra.

Il me parla longtemps sur ce ton avec un grand calme. Il s'attendrit pourtant une fois, en songeant à l'impression que cette nouvelle ferait sur ma mère. — La pauvre femme ! disait-il, elle a le loisir d'apprendre que tout n'est pas douceur dans le métier de mère de famille. Les occasions ne lui manqueront pas pour dépenser ses larmes. Il lui restera encore assez d'enfants, sans doute : mais voilà ce que c'est : elle sera plus attristée de l'absence d'un, que réjouie de la présence de tous les autres. Une poule oublie tous ses poussins pour celui qu'elle a perdu.

Quand il fallut nous séparer, j'éprouvai un affreux déchirement de cœur. Je laissais mon père, sinon malade, comme on nous l'avait dit, du moins affaibli. J'allais partir moi-même, sans savoir quand je reviendrais, ni même si je reviendrais. Il me sembla que je voyais ce père chéri pour la dernière fois. Mes larmes coulèrent de nouveau, et plus abondantes. Et lui, qui ne voulait point augmenter ma faiblesse, recueillit toute sa force pour rester calme. Il m'embrassa avec tendresse, mais sans trop grande émotion ; puis se coucha paisiblement sur la paille de son lit de camp. Ce spectacle m'émut plus vivement. Je me souvins alors de mes *douze livres dix sous*, que j'avais pu soustraire à la rapacité du geôlier, et je les lui offris. — Eh! pourquoi en faire ? me dit-il. J'ai du pain et de l'eau ici, et c'est tout ce qu'il me faut ; surtout, ajouta-t-il, avec un sourire triste, si je dois bientôt mourir sur l'échafaud : la guillotine est économe. Non : garde-les pour ta pauvre mère : elle aura assez moyen de les employer. Retire-toi ! Adieu !

Hélas ! quoi qu'il fît, son cœur se serrait : il sentait que ses larmes allaient déborder. Les miennes coulaient par torrents. Je le quittai, après lui avoir pris les mains, que je portai à ma bouche, et que je mouillai de mes pleurs.

Je sortis triste et abattu. Je n'avais pas, comme lui, le courage de supporter tant de malheurs sans me plaindre. Mon Dieu ! encore une fois, pardonnez-moi si je manquai à la sainte charité ! Je ne sais si je maudis alors les révolutionnaires ; mais ce dont je suis sûr, c'est que je blasphémai les révolutions.

XXIX.

La guerre.

Trois jours après cette émouvante entrevue, je partais pour le chef-lieu de mon département, et j'y revêtais l'habit de soldat. Je ne saurais dire combien de larmes ma famille versa quand je la quittai, ni combien j'en répandis moi-même. Mon être fut profondément remué en embrassant (peut-être aussi pour la dernière fois) cette mère si tendre et si digne, ces sœurs bien-aimées, ces jeunes frères, tous ces parents, tous ces amis, qui vinrent m'adresser leurs adieux. Mille liens, jusque là inaperçus, se firent sentir dans mon cœur. J'étais déchiré, et, pour ainsi dire, tiraillé par ces affections diverses : j'allais comme un hébété de l'un à l'autre, sans savoir à qui je parlais, ce que je demandais, qui me répondait. Jusque là, je l'avoue naïvement, je n'avais pas encore su combien j'étais aimé : je crus le voir alors. C'étaient bien des signes d'affection sincère, ces baisers, ces serrements de main, ces étreintes ; c'étaient bien des larmes d'amitié, celles qui sillonnaient tant de joues. Oui, j'étais aimé, même hors du cercle de ma famille : tout le village, pour ainsi dire, s'était réuni dans notre chaumière pour plaindre ma mère, et me dire adieu. Eh bien ! il y a, même dans le malheur, une grande consolation au fond de cette pensée : on m'aime ! J'étais presque soulagé de le croire et de le sentir.

Plusieurs de nos connaissances m'avaient accompagné à quelque distance du village : je fus obligé de les renvoyer, car mon cœur n'y tenait plus. Quand je fus seul, je m'arrêtai sur une petite hauteur, d'où l'on pouvait découvrir à peu près tout notre territoire. Un autre amour se réveilla alors en moi : celui de nos campagnes, du sol que j'avais arrosé de mes sueurs, et qui m'avait vu naître. Nos prés, nos champs, notre verger, c'étaient aussi comme de bons amis que je quittais, peut-être pour toujours. Plus d'une scène, dont ils avaient été le théâtre, se retracèrent à ma mémoire ; je m'aperçus que plusieurs d'entre eux languissaient faute de soins ; quelques-uns même n'avaient point été labourés, à cause de l'absence de mon père, à cause de ma maladie, et surtout par suite de la tristesse qui régnait chez nous, et qui avait comme détendu tous les ressorts de nos volontés. Cet aspect me navra le cœur. Je sentis mieux le vide que mon absence allait créer dans ma famille ; je compris que ma pauvre mère perdait en moi son meilleur appui, et qu'au chagrin que lui causait mon départ, s'ajouteraient encore la misère et ses suites. Oh ! que cette réflexion me fut amère ! Je n'aurais pu, je crois, m'y arrêter un peu sans que mes forces défaillissent. Je dis donc du fond du cœur un pénible adieu à tout ce que je laissais, à tout ce que j'avais aimé ; et, demandant au ciel un peu de courage pour accomplir mon sacrifice, je tournai le dos à ma patrie.

La guerre ! et la guerre pendant la Révolution ! n'est-ce pas le tableau le plus étrange, le plus varié qui se puisse imaginer ? Je ne sais si l'histoire offrit, et offrira jamais, une page pareille à celle-là. Loin de moi la pensée de dérouler cette sanglante et terrible lutte du principe insurrectionnel contre les pouvoirs réguliers. Je n'en ai ni le talent ni la volonté. Perdu comme un atome dans ce tourbillon dévastateur, comme une goutte d'eau dans cet océan, je pris ma part des triomphes et des défaites qui signalèrent tour à tour le passage de la trombe révolutionnaire ; mais je n'en devins ni meilleur ni pire. L'atmosphère de l'impiété ne me gâta pas : je puisais dans ma foi assez de lumières pour voir ce qu'il y avait de misérable au fond de ces fanfaronnades d'irréligion, et assez de force pour me garantir de la contagion du vice. J'eus le talent de rester humble paysan sous l'habit de soldat : ce mot dit tout. Mon éducation simple et solide, ma régularité de mœurs, ne subirent aucune atteinte de tant d'attaques de toute sorte. Oui, je restai paysan, et j'en suis fier. Je n'eus point la sotte maladresse de tant de compagnons qui, arrachés, comme moi, aux travaux des champs, s'efforçaient presque de faire oublier leur première condition. J'étais glorieux de mon titre : je ne rougissais point de l'imperfection de mon éducation, et de la pauvreté de mes parents. Plus d'une fois, ma conduite extraordinaire, je veux dire ma régularité parmi tant de désordres, attira l'attention de mes chefs : ils me demandèrent qui j'étais, et je leur répondis avec un légitime orgueil : Je suis le fils d'un pauvre laboureur. Aucun titre ne m'eût paru plus noble que celui-là. Et ce que je pensais alors, je le pense encore aujourd'hui. S'il est un homme au monde que je sois tenté de renier, c'est le paysan qui rougit de sa condition.

Que d'événements se passèrent dans ces années si courtes par leur durée, et pourtant si agitées et si pleines ! Nous avions à peine le temps de réfléchir au mouvement rapide qui nous emportait. Les marches forcées, les privations, le froid, la chaleur, la fatigue, les combats, la victoire, tout nous arrachait à nous-mêmes, et entretenait en nous cette sorte de délire qui fait seul les grandes choses. Nous volions avec la vélocité de l'aigle d'un royaume à un autre; les fleuves fameux, les villes célèbres n'étaient que des accidents sur notre chemin ; nous daignions à peine leur donner un regard. Enfants gâtés de la victoire, c'était nous qui étions le spectacle, et non les merveilles devant qui nous passions : c'était nous, soldats hâves et maigres, victimes de la faim et du froid, c'était nous qui étions le prodige du siècle. On se rangeait pour nous voir passer. Que de fois j'ai vu la surprise se peindre sur les figures, à l'aspect de ces soldats demi-nus, sans capotes, sans chaussures, entrant dans quelque cité fameuse ; on s'étonnait que les plus belles armées du monde, que les plus grands généraux de l'Europe, eussent dû céder à ces bandes déguenillées, à ces squelettes rongés par la faim.

Oui, je pris ma part à cet entrain : je bus à cette coupe enivrante de la gloire. J'étais Français de cœur et d'âme ; et, quelques répugnances que m'inspirât le pouvoir que je servais, j'étais fier pour ma patrie de nos victoires sans nombre, et de la terreur qui les accompagnait. Il n'est pas aisé de se défendre de ces glorieux prestiges : la victoire a un éclat qui éblouit tous les yeux. Plus tard, j'ai maudit dans mon cœur, et le sang que j'ai fait couler, et les ordres qui armaient mon bras ; mais, dans le moment, je fus ivre et fou comme les autres. Le combat éveillait en moi des puissances inconnues : je ne me reconnaissais plus, dans l'espèce de délire qui m'emportait. Sans doute, il y a là-dessous une action providentielle. Dieu ne se nomme-t-il pas lui-même le *Dieu des armées?* Oui, c'est lui, le vengeur terrible, le *Ravageur*, comme il s'appelle, c'est lui qui a institué la guerre, comme une affreuse nécessité, comme une saignée nécessaire au grand corps social, depuis si longtemps malade ; c'est lui qui souffle à l'âme la plus timide et la plus faible cette vigueur de lion, cette soif de gloire (et quelle gloire!), cet enthousiasme, enfin, qui fait du plus lâche un héros !

Souvent, depuis, en tenant le manche de ma charrue, je me suis reporté par la pensée à ces scènes de deuil et de triomphe. Lodi! Arcole! le Caire ! Monthabor ! les Pyramides! Marengo! vous tous, noms célèbres, inscrits à jamais dans l'histoire, vous repassiez dans ma mémoire comme de brillants fantômes, comme des rêves évanouis. Plus d'une fois j'ai suspendu la marche de mes bœufs, et, déposant mon fouet et croisant mes bras, je laissais mon imagination s'égarer à la suite de ces glorieux souvenirs. Je visitais en pensée tous les coins de ces champs de bataille, tous les théâtres de ces victoires, quelquefois si chèrement achetées; et ces images, je l'avoue, remuaient en moi comme un feu caché sous la cendre. J'aurais voulu voler sur les ailes des vents, revoir encore ces lieux témoins de ma valeur, et respirer une dernière fois, à cinquante ans de distance, les parfums qui m'avaient jadis enivré.

Puis, secouant bientôt cette stérile poussière, je reprenais mon ouvrage. — Mieux vaut encore, me disais-je, la paisible obscurité du hameau que cette bruyante et menteuse ivresse de la gloire. Si Dieu s'est quelquefois appelé le Dieu des armées, ce n'a dû être qu'à regret : tandis qu'il semble se complaire à se nommer le *Dieu de paix.* Tout bien pesé, le plus humble coup de charrue vaut mieux que le plus brillant coup d'épée : celui-là nourrit les hommes, celui-ci les tue.

XXX.

Acte de justice.

Je n'entrerai donc point dans le détail de mes neuf années de service militaire. Ce serait présomption, ce me semble, de la part d'un obscur laboureur, de hasarder un tableau que des plumes si habiles ont tracé, et qui demande des couleurs si variées et si vives. J'ai pourtant écrit cette page de ma vie : dans les longues soirées d'hiver, dans les jours de chômage forcé, j'ai pris souvent ma plume, et fixé, simplement et sans art, des souvenirs qui caressaient encore mon imagination, et faisaient battre mon cœur. Comme ces ébauches seraient sans objet et sans attrait pour le public, le feu en fera justice (1).

(1) Cette partie des manuscrits du bon père Charrue est aussi publiée. Voyez l'ouvrage intitulé : *Le paysan soldat.*

XXXI.

Le retour.

Mon père n'était point mort, comme nous l'avions si longtemps craint. L'énergie de son tempérament résista à la prison, et la chute de Robespierre le sauva de la guillotine. J'avais emporté à l'armée ce sujet d'inquiétude, et je puis dire qu'il ne me quittait pas un instant. De temps à autre, j'apprenais des nouvelles du pays, soit par lettres, soit par quelque soldat nouvellement arrivé ; mais cela ne satisfaisait pas toujours mon cœur. Je tâchais, à mon tour, de tirer ma famille d'inquiétude sur mon compte : car les soucis ne devaient pas être moindres pour elle. La rapidité des marches, l'irrégularité du service des postes, les batailles nombreuses qui se livraient, souvent le défaut de plume et de papier, étaient autant d'obstacles qui m'empêchaient de rassurer, comme je l'aurais voulu, ceux qui tremblaient pour moi.

Enfin, après neuf ans de service, j'obtins mon congé. Je le dus à une fièvre prolongée qui me prit en Egypte, et me mit bientôt hors de service. Je le dus, surtout, à la bienveillante intercession d'un chirurgien-major qui m'avait distingué entre mes frères d'armes, et qui, resté, comme moi, fidèle à la religion de son enfance, avait mieux compris combien la vie des camps allait peu à mes goûts. D'ailleurs, j'étais lieutenant, et il ne manquait pas d'hommes prêts à me remplacer.

Quand je rentrai, rien n'était changé chez nous, si ce

n'est qu'un de mes frères était aussi parti pour l'armée, qu'une de mes sœurs était morte, et que mes parents avaient bien vieilli. La joie que causa mon retour fut immense. Ma mère, surtout, ne se lassait pas de me voir et de m'embrasser. Mon père, toujours calme, toujours égal à lui-même, disait : — Maintenant, je puis mourir, puisque mes yeux ont revu notre Mathieu. Aussi bien, mes enfants, la révolution n'est pas finie ; nous venons de voir son début, nous voyons actuellement sa marche ; ceux qui nous suivront assisteront à ses dernières catastrophes.

Ma joie fut grande de me retrouver au milieu de nos campagnes. Je revis, avec une sorte de transport, ces vieux amis que j'avais quittés avec tant de regret : nos champs. Je les parcourus, j'étudiai leurs traits, pour ainsi dire ; je devinai du premier coup ce qu'ils avaient souffert, comme on cherche la cause de la douleur dans la physionomie d'une personne que l'on aime. Mais je me promis de me mettre à l'œuvre avec plus d'ardeur, de réparer les ravages du temps et de l'absence, et je n'y manquai pas.

J'ignore quels sentiments s'attachent, dans les autres états, aux objets ou aux instruments du travail : quel plaisir, par exemple, éprouve l'avocat au milieu de ses papiers, ou l'artisan dans sa boutique. Mais ce que je sais, c'est que les premiers jours que je passai, seul, en face d'un beau soleil, dans l'air pur des campagnes, au milieu des souvenirs de ma jeunesse, furent pour moi un ravissement continuel. En comparant le calme de ma vie présente avec le tumulte de celle que je venais de quitter, j'éprouvais la sensation de l'homme qui passe d'un état de contrainte à un état de liberté. Soleil, œil de Dieu et flambeau de l'univers, que vous me paraissiez beau ! Forêts, montagnes, que vous me sembliez riantes, sous votre robe de fraîche verdure ! Oisillons des champs, que vos voix étaient douces ! Que de parfums amis, que de senteurs bien connues j'aspirais dans les airs ! Je revoyais les mêmes arbres, les mêmes buissons : les uns avaient grandi, les autres dépéri. C'était le même horizon que celui qui avait d'abord frappé mon enfance. Oui, je le répète, c'était comme un doux transport, comme un reflet de cette joie que dut éprouver le père des hommes, lorsqu'il jeta, pour la première fois, ses regards sur le beau séjour que Dieu lui avait préparé.

XXXII.

Grave résolution.

Quelques années après mon retour, mon père me prit un jour à part, et me dit : — Il serait bon que tu prisses femme : d'abord, parce que tes sœurs étant toutes mariées et ta mère vieillissant, il faut une femme dans le ménage ; et, ensuite, parce que c'est le seul moyen d'échapper à une nouvelle conscription.

En effet, chacun sait que, dans ces temps malheureux, le même homme pouvait être deux ou trois fois appelé par le sort. J'ai connu d'infortunés jeunes gens qui, pour s'être rachetés deux fois à des prix exorbitants, n'ont pas été dispensés de tirer une troisième fois, et de périr sur le champ de bataille.

La proposition de mon père ne me plut ni ne me déplut d'abord. J'étais indifférent sur le point du mariage. Je demandai du temps pour délibérer, et, après avoir pris conseil avec Dieu et avec moi-même, je me décidai à obtempérer à l'avis paternel. Le prêtre qui dirigeait ma conscience contribua beaucoup à faire pencher la balance. C'était une vieille habitude dans notre famille de ne rien faire d'important sans consulter le prêtre : je n'y ai point dérogé. Je me suis fait un devoir de remettre aux mains de mon confesseur toutes les affaires un peu graves que j'ai eu à traiter, et jamais je ne m'en suis repenti. Le prêtre a été le meilleur ami, le conseiller le plus sûr que j'aie rencontré dans mon chemin : je n'ai fait de bien que par lui.

Mon choix, ou plutôt le choix de mon père et de mon confesseur, fut bientôt fixé. J'aurais pu, je le dis avec ingénuité, trouver une femme dans une condition au-dessus de la mienne. Ce n'était pas que je fusse riche, ni que je dusse jamais le devenir ; mais j'étais laborieux et sage ; jamais la voix publique n'avait signalé chez moi le moindre écart ; de plus, je n'étais point mal fait, et mon intelligence, soit dit sans vanterie, dépassait quelque peu le niveau commun de nos campagnes. Aussi, plusieurs démarches furent-elles faites près de mon père, par des propriétaires aisés, par des gens même de condition libérale, qui eussent été heureux, disaient-ils, de m'avoir pour gendre. Mon père ne donna point dans ces idées.

— Vois-tu, me disait-il, les mariages faits dans des proportions si inégales de condition et de fortune sont rarement heureux. Quand Adam et Eve s'unirent, Dieu les avait faits égaux. C'est une loi de la Providence, que chacun, en général, doit se tenir dans sa condition. Que gagnerais-tu à avoir une femme plus riche, ou mieux élevée que toi ? Une servitude continuelle, ou une discorde sans fin. Car, ou tu céderais à ses goûts de toilette, de visites, de table, de représentation, de relations avec le monde, ou non. Dans le premier cas, tu serais un véritable esclave, obligé de faire violence à tous tes penchants, à toutes tes habitudes ; dans le second cas, il faudrait continuellement lutter contre les goûts d'une personne qui serait un autre toi-même, la voir s'attrister, l'entendre se plaindre, ou, au moins, te reprocher de la tenir dans une contrainte perpétuelle. Crois-moi, mon fils, prends modestement la fille d'un laboureur ; prends une égale, et non une supérieure. Tu seras plus heureux et plus tranquille.

Habitants des campagnes, cet avis, je vous le transmets. Il n'est que trop ordinaire, même parmi vous, de chercher à s'élever au-dessus de sa condition par des mariages avantageux. C'est une illusion. Le bonheur pour l'homme des champs est de trouver, quand il se marie, une femme qui sache partager ses travaux et ses goûts. Son bonheur, c'est de voir sa compagne s'adonner avec joie à ces labeurs, parfois si pénibles, mais toujours si doux, quand on s'y livre de cœur et d'affection ; c'est de la voir braver gaîment le soleil ou le froid, se lever matin, soigner son ménage, déployer dans l'intérieur de la famille cette activité, ce soin des petites choses, cet amour de l'économie, qui font le charme et la fortune du laboureur.

Le ciel voulut que je trouvasse tout cela. Dans un village voisin existait une jeune fille, de dix ans moins âgée que moi, et en qui se trouvaient réunies les qualités que l'on peut raisonnablement demander dans une femme. Seulement elle était borgne : un accident de jeunesse l'avait privée de l'œil gauche ; car, comme elle piochait dans un champ de pommes de terre, un éclat de bois lui sauta à l'œil et le lui creva.

Ce défaut était le seul qu'on pût lui reprocher. Pour mon propre compte, je n'objectai point autre chose à mon père ; et, sans faire de cette raison la base d'un refus formel, je manifestai cependant assez ma pensée, pour que mon père comprît que j'aurais quelque répugnance à épouser une femme défigurée. Là-dessus, il me dit :

— Mon ami, je ne te contrarierai pas. Je serais au désespoir de te faire prendre une femme contre ton gré. Cependant souviens-toi que les qualités morales doivent être prises en considération beaucoup plus qu'une beauté passagère, qui n'est, en quelque sorte, qu'un accessoire dans une créature humaine. Un accident (et cette jeune

7.

fille en est la preuve) peut priver une figure de ses attraits : la vertu et les bonnes qualités ne sont point soumises à ces hasards. Malheur à l'homme qui fait reposer son affection sur d'aussi fragiles fondements que les attraits physiques ! Il ne saurait se promettre un bonheur assuré.

J'objectai ensuite que rien ne me pressait de me marier, et qu'il serait toujours temps d'y songer dans quelques années. Mon père ne goûta point la pensée de ce délai.

— C'est dans l'âge mûr, me dit-il, qu'il faut se marier, quand on a intention de le faire ; parce que c'est l'âge de la force pour l'homme. Il y a des inconvénients à se marier vieux. D'abord on n'a plus cette sève de jeunesse, cette énergie de volonté qui rend plus faciles les charges de cet état. On a perdu l'activité : on est devenu paresseux et lourd. Ensuite on ne s'occupe plus autant, ni aussi bien, de l'éducation de ses enfants. On les perd plus facilement, ou par la mollesse, ou par une humeur chagrine ; on n'est plus aussi à même d'étudier et de corriger leurs défauts ; on a pour eux les faiblesses des grands-pères. Cela fait que ces jeunes arbres prennent de fausses directions, faute d'une main assez souple et assez ferme pour les redresser. L'expérience prouve cette vérité jusqu'à l'évidence.

Je cédai donc. Mon mariage fut bientôt conclu. Mon père était trop sage, et moi-même j'avais trop de raison pour me permettre cet abus si fréquent dans nos campagnes, je veux dire les longues fréquentations : triste habitude qu'on ne saurait assez déplorer ! Sous prétexte d'apprendre à connaître la personne à laquelle on veut s'unir, on entretient pendant des années de perfides et dangereuses liaisons, qui sont le scandale de la société et la ruine des mœurs : car, le plus souvent, c'est le libertinage seul qui en est le but ; et un couple de deux jeunes gens qui aient gardé jusqu'à leur mariage une conduite pure et des mœurs irréprochables, est presque un phénomène au sein de beaucoup de localités de campagne.

Mon mariage, dis-je, fut bientôt conclu. Maintenant que quarante ans d'expérience ont parlé, je puis dire qu'ils ont confirmé la manière de voir de mon père. J'ai rencontré un vrai trésor dans ma chère Thérèse. Jamais, pendant les longues années que nous avons passées ensemble, un nuage sérieux ne s'est élevé entre nous. Nous n'avons littéralement formé qu'un cœur et qu'une âme ; et je pus dire aussi, comme un grand roi, le jour où je perdais cette bien-aimée épouse : Voila le premier chagrin qu'elle m'ait causé.

Son caractère, par un hasard très-heureux et fort rare, s'accommodait parfaitement à celui de ma mère. Il n'est besoin de dire que l'accord de deux femmes dans un ménage est un phénomène qui ne se rencontre guère. J'ai lu dans la *Vie des saints* (et ce trait m'a frappé) qu'une voix du ciel révéla à un solitaire que deux femmes, l'une épouse et l'autre belle-sœur, qui avaient vécu quinze ans sans le plus léger nuage, avaient été préférées dans le ciel à saint Macaire, un des plus illustres patriarches du désert. Et je le crois. Il y a tant de détails dans la vie des femmes ! Leurs caractères se rencontrent par tant d'endroits !

Ce n'est pas, du reste, que ma femme, née fort sensible, n'éprouvât de temps à autre quelques petits chagrins de la part de sa belle-mère ; seulement, elle avait le bon esprit de les dévorer en silence. Je l'ai trouvée plus d'une fois en larmes dans quelque coin de la maison ; mais c'étaient des nuages qui passaient vite ; je ne crois même pas que ma mère s'en soit jamais aperçue ; car j'ai la ferme conviction qu'elle se fût fait violence, pour épargner ces désagréments à sa bru.

Les premières années de notre mariage furent vraiment heureuses et tranquilles. Nous avions, sans doute, nos douleurs et nos peines ; mais que ne peut-on point supporter à deux, quand on est sincèrement uni ? Thérèse avait le sentiment religieux à un haut degré : elle était vraiment l'enfant de la Providence, rapportant tout à

Dieu, acceptant peines et plaisirs comme venant de sa main. C'étaient les temps les plus orageux de l'empire. Poussé par son insatiable ambition, Napoléon ne faisait semblant de finir une guerre que pour en recommencer une autre. La France était épuisée de soldats et d'argent. Tout homme valide étant appelé sous les drapeaux, l'agriculture manquait de bras : en sorte que les terres étaient négligées, et quelquefois même abandonnées. Un garçon de ferme était la chose la plus difficile à trouver. Nos travaux devenaient donc excessifs. Je ne crois pas qu'il soit donné à un homme des champs de mieux remplir ses journées que les miennes l'étaient alors. Ma femme me secondait avec une activité et une vigueur incroyables. Que de fois je me suis senti attendri, et presque ému de pitié, à la voir se livrer à des travaux si peu faits pour son sexe, conduire la charrue ou la herse sous des soleils ardents, moissonner, faucher, piocher, sans que jamais elle se permît le moindre repos, avant que la besogne ne fût achevée ! Que m'importait alors sa légère difformité ? Ma Thérèse était un vrai trésor. Et le soir, quand nous rentrions, harassés de fatigue, quand je me jetais moi-même, excédé et impuissant, sur le premier siége venu ; elle, la pauvre créature, trouvait encore un reste de forces pour préparer le repas, remettre en ordre son ménage, coudre et rapiécer ; sauf à se coucher à dix heures du soir, pour se relever à trois heures du matin.

Oui, nous étions heureux. L'aisance et l'oisiveté ne nous eussent jamais procuré cette satisfaction de l'esprit et du cœur, cette paix profonde, le premier de tous les biens. Nous comprenions parfaitement que c'est en soi, et non dans les choses du dehors, qu'il faut chercher le peu de bonheur qu'il est donné de goûter ici-bas.

O femmes des campagnes, c'est de vous qu'il dépend en grande partie de créer et d'entretenir cette paix ! Ma longue expérience m'a appris que l'empire de la femme vertueuse sur l'homme est presque illimité. Si j'ai vu des ménages heureux, c'est à la femme qu'en revenait la gloire ; si j'en ai vu de malheureux, même au sein de nos campagnes, la faute en retombait presque tout entière sur la femme. Une femme nous a ouvert la porte de l'enfer ; une femme nous a ouvert la porte du ciel.

XXXIII.

Quelques chagrins.

Notre premier chagrin fut la perte de notre premier-né. La douleur de Thérèse fut profonde. Cette fois, ses larmes coulèrent en abondance, et rien ne semblait devoir en tarir la source. Quelquefois je la voyais quitter un moment le travail que nous faisions de compagnie, et se retirer à l'écart : c'était pour pleurer. Cet enfant avait deux ans, et annonçait une intelligence et des qualités précoces : une fièvre cérébrale nous l'enleva en quelques instants. La subitanéité même du coup avait encore ajouté à sa violence : je craignis un instant que la raison de Thérèse n'en fût ébranlée. Mais bientôt sa bonne et forte nature reprit le dessus ; sa douleur continua, mais calme et résignée. Son habitude de juger tout au point de vue de la Providence ne permettait point à un chagrin quelconque de prendre sur elle un empire trop fort ni trop continu. Et puis, il y a dans cet air pur des champs quelque chose de fortifiant, qui rend à l'âme son énergie.

Cette mort fut bientôt suivie d'une autre : ma mère nous quitta. Ses derniers jours furent calmes comme sa vie. Elle reçut avec une grande édification les derniers sacrements, et nous adressa ensuite une courte allocution que la circonstance rendait plus solennelle encore, et qui fit sur moi une profonde impression. Elle nous recommanda vivement de rester fidèles à Dieu et unis entre nous; nous assurant qu'elle avait dû à cette double condition le bonheur dont elle avait joui sur la terre. Je remarquai chez elle, et d'une manière frappante, quel changement la grâce du moment peut opérer dans une âme. Ma mère, femme assez forte d'ailleurs, avait une peur démesurée de la mort. On ne pouvait en parler devant elle sans lui faire froncer le sourcil ; et elle s'effrayait, au delà de toute expression, de ce redoutable passage. Eh bien ! quand l'heure arriva, ce fut toute autre chose : elle ne parlait plus de la mort qu'en riant ; elle la voyait venir, disait-elle, sans la moindre crainte, et répétait avec un sourire expressif cette parole, qu'elle avait ouï citer d'un saint personnage : *Je ne savais pas qu'il fût si doux de mourir !* Tant il est vrai que la Providence n'abandonne jamais ses élus, et que le cœur humain est entre les mains de Dieu !

Dès ce moment, mon père ne fit plus guère que languir. — Elle m'attend ! disait-il quelquefois, avec un sourire amer ; il ne faut pas lui manquer de parole ! — Il s'occupait de nous pourtant encore, nous donnait des avis, et dirigeait nos travaux, d'après sa vieille expérience; quelquefois, quand le soleil était beau, il prenait son bâton, et venait nous visiter dans la campagne. A l'aspect de cette nature printanière, devant ces champs parés de verdure, en face de ces forêts au feuillage naissant, il semblait s'épanouir encore, et retrouver toutes les joies et les douces sensations de sa jeunesse. — Les villes, les monuments, les empires tombent, nous disait-il, dans son langage simple et expressif ; la gloire se fane, les lauriers se flétrissent ; mais la nature est toujours la même. Un instant, elle semble sommeiller ; bientôt elle se réveille de son engourdissement, aussi belle, aussi fraîche que quand elle sortit, il y a six mille ans, des mains de son créateur.

Nous vieillissons, elle ne vieillit pas. Regardez : voilà de jeunes feuilles qui succèdent aux vieilles..... Il est temps de vous laisser ma place.

Ses sentiments religieux prirent aussi un nouveau développement, à mesure qu'il approchait du terme. Merveilleuse nature de la foi, de s'étendre quand tout se rétrécit, de s'élever quand tout s'affaisse ! Son heure favorite est celle où la vie est près de s'éteindre ; c'est quand les bruits de la terre meurent, que sa grande voix se fortifie et se fait le mieux entendre. Et il faut bien qu'il en soit ainsi, puisqu'elle se réveille même chez celui qui croyait ne l'avoir plus, et que pas un impie ne descend dans la tombe, sans qu'un reflet de ses premières croyances ne passe devant ses yeux, comme un éclair. — J'y vois ! j'y vois ! nous disait quelquefois notre vénérable vieillard, comme saisi d'une inspiration prophétique. Mon enfant, pourquoi dit-on que chez le vieillard la vue s'affaiblit ? Ah ! si tu savais comme on voit clair à quatre-vingts ans !

Un dimanche après les vêpres, comme nous étions tous assis devant notre porte, recueillant les derniers rayons d'un magnifique soleil, la rumeur vint nous apporter la nouvelle d'une grande victoire remportée en Espagne par l'armée française. Le bon vieillard se mit à secouer la tête, et, comme un voisin lui demandait pourquoi il ne se réjouissait pas de ce fleuron ajouté à la couronne de notre patrie : — La patrie, nous dit-il, est une sotte qui se ruine en dentelles et en bijoux, pendant que son ménage est à l'abandon. Ces victoires-là sont comme mon procès : je l'ai gagné, mais il m'a appauvri. Encore quelques douzaines de triomphes comme celui-là (et notre empereur ne s'en fera faute), et la France sera épuisée. Ce sont des dettes qu'elle contracte, et un jour on les lui fera rembourser... avec les intérêts. Mes amis, en religion, il n'y a qu'un vrai système : j'aimerais bien qu'il n'y en eût qu'un en politique. Je ne crois pas que si la France a gardé quatorze cents ans ses rois, ce soit par hasard. En tous cas, je ne vois pas où l'on peut s'arrêter, quand une fois on a mis le pied hors de la voie. Tout ceci, notez-le bien, n'est que la révolution continuée. Hélas ! quand verrez-vous la révolution finir ?

Les événements postérieurs ont dit si mon père avait raison.

Je serais long si je voulais rapporter ici tout ce que mon vénérable père nous dit de vrai et de solide sur mille sujets différents. Il semblait avoir emprunté au voisinage de la mort une lucidité d'intelligence et une propriété d'expressions, bien remarquables dans un paysan sans lettres. Je mentionnerai pourtant encore une pensée qui m'a surtout frappé par sa justesse, et qui n'a pas peu servi à me maintenir dans la pratique des devoirs religieux :

— Mathieu, me disait-il un jour, souviens-toi que dans le nombre infini d'hommes qui sont morts chrétiens, on ne dit pas qu'un seul ait jamais exprimé le regret d'avoir pratiqué la foi ; tandis que la plus grande partie de ceux qui ont mal vécu en manifestent du repentir à l'heure de la mort. Cette différence-là est décisive.

La considération dont mon père avait joui pendant toute sa vie semblait encore augmenter à mesure qu'il vieillissait. Il avait eu le rare bonheur de vivre en paix avec tout le monde. — J'ai eu des persécuteurs, nous disait-il souvent ; je n'ai jamais eu d'ennemis. — L'homme même qui l'avait si fort maltraité pendant la Révolution, éprouva la vérité de cette parole. Il s'était enrichi par l'achat de biens nationaux ; mais cette fortune dura peu. Sa propre inconduite, celle de ses enfants, l'eurent bientôt réduit à une extrême misère, jusque là qu'il dut se résoudre à aller mendier son pain. Eh bien ! mon père fut des premiers à l'aider, à lui tendre la main dans sa détresse. Souvent même il se cachait de nous pour donner à ce malheureux de l'argent, du linge, des aliments. Ce fut lui qui l'accueillit, lorsqu'un mal hideux le réduisait à l'extrémité ; et le révolutionnaire ardent qui avait *déniché* les saints, profané l'église, alors abandonné de tous, de ceux même qui l'avaient flatté dans ses jours d'abondance, dut à celui qu'il avait fait emprisonner et dont il demandait la tête, de mourir sous un toit, entouré de soins amis, et muni des consolations de cette même religion qu'il avait blasphémée pendant sa vie. Voilà comment se venge le vrai chrétien.

Chaque soir, nous voyions venir quelques habitants du village, empressés de recueillir les bons avis, les prédictions, et parfois même les reproches, que notre bon père ne ménageait à personne. On se souvenait des tristes pressentiments qu'il avait manifestés autrefois, et de l'exactitude avec laquelle la plupart d'entre eux s'étaient réalisés : on l'eût volontiers pris pour un prophète. Il faut reconnaître que sa parole ne fut pas stérile : beaucoup de ses avis profitèrent; les sentiments religieux se réveillèrent chez plus d'un ; et aujourd'hui, quarante ans après sa mort, son nom est encore vénéré. En lui se vérifie la parole du Roi-Prophète : *La mémoire du juste sera éternelle.*

La fin de notre saint vieillard était bien proche, et nous aimions à la croire encore éloignée. Son tempérament restait toujours sain; aucun malaise ne l'affectait; il avait même gardé l'usage de ses sens et la fraîcheur de sa mémoire. Mais tout cela n'était qu'une sorte de déception, qui nous ménageait une cruelle surprise : un matin nous le trouvâmes mort dans son lit. Il avait encore entendu la messe et communié la veille : le lendemain, il n'était plus. Dieu lui avait épargné les peines de l'agonie.

On regarde ordinairement la mort subite comme une grande punition de Dieu : on a raison, s'il s'agit de ceux qui ont vécu dans le péché, et ne se sont nullement mis en peine de se préparer à la mort. Mais il me semble que c'est une récompense pour l'homme juste, dont la vie tout entière n'a été qu'une préparation à l'éternité. Or, mon père était de ce nombre. Il aurait pu dire, comme ce pieux solitaire qu'un médecin engageait à se disposer à la mort : Il y a soixante ans que je ne fais que cela.

XXXIV.

La discorde.

Notre fortune était petite : nous la divisâmes. Ici se fit voir le mal si fréquent que la cupidité produit : la discorde. Presque jamais on ne traite d'intérêts matériels, sans que les liens d'amitié s'ébranlent. — Les anges mêmes, disait mon père, se brouilleraient entre eux, s'ils avaient quelque chose à partager; mais heureusement ils ont le même bien, et la part de l'un ne fait pas tort à celle de l'autre. — Telles et telles affections ont tenu bon contre les plus rudes assauts, contre la perfidie des langues, contre les imprudences des indiscrets, contre les intrigues des brouillons, contre les épreuves de l'adversité, lesquelles se brisent contre l'écueil de l'intérêt. J'avais vu cent fois les familles les plus unies se diviser à l'occasion d'un partage, et souvent pour l'objet le plus minime. J'en avais souri de pitié, et je me disais : Les enfants du père Charrue ne donneront pas dans ce grossier panneau. Pourtant ils y donnèrent. On se brouilla chez nous. Je ne sais d'où cela vint, d'un beau-frère, je crois : car il faut ajouter, pour être juste, que le brandon de discorde est, en général, allumé par un membre étranger à la famille. La chose était de peu d'importance : il s'agissait d'un meuble. On lâcha un mot aigre, qui fut suivi de bien d'autres ; puis la querelle s'échauffant, on en vint aux invectives. Alors ceux qui étaient les moins contents des lots que le sort leur avait assignés, et qu'on avait rendus le plus égaux possible, crièrent bien haut qu'ils étaient lésés. On en vint à des menaces de procès.

Quel rôle je jouai là-dedans, la vérité beaucoup plus que l'amour-propre me force à le dire. Je cherchai à étouffer, dès l'abord, une querelle dont je prévoyais les suites. J'opinai pour que le meuble en question fût donné à la plus jeune de mes sœurs, la dernière et la plus pauvrement mariée. L'aînée le réclama, en vertu de son droit d'aînesse. Son mari l'appuya. Les autres demandèrent s'ils étaient enfants moins légitimes que l'aînée et la cadette. La mêlée devint générale. Ma femme elle-même s'en mêla, et ce fut un crève-cœur pour moi. Mais elle était femme et bru : double raison pour ne pas brider sa langue. Je déclarai qu'en qualité de son administrateur légal, je renonçais à toute prétention de sa part et de la mienne sur ledit meuble : cela ne la fit pas taire. Le dirai-je? on en vint aux mains. Deux gendres s'assénèrent un ou deux coups de poing ; deux belles-sœurs se décoiffèrent mutuellement. Ah! si le bon vieillard dont on se partageait les dépouilles eût été présent, quel n'eût pas été son étonnement, et, surtout, son chagrin!

Toutefois, cette division n'eut pas de suites. On profita des premières occasions pour se rapprocher. Je m'y employai de tout mon pouvoir, et tous, excepté un de nos beaux-frères, se rendirent à mes conseils. Je ne pourrais cependant dire que l'union ait été aussi intime après qu'auparavant. Il est des blessures qui ne se guérissent jamais entièrement. J'eus beaucoup de peine, surtout dans les commencements, à empêcher des procès. Des procès! nous pouvions tous être ruinés par cette voie. Un procès ou deux eussent suffi à absorber tout ce que le vénérable père Charrue avait mis tant de soins à amasser.

O discorde! funeste discorde! pourquoi ne respectes-tu pas au moins les campagnes? Va-t'en chez les grands, chez les orgueilleux du siècle, et souffle là tes fureurs. Mais au pauvre paysan qui arrose la terre de ses sueurs et n'obtient qu'à grand'peine un pain dur et amer, oh! laisse, laisse du moins la paix de l'âme et le calme du foyer!

XXXV.

Des méthodes d'agriculture.

Il y eut un grand mouvement en faveur de l'agriculture, sous les premières années de la Restauration; ou, pour mieux dire, le règne entier des deux princes Louis XVIII et Charles X fut une ère de prospérité pour les campagnes, surtout si on compare ce temps aux vingt-cinq années qui avaient précédé. La terre, jusque là négligée faute de bras, reprit soudain faveur, et vit hausser son prix. L'avenir paraissant s'annoncer sous les plus heureux auspices, chacun chercha à asseoir sa fortune sur la propriété. La crainte de voir les détenteurs des biens nationaux obligés de s'en dessaisir, avait bien un instant jeté l'incertitude dans les esprits; mais bientôt cet obstacle disparut, et la mesure qui, en indemnisant les émigrés, assura la possession de leurs immeubles entre les mains des propriétaires actuels, fut tout à la fois un acte de grande équité et de bonne politique. Les clameurs des prétendus libéraux contre la loi du *milliard des émigrés* ont pu la rendre impopulaire, mais n'en ont point démontré l'injustice; et le faux jour sous lequel elle a été présentée n'enlèvera point au grand ministre qui l'a fait passer, l'honneur d'avoir réparé une immense iniquité, sans augmenter les impôts d'un centime.

J'avais vu la spoliation ; j'applaudis à la réparation. Ce chiffre d'un milliard semblait énorme : qu'était-il en comparaison du tort commis? Chacun sait, du reste, que ce fameux milliard se réduisit, en réalité, à six cents millions payés en bons sur l'Etat. Eh bien ! c'était à peine la rente des immeubles aliénés, pour les trente et quarante années qui s'étaient écoulées depuis la spoliation. Et le plus beau côté de la question, je le répète, c'est que les impôts ne furent point augmentés : au contraire, chaque jour on les dégrevait : l'économie s'introduisait dans les finances ; et nul doute que si les troubles politiques ne fussent venus à l'encontre, le fardeau du peuple n'eût été singulièrement allégé, et le gouffre de la dette publique à jamais fermé. Mais quel bien solide les révolutions laissent-elles s'accomplir?

En attendant, l'agriculture recevait la plus heureuse impulsion. Chacun s'occupait d'elle : les philosophes descendaient dans son domaine, les savants lui consacraient leurs études, les statisticiens leurs chiffres, les académies leurs sujets de concours ; le gouvernement montrait pour elle une sollicitude inaccoutumée, lui donnait des encouragements, et parfois des secours ; des comices agricoles s'instituaient, des fermes-modèles s'élevaient de toutes parts ; les hommes les plus honorables, de hauts dignitaires, des pairs de France et des députés, ne dédaignaient pas de s'asseoir, dans ses conseils, à côté du paysan et de l'honnête fermier ; l'agronomie devenait à la mode : les riches seigneurs se retiraient dans leurs terres, entreprenaient des travaux d'agriculture, dirigeaient leur exploitation ; un beau zèle pour la campagne saisissait ceux que la littérature, le commerce, la guerre ou la paresse, avaient jusque là fixés dans les villes.

Ce fut l'époque des méthodes agronomiques. Ces vingt années virent plus éclore de systèmes, de phrases, de livres et de théories sur l'agriculture, que tous les siècles précédents. Cela prouvait au moins du zèle : on paraissait revenir à la maxime, trop oubliée, d'un grand ministre : L'agriculture est la mère nourricière de l'Etat.

Je ne discuterai point sur la valeur de ce mouvement, et sur l'influence que ces méthodes ont pu exercer. En toutes choses, il y a à prendre et à laisser. Il n'est pas de théorie si sotte qui ne cache au fond quelque bonne vérité. Condamner absolument toutes ces méthodes serait absurde ; les adopter aveuglément le serait encore plus. Il n'est pas un de ces livres, peut-être, pas une de ces innovations qui n'ait laissé quelque chose de bon en passant ; et la plupart de ces expérimentations n'eussent-elles eu d'autre résultat que de confirmer, par contraste, les anciennes pratiques, ce serait déjà quelque chose.

En France, on ne sait pas assez se garder des extrêmes. Ce n'est pas une fois, mais vingt, que j'ai entendu crier : C'en est fait de la vieille routine. L'invention de M. N... est destinée à opérer une véritable révolution en agriculture. L'invention de M. N... est passée, et la vieille routine reste. Je ne citerai que la question des engrais, pour exemple : huit ou dix fois on nous a annoncé des engrais artificiels qui devaient remplacer et abolir à jamais le fumier naturel, et obtenir des résultats incomparables. Quelques *progressifs* ont donné dans le piége, et ont essayé de ces merveilleux produits : qu'ils nous disent ce qu'ils ont recueilli de leur expérience ! L'agriculture est une science pratique : elle repose plus sur les faits que sur les théories. La terre se traite d'après sa nature, souvent variée : et, si l'on s'en rapporte à un artisan pour les choses de son métier, au tisserand, par exemple, sur la valeur du fil, au forgeron sur la qualité du fer, pourquoi ne s'en rapporterait-on pas au laboureur sur la nature et la qualité du sol qu'il cultive ?

Tout, pourtant, n'est point parfait dans l'agriculture : là, comme ailleurs, il y a place au progrès. Mais ce progrès doit être lent : les méthodes demandent à être longtemps éprouvées avant d'être acceptées. Les intérêts remis à l'agriculture sont trop graves pour dépendre des caprices du hasard, ou des aventureuses données de la science. On peut risquer le progrès dans un art d'agrément; on ne le doit point dans un art essentiel à la vie.

Que le laboureur soit donc prudent à accepter les innovations; mais qu'il ne soit point entêté et rétif contre le progrès réel. Je loue beaucoup dans mes confrères cette sage lenteur qui se laisse, pour ainsi dire, traîner à la remorque. C'est le caractère propre de toutes les corporations solides. Le progrès, c'est-à-dire le mouvement, est un dissolvant actif : tout ce qui se remue tant, s'use vite. Ici, comme dans la physique, la solidité est en raison directe du poids. Voyez tout ce qui vit et tout ce qui dure : c'est certainement ce qui change le moins ; ce qui dépérit et tombe, au contraire, c'est ce qui est le plus sujet aux changements. Ne nous y trompons pas : Dieu a placé sur des bases solides tout ce qui entre plus particulièrement dans l'économie de ses plans providentiels.

Je dis cela pour répondre au reproche qu'on nous fait d'être amis des vieilles routines et ennemis du progrès. Je suis vieux : j'ai toujours, je puis le dire, devancé ma classe par l'activité de ma pensée et le genre de mes études : eh bien! après avoir observé pendant soixante-dix ans, j'affirme qu'en agriculture comme en religion, novateur veut souvent dire hérétique. Tous ceux que j'ai vus se lancer étourdiment à la suite du prétendu progrès, ont fort mal réussi, en général : leurs méthodes et leurs inventions n'ont abouti, pour l'ordinaire, qu'à les ruiner, après avoir ruiné le sol. Ne faisons pas trop bon marché de la sagesse et des traditions de nos aïeux.

Un progrès réel et très-remarquable depuis vingt ans, c'est l'emploi des prairies artificielles. On ne peut nier que l'agriculture n'ait fait, sous ce rapport, un grand pas, et un pas utile. Je dirai, sans vanité, que je désirais ce progrès, et que je fus un de ses plus ardents promoteurs, dans la contrée que j'habite. Il y a même là, je l'espère, le commencement d'une ère nouvelle pour notre art si important. J'éprouve le besoin de dire quelques mots sur ce sujet, en particulier ; et je prie ceux de mes confrères en agriculture sous les yeux de qui ces lignes passeront, d'en peser le sens avec mûre réflexion.

XXXVI.

Une question d'économie agricole.

Il me tomba entre les mains, il y a quelques années, une brochure dont le sujet attira mon attention. Elle traitait des prairies artificielles, de leur nature, de leur importance, de leurs rapports avec les différentes espèces de sol. Cette partie de l'agriculture ayant de tout temps occupé dans mon esprit une grande place, je dois dire que je lus cet ouvrage avec un intérêt d'autant plus vif, que le problème dont il s'occupait me paraissait plus intéressant. Bien que je n'aie aucune envie de faire un traité d'agriculture, je ne résiste pas au plaisir de citer ici quelques passages de ce livre qui m'ont le plus frappé.

Il est de la plus haute importance, ce me semble, que chaque Etat trouve dans son sein de quoi nourrir ses habitants. Chacun sait quelle difficulté c'est de se procurer des blés à l'étranger, dans les années de disette. Personne de ceux qui ont cinquante ans n'a oublié cette terrible année 1816-1817, où la misère se fit si cruellement sentir. Ce triste phénomène peut se reproduire : car Dieu, qui nous verse avec tant de bonté ses faveurs, ne nous a point juré de ne jamais les suspendre. Or, une des principales causes, selon moi, de la détresse en temps de disette, c'est précisément le rôle principal, et presque unique, que joue le pain dans l'alimentation du peuple français. J'ai connu, dans une de ces dernières années, où la cherté se fit quelque peu sentir (1846-1847), j'ai connu, dis-je, de malheureux manœuvres gagnant 1 fr. 50 c. par jour, à qui cette somme suffisait à peine pour acheter les quatre ou cinq livres de pain, qui formaient leur unique nourriture. Il me semble qu'il y a là un abus. Il résulte, en effet, de ce régime adopté par les classes pauvres, que, quand le pain manque, tout manque : en sorte que le bien-être, l'existence d'une foule de personnes, et même la paix publique, dépendent presque exclusivement d'une seule révolte : celle du blé.

En serait-il ainsi si la viande occupait une place plus considérable dans l'alimentation populaire, comme chez les peuples nos voisins, par exemple ? Ce n'est pas trop, ce me semble, de deux pivots pour soutenir le poids d'un Etat. Comme très-rarement les céréales et les fourrages manquent à la fois, vu que les années humides, en nuisant aux unes, favorisent les autres, il en résulterait que, des deux bases de nourriture, l'une au moins nous resterait pour empêcher de trop grands désastres. Or, cela n'est pas possible tant que la viande restera au prix où elle est : prix qui la rend généralement inaccessible à la classe pauvre. Mais ce prix ne peut pas baisser, tant que le bétail sera si rare ; ni le bétail augmenter, sans l'emploi général, et beaucoup plus général, des prairies artificielles.

Voilà ce que je songeais en 1817, et voici ce que je lisais dans mon livre :

« Partout et toujours les produits et les bénéfices de l'agriculture sont proportionnels à la quantité d'engrais, par conséquent à l'étendue des champs consacrés à nourrir du bétail, comparée à celle des champs en cultures épuisantes. Donc, il importe, vu l'état actuel des choses, de restreindre la culture des céréales, et de pratiquer sur une plus grande échelle celle des fourrages.

» Il n'y a pas trois quarts de siècle que l'Allemagne, soumise à l'assolement triennal, et n'ayant de prairies que ce qu'il en fallait pour l'entretien du bétail de somme, produisait à peine assez de seigle et d'épeautre (1) pour nourrir une population clair-semée. Schubart y introduisit la culture du trèfle; l'illustre Thaër y importa les principes et les pratiques de l'agriculture anglaise; et la rapidité de la marche des nations germaniques, dans la carrière des richesses, a quelque chose de merveilleux. A mesure qu'on semait plus d'herbe et moins de blé, on récoltait à la fois plus de viande et plus de céréales ; et, la quantité d'engrais croissant de jour en jour, on substitua le froment au seigle sur des terrains froids et sablonneux qui, naguère, pouvaient à peine produire la moins exigeante des céréales ; et la prairie artificielle, une fois semée, occupant le sol pendant plusieurs années sans exiger de façons, les frais de culture diminuaient en même temps que s'accroissaient les produits. »

Voilà de bonnes vérités, d'autant plus acceptables qu'elles sont fondées sur l'expérience, et une expérience de plus de soixante-dix ans. J'ajouterai, à la preuve citée par l'auteur, celle tirée de l'exemple de mon père et du mien. Je dis donc que si, de pauvre fermier, mon père est venu à bout de devenir un cultivateur aisé, et si moi-même j'ai pu tripler mon modique patrimoine, nous l'avons dû certainement à la pratique d'agriculture que conseille ici cet auteur. Ni mon père ni moi n'avions fait ces études savantes; mais le bon sens est parfois un aussi bon guide que la science. Mon père avait sans cesse ce mot à la bouche: Quand le fermier peut payer son canon avec ses céréales, il doit s'estimer heureux ; mais s'il veut faire quelque profit, qu'il le demande à l'élève des bestiaux.

Notre auteur prouve sa proposition par un exemple inverse, tiré de l'Italie, et appuyé sur des preuves incontestables.

« Jusqu'au XIe siècle avant l'ère chrétienne, chez tou-

---

(1) Espèce de blé rouge, d'une qualité très-inférieure à celle du froment.

tes les nations qui habitaient la péninsule italique, les produits de l'agriculture furent d'une abondance prodigieuse. Sur le territoire romain, qui n'était pas des plus fertiles, le rendement du blé était de quinze à vingt semences pour une, c'est-à-dire de trente à quarante hectolitres par hectare. Cent ans plus tard, il n'était plus que de sept à huit, rarement de dix pour un. Cent ans plus tard encore, et pendant une longue suite de siècles, les récoltes devinrent misérables, et un rendement de quatre pour un était considéré comme remarquable.

» A quoi tient cette différence ? C'est que dans les premiers siècles il existait une prodigieuse quantité de bétail. Si, depuis, tous les produits allèrent sans cesse en diminuant jusqu'à tomber au taux de trois ou quatre pour un, c'est que la quantité du bétail fut successivement réduite dans une énorme proportion, et qu'on finit par n'avoir plus rigoureusement, pour engraisser le sol, que le fumier des bêtes de travail. Il est constaté, en effet, que dans la dernière des trois périodes, l'agriculture n'avait plus d'autre bétail que ses attelages ; et il est prouvé que dans la première, la quantité des bêtes à cornes ou à laine avait pu aller jusqu'à l'équivalent de cent quatre-vingts têtes de gros bétail pour un domaine de cinq cents *jugera* (cent cinquante hectares de terre). C'était près d'une tête et quart de gros bétail par hectare. C'est précisément le point où sont parvenues les plus riches contrées de l'Angleterre et de l'Allemagne, celles où l'on récolte de trente à quarante hectolitres de blé par hectare. Au Nord et au Sud, à l'Est et à l'Ouest, la même cause amène donc le même résultat. On pourrait parcourir le globe en tous sens et l'histoire dans tous les siècles, sans trouver une seule contrée qui ait pu se soustraire à l'empire de cette loi, universelle comme la nature. »

Voilà qui est fort bien raisonné. Et c'est là-dessus, sans doute, qu'est fondé ce proverbe, que mon père répétait sans cesse, et dont il avait fait la règle de sa vie agricole : *Qui a du foin a du pain.*

Oui, *qui a du foin a du pain* : c'est-à-dire qui sème beaucoup de fourrage a beaucoup de bétail ; qui a beaucoup de bétail a beaucoup d'engrais ; qui a beaucoup d'engrais recueille d'abondantes moissons, et, de plus, a de la viande à vendre au boucher. Nécessairement l'aisance doit lui venir. Aussi donné-je toute mon approbation à ce principe, que l'auteur tire comme une conclusion des faits qu'il a cités, et qui suffirait, à lui seul, à reformer, à perfectionner la plus mauvaise agriculture : *Consacrer à la culture des plantes fourragères la moitié au moins de son exploitation.*

Au moins! j'aime ce mot-là, et j'y insiste, parce que je sais qu'il choquera bien des idées. Eh oui! au moins! au moins la moitié de vos terres en plantes fourragères, habitants des campagnes : par là, soyez-en sûrs, vous augmenterez votre aisance, et diminuerez vos maux et vos frais de culture. Je voudrais avoir une voix de tonnerre pour crier cela aux quatre coins de la France.

Mais, dira-t-on, il se peut que ces raisonnements aient de la valeur pour l'Allemagne ou l'Italie : en serait-il de même pour la France ? Autre sol, autre méthode. A cela, voici ce que répond notre auteur :

« Vers le tiers du xviie siècle, la France et l'Angleterre étaient constituées, à très-peu de chose près, de la même manière. L'un et l'autre pays avaient à peu près le quart de leur territoire couvert de forêts et de landes ; plus d'un autre quart en pâtis communaux ou particuliers, et en prairies naturelles. Le surplus du domaine agricole, livré à la charrue, était occupé : un tiers par des céréales d'hiver, un tiers par des céréales de printemps, un tiers par la jachère. L'étendue des champs qui produisent l'engrais était presque égale à celle de ceux qui le consomment, c'est-à-dire il y avait presque autant de prairies et de pâturages que de terres labourables. Sous ce régime, le même pour les deux pays, la France, qui contient une étendue proportionnelle de bon sol plus considérable que l'Angleterre, obtenait en tout genre des produits plus abondants.

» A partir de cette époque, les deux pays s'engagent dans deux voies absolument contraires, et sont conduits à des résultats prodigieusement différents. Le blé étant l'article de commerce le plus important que la France pût se procurer, elle se mit à défricher les champs de pâture les moins productifs, pour les ensemencer en céréales. On y obtint, sans engrais, plusieurs belles récoltes : car nul terrain n'est plus fertile que celui qui a été longtemps gazonné. Bientôt les quatre cinquièmes, et, en certains endroits, même les sept huitièmes et les neuf dixièmes étaient en terres labourables.

» La France, qui, au milieu du xviie siècle, avait produit en froment 90 millions d'hectolitres, n'en donnait plus que 60 au milieu du xviiie siècle. Voilà où avait abouti le système qui avait sacrifié le pâturage au labourage. Les terrains défrichés, après trois ou quatre belles récoltes, se trouvaient épuisés, et ne pouvaient plus produire qu'à la condition de l'engrais et du repos de la jachère. On se trouvait donc avec un tiers de jachère de plus et deux tiers de pâturage de moins : un tiers de plus de l'espèce de terrain qui demande le plus de peine et ne donne rien, et deux tiers de moins de celui qui donne le plus de produits et le moins de frais.

» En Angleterre, on fit tout le contraire. Les quatre cinquièmes du sol furent consacrés aux plantes fourragères. Au lieu de jeter les engrais sur la sole de blé, et d'épuiser le terrain par deux récoltes successives de céréales, on posa pour principe de n'appliquer les engrais qu'à des récoltes qui les reproduisent et les multiplient, à des récoltes que le bétail consomme et qu'il restitue au sol, en les doublant. Aux masses de produits s'ajoutait la paille, dont la plus grande partie, considérée comme trop précieuse pour des litières, formait la base de la nourriture du bétail pendant l'hiver. Ainsi on put *quintupler le capital agricole vivant*, c'est-à-dire nourrir quatre fois plus de bétail. Ayant reconnu le profit qu'il y a à tuer les animaux aussitôt qu'ils ont pris leur croissance, puisqu'avec une quantité donnée de nourriture, on en entretient quatre fois plus jusqu'à l'âge de trois ans, que si on les laissait vivre jusqu'à dix ans, on s'était attaché à créer des races précoces, qu'on ne laisse vivre que jusqu'à trois ans : ce qui permettait de livrer, chaque année, le tiers du bétail existant. »

Voilà, selon moi et d'après ma propre expérience, le véritable système de l'agriculture. Hors de là, il n'y a que peine et misère. C'est de la boucherie que l'argent doit venir au laboureur, beaucoup plus que de la halle au blé. Encore une fois, qu'il paie son rentaire, ou, s'il n'est pas fermier, qu'il entretienne son train avec ses céréales; mais qu'il ne compte garnir sa bourse qu'avec son bétail.

J'ai trouvé encore dans cet excellent livre une page des plus intéressantes pour le cultivateur, et que je ne puis m'empêcher de citer. Elle est relative à la croissance des animaux et des plantes fourragères.

« Un veau prend un accroissement plus rapide depuis le moment de sa naissance à un an, que d'un an à deux; d'un an à deux, que de deux à trois, et ainsi en suivant. Mais, surtout, il en coûte moins de fourrage pour lui procurer un accroissement de la valeur de cinquante francs, de six mois à un an, que de un an à deux ans, et incomparablement moins que de trente mois à trois ans. Quand on a, comme en France, beaucoup de terres à cultiver, le peu de fourrage qu'on récolte suffit à peine à nourrir les animaux de travail, qui sont tous adultes, c'est-à-dire de ceux qui consomment le plus. Si, au contraire, on avait beaucoup moins de terres à labourer, et beaucoup plus de sol fourrager, on n'aurait besoin que d'un petit nombre d'animaux de travail, et on pourrait entretenir beaucoup plus d'animaux de vente. Et si on livrait, comme en Angleterre, les bœufs à la boucherie dès l'âge de deux ans et demi à trois ans; si l'on substituait, aux animaux qui consomment beaucoup et ne croissent plus, ceux qui consomment très-peu et croissent très-rapidement, on voit quelle quantité plus considérable de viande, de suif, de peaux, de corne et d'os on pourrait livrer à la consommation.

» Ainsi, en France, le bétail ne donne presque aucun revenu ; en Angleterre, il est le plus riche de tous les produits.

» Et ceci s'applique également aux bêtes à cornes. La différence n'est pas moins grande de les garder jusqu'à cinq ou six ans, ou seulement jusqu'à deux. Et, dans la race porcine, quelle différence entre une race qui s'engraisse dans la première année, et celle qui ne prend graisse que plus tard ! N'y a-t-il pas cent pour cent de bénéfice pour la fermière qui engraisse ses poulets dans les trois premiers mois, au lieu de les laisser jusqu'à six ; qui réforme ses poules pondeuses après trois ans, époque de leur plus grande fécondité, au lieu de les laisser vivre jusqu'à six ou sept ans, âge où leur fécondité, successivement diminuée, ne paie plus le quart de ce qu'elles consomment ?

» Et ce même système de précocité ou de développement rapide s'applique également aux fourrages. C'est ainsi que les Anglais, ayant reconnu que le *ray-grass* qui vient d'être tondu acquiert avec une rapidité extrême un pouce de longueur; assez rapidement encore un second pouce, et, successivement, de plus en plus lentement chaque pouce qui suivrait le troisième, ont adopté ce système, admirablement calculé, qui consiste à livrer, au printemps, leurs pâturages aux jeunes bœufs dont il s'agit d'achever l'engraissement, et à les charger ensuite de moutons de dix en dix jours, ou à peu près, tout le long de l'année, pour les raser à fond, et les laisser successivement recroître à la longueur de quelques pouces. On y nourrit ainsi deux fois plus d'animaux qu'on n'en entretiendrait avec une ou deux coupes de foin, que fourniraient les mêmes prairies traitées à la manière ordinaire.

» On objectera que le sol de la France n'est pas comme celui de l'Angleterre, qu'une atmosphère brumeuse, des pluies modérées, rendent plus propre aux plantes fourragères. Cela serait vrai si on ne pouvait nourrir qu'avec du *ray-grass* et du *turneps*, comme l'ont essayé de maladroits imitateurs. Mais si notre pays n'est pas, en général, un pays de pâturages, c'est un pays où réussissent parfaitement, selon les localités, le trèfle, le sainfoin, la luzerne, le farouch et beaucoup d'autres fourrages ; où réussissent particulièrement beaucoup de plantes fourragères à développement rapide, au moyen desquelles on peut aisément entretenir, ainsi que le prouve l'expérience personnelle de l'auteur, autant de bétail qu'en entretiennent les contrées les plus fertiles de l'Angleterre (1). »

Voilà des lignes qui devraient être écrites en lettres d'or ; voilà des principes que tout laboureur devrait savoir par cœur. Que ne les lit-on sur tous les almanachs, ou, mieux encore, dans tous les coins des chaumières ! Que ne sont-ils sus, compris, appliqués, jusque dans la ferme la plus reculée ! Je donnerais tout au monde pour pouvoir les inculquer à mes frères en agriculture. Certes ! je n'aurais pas pu écrire ces pensées avec autant d'art et de clarté ; mais je les ai, je les partage, et même je les applique depuis longtemps. Mon père et moi avons eu la gloire de deviner, en très-grande partie, les procédés dont parle notre auteur, et c'est à cela, je le répète, que nous avons dû notre petite aisance. Notre conduite a d'abord été universellement réprouvée ; quand on me voyait, par exemple, ensemencer une partie notable de mes terres en trèfle, tout le monde riait de moi. Aujourd'hui, les avis ont changé : chacun m'imite, plus ou moins ; et j'espère bien qu'à la longue cette pratique deviendra générale. Je regrette presque d'être si vieux, parce que je n'aurai pas le plaisir de voir la réforme complète. N'importe ! c'est

---

(1) M. Dezeimeris, *Vues pratiques sur les améliorations les plus faciles et les moins coûteuses à introduire dans notre agriculture.*

une consolation pour moi, à la veille de ma mort, d'avoir contribué, pour ma faible part, à la propagation d'un système dont doivent résulter deux grands avantages : celui d'épargner bien des peines au laboureur, tout en augmentant son aisance; et celui d'améliorer le régime du pauvre et de diminuer les famines, en jetant sur les marchés une beaucoup plus grande quantité de viande (1).

Laboureurs, entre les mains de qui tomberont ces lignes, je vous prie instamment de relire ce chapitre, et de n'en pas perdre un mot, un seul mot.

XXXVII.

Une plaie.

J'ai eu par-ci par-là des joies, j'ai eu aussi mes tristesses. Une des plus amères fut la conduite d'un de mes neveux, fils de ma sœur aînée. C'était un jeune homme de grande capacité, et qui certainement, s'il eût achevé convenablement ses études, eût pu briller dans les sciences ou dans les lettres. Son père et sa mère moururent, presque coup sur coup, avant qu'il eût quinze ans. Je fus naturellement nommé son tuteur. Il avait eu le malheur d'être

(1) A l'appui de ces observations, nous citerons un fait mentionné dans plusieurs journaux : c'est que, depuis que, dans certaines villes, le commerce de la boucherie s'est affranchi du monopole, c'est-à-dire depuis que la viande est à meilleur marché, on a remarqué que le nombre des entrées dans les hôpitaux a diminué. (*Note de l'Editeur.*)

enfant unique, et, par conséquent, gâté. J'ai toujours regardé comme une infortune d'être l'objet exclusif de l'amour d'un père et d'une mère. Il y a trop de tendresse dans l'âme de deux époux, pour qu'un seul enfant puisse en supporter le poids ; il faut qu'il étouffe sous cet excès d'affection. Mon neveu en fut un exemple. On avait, par une fausse condescendance, favorisé ses défauts naissants; sa mère, femme de bon sens, mais femme et mère après tout, avait usé à son égard d'une excessive indulgence, comme il arrive quand on n'a qu'un enfant, un enfant qu'on a longtemps attendu, et qu'on craint souverainement de perdre. Son père, homme peu capable, ne s'était occupé de lui que pour le caresser et le flatter ; il manquait totalement de cette sage fermeté nécessaire pour contre-balancer l'amour, toujours un peu aveugle, d'une mère. De cette sorte, l'enfant fut entièrement laissé à ses caprices ; et, persuadé, dès le bas âge, qu'il serait riche un jour, il s'était bercé de la pensée qu'il n'avait à faire autre chose ici-bas que de s'amuser.

Quand il eut douze ans, on songea à le mettre au collége. Ah ! que d'efforts je fis pour combattre cette funeste résolution ! — Nous sommes laboureurs de père en fils, répétais-je à ma sœur sur tous les tons ; as-tu jamais eu lieu de te plaindre de ton sort ? Quelle funeste ambition s'est emparée de toi ? Espères-tu que ton fils sera plus heureux dans une autre condition ? Crois-moi : laisse-le suivre en paix le sentier tracé par ses aïeux. Je te dis que c'est encore là qu'il trouvera le plus de bonheur et de paix. — Ma sœur ne m'écouta point. Un petit grain d'ambition lui était entré dans la tête : elle rêvait pour son fils quelque chose de mieux que le soc de la charrue. Son mari, qui avait aussi sa petite dose de vanité, et, du reste, esclave des goûts de sa femme, applaudissait à l'idée de donner à l'enfant une destination plus relevée. Il n'y eut raisonnements ni observations qui y fissent : l'adolescent partit pour le collége.

On devine ce qu'il y devint. Convaincu qu'il aurait de

quoi vivre sans rien faire, il ne songea qu'à s'amuser. Et, encore, s'il s'en fût tenu là ! Mais, bientôt le vice l'atteignit. Oh ! que c'est funeste chose que la vie de collége, quand les maîtres ne sont pas affermis dans l'amour et dans la pratique de la religion ! Je ne connais rien de pervertissant comme ces agrégations de jeunes gens qui mettent tous leurs vices en commun, ne se pavanent que du mal, et ne rougissent que du bien ! Dans les fréquentes visites que je rendais à cet enfant, j'ai vu, j'ai appris de lui des choses bien humiliantes pour la raison humaine. Je n'aurais jamais cru qu'il pût y avoir, sur notre terre de France, des hommes assez pervers pour abuser de la confiance des parents, au point de corrompre, par leurs leçons et par leurs exemples, l'intelligence et le cœur de la jeunesse. Et pourtant cela est. Devant moi, simple paysan, j'ai entendu des professeurs réputés pour leurs talents tenir des conversations odieuses, et j'ai appris de science certaine que leur conduite morale répondait à leur langage. J'ai également appris, par voie sûre, et notamment de mon neveu lui-même, que la corruption était portée parmi les élèves à un degré effrayant : que les maîtres le savaient et ne s'en inquiétaient pas ; et que, du reste, pour s'être avisés de faire quelques observations, ils avaient souvent entendu, de la part de leurs disciples, cette foudroyante réponse : Nous suivons vos exemples.

Habitants des campagnes, qu'il est heureux pour vous de n'avoir que bien peu de rapports avec ces sentines d'impiété et de corruption ! Je vous en félicite. Il ne faudrait pas beaucoup de jeunes gens élevés dans ces écoles pestilentielles, pour gâter entièrement vos villages et vos hameaux. Au nom du Ciel, gardez-vous de la funeste tentation d'envoyer vos enfants dans ces officines de l'incrédulité et du libertinage. Ah ! mieux vaut cent fois ne rien savoir, passer toute sa vie dans l'humble obscurité d'un village, que d'acheter un peu de science au prix de son innocence et de sa foi ! Faites de vos enfants des laboureurs, consentez à les voir ignorants et rustres, plutôt qu'à les voir parader sous les faux airs d'une science orgueilleuse, qui ne sert ordinairement que de livrée à la corruption.

J'avais, dès ma première visite à mon neveu le collégien, pressenti l'abîme où il allait descendre ; j'en avertis ses parents, qui ne me crurent pas, ou ne me crurent qu'à demi. Aussi, dès qu'ils furent morts, n'eus-je rien de plus pressé que de retirer le jeune homme de la fournaise. Mais, hélas ! il était trop tard. Le mal avait fait de tels progrès qu'il n'était plus possible d'y remédier. Se figure-t-on tous les vices d'une éducation publique entés sur tous ceux d'une éducation privée ? Se figure-t-on un enfant déjà gâté par ses parents, et corrompu ensuite par ses condisciples et par ses maîtres ? Eh bien ! c'était mon neveu. Inutilement essayai-je de le retremper dans l'air pur des champs ; ses poumons viciés ne s'en accommodaient plus. Ses anciens amusements, ses premières connaissances ses amis, ses parents, les lieux témoins de son enfance, tout lui inspirait du dégoût ; son cœur et son esprit blasés rêvaient d'autres jouissances. Son âme, fière et dédaigneuse (le dédain caractérise tous les hommes corrompus), ne prenait qu'en pitié notre vie simple, nos mœurs antiques, notre langage peu cultivé : le mot de paysan était devenu dans sa bouche, surtout par le ton qui l'accompagnait, la plus haute expression de l'ironie et du mépris.

Ce qu'il devint, je n'ose le dire. C'est un besoin pour moi de taire la fin misérable d'une vie plus misérable encore. Puisse le Seigneur lui avoir pardonné ses fautes, comme je lui ai pardonné moi-même sa conduite insolente et grossière à mon égard ! Toutefois, il eut un aide, et même deux aides, pour l'accompagner dans la voie du vice. Peut-être, sans ces deux pestes, l'aurais-je arraché, Dieu aidant, au mal qui le dévorait. Ces deux aides, quels furent-ils ? Un cabaret et un esprit fort. J'en dirai deux mots.

XXXVIII.

Le cabaret.

Je ne sais pourquoi ce mot me fait mal, ou plutôt je le sais trop bien. Le cabaret est la plaie du village. Je ne voudrais rien exagérer ; mais pourtant je tiens à dire la vérité. Eh bien ! mes quatre-vingts ans d'expérience m'amènent à cette conclusion : Tant que le cabaret n'exista pas au village, la foi et les mœurs s'y conservèrent ; depuis que le cabaret y a planté son enseigne, la religion et les mœurs s'y sont affaiblies, ou en ont disparu.

Dans le temps de mon enfance, on ne savait pas ce que c'était que le cabaret. Dans les bourgades placées sur les routes, il se trouvait ordinairement une auberge. C'était là que les voyageurs allaient demander l'hospitalité ; et si, par hasard, l'auberge n'existait pas, le maire de la localité était tenu, par l'usage, de fournir le gîte, moyennant paiement, s'il ne le voulait faire gratis.

Mais la Révolution vint ; et, comme son but était de renverser le vieux monde, pour en refaire un nouveau ; surtout, comme elle avait éveillé dans le peuple une grande soif de jouissances matérielles, elle dut naturellement offrir à la génération qu'elle avait formée ou dépravée, le moyen de prendre sa part dans les plaisirs d'ici-bas. Ce fut ainsi qu'elle inventa le café, le cabaret, la guinguette, le billard, l'estaminet, et toutes les variétés du genre et de l'espèce. Le progrès ne fut pas subit. Les villes commencèrent : on vit s'y multiplier ces repaires de l'oisiveté et de la débauche. Ainsi, pour donner un exemple, la ville capitale de ma province, dont la population atteint quarante mille âmes, possédait, avant la Révolution, quatre modestes cafés, habituellement déserts ; aujourd'hui elle en compte trois cents. Excusez du peu !

Puis, les bourgades suivirent l'exemple. Je me souviens que celle qui est le chef-lieu de mon canton vit, pour la première fois, en 1810, apparaître le glorieux bouchon. Le propriétaire se hasarda, en 1812, à y installer un billard. Il s'y ruina : c'est l'usage ; mais, auparavant, il en avait ruiné bien d'autres. Les bourgeois se prirent d'abord à cette glu ; et c'était grand hasard si quelque paysan y mettait les pieds, entraîné par le besoin de conclure un marché ou de boire les pots-de-vin. Puis, peu à peu, les jeunes gens y prirent goût : on partait du village, le dimanche au soir, pour aller *pousser une queue* au chef-lieu du canton. Insensiblement, cela devint une habitude, et presque un besoin ; et, quinze ans après, à l'occasion de la *glorieuse* de Juillet, surtout, la plupart des villages furent dotés de cette précieuse institution. Plus d'un obscur hameau eut son café, à large enseigne, au centre même de sa population, et, pour l'ordinaire, en face de l'église. Rien de si commode, du reste ; les habitants des maisons éloignées viennent, là, boire le petit verre, en attendant la messe, et l'y entendent même, quand cela leur convient ; ceux de l'endroit vont y chercher un refuge contre le sermon de leur curé, ou contre la longueur de l'office. Quant aux vêpres, c'est là qu'on les chante, et elles y sont toujours plus longues qu'à l'église. La nuit vient, on est encore au cabaret ; s'il n'y a pas de police dans l'endroit, on y chante les matines jusqu'au point du jour ; s'il y a une apparence de police, on déguerpit, mais le plus tard possible, en chantant et en chancelant. Un homme est-il contrarié par sa femme, un fils par son père ? Ils vont au cabaret se consoler. Un voisin vend-il à son voisin une mesure de pommes de terre, ou un petit cochon ? Ils sont au cabaret avant le marché, pour le marché, pendant le marché, et longtemps après le marché. Et ainsi du reste.

Or, il est impossible de calculer les maux qui résultent de cette funeste habitude. Un cabaret, c'est le chancre qui épuise toute une localité. Dès qu'un cabaret a pris place au milieu d'une population rurale, il faut presque désespérer de voir la foi et les mœurs s'y conserver. C'est par là, surtout, que s'écouleront les sueurs des pauvres pères et mères de famille ; ce vampire sucera tout. Le jeune homme qui a une fois pris goût au cabaret, est comme irrésistiblement entraîné à sa perte. Dépourvu de l'argent nécessaire pour suffire aux dépenses qu'il est forcé d'y faire, il dérobe à la famille tout ce qu'il peut : blé, avoine, denrées de toute sorte ; car tout est bon à un cabaretier. Le père va, là, engloutir la substance de sa famille ; l'ouvrier y va perdre son temps, son argent et ses pratiques ; l'oisif en fait son quartier-général. C'est de là que partent les divisions entre amis, les rixes entre partis, les procès entre voisins, les discordes entre parents. Du cabaret datent le malaise général de la contrée, les dettes, les emprunts onéreux. C'est la plaie toujours ouverte qui épuise les forces et la vie. Par le cabaret, l'ivrognerie, ce vice hideux, bestial, s'établit dans une commune. Du cabaret sortent les diffamations, les quolibets obscènes, les vaines rumeurs, les soupçons hasardés, les médisances et les calomnies. C'est le grand atelier de l'impiété et de l'immoralité. N'attendez plus rien de l'homme qui a pris goût au cabaret. C'est au cabaret que se forment ces ligues contre le prêtre, et la doctrine qu'il représente ; c'est le point de départ de l'opposition misérable, tracassière, qui rend souvent si stérile le ministère évangélique. C'est au cabaret que se nourrit, que se développe cet esprit de révolution et d'émeute qui est, hélas ! une des plus grandes plaies de notre siècle. Les trois cent quarante mille cabarets dont la France est grevée (j'éprouve un sentiment d'horreur à donner ce chiffre trop certain) sont les officines de cet odieux socialisme, qui menace les fondements mêmes de la société. C'est par ces étapes que voyage l'esprit impie et révolutionnaire ; c'est là qu'il donne son mot d'ordre ; c'est là qu'il réunit ses adeptes et recrute ses manœuvres. Fermez ces trois cent quarante mille bouches empestées, et l'air se purifiera, l'esprit public se raffermira, et vous pourrez encore espérer pour la France des jours de paix et de bonheur.

Je constate, à ma grande douleur, que j'ai vu dépérir nos campagnes, depuis l'établissement de ces lieux de débauche. Une véritable détresse pèse actuellement sur elles : j'affirme que la principale cause en est là. Je pourrais nommer bien des familles dont les maux n'ont pas d'autre origine. Que de cultivateurs ruinés m'ont avoué, en rougissant, que, du jour où ils avaient posé le pied dans ces antres funestes, leur malheur avait été décidé! Que de pauvres mères m'ont dit, les yeux en pleurs, que tout le fruit de leurs sueurs, que tout leur patrimoine, s'était fondu là, par l'inconduite de leurs époux et de leurs fils!

Quand je compare l'état actuel de nos campagnes, sous le point de vue de la religion, de la morale, de la paix publique et de l'aisance, à ce qu'il était dans ma première enfance, je ne puis m'empêcher de maudire les exécrables causes d'une décadence si visible. Ma haine se tourne alors instinctivement contre ces repaires de l'oisiveté, de l'impiété et de l'ivrognerie ; et je voudrais écrire sur leur enseigne, en lettres capitales :

EMPOISONNEUR PUBLIC!

Ce fut là que mon infortuné pupille trouva le moyen de développer le germe funeste qu'il avait puisé ailleurs. Le cabaret acheva l'œuvre du collége : la fin était digne du commencement. A dix-huit ou dix-neuf ans, ce jeune homme mourait épuisé par l'ivrognerie et la débauche. Merci, instituteurs coupables, qui avez infiltré la notion du vice à cette jeune âme ! Merci, déplorable gargotier, qui as consommé sa ruine ! Qu'au jour du dernier jugement sa voix s'élève pour vous maudire !

XXXIX.

Un esprit-fort.

Une autre cause de perdition pour mon neveu fut la rencontre d'un esprit-fort. Cette peste était autrefois le privilége des villes ; elle a envahi les campagnes. Hélas ! les maux actuels de la Révolution étaient peu de chose, à côté de ceux qu'elle devait laisser après elle. Ce n'est que quand l'orage est passé qu'on peut mesurer l'étendue de ses ravages. Et, entre les déplorables effets de cette malheureuse tempête, le plus pernicieux, incomparablement, est d'avoir disséminé partout les germes de l'incrédulité ; c'est d'avoir renversé cette barrière de respect, qui tenait l'habitant des campagnes à distance des objets sacrés de son culte.

L'esprit-fort au village ! qui l'eût dit, qui l'eût pu croire, il y a soixante ans? Etienne Langeron, mon meilleur ami, le pieux, le sage Langeron, aurait-il ajouté foi au prophète qui lui eût annoncé que son fils lèverait dans son propre hameau l'étendard de l'incrédulité ? Et, pourtant, cela devait être.

L'esprit-fort du village est bien l'être le plus détestable qui se puisse imaginer. Cette incrédulité entée sur l'ignorance ; cette présomption alliée à l'étroitesse de tête ; ces raisonnements en blouse ; cette logique en sabots ; ces sophismes en bonnet de coton ; ces objections si sottes, dans un style si pitoyable ; tout ce bagage d'impiété, enfin, parfumé d'une odeur de fumier ou de sainfoin, tout cela me fait un effet si désagréable et si étrange, tout à la fois, que je ferais bien un circuit d'une lieue pour éviter la rencontre d'un si vilain personnage, Hélas ! et j'ai été condamné à vivre à côté de cette monstruosité ! Et j'ai eu la douleur de voir ce type hideux réalisé dans le fils de mon meilleur ami ! Voilà une des plus grandes amertumes de ma vie.

Où Dominique Langeron avait pris le ton et les allures de l'esprit-fort, je ne saurais le dire au juste. D'abord, dans quelques mois de séjour au lycée, puis à l'armée puis un peu partout. C'était un homme qui se croyait beaucoup d'esprit, et n'avait pas ombre de bon sens : qu'on juge ! Il était parti du village bon, simple et religieux : son vertueux père avait pris le plus grand soin de l'élever dans ses principes. Souvent il m'en parlait avec la satisfaction intime que l'on éprouve à voir un enfant répondre à ses soins, et entrer dans la bonne voie. — Mathieu, me répétait-il, nous pourrons faire une alliance plus tard. — Mais, au bout de huit ans de collège, de milice et de voyage, Dominique s'en revint un jour, le bonnet sur l'oreille, la canne à la main et la pipe à la bouche : il était devenu esprit-fort ; il ne parlait plus que de *M. de Voltaire*. M. de Voltaire était pourtant bien oublié sous l'Empire : mais le sergent-major Langeron avait eu un capitaine qui lui avait communiqué quelques volumes dépareillés du grand philosophe, et lui avait révélé sa gloire (1). Et même le sergent Langeron, se trouvant

(1) Il est notoire que Voltaire était à peu près inconnu de la génération formée sous le consulat et l'empire. On sait l'estime que Napoléon faisait des philosophes : non-seulement Voltaire n'eut pas une seule édition sous son règne ; mais un libraire de Paris vendit à un libraire de Hollande quelques volumes dépareillés du coryphée de l'école philosophique, les derniers qu'on eût pu trouver en magasin ; c'était une marchandise qui n'avait plus cours. Mais depuis!!!
(*Note de l'Editeur.*)

en Hollande, acheta d'un bouquiniste de ce pays environ vingt volumes des *Œuvres complètes* de l'homme de Ferney, lesquels formèrent tout son bagage, quand il revint dans sa patrie.

Son retour fut une vraie calamité. Cet air *crâne* — qu'on me passe le mot; — ce chevron de sergent-major (Langeron était resté dans ce grade); ce vernis de gloire qui s'attachait alors au soldat; ces formes un peu plus dégagées; cette parole plus facile; ces quelques connaissances acquises le long des chemins; ce ton suffisant et prétentieux; et surtout cette pension de deux cent treize francs, surmontée d'une croix d'honneur : tout cela fit sur nos villageois une impression qu'on devine aisément. Ce fut un événement que l'arrivée du *major* Langeron. — Quel dommage, disait-on tout d'une voix, que son père soit mort! — Quel bonheur, au contraire, que ce cher et fidèle ami eût fermé les yeux, avant de voir quelle ivraie avait remplacé la bonne semence jetée dans l'âme de son fils!

Le *major* me rendit visite. Je jugeai d'un trait que le fils était le contre-pied du père. Il se mit à parler avec cette facilité superficielle qu'on amasse le long des routes, et qui se cultive par la lecture. Comme j'amenai la conversation sur un sujet religieux, il ne manqua pas de me débiter de sottes diatribes sur la *superstition* et le *fanatisme*, avec un aplomb qui m'épouvanta. Je compris quel chemin l'imbécile avait fait dans la carrière. Il plaignait surtout la *simplicité* des gens de la campagne, que l'ignorance retient encore, disait-il, aux langes de la crédulité : quant à lui, il se félicitait d'en être débarrassé. Je devinai aussi quels ravages ce lourdaud d'impiété occasionnerait dans nos populations, si, par hasard, il venait à se fixer au milieu d'elles. Malheureusement, ce que je craignais arriva. Le stupide troupier se mit en tête de réaliser le type du soldat laboureur, qui fut pendant un temps, on s'en souvient, la niaise idole d'un siècle de niais. Il se fit cultivateur; et, depuis quarante ans, ce malotru mène ses sophismes et son fumier, et travaille, par son exemple et ses leçons, à propager l'incrédulité et l'immoralité dans nos campagnes.

Naturellement, mon neveu, de retour au pays, s'accrocha au *major*, et, malgré mes défenses, en fit sa compagnie habituelle. Le sergent, de son côté, était trop fier d'avoir un tel disciple, pour ne pas mettre tous ses soins à l'endoctriner : ce fut tôt fait, à lui, de compléter l'œuvre du collége et du cabaret. Le cabaret était leur rendez-vous ordinaire. L'immoralité du grognard de l'empire fut bientôt égalée par celle du génie manqué ; et, l'un traînant l'autre, ils s'enfoncèrent dans l'abîme. Seulement, mon misérable neveu périt bientôt, victime de ses débauches ; tandis que le décoré traîne encore sa croix d'honneur et ses blasphèmes sur la terre, et surtout à la gargote.

Ce fut de l'apparition de ce mauvais génie que data la décadence de mon village, sous le point de vue moral. D'abord, ce fut lui qui détermina l'établissement du cabaret, dont il devint le plus fidèle et le plus fervent habitué. Les désastres causés par la Révolution, sous le rapport religieux, s'étaient peu à peu effacés ; la restauration du culte même avait causé une sorte d'enthousiasme chez nos populations, un moment égarées, mais non corrompues. La religion avait insensiblement repris son empire, et les mœurs antiques tendaient chaque jour à se restaurer, quand ce misérable esprit-fort apparut, et arrêta à lui seul le mouvement. Ses discours libertins, ses objections contre la religion, ses railleries à l'endroit de la crédulité et de la simplicité des fidèles, tout cela soutenu d'une réputation d'homme instruit et d'un langage qui pouvait, au village, passer pour choisi, tout cela, dis-je, fut comme une batterie continuelle dirigée contre la foi de nos aïeux, et y fit des brèches profondes. Langeron ne manqua pas de recueillir autour de lui les hommes les plus tarés du pays. Quiconque se sentait peser le joug de la morale, quiconque avait quelque tendance à s'affranchir des pratiques du christianisme, tous ceux, surtout, qui avaient pris une part plus ou moins grande aux idées et aux excès révolutionnaires, se rangèrent naturellement autour de ce porte-étendard, et furent heureux de pouvoir un peu lever le masque qui leur blessait la figure. Ce fut là le noyau d'une opposition, le point de départ de défections assez nombreuses. Le sergent prêta ses livres, et, plus tard, ses mauvais journaux ; il se fit *propagateur des lumières.* Il avait surtout pris à tâche de *démolir* (c'était son terme) l'autorité du curé. Les occasions ne lui manquèrent pas. Nous avions alors pour pasteur un prêtre d'âge moyen, plus vertueux qu'instruit, et dont l'éducation imparfaite s'expliquait, d'ailleurs, par les malheurs du temps : il avait été ordonné prêtre vers la fin de la Révolution, après avoir reçu quelques leçons de théologie d'un vieillard, son ami. A cette triste époque, il était besoin de remplir les vides énormes faits dans les rangs du clergé ; et les évêques se virent plus d'une fois obligés d'ordonner, bien à regret, des hommes vertueux, mais dont l'instruction n'était point ce qu'elle eût dû être dans des temps réguliers.

Or, le sergent mettait un malin plaisir à suivre pas à pas ce prêtre respectable, à éplucher ses paroles, à épier ses démarches. Il lui arrivait même d'assister quelquefois au sermon, dans l'unique but d'épiloguer sur le langage du curé, ou de réfuter ses raisons. Je dois dire qu'il remplissait ce rôle avec assez de piquant. Il faisait rire aux dépens du prédicateur : c'était beaucoup. Bientôt, quelques démarches du prêtre, qui en toute autre circonstance eussent été accueillies sans contradiction, devinrent un sujet d'irritation pour quelques habitants de la paroisse. Ce fut une fortune pour le *major*. Il s'empara des griefs des offensés, se fit leur appui et leur interprète, et donna bientôt à la question un développement immense. Grâce à lui, l'affaire eut du retentissement au dehors ; les tribunaux mêmes en furent saisis. Je n'entrerai point dans le détail des persécutions qui s'ensuivirent : cela me mènerait trop loin. Qu'il me suffise de dire que de là data une ère nouvelle pour ce pays, jusque là si moral et si religieux ; que peu à peu la foi et les mœurs y dépérirent ; et que, si un jour l'anarchie trouve, comme il n'y a pas à en douter, de nombreux adeptes dans le village qui m'a vu naître, on l'aura dû à Dominique Langeron, sergent-major, décoré et esprit-fort.

Et ceci, hélas ! n'est point un fait isolé. Quel village n'a été quelque jour affligé de ce résidu révolutionnaire, qu'on appelle l'esprit-fort ? Qui n'a vu parader cette misérable créature, tantôt sous l'habit d'un percepteur, d'un contrôleur, d'un douanier, ou de toute autre espèce de fonctionnaire public ; tantôt sous la redingote bourgeoise; tantôt sous la défroque militaire ; tantôt sous le frac du docteur en médecine ; tantôt sous le paletot du commis; tantôt sous la blouse de l'agronome ; tantôt, et surtout, sous la livrée du rentier à mille écus ?

Ah ! le plus grand mal de nos campagnes, ce n'est ni la grêle, ni l'impôt, ni l'usure, ni le chiendent : c'est l'esprit-fort et le cabaret.

J'ai, je crois, oublié de dire que mon disciple de Voltaire est devenu maire de son village. Cela se pouvait-il autrement ? Quelle localité n'a vu l'esprit-fort occuper la place de magistrat, ou au moins entrer et dominer en son conseil municipal ? Je regarde autour de moi, et j'en vois peu qui aient échappé à cette peste. Un esprit-fort dominant des esprits faibles : voilà ce qui a perdu la France.

Mon neveu trouva donc en cet homme un corrupteur tout prêt. L'œuvre, il est vrai, était déjà bien avancée; mais si ce nouvel achoppement ne s'était trouvé sur sa route, qui sait si mes efforts et mes conseils, avec la grâce de Dieu, n'auraient pas retiré cet infortuné de l'abîme ? Ces souvenirs m'arrachent encore chaque jour des larmes amères. Je tremble d'avoir, jusqu'à un certain point, à répondre devant Dieu d'une perte que j'ai si vivement déplorée, et que j'aurais tant désiré empêcher.

O vous qui tenez à vous mettre en règle pour le jour de

l'éternité, parents, veillez surtout à ce que vos enfants n'aient point, comme celui dont je viens d'esquisser l'histoire, le malheur de recevoir un enseignement impie, et de fréquenter un esprit-fort et un cabaret !

XL.

Mon système d'éducation.

J'avais trois fils et quatre filles : tous grands, robustes, doués d'une belle santé et de l'amour du travail. Sachant combien la tendresse paternelle est aveugle, je ne tomberai pas dans le défaut commun en en faisant l'éloge. Il sied à un père de jouir des qualités de ses enfants ; c'est à un autre de les louer. Tout ce que je me permettrai, c'est, après avoir assuré qu'ils ne m'ont jamais fait de peines sérieuses, de dire un mot sur le genre que j'ai adopté pour leur éducation :

1° J'avais commencé par régler d'avance qu'aucun d'eux, à moins de circonstances extraordinaires, ne sortirait de sa condition. A la différence de beaucoup de parents, qui, à la naissance de chacun de leurs enfants, tirent leur horoscope, et disent : Voici un polytechnicien, voici un avocat, voici un notaire ; moi, chaque fois qu'un des miens paraissait à la lumière, je disais : Voici un laboureur de plus. Jamais je n'eus la moindre idée d'en destiner un à une condition plus élevée que celle de leur père. Mes sept enfants sont donc, ou seront agriculteurs. Si mes confrères m'imitaient tous en cela, je crois que les choses en iraient beaucoup mieux ; l'agriculture ne manquerait pas de bras, et toutes les carrières civiles et militaires ne seraient pas encombrées. Je l'ai dit ailleurs, et je le répète ici : l'ordre de la Providence est que l'enfant marche sur les traces de son père, et reçoive de lui, non-seulement l'existence et l'éducation première, mais encore le moyen de gagner sa vie. J'excepte le cas où une vocation supérieure se manifeste par des signes tellement certains, tellement visibles, qu'ils peuvent être pris pour une voix du Ciel. Dieu est le maître ; il peut se choisir des serviteurs où il lui plaît. Le devoir des parents est alors de seconder les vues de la Providence ; mais ils ne doivent que les seconder, et non les prévenir ou les contrarier, en inspirant à leurs enfants des idées au-dessus de leur condition, ou en les poussant, quelquefois malgré eux, vers des carrières où l'on cherche, hélas ! beaucoup plus la satisfaction de son amour-propre que la gloire de Dieu et le bonheur même des enfants.

2º La sévérité fut, je dois l'avouer, le caractère propre de ma conduite. Je partais de cette conviction : que l'homme est né méchant, et que la fermeté seule peut arrêter, dans un enfant, le développement des instincts mauvais qu'il apporte en naissant. À en juger par les apparences, on pouvait croire que je tenais peu à me faire aimer, et beaucoup à me faire craindre au sein de ma famille. Je dois dire cependant que c'était par amour, et par un amour bien pur, que j'agissais ainsi. Et, certes ! il me fallait quelquefois toute la force de cet amour raisonné, sage, prévoyant, que j'appellerais volontiers surnaturel, pour me faire vaincre cette autre espèce d'amour, faible, indulgent, porté à se satisfaire lui-même, et reposant sur les penchants et les goûts de la nature. Oui, je me combattis plus d'une fois pour tenir ferme jusqu'au bout, et ne point me relâcher par pitié pour les larmes de mes chers petits, ou même de leur mère. Dur, je ne crois point l'avoir jamais été ; ferme, je n'ai jamais cessé de l'être. Aujourd'hui, je m'en félicite, et mes enfants m'en bénissent.

C'est là le grand défaut de l'éducation moderne : la

faiblesse, le manque d'énergie. Cette triste mollesse qui a envahi nos mœurs, a aussi pénétré dans l'éducation. C'est un désolant spectacle pour l'homme sérieux que cette efféminatiоn universelle, dont la génération est atteinte. La virilité a disparu. Un grand caractère est la chose du monde la plus rare. Nous sommes, sous ce rapport, à une énorme distance des générations qui nous ont précédés. D'après le peu que je sais de notre histoire, il me semble qu'il y a une dégénérescence bien frappante dans notre espèce humaine. Ces braves chevaliers du moyen âge, si durs à eux-mêmes; si forts contre la faim, la soif, la fatigue; si endurcis au froid, ou à la chaleur ; qui combattaient deux ou trois jours de suite, sous des armures qu'un homme d'aujourd'hui soulèverait à peine ; qui couchaient sur la dure, passaient souvent des jours entiers sans rien prendre : ces preux, dis-je, reconnaîtraient-ils leurs enfants dans la race amollie, abâtardie de ce siècle, dans ces damerets si bien emmitouflés, si sensibles aux *coups d'air*, si amis de leurs aises, si antipathiques à toute espèce de sacrifice, hommelettes au teint frais, aux chairs molles, aux mains blanches, à la vie sensuelle ; ces sybarites, enfin, que le moindre dérangement contrarie, que le moindre bruit incommode ? J'ai peine à le croire.

Moi-même, dans l'espace de temps que j'ai vécu, j'ai pu remarquer une différence notable dans l'éducation des hommes. Il est certain que ceux de mon temps étaient beaucoup plus endurants et plus robustes que ceux d'aujourd'hui. Je vois avec douleur ce système de mollesse envahir même nos campagnes. C'est encore là un des effets de la Révolution. C'est elle qui, en rendant plus faciles les jouissances matérielles, en a éveillé la soif ; c'est elle qui, en détruisant dans l'homme la foi aux vérités surnaturelles, l'a enfermé dans le cercle des jouissances physiques. Si, en effet, il n'y a pas d'autre monde, ou si seulement l'existence d'un autre monde est incertaine, la sagesse ne veut-elle pas qu'on jouisse du présent, et qu'on ne sacrifie pas un bien que l'on tient à un bien que l'on ne possédera peut-être jamais ? De là cet effroyable abâtardissement des mœurs. De là cette immense avidité des jouissances matérielles, qui augmente à mesure qu'elle se satisfait, qui rêve sans cesse de nouvelles conquêtes, et est, sans contredit, le levier le plus puissant des révolutions.

Habitants des campagnes, vous avez longtemps résisté au torrent ; en général même, vous y résistez encore. Ah ! tenez ferme ; et conservez cette sobriété, cette modération dans les jouissances, qui est la mère de la santé et le sceau de la virilité. Si les bourgeois s'efféminent, vous, restez hommes. Si le prolétaire prend à tâche d'effacer, en quelque sorte, le type de l'humanité sous l'empreinte de la débauche, vous, montrez encore ce que c'est qu'une âme saine dans un corps sain. Eh ! voyez donc : qui fournit à nos armées leur contingent ? Vous, et vous seuls. Si la France n'avait à sa disposition que la race bourgeoise étiolée, ou la population rachitique des ateliers, elle serait dans l'impossibilité de se faire une armée. Mais elle trouve, au sein de vos campagnes, une race d'hommes que le luxe n'a point amollis, que la débauche n'a point énervés, que le vertige révolutionnaire n'a point encore saisis ; et, par là, elle peut se créer des soldats, et opposer à ses ennemis du dedans et du dehors une insurmontable barrière.

Du jour où le sensualisme bourgeois aura pénétré parmi vous, datera la dernière heure, la prompte et inévitable décadence de la société. Puisse ce jour être retardé longtemps encore !

3° J'ai tenu surtout à inspirer à mes enfants l'esprit de religion. Je ne crois point aux vertus qui n'ont point là leurs racines. J'estime infiniment peu la religion dite *de l'honnête homme* ; et cent fois l'expérience m'a démontré qu'entre le prétendu honnête homme et le coquin, il n'y a que l'épaisseur d'une circonstance. — Mon fils, disait une femme de grand sens, c'est bien peu de chose d'un honnête homme, quand le soleil est couché. —

Que d'honnêtes gens sont devenus, dans l'occasion, des gens malhonnêtes ! Mais il n'y a rien à craindre de l'homme sincèrement religieux. Celui-là pratique le devoir pour le devoir, et dans toute son étendue : il n'est pas de motif qui puisse le faire dévier de la ligne droite qu'il s'est tracée. Sa conscience ne change point avec les circonstances : car elle est, qu'on me passe ce terme, fondée sur le roc. Il aime la vertu pour elle-même. C'est dans un motif surnaturel qu'il puise la force d'agir ; il sait que Dieu a sans cesse les yeux ouverts sur ses voies, et que, quand il est le plus éloigné de tout regard humain, il est encore tout entier sous les regards de l'Etre tout-puissant. Il sait encore que tout lui sera compté un jour, à charge ou à décharge ; que rien, par conséquent, n'est indifférent dans notre vie, et que c'est peu de chose d'être l'objet de la haine ou de l'estime de ses semblables, pourvu que l'on mérite l'amitié de Dieu, ou que l'on échappe à sa colère.

Il me semble qu'un homme pénétré de ces pensées doit avoir une grande force de caractère, une ligne de conduite très-simple, une probité à toute épreuve. Autant la raison de l'intérêt est variable, autant la raison du devoir est solide. Le ciel est immobile, et la terre tourne. Ainsi, pendant que les enfants du siècle varient sans cesse d'opinion, de manière de penser et d'agir, selon que les objets leur présentent des faces différentes, ou que leurs intérêts changent de pivot ; l'enfant de la lumière demeure inébranlable dans sa voie, parce que son but est toujours le même.

J'ai eu l'extrême consolation de voir mes enfants répondre à mes soins, et s'attacher franchement à la religion. Je ne dis point, pour cela, qu'ils soient sans défauts ; mais, au moins, ces défauts ne sont pas essentiels, n'atteignent point les fondements mêmes de la conduite. Je leur rends cette justice, que je leur dois les joies les plus pures que j'aie goûtées sur la terre. Combien peu de pères en pourraient dire autant !

J'ai, de plus, l'espérance fondée qu'après ma mort, ils resteront ce qu'ils ont été de mon vivant ; surtout, j'espère qu'ils vivront en bon accord. Trois d'entre eux sont mariés ; et, jusqu'à présent, aucun germe de division ne s'est encore manifesté dans la famille. Que Dieu en soit loué ! Il me semble que l'union des enfants est la plus belle couronne d'un père. Il me semble aussi que la plus lourde partie de ma tâche est accomplie, puisque je suis parvenu à élever et à maintenir une nombreuse famille dans la crainte de Dieu, et dans la pratique des devoirs religieux. Quand donc la mort viendra fermer mes paupières (et cela ne peut tarder), je crois que j'aurai assez de confiance pour dire à mon Dieu : *C'est maintenant, Seigneur, que vous laissez allez votre serviteur en paix...*

XLI.

Une leçon.

J'ai dit que mes enfants n'ont point de défauts essentiels, cela est vrai ; mais je dois ajouter qu'il a fallu toute ma fermeté pour les empêcher d'en contracter.

Il est surtout deux écueils pour les enfants de village, deux piéges funestes tendus sous leurs pas : le cabaret, pour les garçons ; la vanité, pour les filles. J'en ai dit assez sur le premier point pour être dispensé d'y revenir. Je me contente de dire, en passant, que deux de mes fils manifestaient une tendance assez marquée à suivre l'exemple des jeunes gens de leur âge, c'est-à-dire à aller perdre à la gargote, leur temps, leur argent, leur foi, leur moralité, leur santé peut-être ; mais je sus y mettre bon ordre. Ma sévérité à punir leurs premières démarches de ce côté-là fut extrême ; tout le monde m'en a blâmé : ma conscience et mes fils m'en remercient.

Mes filles aussi manifestaient une disposition très-marquée pour la vanité. Ce goût est, il est vrai, inné chez la femme : le besoin de plaire est son premier penchant, et comme le fond de son être. Thérèse fut, comme toutes les mères, très-fière d'avoir de beaux enfants, et de s'entendre louer dans la personne de ses filles. Comme toutes les mères donc, elle cultiva, dès le berceau, cet instinct de vanité qui s'éveille avec la vie. L'aisance semblant nous sourire, elle se crut autorisée à entretenir chez ses filles une sorte de luxe, qu'elle n'avait point pratiqué pour elle-même. Or, sous ce rapport, les exigences croissent de jour en jour. Nulle part, peut-être plus qu'ici, le changement n'est visible dans nos campagnes. Demandez aux vieilles femmes qui ont vu, comme moi, les trente années du dernier siècle, si elles se reconnaissent dans leurs petites-filles.

La Révolution opéra en ce point, de la même manière que pour les autres superfluités de la vie : elle mit au goût et au service du peuple ce qui n'avait jusque là appartenu qu'aux classes élevées. Je l'affirme sur l'honneur : il y a vingt jeunes filles dans mon village qui sont plus élégamment vêtues que ne l'étaient, il y a soixante ans, les filles de nos ducs et de nos marquis. Je me rappelle avoir assisté, encore enfant, dans la chapelle d'un château voisin, à la première communion de la fille d'un grand seigneur : eh bien ! j'atteste que sa mise était moins brillante, moins élégante, que celle de certaines jeunes filles de nos campagnes.

Certes ! cet abus ne coutât-il rien, il serait encore à condamner. Mais, malheureusement, il est une source de ruine pour beaucoup de nos laboureurs. Je pourrais citer un village voisin où le luxe, chez les femmes, est porté à son comble : c'est aussi celui de tous qui est le plus gêné. Mais, vraiment! on ne pourrait s'empêcher de rire, à voir, le dimanche, ces grossières paysannes aux pieds larges comme des bateaux, aux mains calleuses, au teint basané, à la taille épaisse, à la tournure grotesque, chargées de soie, de velours, de dentelles, de rubans, de bijoux, se donner des airs de grandes dames, qui leur vont comme le bonnet de docteur à un âne. C'est une vraie mascarade. Je me souviens d'avoir bien ri, à la dernière fête de mon village, en voyant défiler ces *élégantes*, que je ne reconnaissais plus sous leurs riches atours. — Qui est donc celle-ci? demandai-je à un de mes voisins. — C'est une telle. — Quoi! cette grosse femme qui chargeait, hier au soir, une voiture de fumier? — Elle-même. — Et cette autre? — C'est la fille d'un tel. — Quoi! la fille de ce pauvre fermier qui a été saisi deux fois? — Oui. — Et cette troisième? — Une telle. — Vraiment! la sœur de ce pauvre idiot qui court les rues demi-nu; la fille de cette malheureuse veuve qui va aux portes? — Elle-même! — Mais elle porte sur elle de quoi nourrir six mois son frère et sa mère. — Elle porte ses gages de toute l'année...

Et ainsi du reste.

Non, non, je ne ris pas ce jour-là : je fus tenté de pleurer.

Et ce mal va toujours en augmentant : on ne saurait dire où il s'arrêtera. Or, dès qu'une fois la passion de la toilette s'est emparée d'une femme, et surtout d'une jeune personne, il n'est moyen qui coûte pour la satisfaire. J'ai vu de malheureuses jeunes filles (et je dis malheureuses, parce qu'elles étaient, ici, les premières victimes) étouffer jusqu'au cri de la nature, plutôt que de sacrifier leur goût pour la parure : j'en ai vu laisser leurs parents manquer de pain, plutôt que de se retrancher un mètre de dentelle ou un bout de ruban. Et ce que je dis n'est pas exagéré ni unique : il est peu de localités, peut-être, qui n'en fournissent des exemples.

Une de nos voisines avait demandé, il y a quelques années, une jeune fille de village pour domestique. Quel ne fut pas son étonnement de voir cette créature, qu'on lui avait dit fort pauvre, arriver chez elle, un dimanche, en robe de soie et la tête garnie de rubans ! — Mon enfant, lui dit-elle, vous feriez honte à votre maîtresse : elle n'oserait paraître à côté de vous. — Et elle la congédia.

Voilà pourtant l'abîme où m'aurait conduit ma pauvre Thérèse, si je l'avais laissée faire. Femme excellente, mais aveugle sur le compte de ses filles, elle n'avait certainement pas prévu les suites du funeste penchant qu'elle favorisait en elles. Elle essaya d'abord de me gagner ; au moment où ses enfants grandissaient, il n'était cajolerie et adroit propos qu'elle n'employât pour me fasciner sur leur compte, et mettre en jeu mon amour-propre paternel. Elle me disait, et me faisait dire par les commères, que j'avais les plus belles petites filles qu'il y eût à dix lieues à la ronde ; qu'un peu de parure les relèverait infiniment, et que c'était vraiment dommage de les laisser mises si simplement. J'aspirai un moment, il faut bien le dire, cet encens si doux au cœur d'un père ; mais bientôt je devinai le piége, et repris l'empire sur moi-même. Je fis entendre que la vanité, qui est partout un défaut, en est un surtout chez les personnes que leur condition condamne à gagner leur vie ; et que si les belles dames aristocratiques ou bourgeoises ont le temps et l'argent nécessaires pour leur toilette, une paysanne n'a ni l'un ni l'autre, et se doit à son travail. Mais on ne se tint pas pour battu. Désespérant de me convaincre par le raisonnement, on se mit à agir : Thérèse, avec cette habileté propre aux femmes, savait si bien arranger son compte, que ses filles étaient de mieux en mieux parées, et ne devaient pas tarder à se trouver au niveau des plus élégantes du pays. Aux observations que je lui faisais là-dessus, elle me répondait qu'elle ne dépensait que le fruit de ses économies et du travail particulier de ses filles, que ce luxe n'enlevait rien au ménage. Pendant quelque temps, je la crus, d'autant mieux qu'elle me trompait sur le prix des étoffes : me faisant croire que ce qui frappait si fort mes yeux, par son élégance ou sa richesse, n'était, en réalité, qu'un objet de peu de valeur. Et si j'entre dans ces détails, c'est parce que je sais qu'un grand nombre de mes confrères y sont pris comme moi. Nous autres hommes, nous sommes parfois si bons, c'est-à-dire si bêtes ! Et nos femmes sont si fines ! Mais, enfin, je découvris la fraude. Je m'aperçus que le fruit de ces prétendues économies n'était autre que le fruit même de nos sueurs, c'est-à-dire le prix de mon blé, de mon avoine, de mes troupeaux : en deux mots, qu'on volait le ménage pour entretenir le luxe déplacé des enfants. Oh ! que cette découverte me fut amère ! Je n'y pus croire d'abord ; mais des preuves vinrent coup sur coup rendre cette supposition parfaitement évidente. Nous eûmes alors, Thérèse et moi, des explications bien vives. La pauvre femme, que Dieu lui fasse paix ! s'en prit à ses yeux, et pleura amèrement. Moi, je me sentais blessé au plus vif du cœur : moins, peut-être, à cause des dépenses ruineuses que l'on avait faites, qu'à cause de la dissimulation dont on avait usé à mon égard.

Toutefois, je sus contenir l'extrême indignation qui m'agitait. Mais je crus que c'était le cas d'en finir par un acte d'autorité. Je me fis donc apporter, par mes enfants elles-mêmes, leur plus riche vêtement, celui qu'elles avaient acheté le plus récemment, et dont, certainement, elles étaient le plus fières ; et, sous leurs yeux, je le jetai au feu. Je déclarai avec beaucoup de calme qu'ainsi serait traité tout ce qu'on achèterait sans ma permission. La leçon produisit son effet : le mal fut coupé dans sa racine. Ma femme est rentrée dans le devoir, et mes filles sont restées simples.

Habitants des campagnes, imitez mon exemple, et vous vous en trouverez bien.

XLII.

1830.

Une nouvelle révolution était venue, en 1830, remuer de nouveau les bases de la société, à peine remise des longues secousses de la république et de l'empire. Et si je dis une nouvelle révolution, c'est pour me conformer au langage reçu ; car ce n'était qu'une suite de la première, une nouvelle phase de cette période de décadence à laquelle la société me semble condamnée, si Dieu n'y met ordre. La grande commotion de 89-93 avait sapé l'autorité par sa base ; elle avait avili et anéanti le pouvoir. Le régicide est de tous les crimes le plus énorme, non pas précisément parce qu'il immole un oint de Dieu, un homme haut placé ; mais surtout parce qu'il est un attentat contre la loi d'autorité, parce qu'il décapite un principe. Le peuple qui voit tomber les têtes royales, ne peut plus croire à la puissance ni à la majesté. La couronne n'est plus pour lui qu'un hochet qui se prête et se retire ; le roi, qu'une sorte de commis à gages ; le trône, qu'un meuble à louer. Et comment toutes les autorités inférieures garderaient-elles un reste de prestige, quand la première autorité est ainsi traitée ? Le coup qui abattit la tête de Louis XVI a fait à la France une blessure qui ne se guérira pas.

Les honnêtes gens, les vieillards surtout, tremblèrent, quand ils apprirent, en juillet 1830, que l'insurrection était victorieuse à Paris. Ils se rappelaient involontairement les journées néfastes de la première révolution. Plusieurs crurent à une résurrection immédiate des horreurs de la démagogie : je les rassurais tant que je pouvais. Je ne sais quel instinct me disait que ce nouveau coup porté à l'autorité n'était que le prélude de ceux qui se préparaient, et comme l'avant-coureur d'une ruine beaucoup plus grande.

Qu'on pardonne, encore une fois, à un vieux paysan sans études et sans lettres, d'exprimer son avis sur d'aussi graves questions. Mais la société est bien malade : elle porte dans ses flancs les germes d'une corruption profonde, et, par conséquent, d'une dissolution prochaine, si (il faut toujours prémettre cette condition), si le Seigneur ne juge pas à propos de mettre activement la main à l'œuvre. Je me souviens d'avoir été un jour bien désagréablement frappé d'entendre notre vieux curé dire qu'il entre dans les desseins de Dieu que le mal triomphe naturellement du bien, pour qu'ensuite le bien triomphe du mal par miracle. Quatre-vingts ans d'expérience m'ont réconcilié avec cette idée, au premier abord si repoussante. L'homme est naturellement méchant : sa nature, ses instincts l'entraînent d'eux-mêmes au mal. Le bien le plus minime est un effort pour lui ; le mal le plus grand ne lui coûte rien. En deux mots, pour être vertueux, il faut continuellement lutter avec soi, ramer contre le courant ; pour être vicieux, il suffit de se laisser aller.

Or, la société n'est qu'un amas d'hommes, c'est-à-dire d'êtres qui ont apporté en naissant le penchant à tous les vices, et l'antipathie pour toutes les vertus. Quel bon résultat peut donner une agrégation d'éléments mauvais ? Quel prodige si la société, composée d'hommes corrompus ou faciles à corrompre, formait un tout vertueux ! J'entends sans cesse parler de progrès : je me demande où il est. A part le progrès dans l'insubordination, dans la débauche, dans le luxe, dans l'irréligion, dans le mal, enfin, je ne vois pas de progrès dans la société. On parle des arts, il est vrai ; et personne ne peut nier qu'ils ne soient plus avancés aujourd'hui que dans les siècles précédents ; mais il faut dire que les arts ne font guère de progrès qu'aux dépens de choses plus importantes ; et que, si les arts superflus progressent, les arts utiles n'avancent pas. Somme toute, je m'aperçois (et je le prouverais sans peine) que, depuis que la doctrine du progrès est si répandue, et le progrès lui-même si bien en train, le nombre des ruines individuelles, des crimes contre les personnes ou les propriétés, des suicides, des banqueroutes, des expropriations, des séparations entre époux, des condamnations judiciaires, des enfants trouvés, des mendiants, des vagabonds, etc..., etc..., est au moins trente fois plus grand que quand on était *ignorant, arriéré et superstitieux*. Voilà un beau progrès !

Que ces misérables doctrines séduisent quelques jeunes inexpérimentés, cela se conçoit ; mais que des hommes faits, des hommes qui veulent passer pour sérieux, répètent de semblables billevesées, voilà ce qui me dépasse.

Les années qui suivirent la secousse de Juillet exercèrent sur l'esprit public une influence funeste. Le peu de respect, que l'autorité inspirait encore, s'évanouit. La liberté de la presse acheva d'ébranler toutes les notions du juste et de l'injuste. Il m'arrivait de lire quelquefois les journaux ; j'étais étonné de l'audace avec laquelle on discutait les bases mêmes de la société. Rien ne demeurait sacré. Et quel désordre ne doit pas produire dans l'esprit public ce dévergondage, cette manie de raisonner, ou plutôt, de déraisonner sur tout ? Est-il possible que l'autorité garde le moindre prestige, quand tous les jours elle est livrée à la critique ? La religion peut-elle conserver un reste d'ascendant, quand du matin au soir on la bafoue ? La propriété sera-t-elle longtemps respectée, quand on la met en question ? Et ainsi du reste. Je ne parle pas de la licence en matière de mœurs. Quand le nœud sacré du mariage était journellement tourné en dérision sur le théâtre, dans des livres obscènes, dans des feuilletons infâmes ; quand la femme adultère était constamment vantée, et l'honnête femme livrée au ridicule ; quand on faisait, sous toutes les formes, l'apologie des vices qui peuplent les cours d'assises et les bagnes, et qu'une jeunesse avide, disons mieux, toutes les classes de la société, absorbaient avidement ces affreux poisons, quel espoir restait-il de conserver la morale publique, et d'échapper à une ruine honteuse ?

J'ai remarqué bien des fois que le pouvoir de Juillet, extrêmement susceptible pour tout ce qui le concernait, était entièrement indifférent pour ce qui touchait les intérêts sacrés de la religion et de la morale. Au fond, c'était se mettre au-dessus de Dieu même : c'était s'adorer.

La grande faute aussi fut d'avoir jeté tout le siècle dans l'ordre des intérêts matériels. Evidemment, l'on semblait faire consister tout le bonheur du peuple dans les arts, et dans les jouissances purement physiques. Qu'on se rappelle les sommes énormes qui furent votées, dans ces dix-huit ans, pour ce qu'on était convenu d'appeler les travaux publics ; et l'on verra s'il est possible de supposer que le gouvernement ait cru qu'un peuple peut être heureux autrement que par des canaux, des chemins de fer, des ponts, des musées, des quais et des théâtres. Qu'on rapproche surtout de cette tendance si manifeste la conduite tracassière et l'étroite jalousie avec laquelle on traitait la religion, l'enseignement libre, les ordres religieux, toutes les graves questions auxquelles se rattachent les intérêts spirituels des nations ; et qu'on dise si ces années funestes n'ont pas été le véritable règne de la matière, et comme une longue conspiration contre le royaume de Dieu.

Aussi, la décadence de la France a-t-elle été rapide. Mœurs, lois, probité, conscience, morale, langage, bon sens même, tout est descendu à la fois. L'idée de l'autorité surtout était si bien détruite dans les esprits, que la royauté de Juillet est tombée, comme un fruit pourri, sans la moindre résistance. Pas un bras ne s'est armé, pas une voix ne s'est élevée en faveur du dernier monarque ; il s'est arraché du sol comme une plante sans racines. Ainsi, cette société si tranquille en apparence, si pleine de vie, si riche, si aisée, si sûre de l'avenir, n'attendait qu'une occasion (et quelle occasion !) pour trembler sur sa base, et se trouver à deux doigts de sa perte. Aujourd'hui, on recueille les fruits de cette longue corruption, et les derniers ne sont pas encore mûrs.

Car, hélas ! le mal va toujours croissant. Dieu seul sait quelles limites il doit atteindre, et quand montera le flot qui doit tout submerger. L'aspect des maux passés et présents, la pensée des maux à venir, consolent celui qui doit mourir. Il y a pourtant des raisons d'espérer encore. Je ne puis me décider à croire que Dieu ait abandonné la France. Il l'a toujours traitée comme sa fille aînée ; il l'a douée de qualités éminentes ; il lui a donné le premier rang parmi les peuples. Serait-ce qu'elle a démérité à un point qui ne se pardonne plus ? Je n'en sais rien. Je crains, mais j'espère. Oh ! de quelle joie palpiterait mon cœur, si de mon lit de mort je pouvais entrevoir l'aurore du salut de ma patrie !

XLIII.

Un mot sur les banques agricoles.

Je dirai tout à l'heure un mot à mes frères sur le moyen de sauver la France; auparavant, je voudrais encore m'entretenir un instant avec eux sur une question qui les touche personnellement.

Ce siècle est par excellence le siècle des systèmes. Chacun en invente sur tous les sujets possibles, et celui de chacun est toujours meilleur que celui des autres. La détresse de l'agriculture a, particulièrement, attiré bien des attentions ; et une foule d'amateurs, plus ou moins attendris de nos maux (maux que trahissent assez DOUZE MILLIARDS d'hypothèques), ont proposé leur solution et leur remède. Je ne puis les discuter tous ; mais il en est un qui mérite une attention particulière, à cause de la faveur qu'il rencontre chez beaucoup de personnes : c'est le système des *banques agricoles.*

On est parti de ce principe que ce qui ruine l'agriculture, c'est l'emprunt. On démontre fort savamment que le laboureur qui prend de l'argent à cinq ou six pour cent, quand la terre ne lui rend que le deux ou le deux et demi net, doit nécessairement se ruiner. Cela est vrai. Mais la question n'est pas là. Il s'agit de savoir *pourquoi* le laboureur emprunte. Assurément on le plaindrait, et il serait fort à plaindre, s'il était forcé d'emprunter au taux que nous avons dit, pour ne percevoir qu'un produit bien inférieur. Mais il n'en est pas ainsi. Depuis soixante-dix ans, je suis le mouvement de l'agriculture, et voici ce que l'expérience m'a appris :

L'agriculteur songe beaucoup plus à acquérir qu'à améliorer. Cette erreur est la source de sa misère, la cause première, et presque unique, de l'immense détresse qui pèse sur nos campagnes. J'ai observé de près la marche progressive de nos meilleures maisons de laboureurs : elles ont dépéri, elles se sont ruinées par là.

Avant la Révolution, la terre appartenait dans la proportion de cinq huitièmes à ce qu'on était convenu d'appeler le tiers-état, c'est-à-dire à ce qui n'était ni clergé, ni noblesse. Le reste, qui était de beaucoup le meilleur, était la propriété de ces deux derniers ordres. Dans cet état de choses, l'ambition du laboureur se trouvait limitée ; il n'y avait point, dans la propriété territoriale, cette mobilité que nous y voyons aujourd'hui, et qui fait que la même pièce de terre peut changer de maître trois ou quatre fois, pendant la vie d'un homme. Les couvents acquéraient toujours, et ne vendaient jamais ; les nobles acquéraient quelquefois, et ne vendaient que rarement : d'où il suivait que l'homme du peuple qui possédait de la terre, devait à peu près se résigner à ne la voir jamais s'agrandir entre ses mains. Cette limite était gênante pour l'ambition, mais utile au bien général et au bien particulier ; car le sol pouvait être mieux soigné, précisément parce qu'on en avait moins, et le propriétaire était exempt de cette fiévreuse ambition qui le dévore aujourd'hui.

La Révolution changea tout cela. En livrant au *tiers-état*, par la vente des biens nationaux, les propriétés du clergé et de la noblesse, elle augmenta moins la richesse du laboureur que son ambition, moins son aisance que sa gêne. La passion de la terre (qu'on me passe ce mot) s'accrut dès lors énormément. Bientôt l'impôt devenant la base de la considération, et, pour ainsi parler, le taux d'après lequel s'estimait un citoyen, chacun ne visa plus qu'à augmenter sa part de territoire ; le livre des percepteurs devint comme le baromètre de la valeur personnelle ; l'homme le plus important, le mieux placé dans l'opinion publique, fut celui qui paya le plus de contributions : les charges honorables, l'estime de l'autorité, les droits politiques, l'aptitude aux fonctions de juré, d'arbitre, d'électeur, etc..., furent comme l'apanage de celui dont le nom enflait le mieux les colonnes du tableau des contributions directes. Le laboureur lui-même partagea l'entraînement général ; stimulé par cet amour-propre qui cherche à s'élever au-dessus des autres, il tâcha de devenir riche ; et, ainsi que tout le monde, il fit consister la richesse à posséder beaucoup. Or, comme les terres se voient et que les dettes ne se voient pas, il regarda trop peu à emprunter, à se grever d'obligations onéreuses, pourvu qu'il pût montrer une plus grande superficie de propriétés au soleil. La passion de la terre ne connut plus de bornes : les plus humbles même en furent atteints; et dès lors commença le rôle, le triste rôle que le capital a joué, et jouera longtemps encore, dans l'agriculture. C'est-à-dire il en résulta que l'acheteur ne pouvant payer, le fonds restait hypothéqué comme garantie de la dette contractée; en sorte qu'une immense portion du territoire n'appartenait plus que nominalement à ses propriétaires. J'ai connu, pour ma part, un morceau de terre vendu trois fois, et dû trois fois en même temps. Ainsi s'explique l'incroyable chiffre de DOUZE MILLIARDS d'hypothèques.

Et cette maladie n'est pas corrigée. Nos paysans, même dans l'état actuel, ne songent encore qu'à acquérir. Ils sont, il faut le dire, économes et laborieux ; et certes! nul ne peut mieux que moi apprécier leur vie dure et frugale ; je nommerais tel et tel village où des cultivateurs, même aisés, ne consomment pas pour plus de vingt-cinq ou trente centimes de nourriture quotidienne. Mais, en général (et voilà leur tort) ils améliorent peu; ils ne pensent qu'à acheter ; c'est pour étendre la superficie de leurs domaines, qu'ils empruntent à des taux toujours onéreux, eu égard aux produits ; et, à mesure que de nouveaux coins de terre s'ajoutent aux anciens, c'est un surcroît de travaux, en même temps qu'une diminution de soins et d'engrais; de sorte qu'il serait presque rigoureusement vrai de dire que la gêne augmente avec la possession, que l'aisance du propriétaire diminue à mesure que son domaine s'accroît.

Voilà l'état des choses, surtout dans les départements de l'Est. L'ardeur de la propriété y fait acquérir à des prix fous. J'ai vu dans certains villages un tel acharnement, dans les ventes publiques, à hausser le prix d'une pièce de terre, qu'il aurait fallu que cette terre rapportât *le douze*, pour payer les intérêts de son capital. N'est-ce pas là de l'aveuglement? Pour se tirer de la détresse, le moyen le plus simple, et souvent nécessaire, serait de vendre une partie de son domaine, pour améliorer l'autre. Et au lieu de cela, on acquiert à des prix très-élevés, et on emprunte pour payer. Comment ne se ruinerait-on pas ? Le produit de la terre est toujours éventuel ; mais la rente de l'argent est inexorable. Le laboureur ne sait jamais ce que son champ lui rapportera : il sait toujours ce que son créancier exigera. Et l'argent est rare chez lui ; il ne vient que difficilement, que précairement. Comment compter sur des denrées à vendre, quand les denrées ne sont encore qu'en espérance, quand le prix auquel elles pourront se vendre est encore incertain ? Aussi, qu'arrive-t-il ? Les termes viennent, et le quartier à payer n'est pas là. Alors on demande grâce au créancier, qui, en général, l'accorde volontiers, parce que les fonds garantissent son capital, et que le placement sur la terre est encore le plus sûr ; mais les intérêts arriérés se capitalisent : par conséquent, l'intérêt augmente, et, loin de se résoudre, la difficulté ne fait que s'accroître.

Or, quel serait, dans cet état de choses, le résultat d'une banque agricole ? Le cultivateur, qui n'est souvent retenu d'acquérir que par la difficulté d'emprunter, trouvant sous sa main de l'argent toujours prêt, donnerait libre cours à son ambition. En vain dit-on que l'argent serait à un taux plus faible : cet avantage, utile pour quelques cas, utile surtout s'il s'agissait de l'amélioration des terres, deviendrait un piége, s'il s'agit de la manie d'acquérir. Le cultivateur, oubliant que celui-là n'est pas le plus riche qui cultive le plus, mais bien celui qui cultive le mieux, ne songerait qu'à s'agrandir ; il en résulterait une concurrence illimitée qui ferait hausser le prix des terres, déjà excessif dans certaines provinces. Par là, le prétendu taux de deux et demi pour cent deviendrait facilement le cinq ; puisque si une pièce de terre, au lieu de cinq cents francs m'en coûte mille, ces mille francs au deux et demi me font le même effet que cinq cents au cinq, et, en fin de compte, me sont beaucoup plus onéreux.

Je ne parle pas d'un autre grave inconvénient qui s'en-

10.

suivrait : à savoir la mobilité qu'en contracterait la propriété foncière. La terre ne s'améliore guère que par les possessions de longue date ; il faut un peu compter sur l'avenir pour donner à ses champs toute leur valeur, pour y faire des réparations coûteuses. Or, dans la supposition dont nous parlons, le sol, changeant de maître à chaque instant, serait de plus en plus négligé : personne ne se souciant de soigner, de fumer, d'améliorer un fonds pour son successeur.

Je conclus donc que le système des banques agricoles, bien loin d'être le remède à nos maux, ne ferait que les aggraver : il achèverait la ruine de l'agriculture, déjà si malade. Nous croyons que moins l'Etat s'occupera de nous, et mieux cela ira : tout ce que nous avons à demander aux gouvernements, c'est qu'ils protègent nos intérêts, allègent nos impôts, nous facilitent les débouchés. L'agriculture est un art qui puise en lui-même sa vie. Dès qu'une intervention étrangère s'y immisce, c'est une veine qui tarit. Proposez des améliorations, encouragez et provoquez le progrès; propagez, par voie de conseil, les meilleures méthodes ; faites éclore les théories, fort bien! mais après cela, abandonnez le laboureur à lui-même, et gardez-vous de le gêner, de lui imposer qui que ce soit, ou quoi que ce soit. Je le dis librement : j'ai vu, avec un pressentiment pénible, s'établir un ministère de l'agriculture : j'ai craint tout d'abord que l'Etat ne considérât bientôt nos champs comme sa chose, et l'agriculture comme une des mille branches de son administration : ce qui serait proprement le communisme.

En attendant, je repousse, de toute l'énergie de ma conviction et de ma vieille expérience, l'idée malheureuse de la *banque agricole.*

XLIV.

Séparation.

Il y a cinq ans que j'ai perdu ma bonne Thérèse. Après avoir passé près de quarante ans avec moi, elle a jugé à propos de partir la première. J'ai souvent songé que le plus grand bonheur des époux assortis serait de ne pas se survivre l'un à l'autre. Je voudrais que le nœud qui s'est formé pour les deux le même jour, se brisât aussi le même jour pour les deux. Dieu ne l'a pas voulu ainsi. Il a trouvé bon de m'enlever la compagne de ma vie, et de me laisser, vieux solitaire, achever ma carrière, avec un appui de moins, et un regret de plus. Que sa volonté soit faite !

Thérèse est morte comme elle a vécu : en femme chrétienne. Sa fin a été, littéralement, le soir d'un beau jour. Toute sa vie fut pleine de bonnes actions et de bons désirs. Un moment, j'eus la pensée de faire graver sur sa tombe ces simples paroles : *Ci-gît une femme qui a beaucoup aimé, beaucoup travaillé, beaucoup prié* : c'était tout le résumé de sa vie. Je l'ai déjà dit et le proteste de nouveau : elle ne m'a jamais causé un chagrin sérieux ; jamais nos cœurs n'ont été, un seul instant, désunis.

Elle eut pourtant des défauts : j'en eus moi-même de plus grands. Mais tous les deux, nous avons éprouvé un des effets les plus réels, quoique le moins remarqué, d'une union vraiment chrétienne : c'est que nous nous sommes naturellement corrigés. Mariée à un homme moins ferme que moi, Thérèse eût eu des faiblesses pour ses enfants :

on l'a vu par rapport au goût de la toilette; elle eût pu aussi se relâcher dans l'exercice de ses devoirs religieux, et offrir à ses filles un modèle moins digne. A mon tour, si j'eusse épousé une femme moins sensible, moins prévenante, mon caractère se fût aisément aigri. J'étais né avec une certaine propension à la raideur ; chez moi, la conviction avait quelque chose de dur et d'inflexible. Elle sut m'assouplir, à force de déférence et de bonté; l'admirable douceur de son caractère était comme l'huile qui coulait sur le mien, et en détendait les ressorts. Toute l'énergie de ma volonté pliait devant son silence ou ses larmes; cent fois, mille fois, sa conduite, toute de déférence et de docilité, me rendit, par contraste, honteux de la mienne. Ah! que l'exemple est plus puissant que les discours! Quelle éloquente leçon de vertu que la vertu même! Les contradictions de Thérèse m'eussent aigri, sa douceur me désarmait; quand j'étais las de moi, je reposais mes yeux sur elle. C'est ainsi que, tandis que ma fermeté donnait à son caractère la force qui lui manquait, sa douceur enlevait à mon naturel ce qu'il avait d'âpre et de heurté. Merveilleux fruit, je le répète, d'une union chrétienne, et qui entra, certainement, dans les vues de la Providence, quand elle institua le mariage !

Elle est morte ! Je ne tarderai pas à la suivre dans la tombe. Mais le passage sera doux, puisqu'il s'agit de la rejoindre. J'ai entendu bien des époux regretter, à la fin de leur carrière, de s'être engagés dans les liens du mariage. Ce nœud sacré, recherché avec tant de passion dans la jeunesse, devient souvent une lourde chaîne pour l'âge mûr, un sujet de repentir pour la vieillesse. Thérèse a su me le rendre toujours aimable, ou au moins supportable ; et je proteste, après quarante ans de mariage, et un pied dans la tombe, que si c'était à recommencer, je ferais ce que j'ai fait, et que je ne choisirais point d'autre femme que cette chère et douce créature. Au reste, j'ai constamment attribué le bonheur dont j'ai joui à ce que je n'avais fait que suivre les avis de mon père ; j'ai accepté la femme qu'il me désignait, et c'est pour cela que Dieu m'a béni. Enfants, que mon exemple vous soit utile ! La passion et le caprice sont de mauvais guides ; la voix des parents est presque toujours la voix de Dieu. Dans le cours de ma longue carrière, j'ai rarement vu heureux les mariages contractés contre les vues des parents.

Sois donc bénie, ma bonne Thérèse ! Femme obscure, tu n'auras cependant point passé inutile sur cette terre : épouse aimante, mère vigilante, chrétienne fidèle, ouvrière laborieuse et infatigable, tu resteras un modèle pour celles qui t'ont connue, un doux souvenir pour ceux qui t'ont aimée. Et qui sait jusqu'à quel point le juste est utile ici-bas ? De bons exemples, soutenus pendant longtemps, sont un grain qui germe pour l'avenir. Ta famille, au moins, se souviendra de toi ; et peut-être les enfants de tes enfants, jusqu'à la quatrième ou cinquième génération, suivront-ils encore tes traces !

XLV.

Communisme.

Le siècle actuel peut revendiquer, parmi ses traits principaux, le mépris de la vieillesse. Pour lui, les cheveux blancs, si loués dans l'Ecriture, si vénérés chez les peuples de l'antiquité, ont perdu leur prestige : ils ne sont guère que ridicules. La pente est vers l'avenir, vers un avenir indéfini, irréalisable, rempli de chimères ; par conséquent, on rejette le passé. Le vieillard, qui est la voix du passé, n'est plus pour la jeune génération que l'écho du tombeau. Quels égards a-t-on, aujourd'hui, pour de vieux parents ? Aucun, si l'on n'a plus rien à attendre d'eux. L'affection se mesure sur l'intérêt. A part l'appât des caresses ou l'espoir d'un héritage, rien ne rapproche l'enfant du vieillard.

Il m'est arrivé de rencontrer des savants ébahis d'admiration, et presque inclinés de respect, devant une pierre, une arme rouillée, un vieux manuscrit. Quel mérite avaient ces objets ? Un seul : ils étaient vieux. J'entendis, un jour, un mendiant dire à l'un de ces amateurs, qui l'avait rebuté : Et moi aussi, je suis vieux !

J'ai éprouvé, comme tous les autres, cette ingratitude du siècle. J'ai vu mon grand-père entouré du respect et de l'estime universelle : j'ai vu notre vieux curé servir comme d'oracle à tous ses paroissiens. Il y a de cela soixante-dix ans. Aujourd'hui je suis à leur âge ; et, à part l'affection de mes enfants, dont je n'ai qu'à me louer, je suis abandonné et raillé de tous.

C'est un vieux radoteur ! Quand on a jeté cette injure au front d'un homme, tout est dit : c'est là un anathème dont personne ne se relève. Oui, le vieillard est un radoteur ; car toute sagesse est folie pour une génération insensée.

C'était le titre dont m'honorait une troupe de jeunes hommes, le 1ᵉʳ fevrier 1848 : l'époque est gravée dans ma mémoire. Je discutais sur la révolution, et j'affirmais qu'elle n'était point finie. On accueillit ma prédiction d'un éclat de rire. Un des plus savants de l'assemblée, grand lecteur de journaux, s'efforçait de me réfuter en énumérant tout ce que la France avait de ressources, et la monarchie d'appuis. Je tenais bon : on finit, comme on avait commencé, par me jeter l'expression de vieux radoteur. Quatre semaines après, une nouvelle révolution, ou plutôt une nouvelle phase de la révolution éclatait : et ce qu'il y eut de plus remarquable, c'est que mon contradicteur en devint victime. Se fiant au calme apparent, il avait acheté un bien considérable ; le bien fut saisi six mois après, et vendu par expropriation ; l'acquéreur est ruiné.

On a demandé pourquoi et comment les révolutions se font si vite et si souvent en France. A cela j'ai toujours répondu qu'il n'y a jamais eu, en France, qu'une révolution, mais qu'elle ira jusqu'au bout. C'est un escalier à plusieurs marches que ce beau pays descend.

Eh ! comment les révolutions ne s'y feraient-elles pas ? Les gouvernements eux-mêmes en préparent les matériaux. Que n'ont-ils pas fait, depuis 1789, pour infiltrer partout l'esprit révolutionnaire ? Nos lois, nos administrations, nos corps délibérants, tout notre monde politique et officiel en était plein, et l'on s'étonne qu'il déborde ! Qu'est-ce, je vous prie, que cette centralisation exclusive qui renferme toute la France dans une seule cité ? Une pensée révolutionnaire. Qu'est-ce que ce démembrement des anciennes provinces, cette destruction de tout esprit local, ce soin qu'on a pris de hacher la France en petites fractions indépendantes les unes des autres, mais d'autant mieux rattachées au point central ? Une idée révolutionnaire. Qu'est-ce que cette immixtion de l'Etat dans tous les détails de la vie ; cette action incessante exercée par lui sur tous les rangs de la société ; cette part qu'il prend à l'administration de la famille, de la commune ; ce réseau de règlements, de prohibitions, qui enserre tout, qui enveloppe tout de haut en bas ? Une invasion révolutionnaire. Qu'est-ce que ce droit exclusif, que l'Etat s'est longtemps arrogé, de disposer de l'instruction et de l'éducation de la jeunesse ? Un legs révolutionnaire. Qu'est-ce que cet esprit d'antagonisme et de défiance contre l'autorité de la religion ; ces efforts incessants pour restreindre son influence, et la régenter au besoin ? Un procédé révolutionnaire. Qu'est-ce que cette liberté de la presse, c'est-à-dire ce droit accordé à chacun d'écrire tout ce qui lui passe par la tête, de discuter sur tout, de combattre tout, de nier tout sans contrôle : véritable confusion des langues, dans laquelle rien ne peut rester debout ; qu'est-ce que cela, dis-je ? Une institution révolutionnaire. Je ne finirais pas, si je voulais tout dire.

Mais il est un point sur lequel je voudrais arrêter un moment l'attention de mes lecteurs ; c'est la loi de l'expropriation forcée ; loi admise par chacun, loi vantée, loi de progrès, s'il en fut. Eh bien ! cette loi est profondément révolutionnaire. Chacun sait que ce fut la Révolution qui l'inventa : le mot *exproprier* (qui n'est pas français) fut prononcé, pour la première fois, par le conventionnel Thouret. Mais ce mot est resté dans notre langue, et cette loi dans nos codes. Y a-t-on bien réfléchi, pourtant? Au fait, qu'est-ce que l'expropriation ? Une négation, ou, si l'on aime mieux, une violation du droit de propriété.

En effet, un beau jour, l'Etat vient vous dire : Il me faut ton jardin, ton champ, ta maison. — Mais ils me viennent de mon père : j'y tiens. — Moi aussi j'y tiens : combien en veux-tu ? — Je vous remercie de votre argent ; je préfère ma propriété. — Mais il me la faut, ta propriété, et si tu ne veux pas la céder, je te la prends. — Merci du procédé ! Depuis quand est-il permis de voler ? — Je ne vole pas : car je te paie plus que cela ne vaut. — Et savez-vous combien cela vaut, au moins pour moi ? C'est le legs de mes aïeux; c'est ma joie, mon bien, ma vie ; je vous donnerai tout plutôt que cela : car cela ne s'estime pas.

Inutiles objections ! votre bien sera pris.

Conservateurs de tout rang et de tout étage, c'est à vous que je parle : quelle différence voyez-vous entre ce procédé et celui du socialisme ? La même qu'entre le vol d'un œuf et celui d'un bœuf : une différence de quantité. L'un prend une partie, l'autre prendra le tout.

Mais le bien public, dira-t-on ? — C'est aussi ce que crie le socialisme : Le bien public ! C'est au nom du bien public qu'il entend vous exproprier tous vos biens. Il l'a ainsi arrangé dans ses plans, et il est aussi bon juge que l'Etat.

— Mais l'Etat, au moins, nous indemnise ! — Autant en

fera le socialisme : il vous assure le vivre, le vêtement, le logement, etc...; content ou non, vous accepterez ce qu'il vous donnera, comme vous acceptez maintenant ce que l'Etat ou le département, ou la commune vous donne, en échange de votre propriété. La parité est parfaite.

— Quoi donc ! ajoutent les conservateurs amis de l'expropriation forcée ; et le progrès, n'en tenez-vous compte ? Sans l'expropriation, aurions-nous des chemins de fer, des canaux, des places publiques, de magnifiques édifices ? — Eh ! le socialisme aussi vous promet la jouissance de tous les biens, l'exemption de toutes les douleurs, un véritable Eldorado, un âge d'or, un paradis terrestre. A l'entendre, il vous prend de mauvaises propriétés, des champs stériles, des prés ingrats, des maisons caduques, pour vous ouvrir en retour sa corne d'abondance. De quoi vous plaindrez-vous ? Vous invoquez le progrès ? Eh ! c'est justement au nom du progrès qu'il proclame ses principes ; le dernier terme du progrès est, pour lui, dans le nivellement parfait des conditions, dans l'égalité absolue entre tous les hommes. Encore une fois, qu'avez-vous à lui reprocher ? Vous lui avez tracé la voie ; vous lui avez créé jusqu'à son langage.

Oui, conservateurs, c'est quelque chose de beau que les canaux et les chemins de fer ; mais je ne sais où tout cela vous mènera, ni si vous êtes beaucoup plus heureux maintenant que quand vous n'en aviez pas. En attendant, l'abîme se creuse sous vos pas, et cela avec les instruments que vous avez vous-mêmes forgés. J'admire vos merveilles ; je reconnais les progrès de vos industries ; mais il y avait quelque chose de plus beau que le progrès, de plus solide que l'industrie, de plus important que la vapeur : c'était LE DROIT DE PROPRIÉTÉ.

XLVI.

Catégories.

Les révolutions ont des effets singuliers : elles mettent en haut ce qui était en bas, et en bas ce qui était en haut. Si ce mot veut vraiment dire, comme l'affirment les latinistes, *action de retourner, renversement*, il faut avouer que rien ne justifie mieux son nom. J'ai vu, dans le cours de ma vie, tout ce qui était debout renversé : religion, royauté, aristocratie, sacerdoce, ordres religieux, intelligence, vertu, titres de noblesse, fortunes, administration, division des provinces, monnaies, usages locaux, poids, mesures, politique, littérature, mode de recrutement, code civil, code de commerce, code de procédure, ordre judiciaire, ponts et chaussées, eaux-et-forêts, administration communale et départementale, mœurs, modes d'habillements, prix et qualité de marchandises, etc..., tout, enfin, tout a été, de mon vivant, renversé, anéanti, modifié, renouvelé, *révolutionné* d'une manière ou de l'autre. Aux yeux d'un vieillard, la société est un amas de ruines.

Quand s'arrêtera cette manie de bouleverser? Je l'ignore. Où posera-t-elle sa limite? Je n'en sais rien. Tout ce que je sais, c'est que l'œuvre de renversement ou de révolution n'est pas encore finie, et que des coups plus forts se préparent, en vertu de la loi : *En fabriquant, on devient ouvrier*. La longue habitude des révolutions donne à ceux qui s'en mêlent un coup d'œil plus sûr, une audace plus grande, une main plus hardie; à mesure qu'ils avancent, ils voient mieux ce qui leur reste à démolir, comme un dernier pan de muraille se dessine mieux sur les décombres d'un édifice. Nul doute que ces *ouvriers de l'humanité*, comme ils s'intitulent, sans doute par une ironie amère, ne recueillent maintenant leurs forces que pour effacer d'un seul et dernier coup tout ce qui reste du vieux monde que nous avaient légué nos pères.

Je ne sais si Dieu y consentira. C'est possible : car sa justice a, ce me semble, bien des comptes à régler avec l'Europe, avec la France, en particulier. — L'homme, nous disait notre vieux curé, peut être épargné ici-bas, quoique pécheur, parce que Dieu le retrouvera dans l'éternité; mais les sociétés n'existent que dans ce monde, et comme tous les péchés doivent être punis d'une manière ou de l'autre, il faut bien qu'elles expient les leurs ici-bas.

Les révolutions sont toujours le crime d'un petit nombre, et la faute de tous. Il n'est personne qui n'en souffre; mais il n'est personne qui n'en soit parfaitement innocent. Les uns les veulent directement, les autres indirectement; la plupart les laissent faire : trois genres de culpabilité distincte, mais réelle. Et cette classification est, à l'heure où je parle, parfaitement visible. Ceux qui veulent directement la révolution, ce sont les démagogues proprement dits, les héritiers des doctrines de 93, tous ces hommes de désordre et de sang, que l'on trouve réunis sous le nom vague de *socialistes*. Ceux qui la veulent indirectement, ce sont les bourgeois, qui admettent en théorie et en pratique tous les principes qui font les révolutions, mais en répudient les conséquences, au moins en tant qu'elles touchent à leurs intérêts; ce sont ces hommes sans religion, sans foi politique, qui ont applaudi et applaudissent encore à toute mesure tendant à abaisser l'autorité, sous quelque forme qu'elle se présente; ces gens d'affaires et de plaisirs, qui croient que le monde peut subsister sans une loi morale, et traitent l'ordre religieux comme un hors-d'œuvre, ou comme un objet tout au plus digne de l'attention des masses imbéciles. Cette classe est nombreuse ; elle remplit les banques, les boutiques, les cafés, les salons, les usines, les chemins de fer, les académies, les administrations, les conseils municipaux ; on la trouve partout, également présomptueuse, également stupide, également aveugle, et surtout également incorrigible. J'ai vu se former cette race : mais je ne croyais pas que l'embryon en croîtrait si vite. C'est elle, sans contredit, qui a perdu la France ; c'est elle qui a couvé toutes les révolutions ; mais c'est elle qui en portera les plus graves conséquences. Elle a conservé, et même aggravé, les défauts de l'ancienne noblesse, sans avoir hérité de ses qualités ; elle me semble, enfin, porter au front tous les signes d'une classe réprouvée de Dieu, et, en particulier, l'aveuglement au bord de l'abîme.

La troisième catégorie, celle des gens qui laissent faire, est, sans comparaison, la plus nombreuse. C'est la vôtre, habitants des campagnes. Vous pourriez empêcher les révolutions ; vous vous contentez d'en être les témoins et les victimes. Ah ! jusques à quand garderez-vous ce rôle inerte et absurde ? Les révolutions, qui vous ont tant coûté d'enfants et d'écus, ne se lassent pas et ne se lasseront jamais de vous exploiter, de vous tondre jusqu'à la peau : elles comptent si bien sur votre patience ! Et, au fait, n'ont-elles pas raison ? Quel signe de vie avez-vous jamais donné ? Quand vous êtes-vous fait entendre ? Vous voilà vingt-six millions, paisiblement courbés vers la terre, sans avoir jamais osé lever les yeux sur ceux qui vous opprimaient ! Comment ne vous prendrait-on pas pour du bétail à exploiter, vous qui ne vous permettez pas même une plainte ? Quelques milliers, que dis-je ? quelques centaines d'ouvriers, ameutés par une dizaine de journalistes, culbutent des dynasties et changent la face de la France : et vous, qui êtes au nombre de vingt-six millions, vous n'oseriez exprimer une volonté, ni faire acte de vie politique ! Véritablement, vous n'avez aucun droit de vous plaindre ; car vous n'avez que ce que vous méritez.

Est-ce à dire que vous deviez faire des émeutes ? A Dieu ne plaise que je vous enseigne une pareille doctrine ! Les émeutes sont le fait de scélérats ennemis de Dieu et de la société ; elles sont l'ébullition des passions mauvaises, les convulsions de l'ordre social. Oh ! les émeutes ! que ce mot odieux, que cette idée exécrable, restent toujours aussi loin de vous qu'ils en ont été jusqu'à présent. Je sais bien, du reste, qu'il n'y a pas à craindre que ces forfaits de la démagogie entrent jamais dans vos mœurs. Mais, entre l'émeute et l'inertie, n'y a-t-il pas de milieu ? Ne peut-on s'abstenir d'être révolutionnaire, sans rester une victime ? Ne pourriez-vous éviter d'être loups, sans devenir moutons ? Puisque le nombre fait loi, et que vous êtes le plus grand nombre, il s'ensuit que vous pouvez partout dominer, et faire prévaloir les idées d'ordre, de religion, de bon sens, de justice, d'économie, qui font la base de vos convictions, et la règle de votre conduite. Il me semble que si une douzaine de malfaiteurs, sans autres armes que leur audace, s'avançaient pour mettre le feu à vos habitations, vous seriez des lâches de ne pas vous réunir pour les repousser. Eh bien ! il est arrivé que quelques douzaines d'agitateurs se sont donné le ton de changer vos lois, de culbuter vos gouvernements, de régler vos impôts : n'étiez-vous pas aussi lâches de les laisser faire ?

Oui, oui, je le répète, parce que cela est aussi vrai que possible : Votre sort et le sort de la France sont entre vos mains. Et, pour sauver l'ordre social menacé, la religion ébranlée, tous les intérêts compromis, que vous faut-il ? Deux choses : savoir et vouloir.

1° Savoir : hélas ! vous ne savez pas ; vous ne comprenez pas le péril où nous sommes. Eh ! comment le comprendriez-vous ? Le cœur simple et droit ne peut supposer le mal, au moins à ce degré de perversité où il est parvenu aujourd'hui. Quand on essaie de vous raconter les projets sinistres des hommes qui aspirent à dominer la France, vous branlez la tête, et vous vous imaginez qu'on vous prend pour des niais. Combien j'ai vu de laboureurs hausser les épaules de pitié, quand on parlait du projet des communistes d'abolir la propriété ! C'était un fait connu du monde entier, et vous seuls l'ignoriez. Vous seuls ne savez pas, ou affectez de ne pas savoir, qu'il y a, sur la terre, des gens assez insensés (et ils se comptent, en Europe, par *millions*) pour rêver un ordre de choses où la propriété sera abolie; où l'Etat, devenu seul possesseur de tout le sol, distribuera à chacun son travail et sa nourriture; où la famille n'existera plus, c'est-à-dire où le nœud du mariage pourra se briser à volonté, et où l'enfant appartiendra à l'Etat, au lieu d'appartenir à ses parents; un ordre de choses où la religion sera complétement effacée du milieu des hommes : par conséquent, où il n'y aura plus ni fêtes, ni sacrements, ni églises, ni messes, ni prêtres, etc...; où nous serons, enfin, réduits à la pure condition des animaux. Non, vous ne croyez pas cela; ou si vous croyez qu'il y ait des cerveaux assez fous pour enfanter de telles idées, au moins vous ne pouvez vous persuader qu'ils essaient jamais de réduire ces énormes sottises en pratique. Et pourtant nous touchons, peut-être, à cette époque : d'un jour à l'autre, un attentat, un coup de main, comme ceux qui ont abattu vos rois, peuvent amener au pouvoir les êtres monstrueux qui rêvent ces choses ridicules ! Et ces choses ridicules peuvent passer en lois ! Et avant que vous ayez eu le temps, ou la pensée, ou la volonté de vous y opposer, une domination terrible, comme celle de la Convention de 93, peut se lever sur vos têtes; et le terrorisme hideux, avec son cortége de proscriptions et d'échafauds, peut, comme il y a soixante ans, glacer toute volonté dans vos âmes, et la dernière goutte de sang dans vos veines.

Voilà ce qui est possible et que vous ne croyez pas. La plupart d'entre vous, en lisant ces lignes, les prendront, j'en suis sûr, pour les rêveries d'un cerveau malade. Alors, comment guéririez-vous des maux que vous ne connaissez pas, auxquels même vous n'ajoutez pas foi ? La première condition pour prévenir un désastre, c'est de le prévoir. Quand vous aurez bien ri des prédictions des sages, bien secoué la tête sur les malheurs qui vous menacent, les aurez-vous détournés? Je me souviens qu'on riait aussi des prédictions de mon vieux curé, quand il annonçait qu'un moment viendrait où le sang coulerait par torrents, où l'on ne ferait pas plus de cas de la vie d'un homme que de celle d'un bœuf. Et, pourtant, cela arriva comme il l'avait prédit, et plusieurs de ceux qui riaient de ses prophéties les vérifièrent par eux-mêmes, en prison ou sur l'échafaud. Les hommes ne s'instruiront-ils donc jamais aux dépens les uns des autres? L'expérience du passé sera-t-elle toujours perdue?

2° Il faudrait vouloir. C'est l'inertie des honnêtes gens qui perd tout. Pourtant, celui qui laisse faire le mal n'est, ce me semble, guère moins coupable que celui qui le fait. A Dieu ne plaise que je veuille jeter d'inutiles alarmes parmi vous. Nul ne désire plus sincèrement que moi voir s'éloigner à jamais des jours comme ceux de 93, comme ceux, bien pires encore, dont on nous menace. Mais enfin, si la Providence permettait que la patrie fût de nouveau mise à de si rudes épreuves, je dis que vous devriez vous lever comme un seul homme, pour étouffer dès le début une aussi hideuse révolution. Profitez de l'expérience que vous avez faite, il y a peu d'années encore, alors que le spectre sanglant se levait déjà sur la France, et désignait du doigt ses victimes. Si vous avez été excusables de subir, à peu près sans résistance, le régime de la Terreur, vous ne le seriez plus de l'accepter une seconde fois. Agissez, agissez, comptez-vous, montrez-vous; faites voir que vous n'êtes plus disposés à vous laisser traiter par le *maximum*, par les 45 centimes; à vous laisser mener comme un vil troupeau, que chaque révolution se fait un devoir de décimer et de tondre. Si cet esprit ne vous eût pas fait faute, la classe agricole n'aurait pas traversé de si mauvais jours, et la patrie ne compterait pas tant de pages honteuses dans ses annales.

Et pourtant j'ai bien peur qu'il n'en soit encore, le cas échéant, comme il en a toujours été. L'expérience corrige rarement l'homme, plus rarement encore les nations. Les mêmes séducteurs vous tendront encore les mêmes piéges, et vous y donnerez avec la même imprévoyance. Je me souviens de vous avoir vu, après la révolution de Février, alors que le suffrage universel vous mettait le pouvoir en mains, négliger cette arme puissante, ou même la faire servir contre vous. Vous vous perdiez, par le moyen même qui aurait dû vous sauver; vous vous empressiez de voter pour vos plus cruels ennemis, pour ceux qui ne rêvaient rien moins que l'abolition de la propriété, de la religion et de la famille. Etait-il possible d'être plus aveugle et mieux trompé que vous ne l'étiez alors?

Il est bien vrai que ces ennemis du laboureur s'étaient déguisés sous une grande apparence de sympathie et de tendresse. Les loups s'étaient faits moutons : ils avaient l'air de plaindre le *pauvre paysan;* ils s'apitoyaient sur ses rudes labeurs, sur les charges qui lui pèsent, sur les impôts qui l'écrasent. Ils accusaient les gouvernements d'avoir sans cesse oublié, dans leurs largesses et dans leurs sollicitudes, la partie la plus intéressante du peuple : ils comparaient le laboureur à l'abeille diligente qui compose le miel, et le rentier au frelon paresseux qui le mange. Ils faisaient surtout apparaître à vos yeux, ô bons habitants des campagnes! les fantômes du passé : vous menaçant du retour de la corvée, de la dîme et de la mainmorte, si vous donniez vos voix aux hommes honorables, que de vrais amis avaient désignés à vos suffrages. En d'autres termes, ils vous criaient : Nommez-nous, ou vous êtes perdus.

Et beaucoup, hélas! il faut le dire, se laissaient prendre à ce piége grossier. Mais aujourd'hui l'expérience est faite : il n'y a que les aveugles et les sourds qui ne sachent pas où voulaient nous conduire ces soi-disant amis du pauvre peuple. Vingt programmes révolutionnaires ont démontré aux moins clairvoyants, qu'on tend, par une voie ou par une autre, à ce hideux communisme dont je vous parlais plus haut, et qui est considéré par tout le parti comme le faîte du progrès, et le point culminant de l'ordre social.

Vous vous trompiez en donnant votre confiance à de tels hommes. Ils mentaient donc en vous disant qu'ils étaient dévoués à vos intérêts, et n'aspiraient qu'à exprimer vos volontés : car, certes ! vos volontés ne sont pas que la religion soit abolie, la famille supprimée, la propriété anéantie. Vous seriez certainement au désespoir que l'on vînt transformer en écurie ou en magasin à fourrage le temple où vous avez reçu la vie et l'éducation spirituelle; que l'on vous ravît le champ que vous avez hérité de vos pères, et fécondé de vos sueurs; que l'on vous enlevât les enfants qui jouent autour de votre foyer, et sur lesquels vous avez placé vos affections et fondé votre avenir. Et voilà cependant ce que poursuivent ces hommes qui mendiaient vos suffrages, pour en abuser ensuite si étrangement !

Une autre fois, vous y tromperez-vous encore? Je suis porté à le croire. Moi qui suis des vôtres, qui suis né, qui ai vécu et qui mourrai dans la chaumière du laboureur, je me crois en droit de vous dire bien des choses qui vous choqueraient, sans doute, de la part d'un autre. Eh bien ! votre bonne foi me semble presque incurable : votre ignorance des choses politiques, et votre incrédulité à l'égard des dangers qui nous menacent, sont telles que je ne sais comment vous ne donneriez pas dans les panneaux que le socialisme tendra sous vos pas. Depuis, surtout, que la détresse se fait sentir parmi vous, elle a si bien assombri vos idées et aigri vos cœurs, que vous accueillerez le premier moyen d'en sortir qui paraîtra s'offrir à vous, de quelque côté qu'il se présente.

Ensuite, il faut bien vous le dire, vous avez perdu toute confiance dans les hommes qui devaient naturellement vous servir de guides. Le prêtre, par exemple, toujours plus instruit que vous, votre ami le plus fidèle et votre conseiller le plus désintéressé, eh bien! vous ne le consultez plus guère. Vous vous défiez de lui. Vos rusés ennemis sont venus à bout de semer, entre lui et vous, la zizanie ; ils vous ont rempli la tête de préjugés et de calomnies à son égard ; ils ont détruit en vous ce respect pour *l'homme d'en haut,* qui fut si longtemps l'ami et le conseiller de vos pères. Ils vous ont même soufflé, sinon de la haine, au moins de l'indifférence pour la religion, en vous la faisant envisager, ou comme un joug lourd et écrasant qui dégrade la raison et tue la liberté, ou comme une vieillerie bonne, tout au plus, pour bercer les enfants et occuper les vieilles femmes. Et beaucoup d'entre vous ont déjà adopté cette manière de voir, et le témoignent assez en s'éloignant peu à peu du sentier que suivaient leurs pères.

Comment, alors, iriez-vous droit? Comment répareriez-vous, le cas échéant, les maux de la société? Si un certain nombre d'entre vous sont déjà gâtés, et si les autres, restés honnêtes et religieux, manquent d'initiative et d'énergie, d'où viendrait le salut de la France? Ah! ne l'oubliez donc pas : ce n'est ni sur l'industrie, ni sur le commerce, ni sur les arts, ni sur les écus, ni sur le sabre que Dieu a fondé la société ; mais bien sur les principes religieux, sur la foi au monde surnaturel et sur les œuvres qui en découlent. Le pouvoir le plus fort, les lois les plus sages ne peuvent rien pour sauver de la ruine un peuple que l'irréligion et l'impiété ont envahi. Quand l'édifice est pourri par la base, les meilleurs étais ne sauraient le soutenir. Habitants des campagnes, vous êtes le fond et la pierre angulaire de la société. Du jour donc où vous aurez abandonné la religion de Jésus-Christ, cette religion qui fit la gloire et le bonheur de vos pères : de ce jour, c'en sera fait de l'ordre, de l'honneur, de la vertu, de la propriété, de la famille, de tout ce qu'il y a de saint et de grand sur la terre : le chaos commencera pour ne plus finir.

XLVII.

Conclusion.

J'ai fini. Arrivé à l'âge de quatre-vingt-un ans, placé en face de la mort, dégagé de toutes les préoccupations de la terre, je suis à même, je crois, de juger sainement la vie. Doué d'un esprit réfléchi, j'ai examiné attentivement l'homme sous toutes ses faces ; j'ai pesé, au poids de l'expérience, tout ce qui occupe une place dans sa pensée et dans son affection. Et ma conclusion finale est celle que proclamait un sage, il y a trois mille ans : *Vanité des vanités, tout n'est que vanité et affliction d'esprit* (1).

Tout, excepté aimer Dieu et pratiquer sa loi. Car c'est là tout ce qui reste à l'homme. Les autres prétendus biens s'en vont, et nous laissent les mains vides. J'ai travaillé et amassé un peu de fortune : qu'est-ce que j'en emporterai ? J'ai joui ici-bas de quelque considération : à quoi cela me sert-il ? J'ai goûté des consolations au sein de ma famille : me suivront-elles au tombeau ? Non. Il ne me reste rien que cette pensée : J'ai servi le Seigneur dans la simplicité de mon cœur, et j'attends la récompense qu'il a promise à ses serviteurs.

J'ai vu passer sur la terre bien des hommes : les uns riches et les autres pauvres, les uns fameux et les autres obscurs. Je me rends au même lieu où ils sont tous arrivés

(1) Eccle., 1, 2.

avant moi : je suis le chemin qu'ils ont suivi, et que tous nos descendants suivront après nous. Combien en retrouverai-je dans le ciel ? Combien auront obtenu la couronne? Je tremble en me posant cette question.

Un regret amer m'accompagnera au tombeau : c'est le souvenir des maux qui ont accablé mon infortuné pays ; c'est la pensée de ceux qui, peut-être, le menacent encore. J'ai aimé, j'ai idolâtré la France : après le titre de chrétien, je n'ai jamais rien vu de plus beau que celui de Français. Hélas ! pourquoi ai-je été témoin des égarements de cette chère patrie ? Pourquoi ai-je vécu dans les jours où elle fit divorce avec le Dieu de sa jeunesse ? Pourquoi mes yeux ont-ils été témoins des abominations qui l'ont souillée ? Pourquoi ai-je entendu, avant de mourir, le cri sinistre des oiseaux de proie qui semblent s'apprêter à fondre sur elle ? Pourquoi de tristes prévisions pèsent-elles sur mon esprit, comme les nuages qui assombrissent le soir d'un jour d'été ? Je n'en sais rien : Dieu l'a voulu : je me tais et j'adore.

De toutes les classes de citoyens, aucune n'a possédé mes affections comme celle à laquelle j'ai eu l'honneur d'appartenir : la classe des laboureurs. Depuis que j'observe, j'ai été à même de me convaincre de ceci : c'est que, excepté le corps du clergé, qui s'est montré, depuis la Révolution surtout, aussi pur, aussi grand, aussi digne que possible, il n'est pas de portion de la société plus estimable que les habitants de nos campagnes. Je crois pouvoir le dire hardiment : le prêtre et le laboureur sont le dernier espoir de la patrie. Nos maux sont bien grands ; mais, le fussent-ils cent fois plus, j'affirme, sans hésiter, qu'ils peuvent être encore guéris par ces deux classes d'hommes : le prêtre et le laboureur.

Toute la solution du problème sera à jamais dans l'union de ces deux éléments. Le clergé seul, dans ces siècles de destruction et de doute, a conservé une voie, une doctrine, un but, un drapeau, parce que seul il a gardé une foi. Le laboureur seul, dans ce siècle de débauche et de sensualisme, a gardé sa vie sobre et austère, le goût du travail, la paix du foyer, la fidélité dans le mariage, et les vertus domestiques et sociales qui font l'homme honorable et le citoyen dévoué. Unissez ces deux corps si bien faits pour s'entendre ; donnez à chaque commune pour guide le prêtre qui l'administre : qu'aux jours décisifs, si jamais ils reparaissent, nos six millions de laboureurs consultent nos quarante mille prêtres, et suivent leurs avis : et la France sera certainement sauvée ; l'ordre social n'aura rien à craindre des efforts de tous les méchants conjurés.

Hélas ! je le sais, ce vœu est une chimère. L'impiété, comme un mal gangréneux, s'étend insensiblement des parties gâtées aux parties saines, c'est-à-dire des villes aux campagnes, du bourgeois au laboureur. L'heure n'est pas éloignée, peut-être, où le Dieu de nos pères ne comptera guère plus de serviteurs dans la chaumière que dans les salons. Oh ! puisse ce triste pressentiment, qui me tourmente, ne se réaliser jamais !

Habitants des campagnes, écoutez ce dernier mot d'un ami, d'un frère : Unis et religieux, vous pouvez sauver la France ; désunis et incrédules, vous vous perdez, et vous perdez tout avec vous. La religion, la patrie, l'ordre social, mettent leur plus ferme espérance en vous. Du jour où vous aurez prêté l'oreille aux perfides séductions des ennemis du catholicisme, ce jour-là, notre France descendra au tombeau.

Encore une fois, puisse ce jour maudit n'arriver jamais !!!

FIN.

LETTRES
D'UN VIEUX PAYSAN

AUX LABOUREURS SES FRÈRES.

AVANT-PROPOS

DE LA PREMIÈRE ÉDITION.

Nous continuons à extraire des papiers du *Vieux Paysan* ce qui nous semble propre à intéresser les habitants des campagnes. Aucun homme n'a aimé son état comme Matthieu Charrue; aucun n'a plus vivement désiré voir ceux qui le professent l'honorer par les vertus et les qualités qui en furent si longtemps l'ornement et la gloire. Témoin du dépérissement de la foi et de la décadence des mœurs au sein des campagnes, le bon vieillard s'en affligeait toujours plus; il aurait voulu retenir la génération sur la pente. Se sentant incapable d'élever une voix qui eût quelque retentissement, il s'en consolait en confiant ses pensées au papier. C'est une partie de ces notes que nous publions aujourd'hui. L'auteur leur avait lui-même donné la forme de lettres.

Habitants des campagnes, accueillez donc ce legs d'un des vôtres. Vous y trouverez plus d'une bonne vérité, plus d'un avis utile. Et ne vous étonnez point des sombres pressentiments qui y percent sur l'avenir de la France ; Matthieu Charrue avait toujours regardé la classe agricole comme la partie la plus saine de la société, comme le dernier rempart de la religion et de l'ordre. Voyant tous les jours de funestes doctrines se répandre dans son sein, et la vieille foi, la vieille simplicité de nos pères, déserter peu à peu le foyer du laboureur, il s'en attristait, et ne pouvait se défendre d'en tirer d'affligeantes conclusions. Et c'était cela, beaucoup plus que la situation politique, qui lui inspirait tant de craintes pour l'avenir.

Habitants des campagnes, nous joignons notre voix à celle du vénérable auteur, pour vous répéter cette importante vérité :

LA CLASSE AGRICOLE PEUT PERDRE OU SAUVER LA FRANCE.

A. DEVOILLE.

LETTRES
D'UN VIEUX PAYSAN

AUX LABOUREURS SES FRÈRES.

LETTRE Ire.

Pourquoi j'aurais aimé à savoir écrire.

Entre tous les torts du siècle où nous vivons, il n'en est pas de plus sensible, peut-être, que son oubli des habitants de la campagne. On a pensé à tout et à tous, excepté à l'homme qui féconde la terre et pourvoit au premier besoin de l'humanité : la nourriture. Chaque état, chaque classe de la société a eu ses faveurs, ses attentions, ses priviléges : le laboureur seul est resté à l'écart, ou à peu près. Nous voyons, par exemple, que tout converge vers la bourgeoisie, vers le commerce et l'industrie. C'est pour ceux-ci qu'on a des égards ; c'est pour celle-là qu'on invente et qu'on perfectionne.

On a surtout beaucoup écrit depuis quarante ou cinquante ans : voudrait-on nous dire quelle part le laboureur a eue dans ce déluge d'écrits? quel académicien, quel poëte, quel journaliste, quel romancier même a songé à lui ?

Et ce que je dis ici, je ne le dis pas pour me plaindre: j'en suis bien aise, au contraire. J'estime que c'est un grand bonheur pour la classe agricole d'avoir été oubliée dans ce dévergondage de la presse. J'ajoute même qu'il est heureux pour elle de n'avoir obtenu aucune faveur des gouvernements qui se sont succédé. Humble et modeste dans sa sphère, l'homme des champs ne demande rien, ne sollicite rien : il lui suffit que, quand les hommes l'oublient, la Providence se souvienne de lui.

J'ai souvent réfléchi par devers moi sur les diverses conditions qui partagent la société humaine. Mon âge, mes observations, ma longue expérience, m'ont mis à même de les étudier et de les comparer. Quand j'étais jeune, le brillant de certaines positions éblouissait mes regards. Avec ce petit fonds de convoitise, qui est dans tout cœur d'homme, avec cet élan fougueux, et souvent aveugle, de l'adolescence, par lequel tout se colore, tout s'embellit, je me suis surpris quelquefois à désirer un sort différent de celui où la Providence m'avait placé. Le métier de laboureur me semblait méprisable ; le soc de la charrue, cette odeur de fumier, cet horizon borné, ce cercle perpétuel de travaux sans éclat et sans variété, surtout cette espèce de dédain et d'oubli dans lequel les autres classes semblaient tenir le laboureur : tout cela me déplaisait bien, et m'humiliait même un peu : il me semblait que j'aurais pu, et peut-être dû, faire effort pour sortir de ma pauvre condition, et prendre, comme tant d'autres, le chemin qui mène à la gloire ou à la fortune. Depuis, j'ai bien changé d'avis : je dois même dire que l'illusion a peu duré.

J'ai compté sur mes doigts tous ceux qui, nés à mes côtés, avaient embrassé, ou par nécessité, ou par choix, un état différent de celui où ils étaient, comme moi, destinés à vivre. Je les ai de loin suivis du regard, comme on suit du bord de la mer des navires qui partent ou reviennent. Il en est à qui la gloire est échue ; d'autres ont trouvé la fortune ; le plus grand nombre n'ont rencontré sur leur route que des épines ; aucun n'a été plus heureux, et beaucoup ont été plus malheureux que moi.

Un soir d'hiver, nous nous trouvions près de mon poêle, une douzaine d'anciens amis, compagnons d'enfance ou de jeunesse. C'était un hasard qui nous réunissait. Je donnerai une idée de la variété de nos souvenirs, quand je dirai que l'un avait été colonel, l'autre proviseur du collége, celui-ci marin, celui-là imprimeur, etc..... On se mit à raconter sa vie, ses aventures ; on parla du bien et du mal que l'on avait éprouvé, pendant quarante ou cinquante ans d'une époque qui ne ressemble à aucune autre. Eh bien ! je le dirai avec franchise : chacun convint que le plus heureux ç'avait été moi : moi, le pauvre laboureur, qui n'avais pas quitté ma chaumière ni ma charrue. De tous les sillons, le moins pénible était encore celui que j'avais tracé. Il n'est pas besoin de dire que je fus le premier à en convenir.

Il m'est arrivé, et à vous aussi, chers laboureurs, d'entendre dire quelquefois : « Ah ! si j'avais à recommencer ma vie, que je ferais bien autrement ! que je me garderais de reprendre mon état ! » Ce regret, je ne l'éprouve point. Je proteste ici, devant Dieu, que si j'avais une nouvelle carrière à remplir, je ne la remplirais point différemment. Je serais ce que j'ai été : un humble et laborieux agriculteur. Ni mon expérience, ni celle des autres, ne m'ont donné la tentation de penser ou de vouloir autrement.

Je disais tout à l'heure qu'on nous a bien oubliés, et, encore une fois, je m'en félicite. Un écrivain, je ne sais plus lequel, a dit : Heureux les peuples qui n'ont pas d'histoire ! Et moi, à mon tour, je dis : Heureuse la classe d'hommes à laquelle on n'a pas pensé ! heureux l'habitant des campagnes, pour qui personne n'invente, ne perfectionne, ne rêve, ni n'écrit ! Si, en effet, le défaut d'histoire chez un peuple prouve qu'il a été au moins paisible, l'inattention pour la classe agricole prouve que la séduction a peu de prise sur elle, et que ses besoins sont bornés.

Cependant, cela ne m'empêche pas de convenir que j'ai plus d'une fois regretté certaines lacunes, pour ce qui regarde la profession à laquelle j'ai le bonheur d'appartenir. Depuis que les révolutions ont remué le monde, changé la face des choses, créé de nouveaux rapports et brisé les anciens ; depuis qu'un mouvement puissant, irrésistible, a entraîné toutes les parties de la société à prendre une part plus ou moins active aux affaires politiques, on ne peut que désirer pour l'habitant des campagnes quelques bons livres, quelques guides sûrs, pour le conduire à travers le labyrinthe où on cherche à l'égarer. Au fond, la classe agricole, bien que la meilleure et la plus saine, a pourtant ses tendances mauvaises et ses défauts. Elle n'est pas irréprochable : et, l'eût-elle été dans un temps de repos, elle serait exposée à ne plus l'être dans des jours de trouble.

Le bon Dieu m'est témoin que j'ai vécu sans ambition d'aucune sorte. Soit effet de mon naturel, soit résultat de mon éducation, soit surtout action de la grâce, j'ai accepté le lot qui m'était fait, et vu sans jalousie, en possession des autres, les dons qui relèvent l'homme aux yeux de ses semblables. Pourtant, sur mes vieux jours, j'ai éprouvé un regret, ou plutôt un violent désir : j'aurais voulu être écrivain : non pas un de ces écrivains sublimes, comme Châteaubriand, dont on a tant parlé depuis cinquante ans; non pas un de ces poëtes fameux dont j'ai tant de fois entendu répéter le nom ou vanter les vers ; mais un écrivain sincère, véridique, clair, modeste, qui sait dire les choses comme elles sont, sans passion et sans aigreur. Alors j'aurais pris ma plume, et, après m'être recueilli devant Dieu, et avoir dit un petit mot de prière de plus, afin d'obtenir lumière de *Celui qui de toute lumière descend*, j'aurais parlé à mes chers et braves amis, les laboureurs ; je leur aurais exprimé mes idées sur bien des choses qui les concernent ; je les aurais tout doucement avertis de leurs défauts ; et je les aurais instruits de leurs devoirs, ou au moins je leur en aurais rafraîchi la mémoire : car ils ne les ont jamais oubliés. Surtout, j'aurais pris soin de les éclairer sur la position nouvelle que les révolutions leur ont faite ; je les aurais prévenus des piéges qui sont tendus sous leurs pas ; et, leur rappelant avec force les vérités qui ne changent pas, tandis que tout change autour d'elles, je les aurais peut-être garantis des catastrophes qui les menacent.

Oh ! oui, je voudrais être écrivain, et pour cela seulement. Je n'ambitionne d'autre gloire que celle d'être utile. Il m'aurait été fort indifférent que l'homme du grand monde rejetât avec dédain mes modestes écrits ; que le bourgeois avide de romans plus ou moins immondes, ne se donnât pas même la peine de lire une ligne de mes livres. L'accueil qu'ils auraient reçu sous le chaume du paysan m'aurait bien dédommagé de tout cela. J'aurais été trop fier et trop heureux de songer qu'on me lisait en famille, dans ces douces soirées d'hiver où le laboureur et ses enfants se reposent des travaux de l'année par des occupations moins pénibles ; que le jeune homme, que la jeune fille, revenaient à mes livres, le dimanche après les vêpres, pour mieux se pénétrer des bons avis que j'y aurais consignés, et que tous, charmés d'avoir pour maître un de leurs frères, mettaient à profit mes leçons.

Voilà, je le répète, quelle eût été mon ambition. Et l'état actuel des choses est bien plus propre encore à exciter mes regrets. Nous descendons une pente rapide, et dont nul n'aperçoit bien l'aboutissant. Le désordre est dans les idées, avant de passer dans les faits. Vous l'attesterez comme moi, vieillards : il se fait un singulier changement dans le monde ; les laboureurs eux-mêmes ne sont pas sans donner un peu dans ces opinions qui courent par les airs. On ne pense plus, on ne parle plus, on n'agit plus tout à fait, à la campagne, comme dans le temps d'autrefois. Il est visible qu'un esprit nouveau cherche à s'introduire dans la classe agricole, et la travaille déjà. J'ai peur que ce ne soit pas à son avantage. Tout ce renversement d'idées ne me dit rien de bon. Il n'y a tels que le vieux pilote et le vieux berger pour prédire les orages. Quelquefois la jeunesse s'applaudit à l'aspect des belles moissons qui se préparent pour le lendemain ; et le vieillard fronce le sourcil, parce qu'il prévoit la tempête de la nuit.

Pourquoi donc faut-il que la nature m'ait refusé l'art d'écrire ? Pourquoi n'ai-je pas une plume élégante et solide, qui sache en même temps charmer et instruire ? Pourquoi ne s'élève-t-il pas, au sein de nos campagnes, une voix respectée et puissante, capable de commander l'attention ? Où sont les prophètes, où sont les maîtres en Israël, qui nous rappelleront les vérités que nous sommes trop tentés d'oublier, et sauront donner à leurs accents cette autorité irrésistible, qui fait plier les esprits les plus rebelles ? Peut-être les attendrons-nous longtemps, peut-être viendront-ils bientôt. Dieu seul sait cela. En attendant, puisque chacun doit, dans sa mesure, mettre au service de son prochain le peu qu'il sait, le peu qu'il a, je m'empresse de donner à mes frères les laboureurs les conseils que ma vieille expérience a pu me suggérer. J'ose espérer qu'ils les accueilleront favorablement. Je connais le terrain où je désire semer : tout bon grain y profite. Il n'y a point de classe à qui il fasse si bon s'adresser qu'à celle des campagnes ; on est toujours sûr d'être compris quand on parle clairement, et écouté quand on parle raisonnablement.

J'ai adopté la forme de lettres, parce que cette forme est plus facile, parce qu'on peut y descendre jusqu'à la familiarité, et que c'est ainsi qu'on s'écrit entre amis.

LETTRE IIe.

Par qui la France peut être sauvée.

On a entendu quelques prophètes sinistres annoncer la fin du monde comme très-prochaine. Ils donnaient de cela diverses raisons, dont je ne conteste pas la valeur. — Voyez, disaient-ils, comme tout dépérit. N'est-ce pas partout que l'esprit est remplacé par la chair? L'homme n'a-t-il pas entièrement corrompu sa voie? Voit-on autre chose dans le monde que dépravation de l'intelligence et passions du cœur? L'égoïsme, l'ambition, la soif du plaisir, l'immoralité, pourraient-ils monter plus haut? La foi religieuse n'est-elle pas éteinte, ou bien près de s'éteindre? Qui songe au salut de son âme? Qui place l'éternité au-dessus du temps? Dieu, enfin, n'est-il pas banni de la société comme de l'individu?

Il y a du vrai là-dedans, et beaucoup trop, hélas! Et, certes! nul n'en peut mieux juger que moi, qui, pendant mes quatre-vingts ans, ai vu la société glisser ainsi sur la pente, et toutes les choses saintes perdre leur place dans l'estime des hommes. Oui, il y a un grand mal parmi nous, un mal profond, dont Dieu seul peut mesurer l'étendue, la nature et le terme. Les bases du monde semblent déplacées; car ce qui était jadis fondé sur la foi l'est maintenant sur les sens, et l'ardeur que l'homme déploya jamais pour sauver son âme n'égale pas celle qu'il met aujourd'hui à soigner son corps. J'en conviens : l'ordre surnaturel a fait place, à peu près partout, à l'ordre naturel,

Chacun se fait un nid ici-bas ; on travaille pour cette terre comme si on n'en devait plus sortir. On peut appliquer à la plupart des hommes ce que disait un philosophe des habitants d'une certaine ville de l'antiquité : qu'ils bâtissaient comme devant toujours vivre, et mangeaient comme devant bientôt mourir. Peut-être, et j'y ai songé bien des fois, le temps n'est-il pas loin où se réalisera cette parole de Jésus-Christ dans l'Evangile : *Croyez-vous que le Fils de l'homme, revenant sur la terre, y trouve encore de la foi* (1) ?

Je conviens de cela, et pourtant je ne désespère pas. Ce n'est point à moi de sonder les desseins de la justice ou de la miséricorde de Dieu ; mais à toutes ces sombres prévisions, à tous ces pronostics alarmants, j'ai une réponse à faire : La classe agricole sauvera la France. Et ce mot, qui part du fond de mon cœur, qui fait la base de ma conviction et le point d'appui de mes espérances, je voudrais l'écrire en grosses lettres, sur tous les coins de murs, sur toutes les places publiques, sur la porte de toutes les mairies et de toutes les églises :

LA CLASSE AGRICOLE SAUVERA LA FRANCE.

Et mes motifs pour le croire sont raisonnables et fondés. On ne vit pas quatre-vingts ans au sein d'une classe d'hommes sans l'étudier et sans la connaître, si peu qu'on ait reçu en partage le don d'entendement et de réflexion. Je sais mon laboureur par cœur. J'ai vu de près ses qualités, qui sont nombreuses et solides ; j'ai vu ses défauts, qui sont en petit nombre et faciles à corriger. La classe agricole est la plus saine de la France. La lèpre qui ronge le corps de la société ne l'a pas encore atteinte. Le bon sens, qui semble disparaître ailleurs, s'est maintenu chez elle. Cette corruption qui est l'effet d'une civilisation trop avancée, comme la pourriture est dans le fruit le résultat d'une maturité trop grande, cette corruption, dis-je, cette

(1) Luc, XVIII, 3.

dégénérescence, n'a pas encore attaqué, du moins bien à fond, cette mâle, cette virile population des campagnes, qui seule offre encore des hommes, parce que seule elle garde des chrétiens. L'espoir de la société, l'avenir du monde est donc là.

Je ne dis point ceci pour nous flatter. La flatterie n'est bonne à rien qu'à tromper et à perdre. On a toujours reproché aux rois de s'entourer de courtisans qui prenaient à tâche de leur jeter de l'encens à la figure, de leur cacher le véritable état des choses, et de leur faire ainsi commettre beaucoup de sottises. Mais les peuples aussi ont des courtisans. Il y a des gens qui s'efforcent de le flatter pour le séduire. On lui donne toutes sortes de noms pompeux : et comme on disait aux rois *votre hautesse, votre majesté,* on répète à satiété le *grand peuple,* le *peuple héroïque,* le *peuple sublime.* Et, pour plus grande ressemblance, de même que c'est ordinairement aux plus mauvais rois que l'on prodigue davantage les expressions flatteuses, c'est aussi à la plus mauvaise portion de la société qu'on jette le plus souvent ces surnoms honorables, qu'on devrait réserver à la vertu. Qui n'a plus d'une fois haussé les épaules en entendant, le lendemain d'une de ces révolutions dont l'émeute est toujours le premier instrument, les journaux acclamer à qui mieux mieux le *peuple héroïque,* l'*admirable population,* le *sublime ouvrier* de Paris?

À Dieu ne plaise donc que j'aille répéter de telles sottises! Assurément, ces compliments tomberaient plus juste s'ils s'adressaient aux habitants des campagnes ; mais encore seraient-ils exagérés. Rien, hélas! n'est admirable ni sublime dans le pauvre siècle où nous vivons ; c'est déjà beaucoup d'être raisonnable. Les gens sensés, qui prennent les choses comme elles sont, et ne rêvent point à des chimères impossibles, ne sont déjà pas si communs qu'on ne doive s'estimer heureux d'en rencontrer. Que les révolutionnaires s'évertuent donc à jeter la louange à pleines mains aux ignobles manœuvres qu'ils emploient ;

que, par un étrange renversement de mots, on appelle *héroïque* l'homme qui tue un soldat de derrière une barricade, *sublime* le lâche émeutier qui brûle un corps-de-garde ou un palais : je baisse la tête et rougis. Mais pour vous, honnêtes gens des campagnes, je me contente de vous dire : Vous êtes raisonnables, à quelque chose près; et tâchez de l'être toujours.

Et c'est parce que je sais que vous l'avez été jusqu'ici, et que j'espère que vous le serez encore à l'avenir, que je me plais à répéter au fond de mon cœur :

LA CLASSE AGRICOLE SAUVERA LA FRANCE.

LETTRE IIIe.

Un piége.

La famille des gratte-papier vous avait oubliés jusqu'ici : il serait bien à désirer qu'elle vous oubliât encore. Malheureusement, les meneurs de révolutions se sont trop bien aperçus de l'effet de leurs flagorneries sur les classes inférieures, pour ne pas tenter aussi l'épreuve sur vous.

Oui, vraiment, la louange est le pire des poisons. Il suffit, pour s'en convaincre, de jeter un coup d'œil sur l'histoire de tous les temps. L'orgueil a perdu le premier homme; et je gagerais que dans le discours que tint à la femme le perfide Satan, il y eut bien des louanges à son adresse. Il lui dit sans doute qu'elle était belle, qu'elle était bonne; mais surtout il lui fit entendre qu'elle pouvait devenir bien meilleure et bien plus savante : *Vous serez comme des dieux!* C'était un assez beau compliment que celui-là. L'imprudente Eve donna là-dedans, et son mari aussi ; tous les deux se crurent capables de devenir des dieux, et tous les deux tombèrent misérablement. Un moment d'orgueil les perdit.

C'est là, je le répète, l'histoire de tous les siècles. Prenons un exemple qui nous touche. La bourgeoisie française avait, sous l'ancienne monarchie, une place assez belle. Elle possédait, elle jouissait en toute liberté ; soit par la concession du pouvoir, soit par le progrès du temps, elle avait fini par occuper à peu près tous les postes, et le peu de fonctions réservées à la noblesse brillaient encore en perspective à ses yeux. Car le bourgeois pouvait devenir noble ; l'intervalle qui séparait les deux ordres n'était point infranchissable : on en citerait mille exemples. Seulement, le passage ne se faisait pas au hasard, ni subitement ; un certain mérite, une certaine continuité de service, une certaine fortune, peut-être amassée par de longs et honorables travaux : tels étaient les moyens ordinaires par lesquels le roturier pouvait obtenir un titre. Du reste, je le répète, pleine liberté d'acquérir, de vendre, de tester, d'échanger, de commercer, etc..., ou les restrictions apposées à ces facultés étaient si peu de chose, qu'il n'y avait vraiment pas lieu de s'en plaindre.

Il était donc facile de se contenter de la position. Et, au fait, elle ne pouvait raisonnablement être souhaitée meilleure. Mais l'orgueil était là : l'orgueil, qui n'est jamais satisfait ; l'orgueil, qui ne peut rien souffrir au-dessus de lui. Certains esprits inquiets, comme il y en a tout le long des siècles ; certains hommes avides, comme il n'en manque jamais non plus ; certains caractères audacieux et ennemis de tout joug, avaient besoin de changements et de révolutions. On se lassait de repos et de bien-être tranquille ; on s'ennuyait de servir Dieu et le roi ; on souffrait de n'être qu'au milieu de l'échelle, quand on se croyait digne d'être au-dessus. Bref, on voulait un renversement de ce qui était, pour y substituer ce qu'on désirait.

Et quel moyen prit-on? On flatta la bourgeoisie. On lui donna la plus haute idée d'elle-même, en même temps qu'on lui inspirait un grand mépris pour ce qui la dépassait. Peu à peu ces idées germèrent. Il y eut un malaise vague, un certain mécontentement. La doctrine de l'égalité prenait faveur, et au bout de tout cela, un écrivain, un révolutionnaire, résumant l'état des esprits, put dire: *Qu'est le tiers-état? Rien. Que doit-il être? Tout* (1).

Entendez-vous, chers frères? Tout ! Le tiers-état, c'est-à-dire la bourgeoisie, devait être tout. Il ne devait plus rien y avoir au-dessus d'elle. Magistrature, administration, justice, législation, armées, finances, propriétés, tout était de son ressort. La royauté en personne lui était dévolue. Bien plus, le sacerdoce lui-même, la religion, devaient dépendre d'elle et subir ses caprices. Et c'est ce qui arriva : on vit des bourgeois, de la veille ou du lendemain, réunis en assemblée, supprimer la religion, fermer les temples, proscrire ou guillotiner les prêtres. Elle avait déjà mis la main sur les domaines des rois, des nobles et des congrégations religieuses : c'était logique; elle devait être TOUT. Ne reconnaissez-vous pas ici le vieux compliment du père du mensonge : *Vous serez comme des dieux?*

Ce fut donc la flatterie qui tourna ainsi la cervelle à toute une classe d'honnêtes gens. Et les révolutionnaires le savaient bien. Flattons ces badauds, avaient-ils dit, et nous les pousserons ensuite où il nous plaira. Aujourd'hui, cette même bourgeoisie tremble pour ses propriétés. Elle subira peut-être le traitement qu'elle a infligé à la royauté et à la noblesse. Le sol s'est déjà secoué sous ses pas. Les rois et les nobles avaient eu un règne de douze ou treize siècles : le sien a duré soixante ans. Après soixante ans d'une domination plus ou moins libre, plus

---

(1) Sieyès.

ou moins contrariée, elle a vu le sceptre lui échapper des mains ; elle craint même, et non sans raison, de se voir ravir ces petits domaines si bien enlevés aux châteaux ou aux couvents, et arrondis avec tant de soin, embellis avec tant d'amour. Voilà où mène l'orgueil mal entendu ; voilà l'effet du poison de la flatterie.

Un autre exemple encore à l'appui. La classe ouvrière a eu aussi ses beaux jours. Condamnée, il est vrai, à gagner son pain quotidien à la sueur de son front, placée même à un degré qui semblait inférieur dans l'échelle sociale, elle trouvait une compensation à tout cela dans la paix, dans la tranquillité avec laquelle elle agissait, dans les consolations qu'elle empruntait à la religion, dans l'estime qui s'attachait à elle, dans la protection dont les rois l'environnaient, dans l'esprit de charité qui unissait tous ses membres, et en particulier dans les corporations et confréries qui, dans chacune de ses diverses catégories, entretenaient l'union, l'ordre et les règles de la probité et de l'honneur. Moi qui ai vu tout cela, je puis vous en parler ; et à coup sûr, j'étonnerais plus d'un d'entre vous, si j'entrais là-dessus dans quelques détails.

Or, cette classe si intéressante, qu'on n'avait point encore humiliée par cet ignoble nom de *prolétaire*, les révolutionnaires aussi en avaient besoin. Ils voyaient là des caractères fortement trempés, des mains calleuses, des bras vigoureux, des esprits fortifiés par la privation, des constitutions viriles et robustes, et ils s'étaient dit : Quel levier nous aurions là pour remuer le monde ! Le bourgeois est bon pour prêcher les révolutions et pour y applaudir ; mais il n'y a que l'ouvrier pour les exécuter. Flattons donc l'ouvrier, carressons-le, attirons-le à nous, et dès lors le succès nous est assuré.

Et ainsi firent-ils. Bientôt on vit pleuvoir les louanges sur la tête de l'ouvrier. On ne se lassait pas de vanter ses vertus, et surtout de compatir à ses maux. Qu'était la classe ouvrière ? répétait-on sur tous les tons. Rien. Que devait-elle être ? Tout. On inventait toutes sortes de noms : *prolétaire, paria, proscrit, ilote,* et beaucoup d'autres, que le pauvre ouvrier ne comprenait pas même. On s'efforçait de lui prouver qu'ayant toutes les vertus, qu'étant bon, généreux, sublime, héroïque, magnanime, que sais-je, moi? il était cependant le déshérité, le bâtard de l'ordre social ; que toutes les peines étaient pour lui, et tous les profits pour les autres ; on osait lui dire qu'il était par ses vertus infiniment au-dessus de tous ces bourgeois, de tous ces oisifs qui s'engraissent du fruit de ses sueurs; enfin on lui démontrait l'injustice d'un ordre de choses où le meilleur est condamné au travail, et où le pire est appelé à jouir.

Qu'est-il résulté de ces flagorneries? Le même effet que pour la bourgeoisie : l'ouvrier a gobé la pilule, s'est infatué de lui-même, et s'est cru obligé de renverser l'ordre existant. Il est devenu exigeant, hautain, impérieux, tapageur ; il n'a plus vu dans le travail qu'un supplice, dans son maître qu'un oppresseur, dans les lois qu'une tyrannie ; en deux mots, il s'est fait révolutionnaire et émeutier. Qu'a-t-il gagné à ce changement? Le présent le dit déjà; l'avenir le dira encore mieux, peut-être. On a vu plus d'une fois le travail languir ou manquer ; la crainte des révolutions arrêter l'industrie et le commerce ; tous les jours la détresse s'accroissait : et à la place du sort magnifique, de l'aisance et de la félicité promises par les fauteurs de l'anarchie, on voyait la classe ouvrière, de plus en plus malheureuse, laisser chaque jour de nouvelles victimes sur le pavé.

Or, chers amis, ce sort est précisément celui qui vous menace, si vous ne vous tenez sur vos gardes. La démagogie a perdu la bourgeoisie et la classe ouvrière par ses flatteries perfides : c'est à vous maintenant qu'elle s'adresse. Vous avez tenu bon jusqu'ici : plus nombreux que tous les autres citoyens réunis, vous formez une armée compacte, unie, impénétrable, pour ainsi dire. Attachés au sol qui vous a vus naître, vous le cultivez avec amour ; élevés dans l'obscurité, vous vous y maintenez sans peine ; vous ne tenez ni au bruit, ni à la renommée, ni à l'éclat, ni aux places, votre ambition se borne à pousser la charrue là où vos pères la poussaient avant vous. Façonnés dès le bas âge aux enseignements de la religion, vous en suivez franchement les pratiques ; l'église, qui domine vos toits de chaume, occupe dans vos affections et dans vos respects une place privilégiée ; elle est le centre de vos pensées, l'appui de vos espérances, la consolation de vos douleurs. Cette vie est encore pour vous un lieu d'exil, que doit suivre une vie meilleure ; vous ne bâtissez pas tous vos plans sur cette terre ; et si votre existence est parfois laborieuse et pénible, vous vous consolez de vos peines en songeant qu'il est par là-haut un Maître qui compte toutes les gouttes de sueurs que vous versez, et qui vous garde une bonne part dans les soins de sa Providence. Voilà pourquoi vous êtes redoutables aux révolutionnaires. Vous formez, pour ainsi dire, une masse impénétrable, semblable à ces *carrés* des oldats, contre lesquels viennent inutilement se heurter les bataillons ennemis. Les révolutionnaires savent que les révolutions vous déplaisent ; ils n'ignorent pas que dans les émeutes on a vu toutes sortes de gens : des écrivains, des galériens, des avocats, des porte-faix, des journaliers, des chiffonniers, des nobles, des ouvriers, des soldats, des femmes perdues ; mais JAMAIS UN LABOUREUR (1). Ils savent également que les révolutions vous ennuient et vous fatiguent, parce qu'elles interrompent vos travaux, aggravent vos impôts, font baisser le prix de vos denrées et de vos terres. Et pourtant ils comprennent que sans vous elles ne seront jamais complètes, puisque, pour une révolution complète, il faut que la propriété cesse d'exister, et que

---

(1) On devine que ceci était écrit avant les déplorables événements qui ont ensanglanté plusieurs départements de la France, en décembre 1851. Le bon père Charrue est mort avant d'avoir eu la douleur de voir quelques-uns de ses frères égarés se précipiter dans les piéges contre lesquels il voulait les prémunir.

(*Note de l'Éditeur.*)

vous êtes tous propriétaires, et peu disposés à vous laisser arracher des mains le patrimoine de vos aïeux et le fruit de vos labeurs.

Dans cet état de choses, ils recourent à la ruse qui leur a si bien réussi. Depuis leurs dernières révolutions surtout, ils ont souvent employé avec vous la même tactique qui leur a livré la bourgeoisie et la classe ouvrière : ils vous ont flattés, ils vous ont plaints. J'ai entendu dans tous leurs journaux un concert de louanges à votre honneur ; mais, en même temps, vous étiez le *pauvre paysan*, l'*infortuné laboureur*, l'*homme de la glèbe*. Quel joug fut jamais plus dur que le vôtre? On ne tarissait pas sur ce chapitre-là. Vous étiez purs comme des anges, et malheureux comme des damnés. Quelle injustice vous avait donc ainsi réduits à porter seuls le poids de la chaleur et de la fatigue? Etes-vous les souffre-douleurs de tout le monde? Ne vous reposerez-vous jamais de vos travaux sans cesse renaissants?

Voilà le langage qu'on vous a tenu, sur tous les tons et dans toutes les formes ; de plus, on vous a fait mille raisonnements, plus savants les uns que les autres, pour vous prouver que la distribution de la propriété est inégale et injuste. Surtout on vous a fait voir que le lot qui vous revient est bien au-dessous de vos mérites, et qu'il serait bon qu'une part de vos travaux fût reportée sur d'autres. Tant de vertus, et si peu de jouissances ! Tant de qualités, et une si petite place au soleil !

C'est par ces insinuations mielleuses que l'on espérait vous gagner, et trouver accès dans vos âmes. Je ne sais ce qu'il en arrivera ; mais j'affirme que si une fois vous donnez dans ce piége grossier, c'en est fait de vous et de la société. Car l'aigreur entrera dans vos cœurs ; le mécontentement vous travaillera sourdement ; vous prendrez en dégoût votre position, et, au lieu d'opposer votre *carré* impénétrable aux bataillons ennemis, vous ne serez plus qu'un corps disloqué, divisés avec vous-mêmes et facilement détruits.

Hélas! à quoi sert donc l'expérience des autres! Pourquoi ne devenons-nous pas sages aux dépens de nos voisins? Je sais que déjà beaucoup de laboureurs ont ouvert les oreilles aux caressantes suggestions des ennemis de toute société. On me cite des départements qui ont été un instant presque en entier engagés dans leurs redoutables filets; on y maudissait l'ordre de choses, les lois existantes, la distribution des biens et des maux, l'inégalité des charges, le culte, la morale, les liens de la famille; on s'y engageait par d'affreux serments à détruire tout le vieux monde, pour y en substituer, disait-on, un nouveau.

Oh! quel malheur s'il en était ainsi! Et quelle catastrophe s'ensuivrait, quel horrible bouleversement, si ces tristes dispositions envahissaient la classe entière!

Laboureurs! laboureurs! garde à vous!

LETTRE IVe.

Le commis-voyageur.

Un jour que, malgré mes soixante-dix-huit ans, je revenais de la charrue, je fus accosté par un homme assez bien mis et aux façons élégantes, qui m'ôta honnêtement son chapeau, et me dit:

— Vous êtes laboureur?

— Oui, monsieur, à vous rendre mes devoirs.

— Je ne sais si je me trompe, mais, malgré votre force apparente et votre bonne figure, vous devez déjà être d'un certain âge.

— Soixante-dix-huit ans, monsieur. Je les ai eus le jour de la Saint-Matthieu.

— Soixante-dix-huit ans! Que je vous plains!

— Et moi, monsieur, que je me félicite! Il me semble qu'un homme qui peut, à soixante-dix-huit ans, faire sans gêne ce que l'on fait à trente, n'est point du tout à plaindre.

— A la bonne heure. Mais n'est-ce pas une chose affreuse qu'à cet âge un homme soit encore obligé de travailler?

— Je ne vois rien là d'affreux. Le travail est le lot de l'humanité ici-bas : je ne sache pas d'âge où l'on soit dispensé de travailler.

— Oui ; mais travailler quand tant d'autres ne font rien!

— Je ne m'inquiète pas de ce que les autres font ou ne font pas; il me suffit, à moi, de remplir ma petite tâche quotidienne ; je sais que je ne rendrai compte à Dieu que de ce que j'aurai fait.

— Soit. Mais ne seriez-vous pas bien plus heureux si une moitié ou les trois quarts de votre travail, par exemple, retombaient à la charge de ce tas de fainéants qui battent le pavé des villes et profitent de vos sueurs?

— Je ne sais pas si je serais plus heureux en travaillant moins. Tout ce que je puis dire, c'est que, quand ma journée est finie, que j'aie manié la charrue ou la faux, taillé une haie ou arrosé un pré, je rentre tranquille et le cœur gai, je soupe de bon appétit, fais ma prière au bon Dieu et m'endors sans souci, pour me réveiller le lendemain frais et dispos, tout prêt à recommencer ma tâche de la veille. Quant au profit que les gens de la ville peuvent tirer de mes travaux, je n'en suis point jaloux. Il n'y a que l'égoïste qui s'attriste de voir les autres profiter de ses sueurs. Ce que je sais encore, c'est que c'est moi qui profite le premier de mon travail : j'y trouve la santé, le bon appétit, l'exemption de l'ennui, l'utilité de ma famille et de la société, et, par-dessus tout, la satisfaction du devoir rempli.

Je dois dire que cette réponse embarrassa un peu mon homme. Il s'arrêta un moment, comme pour recueillir ses pensées ; puis il reprit :

— J'ai peine à croire que vous pensiez ce que vous dites. Il est clair que vous accepteriez bien vite un ordre social où les choses seraient arrangées autrement.

— Je ne puis juger avant d'avoir vu. L'ordre de choses dans lequel nous vivons est celui même de la Providence, combiné, hélas ! avec la liberté humaine et ses abus.

— Abus ! voilà le mot. N'est-il pas évident pour vous aussi que tout ici-bas repose sur l'abus ?

— Je n'ai pas dit cela. J'entends seulement que l'ordre de choses dans lequel nous vivons est l'œuvre primitive de la Providence : œuvre excellente de soi, et arrangée avec un art merveilleux, mais gâtée par la chute originelle et par les défauts qui en sont la suite. C'était une très-belle machine, qui allait à la perfection, où tous les rouages concouraient à un même but, mais qui a été dérangée par l'enfant ingrat à qui elle avait été confiée. Deux mots m'expliquent tout ce qu'il y a de bien et de mal dans le monde : Dieu, d'une part ; l'homme, de l'autre ; la Providence en haut ; la liberté humaine en bas. Je vois tout le bien descendre d'un Dieu créateur, et tout le mal provenir d'une créature rebelle et déchue. Avec cette simple distinction, il n'y a plus de difficultés pour moi.

— Mais ne seriez-vous pas satisfait si vous vous trouviez tout à coup dans un ordre de choses où tous ces maux, tous ces abus auraient disparu ? où tout serait remis à neuf, de haut en bas ? où la pauvreté, l'oppression, la douleur même, seraient inconnues ?

— Chimère que tout cela ! Un Dieu est venu sur la terre pour réparer la faute primitive, et restaurer la machine disloquée. Il pouvait, sans doute, faire les merveilles que vous venez de dire, effacer la douleur, détruire la pauvreté : il ne l'a pas voulu. Je m'incline et j'adore. Mais je ne croirai jamais qu'un homme fasse ce qu'un Dieu n'a point fait, ou qu'une machine brisée se répare d'elle-même.

— Et pourtant nous y travaillons, et nous en viendrons à bout. Nos plans sont tirés, et nous comptons bien qu'ils seront exécutés. Notre nouveau monde, à nous, ne ressemblera en rien à l'ancien ; tous les défauts de celui-ci (défauts dont vous convenez vous-même) seront annulés ou remplacés par des vertus. La douleur fera place à la jouissance, l'inégalité choquante à l'égalité la plus parfaite ; ce sera enfin un vrai paradis terrestre. Ceux qui ont parlé de l'âge d'or se sont trompés de date ; ce n'est pas en arrière qu'il est, mais en avant.

Pendant que le commis-voyageur disait cela, je songeais, moi, au vieux compliment de Satan : *Vous serez comme des dieux !* Et je me disais : Que l'erreur et la bêtise sont vieilles ! Je repris ensuite à haute voix, et en m'arrêtant pour regarder mon interlocuteur entre les deux yeux :

— Qui êtes-vous donc pour opérer de si hautes merveilles ? Est-ce à un dieu que je parle, ou à un simple mortel ? Vous m'auriez dit que vous êtes commis-voyageur pour les liquides, les sucres ou les savons, que je vous aurais cru. Vous auriez même ajouté que votre maison a un secret pour guérir les vins malades, ou dégraisser les habits, que je n'aurais pas fait difficulté d'y ajouter foi. Mais, vous, refaire un monde ! Vous, réparer cette vieille machine qui cloche depuis six mille ans ! Vous, guérir tous les vices ! déraciner toutes les passions ! supprimer toutes les douleurs ! Vraiment, vous me croyez un peu trop simple, si vous vous imaginez que je goberai de pareilles balourdises. Je suis vieux, monsieur le commis-voyageur, j'ai étudié le monde, et je connais l'homme aussi bien, et peut-être mieux que vous. Eh bien ! je vous dis qu'espérer réformer, ou plutôt refondre l'humanité, par ses propres forces, c'est une des plus grandes folies, une des plus énormes absurdités qu'il soit possible d'imaginer.

Il y eut un petit moment de silence ; après quoi, notre homme reprit :

— On voit bien que vous ne connaissez pas nos plans, que vous n'avez pas lu nos livres.

— Pardonnez-moi, répondis-je ; et c'est parce que j'ai lu et étudié ces sottises, que j'en parle si librement. Il est une question que je voudrais poser avant tout, ou plutôt que je me pose toujours à moi-même : Quelle espèce d'hommes sont donc ces réformateurs ? Car, pour juger l'œuvre, il est bon de connaître l'ouvrier. Or, en examinant tous ceux qui se sont donné par ici la mission de régénérer l'espèce humaine, je me suis convaincu qu'ils sont tous des hommes fort peu dignes d'estime, et même tarés pour la plupart. En effet, entre les huit ou dix meneurs du socialisme de notre canton, l'un est séparé de sa femme, l'autre vit en concubinage public, le troisième est un ivrogne, le quatrième est ruiné par la débauche, le cinquième a fait dix ans de galères, le sixième a subi trois peines correctionnelles pour vol ou rixe, et le septième est à cette heure en banqueroute frauduleuse. Vous avouerez que cela n'est pas fait pour donner bonne bouche, et que ces grands réformateurs devraient bien commencer par se réformer eux-mêmes.

» Dans ma simplicité, je crus d'abord que c'était là un effet du hasard, et que peut-être les cantons voisins étaient mieux servis. Mais, après avoir continué mes recherches, je me suis convaincu du contraire : tous se ressemblent. Enfin, un homme fort instruit, et qui habite Paris, m'a dit savoir de science personnelle que les grands chefs ne valent pas mieux que les subalternes, et il m'a même donné sur plusieurs d'entre eux des détails que ma bouche frémirait de reproduire.

» Convenez, monsieur le commis-voyageur, vous qui en savez sans doute plus long que moi là-dessus, convenez que voilà de singuliers régénérateurs. Il me semble bien drôle qu'un ivrogne, qui ne peut se tenir sur ses jambes, prétende raffermir l'ordre social, et qu'un homme perdu de mœurs s'ingère à donner des leçons de morale. C'est le cas, je crois, de répéter ici le sage proverbe de notre divin Maître : *Médecin, guéris-toi toi-même.* Avant de prêcher la vertu, il serait bon, tout au moins, de se débarrasser du plus gros de ses vices.

— Qu'appelez-vous vices? qu'appelez-vous vertus? dit le commis un peu vivement, parce qu'il était piqué. Le tout serait de s'entendre sur le sens de ces mots. Dans notre système, ce que vous appeliez vice deviendra vertu, et ce qui était vertu s'appellera vice.

— Merci ! voilà qui est adroit. Il s'ensuit que dans votre nouveau monde, l'ivrognerie, l'homicide, la colère, la haine, l'impureté, etc..., seront des qualités recommandables ; et que la continence, la modération, la charité, la tempérance, le pardon des injures, etc..., seront des sottises ou des faiblesses. C'est une magnifique découverte que celle-là : je vous en fais mon compliment. Toutefois, je me réjouis d'être vieux pour ne pas être témoins de ces belles expériences, si jamais elles doivent avoir lieu.

— Comment ! vous ne seriez pas heureux de voir l'égalité, la sainte égalité, régner sur la terre? de voir toutes les distinctions abolies? de voir tous les hommes devenus vraiment frères, s'asseoir au même banquet?

— J'ai déjà vu cela, répondis-je, car l'idée n'est pas neuve. Il m'est arrivé, il y a cinquante-sept ou huit ans, de voir assis à la même table des citoyens et des citoyennes de tout âge et de tout acabit, se coudoyant, se rudoyant, se tutoyant, avec le sans-gêne démocratique, buvant aux mêmes coupes, hurlant de concert les mêmes chansons, et donnant tous les signes de la fraternité républicaine. Eh bien ! je vous jure que cela n'était pas beau, d'autant plus que le *rasoir national* opérait vigoureusement pendant ce temps-là, et qu'une partie de ces démocratiques convives se dénonçaient dès le soir, et se livraient impitoyablement les uns les autres à la prison ou à la mort. Je ne suis pas curieux de revoir ces banquets-là : c'est assez d'une fois.

— Toujours le même subterfuge : on affecte de prendre

l'abus pour la chose. N'est-il donc pas possible d'avoir l'égalité sans la guillotine, et la fraternité sans les horreurs de 93 ? Quelle raison avez-vous de croire que nous ne ferons pas mieux que nos pères ?

— J'en ai dix pour une. La première, c'est que vous ne valez pas mieux que vos pères ; la seconde, c'est que les mêmes causes produisent toujours les mêmes effets. Avez-vous un secret pour changer la nature de l'homme ? Saurez-vous extirper de son cœur cette foule de mauvais instincts, qu'il a apportés en naissant, qui tendent sans cesse à se développer, et ne peuvent être contenus que par une foi surnaturelle, puissante, et par la crainte des jugements de Dieu ?

— Nous croyons que l'homme est né bon.

— Et moi, je sais que l'homme est né vicieux, et qu'*il est enclin au mal dès son adolescence* (1).

— Nous croyons que l'homme n'est dépravé que par le faux milieu dans lequel il habite, que par les besoins qui l'environnent de toutes parts et par les injustices qui l'oppressent.

— J'ai connu une foule de personnes qui n'étaient ni obsédées par le besoin, ni oppressées par l'injustice, et qui étaient profondément vicieuses. La conclusion de votre raisonnement serait qu'à mesure qu'un homme a moins de besoins et plus de liberté, c'est-à-dire à mesure qu'il est plus riche, il est plus vertueux. Est-ce là ce que vous voulez dire ? Alors, pourquoi toute votre école fait-elle de si grands efforts pour prouver que le vice est le propre des classes riches, et la vertu le lot du prolétaire ?

— Nous affirmons que les vices du pauvre ont leur origine dans sa détresse, dans son défaut d'éducation, dans la nécessité où il est de songer uniquement à ses besoins matériels.

— Encore une fois, si cela est, pourquoi le riche a-t-

---

(1) Sensus et cogitatio humani cordis in malum prona sunt ab adolescentia sua. (*Gen.*, VIII, 21.)

il, selon vous, tant de défauts? Pourquoi, dans vos romans, dans vos journaux, dans vos pièces de théâtre, prenez-vous à tâche de montrer toujours le vice du côté de la richesse, et la vertu du côté de la pauvreté?

» Non : convenez que l'homme est né avec des défauts, avec une pente naturelle au mal ; mais qu'ayant la liberté et la grâce de Dieu pour résister, il est coupable de se laisser aller à la tentation. Cette corruption native est universelle : elle se retrouve partout et chez tous. Elle germe et se développe sous les lambris dorés, comme sous le chaume. Je conviens que sa violence peut être modifiée par l'éducation, et qu'en général les classes pauvres, par leur défaut d'instruction et les besoins qui les pressent, sont plus exposées à en être les victimes. Mais quel moyen nouveau avez-vous pour les relever à un meilleur niveau? A-t-on inventé un ressort particulier pour faire pratiquer la vertu?

— Oui.

— Et quel est-il?

— La suppression de la misère.

— Grosse affaire, et passablement difficile. Comment parviendrez-vous à supprimer la misère?

— En répartissant également le travail et tous les fruits du travail.

— Que de choses, que de problèmes dans ces huit mots! Nous aurions pour quinze jours matière à discuter. Permettez-moi seulement quelques questions à ce sujet.

» 1° Qui est-ce qui répartira le travail? Puisque vous faites sonner si haut le mot de liberté, je commence par refuser à qui que ce soit le droit de m'imposer un travail qui ne s'accorde pas avec ma volonté. Je suis libre : je veux l'être jusqu'au bout. Je travaille, il est vrai, mais c'est parce que je le veux ; je dénie à tout autre le droit de me dire : Voilà ta tâche !

» 2° Dans la répartition des travaux, à qui reviendront ceux qui sont pénibles ou dégoûtants? De quel droit dira-t-on à l'un : Fais ceci, et à l'autre : Fais cela? Je vous citerais cent espèces de fonctions fatigantes, odieuses, nauséabondes, nuisibles, qui ne rencontreront que des répugnances. — On les exerce maintenant, dites-vous. — Sans doute, mais par besoin, pour échapper à la misère. Or, la misère étant supprimée pour tous, de quelle autorité imposera-t-on ces métiers à Pierre plutôt qu'à Jacques, à Nicolas plutôt qu'à Garguille? Personne n'en voudra.

» 3° Quand il plaira à quelqu'un de quitter son état, ou de ne pas travailler, ou de mal travailler, qui l'en empêchera? — Il ne mangera pas, dit-on. — Alors voilà la misère qui reparaît. Travailler ou mourir de faim : eh! mon Dieu, c'est à peu près cela aujourd'hui. Combien sont dans cette alternative !

» 4° Que deviendra le progrès, ce fameux progrès, si vanté aujourd'hui? On le comprend dans un ordre de choses où le perfectionnement d'un art mène à la célébrité et à la fortune; mais quand il n'y aura aucun stimulant de cette espèce; quand chacun sera assuré de sa part de bien-être, quoi qu'il fasse; quand l'ouvrier excellent, l'homme de génie, n'aura pas droit à plus de biens ou de jouissances que son voisin le paresseux ou l'incapable, pourquoi se casserait-il la tête à créer des merveilles?

» 5° Il y aura toujours, quoi qu'on fasse, des enfants, des vieillards, des idiots, des infirmes, des malades, des mourants, des paralysés, des femmes en couches, des fous, des ineptes, etc..., et cette portion même du genre humain sera toujours assez considérable : voilà donc encore la misère qui reparaît sous toutes ces formes. Avez-vous trouvé un moyen de supprimer les vieillards, les paralysés, les idiots, etc....? Non : il faudra donc les nourrir, les vêtir, les loger. Or, qui m'obligera à travailler pour ces gens-là? De quel droit m'imposera-t-on une tâche plus forte que celle qui correspond à mes besoins personnels?

» 6° Je suis paysan. Une longue expérience m'a appris avec quels soins, avec quel amour le laboureur cultive la terre. Je sais tout ce que coûte de sueurs et de travaux un hectolitre de blé ou de vin. Mais si cette terre, tournée et retournée péniblement et constamment, est encore souvent si ingrate ; si, de temps à autre, la grêle, l'inondation, la pluie ou la chaleur nous enlèvent, nous diminuent, ou nous gâtent ses produits ; si enfin, de temps en temps, la cherté et même la famine nous affligent : que sera-ce quand le sol n'aura plus qu'une culture libre, bénévole, pour ainsi dire, ou plutôt négligée et indolente, comme il arrivera forcément dans le cas où l'homme ne sera plus le propriétaire de son terrain ? Il est déjà si dur de travailler pour soi et pour sa famille ; que sera-ce quand il faudra travailler pour des étrangers ?

» 7° Je vais plus loin : je suppose tout le monde satisfait de son lot, et le bien-être matériel aussi grand que possible, et universellement répandu. J'admets que chacun a son logement, ses vêtements, son potage, son plat de viande, et même sa bouteille de vin : sera-t-on heureux pour autant ? Eh ! mon Dieu, je connais des personnes qui ont cela, et mieux encore, et qui sont très-malheureuses. Et les besoins de l'âme, qui les satisfera ? Quel aliment donnerez-vous à ces instincts moraux, quelquefois asservis, mais jamais étouffés par les sens ? Que ferez-vous du cœur de l'homme et de ses aspirations vers l'infini, vous qui supprimez Dieu et son culte ?

» 8° Enfin, je suppose chaque homme bien portant, gros, dodu, luisant de santé, de joie et de graisse : on vieillira, après tout, dans votre système ; on y mourra même, j'imagine. Que ferez-vous de l'âme, la meilleure partie de nous-mêmes ? Quel sort lui assurez-vous, si elle survit ? Que dites-vous de la mort, et de ce qui la suivra ? Quels sont vos plans là-dessus ? Avez-vous des opinions sur ce point ; et, si vous en avez, de quelles preuves les appuyez-vous ? J'ai beau feuilleter et lire les livres de vos maîtres : ils se taisent sur ces redoutables mystères, ou ils ne disent que des sottises. La chose vaut cependant la peine d'être étudiée. Il ne suffit pas d'un trait de plume pour effacer des croyances qui ont six mille ans de date. Quand nous écririons tous que le soleil n'existe pas, le soleil n'en luirait pas moins.

» Voilà bien des questions, monsieur le commis-voyageur, et je serais bien content d'en avoir la réponse.

— Elle est là, me répondit-il.

Là-dessus, il tira de son sac une quantité de petites brochures, dont quelques-unes avaient la forme d'almanachs, et me les remit, en me priant de les lire, et m'assurant que j'y trouverais la solution à toutes mes difficultés. Puis il se dirigea vers le café de l'endroit, pendant que je m'en allais dételer mes bœufs et que je rentrais chez moi.

LETTRE V^e.

Les brochures.

Laboureurs mes frères, défiez-vous des almanachs et des petites brochures. Défiez-vous de tous ces petits livres qu'on s'est plu à répandre partout à profusion, et qui, sous des titres honnêtes et parfois séduisants, cachent de dangereuses doctrines.

La plupart d'entre vous sont des gens droits et simples, qui, jugeant tout le monde d'après eux, s'imaginent que personne ne veut les tromper, parce qu'eux-mêmes ne voudraient tromper personne. Ils ajoutent foi aux livres, ne supposant pas qu'on puisse imprimer le mensonge. Pour beaucoup, une chose est vraie dès qu'elle est livrée à l'impression.

C'était comme cela autrefois. Il y a quatre-vingts ans, quand on éditait un livre, c'était ordinairement quelque chose de sérieux. Un homme passait sa vie à le faire, et un autre à l'étudier. Encore y avait-il déjà dans ce temps-là ce qu'on appelait les philosophes, lesquels, animés d'une haine secrète contre Dieu et le roi, ne se faisaient pas faute de composer des livres menteurs, calomnieux et corrupteurs. Mais, comme la police veillait, et que ces ouvrages ne s'imprimaient qu'à l'étranger, ils se répandaient peu, et n'étaient lus que dans les hautes classes.

Depuis, la presse est devenue libre. Il est permis au premier venu de livrer à l'impression tout ce qui lui passe par la tête, et de le débiter à tout le monde. Sauf le cas où l'on attaquerait l'un des pouvoirs existants d'une manière trop irrévérencieuse, on a toute latitude pour jaser à son aise, pour déblatérer contre l'Eglise, le sacerdoce, les sacrements, contre Dieu même ; il n'est si petit écrivassier qui ne puisse trouver un imprimeur et du papier pour éditer à dix mille exemplaires, à cent mille même, si cela lui convient, toutes les sortes d'impiétés ou d'ordures qui auront germé dans sa tête égarée ou dans son cœur corrompu.

Le parti qui a formé le dessein de détruire la religion et la propriété n'a donc eu garde de négliger un si puissant moyen d'action. Cette manière de semer le poison est trop commode et trop sûre, pour qu'on n'en use pas largement. Aussi la presse vomit-elle chaque jour une énorme quantité de ces productions dangereuses, qui prennent toutes les formes pour mieux s'insinuer chez les crédules lecteurs. Ici, c'est une petite brochure jaune ou verte, qui a un titre tout à fait piquant ; là, c'est un journal orné d'un frontispice curieux ; ailleurs, c'est une couverture présentant des figures drolatiques ; souvent, le plus souvent, c'est un almanach, le cher almanach si bien venu chez les habitants des campagnes, mais qui, cette fois, n'a plus de l'ami que le masque ; car il vient, non pour amuser et pour instruire, mais pour raisonner et pour corrompre.

Or, mes bons amis, c'est là qu'est pour vous le piége le plus dangereux. Simples et confiants comme vous l'êtes, vous vous laissez séduire par ces titres, par ce frontispice ou ce format, et surtout par le bon marché; car d'ordinaire ces brochures se vendent pour rien, et souvent même se donnent. Vous les introduisez chez vous, vous les lisez, vous les laissez lire à vos fils, à vos filles. Je veux bien qu'elles ne fassent pas grande impression sur les gens qui ont un peu d'âge, d'expérience, et surtout de religion; elles ne laissent cependant pas que de les ébranler. Mais où elles font des ravages affreux, c'est chez les jeunes gens : elles pervertissent leur foi et gâtent leurs mœurs; elles leur rendent la religion odieuse ou ridicule; elles ôtent par là même le frein le plus solide des passions. En ne prêchant que les biens matériels et les jouissances d'ici-bas, elles habituent le lecteur à ne plus songer qu'à la vie présente; elles lui font perdre de vue la fin pour laquelle nous sommes sur la terre. Ce n'est pas tout : elles inspirent l'aversion pour toute espèce d'autorité; elles soufflent l'esprit d'indépendance; elles soulèvent les classes les unes contre les autres; en parlant sans cesse de l'inégalité des conditions, elles rendent le riche odieux au pauvre; elles font soupirer après un autre ordre de choses, où chacun aura une part égale dans les biens d'ici-bas; elles font, par conséquent, prendre en dégoût le métier que l'on a, la position où l'on est. Qu'on suppose tel livre, tel roman entre les mains d'un pauvre fermier, d'un propriétaire mal à l'aise : ils lui montent la tête, ils l'agitent, ils l'échauffent; peu à peu l'amertume entre dans son cœur; il prend sa condition en haine; il maudit l'état de gêne où il se trouve; et, au lieu de faire d'honorables efforts pour en sortir, il néglige son travail, il l'abandonne, et ne soupire plus qu'après le moment où une nouvelle révolution viendra le mettre au niveau des autres, ou mettre tous les autres à son niveau.

Ah ! que de ravages ces détestables productions ont déjà faits parmi les habitants des campagnes ! Combien de têtes ont été retournées sens dessus dessous ! J'ai vu des villages populeux, renommés pour leur esprit paisible et religieux, transformés tout à coup en véritables clubs démagogiques, sous l'influence de ces livres funestes et de ces journaux menteurs. J'en connais un, surtout, que je voudrais pouvoir nommer pour l'instruction du public, où la métamorphose est si complète qu'il n'est plus reconnaissable. A la paix d'autrefois a succédé le trouble ; au bon accord des habitants, les disputes et les procès ; à la pratique des devoirs religieux, l'immoralité et l'impiété. Là, j'ai vu le cabaret prendre un empire presque illimité ; on ne savait plus que boire et déclamer ; et, chose horrible ! on y trouvait par centaines des hommes, des femmes même, attendant tout bas avec impatience le moment où les têtes rouleraient sur l'échafaud.

Laboureurs, j'ai lu moi-même ces brochures, ces journaux, ces almanachs ; l'intérêt extrême que je porte à la classe agricole m'a déterminé à entreprendre ce pénible et dégoûtant travail. Partout j'ai retrouvé le même fond de faussetés, de déclamations et de blasphèmes ; ce sont toujours les mêmes moyens et les mêmes ressorts. On s'y attache : 1° à détruire le catholicisme dans les âmes ; 2° à ébranler le droit de propriété ; 3° à irriter les classes de la société les unes contre les autres, c'est-à-dire le pauvre contre le riche. Tout se réduit là. Toutes les variétés tranchent sur le même fond. Ce que l'un a dit en raisonnant, l'autre le répète en déclamant ; ce que celui-ci proclamait en prose, celui-là le débite en vers ; ce qui était énoncé ici sous forme de journal, reparaît là sous la forme de pamphlet ou de roman. Voilà toute la différence.

Je n'ai pas besoin de dire que toutes les brochures que m'avaient remises mon commis-voyageur étaient de cette espèce. Je les lus toutes ; je n'y trouvai pas autre chose que ce que je viens de vous énumérer, et j'affirme en conscience que je n'y rencontrai surtout pas la moindre réponse aux observations que j'avais présentées au susdit commis. Bien plus, toutes les questions fondamentales y étaient évitées ; on se contentait de peindre, en l'exagérant, la misère des classes pauvres, et de décrire, en l'exagérant aussi, le luxe des grands. C'étaient des dialogues où le bon sens et la raison étaient toujours du côté du prolétaire, l'absurdité et l'ineptie du côté du riche. C'étaient des déclamations aussi ampoulées qu'injurieuses contre le Pape, contre le joug des prêtres, contre l'intolérance de la religion catholique, qui asservit, disait-on, la raison et les sens ; c'étaient des injures jetées à pleines mains sur les hommes qui consacrent leur talent à la défense de la foi de nos ancêtres. C'étaient parfois des excitations plus ou moins directes à la révolte, au mépris de toute autorité. Une de ces brochures portait pour titre : *Crimes des papes et des rois*. L'auteur s'était efforcé de réunir, sous un seul point de vue, tout ce que l'histoire a pu recueillir de coupable ou de révoltant sur le compte de quelques Souverains Pontifes ou des princes. Il est bien entendu qu'on n'y avait pas ménagé l'exagération et le mensonge ; des faits mille fois démentis y étaient donnés pour vrais ; des calomnies cent fois réfutées y étaient remises à neuf. N'y a-t-il pas, du reste, un succès de scandale certain à résumer ainsi dans quelques pages des faits disséminés sur vingt ou vingt-cinq siècles ? Ce procédé ne peut manquer de faire effet sur des intelligences peu éclairées, surtout quand on prend soin de cacher les bienfaits sans nombre, les magnifiques créations des hommes que l'on veut décrier : injustice évidence, mais ruse de métier.

Encore une fois, habitants des campagnes, défiez-vous des brochures et des romans, et, si ce n'est pour vous, que ce soit pour vos enfants. La prudence vous fait une loi de n'en introduire aucun chez vous, avant d'avoir consulté sur sa valeur quelque personne en qui vous ayez confiance, et dont l'esprit religieux et les lumières vous offrent une garantie suffisante. Je sais que, dans certains départements, cette propagande a été longtemps très-active, malgré la sévérité des lois ; tous les moyens sont bons à la secte audacieuse qui a juré de détruire la religion et la société. Là, on employait des mendiants ; ici, des jeunes gens à qui on les donnait, et qui les colportaient eux-mêmes à très-bas prix. On les jetait dans la hotte d'un charbonnier, dans la voiture d'un roulier, dans l'étal d'un marchand. J'ai vu un propagateur de ces affreux ouvrages faire semblant de les perdre ; le plus souvent ils venaient par l'entremise d'un *frère et ami*, qui avait mission de les prôner en secret, d'en faire un mystère, afin de mieux exciter la curiosité. Il n'était pas même sans exemple (et j'ai regret de le dire) que ces coupables libelles fussent distribués par celui à qui est confié le soin de la jeunesse, par l'instituteur. On s'en défiait d'autant moins, alors ; et le poison descendait par celui-là même qui avait mission de l'écarter.

LETTRE VIe.

Le Café des Amis.

Le lendemain, qui était un dimanche, comme j'allais à la messe, j'entendis un grand bruit de voix au cabaret du village. Il est bon de dire que dans mon village il y a un cabaret : et où n'y en a-t-il pas maintenant ? Et quand je dis un, c'est pour ne pas dire trois ou quatre : tant parce que les autres vendent en secret, que parce que celui-ci étant le premier-né, a toujours conservé un certain droit d'aînesse. Le *Café des Amis* (c'est son titre) est placé près de l'église. On a pensé que c'était le lieu le plus propice, et qu'il était juste de placer le temple de la débauche en face du temple du vrai Dieu. Dans un siècle où tous les cultes obtiennent une égale protection de la loi, il était naturel d'offrir aux amateurs les moyens d'honorer la divinité qu'il leur a plu de choisir. Ici, le Dieu des chrétiens, par la voix de son ministre, appelle ses serviteurs fidèles ; là, Bacchus, la vieille idole du paganisme, fait signe à ses chalands d'entrer. Je demande pardon à mes lecteurs de ce sacrilége rapprochement ; mais c'est comme cela, et je dois ajouter que le dieu païen prime assez souvent sur le Dieu chrétien. Il m'est souvent arrivé de voir tel et tel de mes concitoyens se diriger vers la messe paroissiale, quand tout à coup, sur un signe d'un ami, il entrait dans le temple de Bacchus, s'y attablait, et y entendait la messe, et même les vêpres : tant la foi est vive chez quelques-uns !

Or, ce bruit de voix avait pour motif la présence du commis-voyageur. En me quittant, cet honnête socialiste s'était tout naturellement installé dans le *Café des Amis :* il ne pouvait en être autrement. On ne conçoit la révolution qu'entre les cruches : c'est là qu'elle germe, c'est là qu'elle fleurit.

Le propriétaire du *Café des Amis* fut toujours, et reste encore, un excellent socialiste. Il a pour cela plus d'une raison ; et la meilleure, c'est qu'il n'a rien. Du reste, connaissez-vous un cafetier qui ne soit, ou du moins n'ait été, socialiste? Ce n'est qu'à la taverne qu'on peut sérieusement s'occuper du bonheur du genre humain et de la réforme des abus. Il faut être gris pour voir clair dans les grandes choses qui se préparent ; et un homme qui ne boit pas ne comprendra jamais rien à ces plans magnifiques que la révolution se propose de réaliser. Notre cafetier est, du reste, un homme de choix pour cette œuvre : il a une éloquence de gros vin qui charme les paysans ; il s'imbibe assez facilement d'une colonne de journal, et peut la rendre tout de suite, sans changement essentiel ; il est avenant, jovial, un peu versé dans la chicane ; il sait toujours beaucoup de nouvelles, et possède une poitrine infatigable qui lui permet de pérorer tout le jour et la moitié de la nuit. Il est l'ennemi juré des riches (qui ne vont pas boire chez lui), et l'ami tendre du peuple qui boit à son enseigne. Du reste, il n'a ni foi, ni loi, ni morale, ni envie de bien faire.

Notre commis-voyageur était à peine arrivé, que le cher cafetier avait déjà donné son coup de sifflet, et que tous les *frères et amis* de l'endroit, le sergent Langeron (1) en tête, s'empressaient de se rendre à l'appel. Le temps de la nuit ne fut pas perdu : je ne sais par quel ressort électrique, qui est toujours au pouvoir des gens du désordre, toute la contrée fut avertie de l'événement ; et, dès le matin du dimanche, on vit arriver les *frères* du voisinage, tous les hommes qui portent leur opinion politique écrite sur leur nez bourgeonné, ou dans les traits de leur visage. Il n'y en manquait guère : c'étaient tous les malfamés et les ruinés du pays : troupe intéressante, qui a quelque raison de convoiter un monde meilleur, vu qu'elle n'a plus rien dans celui-ci.

On se mit à table dès le lever de l'aurore. C'était le jour de la fête du village : occasion magnifique ! Un des convives, qui vint me voir quelques jours après, me raconta ce qui s'y était passé. Le commis-voyageur, non en vins ni en savons, mais en socialisme, devint naturellement le centre et le héros de la bande. Il avoua tout d'abord que le parti, ne pouvant plus recourir aux journaux, que les lois gênent, ni aux correspondances, que la police surprend, avait adopté le système de la transmission par voie orale. En conséquence, la France avait été partagée en diverses circonscriptions, auxquelles ont été attachés un certain nombre de voyageurs, munis de passe-ports réguliers, simulant un genre de commerce quelconque, et chargés de visiter les principaux centres démocratiques. C'est par eux que le feu se rallume, que les nouvelles se savent,

---

(1) Voir dans les *Mémoires d'un vieux paysan* le portrait de ce personnage.

que les mots d'ordre se communiquent. Notre commis-voyageur parla beaucoup, promit beaucoup, et but encore plus. Mon narrateur, qui n'est pas des plus médiocres dans l'art de boire, affirme qu'il n'a jamais vu un homme d'une telle *capacité*. L'état de la question fut exposé ; on rendit compte des espérances du socialisme, et l'on fixa à une époque très-rapprochée le moment du triomphe. Là-dessus, chacun battit des mains, et l'on se mit en devoir de partager les places. Comme je me permettais de dire que, sous le régime promis, on devait les supprimer toutes, l'homme qui me racontait se mit à branler la tête, et me dit tout bas en riant : — Nous disons cela pour les niais ; mais nous ne sommes pas si bêtes que d'agir de la sorte. A quoi bon se donner tant de peines, si c'est pour ne rien avoir ? Non, non ; Danton avait raison, quand il disait : *Vous étiez dessous ; mettez-vous dessus : voilà toute la révolution.*

J'appris donc, à ma grande édification, qu'aucun des socialistes, là présents, ne voulait être oublié dans le partage. Plusieurs furent désignés pour des préfectures et des sous-préfectures ; le cafetier, plus modeste, se contenta d'une recette générale ; un bon nombre acceptèrent humblement des perceptions. Il est vrai que c'étaient ceux qui ne savaient pas écrire. Le sergent Langeron demanda simplement l'épaulette de général de brigade, qu'on lui promit sans difficulté. Toutes les parts étant faites, on but de nouvelles rasades ; et le festin ne finit que fort avant dans la nuit.

Mon narrateur ajouta à ces faits généraux deux particularités.

La première, c'est que le son des cloches, appelant les fidèles à la messe paroissiale, produisit sur le commis-voyageur un étrange effet de prêtrophobie (1). Il entra dans une sorte de fureur contre les superstitions catholiques, et s'étonna que, après tant de beaux jours de liberté,

---

(1) Haine du prêtre. (*Note de l'éditeur.*)

on n'eût pas encore eu la force d'interdire ces sons perturbateurs du repos public. Cela lui offrit l'occasion de déblatérer tout à son aise contre le prêtre, qu'il déclara naïvement être sa bête d'horreur. Il l'appela la *plaie* de la civilisation, le chancre de la société, l'éteignoir des lumières, l'ennemi le plus funeste du genre humain. Aussi jura-t-il, par tout ce qu'un socialiste peut avoir de sacré, que, dès que la république démocratique et sociale aura été installée, sa première besogne sera de raser les églises et de supprimer le sacerdoce : ce à quoi la plupart des auditeurs applaudirent. Il revint bien des fois sur ce sujet, employant tantôt le raisonnement, tantôt la science (il en avait tant!), tantôt l'ironie; et toujours sa voix trouva de l'écho dans la respectable compagnie qui l'écoutait.

La seconde singularité que je dois noter, c'est qu'on parcourut, dans cette mémorable séance, la liste des notables du canton, et qu'on y décréta contre un bon nombre peine de mort. Il est nécessaire d'ajouter que cela se fit sérieusement, que le cafetier y joua le rôle d'accusateur public, et qu'on nota sur un catalogue les noms des condamnés. Je n'ose, par pudeur, en indiquer ici le nombre : il est effrayant.

Est-il besoin de dire que mon nom y figurait des premiers? Le commis-voyageur en socialisme ne pouvait pardonner au père Charrue de lui avoir fait quelques objections qui étaient restées sans réponse.

. . . Quel crime abominable!
Rien que la mort n'était capable
D'expier ce forfait ! . . . .

Aussi le père Charrue fut-il condamné à la peine de mort.

Pauvre père Charrue !

LETTRE VIIe.

Un signe de malédiction.

Parlons sérieusement et brièvement sur ce sujet.

J'ai depuis longtemps de sombres idées sur l'avenir de ma patrie. J'ai vu, pendant soixante ans, l'esprit religieux s'affaisser, les pratiques chrétiennes disparaître. C'est un fait que la bourgeoisie, surtout dans les villes, n'est plus catholique, au moins en action, et que l'indifférence religieuse la plus déplorable est son incurable maladie.

De grandes leçons lui ont pourtant été données. Elle a vu, ou pu voir, où mène l'absence de la foi : depuis que ses funestes exemples ont pénétré dans les classes inférieures, et que le prolétaire, s'efforçant de l'imiter, se fait un jeu de la religion, il n'est plus possible de se dissimuler, à moins d'un stupide aveuglement, vers quels abîmes la société descend.

Du reste, tout le monde peut regarder, mais très-peu savent voir. A l'heure où je parle, une grande partie, que dis-je ? l'immense majorité de la classe bourgeoise ne comprend pas encore la question. Ce qui la préoccupe, ce n'est pas l'état des choses, mais seulement l'état des affaires. Habituée depuis longtemps à se passer de Dieu, et à voir néanmoins le commerce et l'industrie fleurir, elle ne soupçonne pas même que, quand la société n'a plus d'étais, il faut que ruine s'ensuive. Elle ne soupçonne pas que la France chrétienne, imprégnée, saturée, pour ainsi dire, de catholicisme, vit, depuis soixante ans, sur ce que lui en a laissé la Révolution ; et que, depuis lors, ce trésor de traditions et de mœurs chrétiennes s'épuisant goutte à goutte, il ne reste plus aujourd'hui assez de séve ni de vie pour alimenter le grand corps. Enfin, elle paraît ignorer que Dieu, *patient parce qu'il est père*, avertit, instruit, menace, épouvante, longtemps avant de frapper les derniers coups.

Encore une fois, je ne prétends pas m'ériger en prophète, et c'est du fond de mon cœur que je désire me tromper. Peut-être ai-je un peu la manie du vieillard, qui consiste à vanter le passé et à maudire le présent et l'avenir. Soit. Les événements auront sans doute un jour la parole : ils jugeront entre les craintes des uns et les espérances des autres.

En attendant, voici un trait qui me glace, et où je ne puis m'empêcher de voir un signe de malédiction de Dieu sur nous. C'est que l'on a vu, non pas une, deux, cent, mais des milliers, mais des centaines de milliers de personnes, peut-être, hommes, femmes et enfants, attendant avec impatience l'heure où la guillotine se relèverait, et où les têtes rouleraient sur l'échafaud.

On raconte que quand quelques peuplades sauvages de l'Amérique en viennent aux mains, les loups, avertis par les hurlements précurseurs du combat, sortent de leurs forêts, s'asseoient à quelque distance de la scène de carnage, et attendent tranquillement le moment de la curée ; tandis que des nuées de corbeaux tournoient et coassent dans l'air, dans l'espoir d'avoir aussi leur part du butin.

Ainsi, dans nos villes, dans nos bourgades, hélas ! et jusqu'au fond de nos hameaux, une foule d'êtres humains, baptisés comme nous, élevés comme nous, mais séduits par d'infernales doctrines, attendaient naguères, et attendent peut-être encore paisiblement le jour où il leur sera donné de voir couler le sang humain. Horreur ! des hommes, des femmes même, des enfants, dévouent à la mort telle et telle tête, ne regardent ni au nombre ni à la qualité, et prétendent acheter le bonheur à ce prix.

On a entendu, il y a peu d'années, le cri de : *Vive la guillotine !* On a vu le monstrueux instrument gravé sur des murs, sur des livres, sur des vêtements ! On aspire au bonheur de voir jouer son fatal couteau, qu'on appelle gaîment le *rasoir national !*

Et qui sont ceux qu'on dévoue ainsi à la mort ? Sont-ce des malfaiteurs ? des galériens ? des homicides ? Non : ceux-là n'inspirent que de la pitié. Mais ce sont des bourgeois, des négociants, des capitalistes, des propriétaires, des prêtres : les hommes les plus honorables, et qui n'ont d'autre tort que d'avoir de la fortune, ou d'avoir fait du bien à ceux même qui les menacent.

Je demanderai, par exemple, quel est le crime du pauvre Matthieu Charrue ? Pendant soixante ans, il a tâché d'être utile à ses semblables. Il défie qui que ce soit de désigner un service qu'on lui ait demandé et qu'il ait refusé. Il a vécu en chrétien fidèle, en citoyen soumis, en bon époux, en bon père, en bon voisin, en bon ami ; il n'a jamais haï, contrarié ou lésé personne : et pourtant sa tête a été désignée à l'échafaud ! Son nom figurait sur la liste révolutionnaire ! Pourquoi ? On le lui a dit : parce que les gens comme lui font obstacle !

Singulière révolution que celle qui se propose le bien-être universel, et à qui les honnêtes gens font obstacle ! Etrange paradis du travailleur, qui doit être arrosé du sang des travailleurs !

Je l'affirme, sans crainte d'être démenti : la première révolution a fait bien des maux, mais elle fut l'œuvre d'un petit nombre. Les campagnes virent avec terreur la guillotine se lever et régner sur la France. La vue du sang faisait mal à nos pauvres laboureurs. On n'eût pas trouvé, comme aujourd'hui, au foyer de la chaumière, des cœurs assez dépravés pour désirer l'effusion du sang humain. Peut-être convoita-t-on quelques coins de champ : on ne demanda jamais de têtes.

Je dis qu'une nation où ces horribles appétits ont pu se réveiller, porte un sceau de malédiction. Le Seigneur l'a abandonnée, au moins pour un temps, et d'affreuses calamités la menacent.

Et qu'on ne se fie pas à ce calme apparent, à cette tranquillité d'un moment. Pour être contenus par la force, ces sauvages instincts ne sont pas détruits. Le tigre paraît quelquefois sommeiller ; et, sous le calme, se cache souvent la tempête.

Puissent mes douloureux pressentiments ne se réaliser jamais !

LETTRE VIIIe.

La montagne de misères.

Il est assez commun de jeter un œil d'envie sur le sort de son voisin, et de se croire plus malheureux que lui. Cependant, il est certain que les biens et les maux se rencontrent dans toutes les conditions, et dans une somme qui n'est pas loin d'être égale. C'est la pensée d'un philosophe célèbre de l'antiquité (1), que, si toutes les misères de l'humanité étaient réunies en un seul monceau, pour être de nouveau distribuées le plus également possible entre tous les mortels, ceux qui se croient maintenant les plus malheureux préféreraient encore la portion que leur avait assignée la Providence à celle que le hasard leur départirait. Un ancien poëte (2) a dit aussi que les maux dont nous nous plaignons si amèrement sont beaucoup plus supportables pour chacun de nous que ne le seraient ceux attachés à toute autre condition que nous aurions choisie.

(1) Socrate. (*Note de l'éditeur.*)
(2) Horace. (*Note de l'éditeur.*)

Un soir d'hiver, en réfléchissant sur cette vérité, je sentis peu à peu mes paupières s'appesantir, et bientôt je tombai dans un profond sommeil. Un rêve s'ensuivit ; et ce rêve, chers laboureurs, le voici :

Il me sembla que j'étais transporté dans une plaine immense, et qu'une voix retentissante avait proclamé que tous les mortels eussent à venir y déposer le fardeau de leurs misères, après quoi on procéderait à une nouvelle distribution. Cette annonce piquant ma curiosité, je m'approchai le plus possible du centre de la plaine désignée à cet effet, et je ne vis pas sans une étrange confusion de sentiments, l'énorme cohue du genre humain se pressant, se précipitant de tous les bouts de l'univers, et chaque être vivant jetant tour à tour son fardeau dans le tas, qui devint en un clin d'œil une prodigieuse montagne, dont la cime dépassait de beaucoup la région des nuages. A côté de cette montagne se tenait une femme de forme aérienne, qui déployait la plus grande activité dans cette singulière opération ; elle avait à la main un magnifique microscope (1), et portait une robe à replis immenses, dont les couleurs séduisantes variaient au gré des rayons du soleil ou des caprices du vent, et sur laquelle étaient peintes, en couleurs très-vives, mille figures plus fantastiques les unes que les autres. Elle avait quelque chose de sauvage et de distrait dans le regard ; son nom était l'*Imagination*. C'était elle qui conduisait tous les venants, leur tendait obligeamment la main, et les aidait à charger et à décharger leurs fardeaux. Mon cœur se fendait, rien qu'à entendre ces pauvres humains soupirer et gémir sous le faix, et à voir cet inconcevable amas de nos misères. Je fus, surtout, douloureusement surpris d'y voir un si grand nombre d'habitants des campagnes : moi qui croyais que le contentement et l'amour de leur condition régnaient encore parmi eux !

(1) Sorte d'instrument, dont l'effet est de grossir considérablement les objets. (*Note de l'éditeur.*)

Toutefois, je dois le dire, ce spectacle si triste en lui-même était souvent égayé d'incidents fort divertissants. Je vis un homme, par exemple, qui tirait de dessous un manteau richement brodé un paquet soigneusement fermé ; et, quand ce paquet fut dans le tas, je découvris que c'était la pauvreté. Un autre, après bien des efforts, déchargea enfin son ballot : c'était sa femme. Plus loin, une troupe d'amoureux s'avançait écrasée sous un poids de *flammes d'amour*, de *billets doux*, de *soupirs méprisés*, etc... Mais, ce qui me parut singulier, c'est que, tout en paraissant accablés sous leur charge, ils se décidaient pourtant avec peine à s'en débarrasser : ce qu'ayant fait à la fin, ils s'en retournèrent, néanmoins, aussi lourds et aussi dolents qu'ils étaient venus. Plus loin, une foule de vieilles femmes jetaient leurs rides, et beaucoup de jeunes dames leur peau cuivrée ou bourgeonnée. On voyait tomber comme la grêle les nez rouges, les lèvres épaisses, les dents jaunes ou cariées. Ce qui me surprit, c'est que la montagne n'était composée que de difformités physiques. Un gros gaillard, qui m'avait paru plus chargé que les autres, éveillait particulièrement mon attention, et presque ma pitié ; il lança enfin son paquet dans ce muséum de nouvelle espèce : c'était une bosse énorme qu'il avait apportée, comme les chameaux, en venant au monde. Aucune espèce de maladies ne manqua au rendez-vous ; mais il y en avait plus d'imaginaires que de réelles. Une, surtout, se retrouvait presque dans tous les fagots : c'était l'ennui. Somme toute, je fus extraordinairement étonné, je le répète, de ne voir dans le monceau à peu près que des défauts ou des maladies du corps, et pas un vice du cœur ou de l'esprit, pas une passion, pas une folie, pas un crime, pas même un préjugé ! Pourtant, l'occasion était belle. Un scélérat fieffé s'acheminait lentement, respirant à peine sous sa charge ; je croyais, et vous auriez cru comme moi, lecteur, qu'il allait bien vite se débarrasser de ses crimes : pas du tout, il ne jeta que ses remords. Il était suivi d'un autre coquin, qui, au lieu de ses passions infâmes, déposa seulement un reste de pudeur. Et ainsi de mille autres.

Ce fut pour moi un indicible plaisir de voir enfin l'humanité débarrassée de ses misères, et une fois, pour le moins, au comble de ses vœux. Quand cette besogne fut achevée, la femme qui y avait déployé tant de zèle, me voyant spectateur oisif, s'approcha de moi, et me mit son microscope devant les yeux. Je n'y eus pas plutôt découvert ma figure, que je restai comme pétrifié d'étonnement et de honte de la voir si petite, bien qu'elle fût encore considérablement grossie par le verre. Sa largeur si disproportionnée à sa hauteur me mit tout à coup d'une telle humeur, que je la pris, furieux, et la jetai dans le monceau, comme on ferait d'un masque. Il arriva tout juste que mon voisin venait aussi de se défaire de son visage, qu'il trouvait, au contraire, trop haut pour sa personne. Effectivement, c'était un morceau d'une longueur démesurée, et je ne crois pas exagérer en disant que son menton avait à lui seul la taille de mon visage. Ainsi, le plus heureux hasard nous fournissait à tous deux l'occasion de réparer le tort de la nature.

Chacun ayant de la sorte rejeté ce qui lui déplaisait dans sa personne, on éprouva un mouvement général de satisfaction. Je remarquai que, dans cette foule innombrable qui faisait le tour de la montagne, il y en avait à peine un qui ne découvrît et ne montrât avec surprise, parmi les prétendues misères, les objets qu'il avait jusque là regardés comme des conditions de bonheur et de purs bienfaits du Ciel, et ne s'indignât que le propriétaire s'en fût si mal à propos dépouillé.

Après une courte pause, la voix se fit de nouveau entendre, et proclama que chacun avait la liberté de reprendre une autre affliction en place de la première, et de s'en retourner chez soi. Sur ce, l'Imagination se mit de plus belle en mouvement pour choisir et refaire à chacun un nouveau paquet; mais alors le désordre et la confusion devinrent épouvantables C'étaient un empressement, une agitation, des cris impossibles à décrire. Je ne pus voir qu'à grand'peine quelques-uns des échanges qui eurent lieu, et j'en rendrai scrupuleusement compte au lecteur.

D'abord, un vénérable vieillard, qui avait jeté sa colique, et qui n'avait pas d'héritier pour son immense fortune, prit en place un fils dénaturé, dont un père irrité venait de se décharger; mais l'effronté jeune homme était à peine entre les mains de son père adoptif, qu'il se mit à le tirer par la barbe, à le secouer, à lui faire souffrir mille avanies, de telle sorte que le pauvre homme venant à rencontrer le véritable père, qui se tordait à l'écart, tourmenté d'horribles tranchées, il lui proposa, sans hésiter, de rendre sa colique et de reprendre son fils: malheureusement, les choix étaient irrévocables. Un pauvre galérien, qui avait déposé ses chaînes, reprit la goutte en place, et fit dès l'abord si piteuse grimace qu'on vit bien qu'il n'avait rien gagné au change. Un laboureur, de mes amis, qui avait jeté son soc de charrue, reçut en échange une hotte de chiffonnier. Beaucoup reprirent la faim en place du défaut d'appétit, la pauvreté pour la douleur, la maladie pour le souci. Le monde femelle, surtout, faisait un bruit épouvantable; c'était à qui prendrait le plus vite un lot convenable. Une vieille dame reçut un ulcère, en place d'une pincée de cheveux gris; une autre, d'âge moyen, reprit des épaules en cintre, au lieu d'une taille trop épaisse; une troisième changea une laide figure contre une mauvaise réputation; une vieille demoiselle, qui n'avait rien trouvé de défectueux en sa personne qu'une cicatrice sur l'œil droit, reçut en échange une trogne d'ivrogne. Mais je puis affirmer qu'il n'y avait pas une d'elles qui ne crût sa nouvelle difformité bien plus désagréable que la première; ce que j'observai, du reste, de tous sans exception : sans doute parce que les maux sont toujours mesurés par la Providence à notre condition et à nos forces; et puis, peut-être, parce que l'habitude nous les a déjà rendus plus supportables.

J'eus, néanmoins, pitié du pauvre homme dont j'ai parlé plus haut, qui, au lieu de sa bosse, rapporta une sciatique aiguë ; et non moins d'un jeune élégant qui venait de troquer avec lui, et qui se vit obligé de traverser un cercle de dames habituées autrefois à l'admirer, mais aujourd'hui pouffant de rire, à la vue de ses deux épaules qui dépassaient sa tête.

Je ne dois pas non plus m'oublier moi-même. Mon ami au long visage n'eut pas plutôt essayé ma petite figure, que je me mis à éclater de rire : tant cela lui donnait un air ridicule. Le pauvre homme en fut tout honteux. Au fond, je n'avais pas si grande raison de triompher ; car, croyant porter la main à mon front, je manquai mon coup, et n'arrivai qu'à ma lèvre supérieure. De plus, mon nez était tellement saillant que je ne pouvais porter la main à aucune partie de mon visage sans l'atteindre et l'écorcher misérablement.

Nous nous consolâmes de notre mésaventure en voyant que nous n'étions pas encore les plus malheureux : témoin deux propriétaires, nos voisins, qui avaient échangé ensemble, l'un une paire de jambes énormément grosses et hautes comme des quilles, et l'autre deux longues crosses sans mollets, et semblables à des manches à balai ; d'où il résultait que le premier, se trouvant tout à coup hissé à une prodigieuse hauteur et bien au-dessus de son ancienne taille, ne pouvait regarder à terre sans que la tête lui tournât ; tandis que le second ne savait comment mettre en mouvement les deux lourds supports dont il venait de faire l'acquisition. Comme ce dernier m'avait l'air d'un bon vivant, je plantai mon bâton en terre, et pariai avec lui qu'il n'y arriverait pas dans un quart d'heure.

Bref, le tas se trouvant distribué entre tous les membres de l'espèce humaine, hommes ou femmes, ce fut un spectacle encore plus piteux que le premier de voir ces infortunés errer, çà et là, abîmés sous leur charge, et déplorant amèrement leur folie. Ce n'était, tout le long de la plaine, qu'un concert de murmures, de plaintes et de lamentations; personne ne pouvait s'accommoder de sa nouvelle infirmité, et redemandait à grands cris la première. On s'apitoyait, on se heurtait, on se tordait de désespoir. Enfin, je ne pourrais dire quels transports de joie éclatèrent de toutes parts, quand tout à coup la voix se fit entendre pour la troisième fois, permettant à chacun de reprendre son ancien fardeau. Oh! certes, aucun ne se le fit dire deux fois, et dans un instant la montagne reparut à nos yeux, aussi haute qu'auparavant ; seulement, le fantôme qui était à côté avait disparu, et à sa place était descendue une vierge aux mouvements graves et composés, au maintien sérieux, au visage empreint d'une douce sérénité. Elle levait de temps en temps les yeux vers le ciel. Elle tenait une croix à sa main : son nom était *la Patience*. A peine se fut-elle approchée de la montagne de misère, que celle-ci s'enfonça peu à peu, et me sembla diminuée des deux tiers. La vierge s'occupa ensuite de rendre à chacun son premier lot, et d'apprendre à tous la manière la plus commode de le porter, et l'art d'en diminuer le poids. Je m'apercevais que ses paroles rendaient à toutes les figures une expression de dignité, et je ne vis pas revenir une seule personne qui ne portât joyeusement son fardeau, en remerciant tout haut la Providence de n'avoir pas abandonné à chacun le choix de sa condition et des maux qui l'accompagnent.

Ce fut pour moi une solide et mémorable instruction que ce rêve singulier. J'en tirai trois conclusions, que je vous abandonne volontiers, chers laboureurs, mes amis :

1° Il ne faut jamais murmurer contre la Providence, ni se plaindre qu'on ait une plus grande part que les autres dans les misères de cette vie ;

2° Il ne faut être ni trop crédule, ni trop incrédule sur les maux de son prochain ;

3° Il ne faut porter envie à aucun état, à aucune condition, parce qu'on ignore les maux réels cachés sous les apparences trompeuses du bonheur.

LETTRE IX°.

Un homme qui n'est pas comme les autres.

Quand on se donne la peine d'examiner à fond les causes de cette dégradation générale qui est le fait de notre siècle, on ne peut se défendre d'arriver, si on a l'esprit droit, à cette conclusion : les mœurs publiques et privées se détériorent à mesure que l'influence du prêtre diminue.

Oui, là où l'autorité du prêtre s'est maintenue, les lois sont respectées, la paix règne entre les citoyens, les procès sont rares, la débauche est inconnue ; on y jouit encore de toute la somme de bonheur et de tranquillité possible.

Dans les lieux, au contraire, où l'ascendant du prêtre est nul ou affaibli, les crimes se multiplient, l'immoralité se propage, et l'ordre est sans cesse troublé ou exposé à l'être.

Explique qui voudra ce phénomène : il existe. Un philosophe serait embarrassé d'en donner la raison : un chrétien ne l'est pas.

Le prêtre, quoi qu'on en dise, n'est point un homme comme les autres. A sa parole, à son exemple, à son ministère, est attachée une vertu qui n'existe pas ailleurs. Il y a en lui une force qui n'est ni dans le militaire, ni dans le magistrat, ni dans quelque citoyen que ce soit. Ce qu'il dit et ce qu'il fait n'est point comme ce que disent et ce que font les autres ; ses conseils ont plus de oids, ses ordres plus d'autorité, ses menaces plus d'empire ; ses défauts même et ses fautes ne sont point pesés au poids commun ; et quand, par malheur, le scandale se rencontre chez lui, il y prend des proportions qu'il n'atteint jamais ailleurs. Il n'y a pas de comparaison, par exemple, entre un prêtre ivrogne ou immoral (s'il s'en trouve par hasard) et un magistrat ou un militaire entaché de l'un de ces deux défauts.

Le prêtre n'a point un vêtement comme les autres, une vie comme les autres, des habitudes comme les autres. Chose étrange! il perd toute considération, s'il ressemble aux autres. Personne : ni l'enfant, ni le vieillard, ni le riche, ni le pauvre, ni le savant, ni l'ignorant, ni le croyant, ni l'incrédule, ni le civilisé, ni le sauvage, ne traitent le prêtre à l'égal des autres hommes. Dans cette multitude de sillons que tracent sur la terre les enfants d'Adam, le sien est distinct. Il a son histoire, ses combats, ses travaux, ses échecs, ses succès, son influence à part ; il s'est mêlé à tout dans le monde, et il ne s'est confondu avec rien ; on le trouve dans tous les siècles, dans tous les lieux, mais toujours différent des autres, et tranchant sur tout ce qui l'entoure. Ceux même qui le haïssent, ne le haïssent pas comme ils haïraient tout autre ; ceux qui le combattent, le combattent avec des armes particulières.

Non-seulement il ne vit pas comme les autres, mais il ne meurt pas même comme les autres ; sa mort produit une sensation particulière. Prêtre ordinaire, il est regretté, apprécié et pleuré ; prêtre éminent en sainteté, il emporte d'emblée les suffrages, l'admiration, souvent l'invocation de ses concitoyens ; prêtre scandaleux, il inspire une affreuse épouvante. Toujours sa mort laisse un vide plus large, plus difficile à combler ; toujours sa mémoire est plus durable que toute autre dans le cœur des peuples.

Je dis que la haine a pour lui un caractère particulier. Montrez-moi, en effet, une corporation sur qui ait pesé une haine de dix-huit siècles. Cherchez un genre de torture, d'oppression, d'exil, de calomnie, d'injustice.

qui n'ait été employé contre le prêtre. Quelle est l'institution humaine qui eût résisté à la centième partie des persécutions dont il a été abreuvé ? Et cependant le voilà debout. *Il a pu être tué*, dit un auteur qui fut un saint prêtre lui-même, *il n'a pu être vaincu* (1) !

Un tel fait ne peut s'expliquer par des raisons humaines. Dix-huit cents ans d'autorité et de combats ne se comprennent guères, au milieu des changements auxquels sont assujetties toutes les créations de l'homme. Si le sacerdoce n'était d'en haut, il serait tombé cent fois. Des codes, des empires, des nations, des philosophies, des littératures ont passé ; les mœurs politiques ont subi mille et mille variations ; et le sacerdoce est resté debout, toujours le même. Des nations ont été civilisées, d'autres sont devenues barbares : les premières ont été sauvées par l'action du prêtre ; les secondes, perdues par son absence. De tous les peuples où la civilisation a lui, on n'en peut montrer un qui l'ait reçue d'autres mains que de celles du prêtre ; sans lui, le monde serait resté enseveli dans la barbarie, ou se serait perdu dans la corruption.

Habitants des campagnes, ces vérités sont de la dernière évidence. Si vous aviez eu, comme moi, le temps et l'envie de lire l'histoire, vous vous seriez convaincus de ce grand fait, qui ressort de toutes ses pages : *tout par le prêtre, rien sans le prêtre*. Vous auriez vu, comme moi, la paix et l'ordre fleurir partout où le prêtre a de l'influence, et le désordre s'établir partout où il a disparu.

Et, au fait, les peuples ne sont que de grands enfants. L'histoire nous les montre affligés de cette perpétuelle mobilité, qui fait le caractère du premier âge : se laissant mener comme au hasard, haïssant ou aimant tour à tour, se jetant en masses aveugles du côté du bien ou du côté du mal. Ils ont donc besoin de guides. Sans doute, ils en ont eu ; mais tantôt de bons, tantôt de mauvais. J'ai bien

(1) Sacerdos potest occidi, non vinci. (*Saint Cyprien.*)

examiné, j'ai beaucoup lu et beaucoup réfléchi, et je suis arrivé à ce principe : le prêtre est, de tous les guides du peuple, le plus désintéressé et le plus sûr. Et les raisons en sont faciles à saisir.

D'abord, le prêtre puise sa doctrine à une source plus élevée et plus pure ; il tire du ciel ce qu'il dit. Rendons cette justice à nos pasteurs, qu'ils ne nous enseignent que des choses utiles. Leurs plus grands ennemis ne pourraient démontrer le contraire. Il faut être de la dernière impudence pour dire qu'un prêtre enseigne le désordre. En effet, il recommande la justice, la piété, la charité, le pardon des injures, la tempérance, la paix, l'union, etc.

Est-ce là ce qui peut amener le désordre ? Il n'y aurait qu'un cri contre le prêtre qui dirait en chaire : Mes frères, je vous engage à vous haïr les uns les autres, à fréquenter les cabarets, à user joyeusement de la vie, à vous livrer à vos goûts et à vos penchants, sans crainte des jugements de Dieu, etc. Un sermon fait sur ce ton serait un scandale, dont on n'a pas encore eu d'exemple. J'en appelle ici à la conscience de chacun, même des ennemis du prêtre : une population qui suivrait de point en point les conseils du prêtre ne serait-elle pas réglée et heureuse? Les vices y régneraient-ils encore ?

J'ajoute que, de tous les guides d'un peuple, le prêtre est, par sa position même, le plus désintéressé. Qu'a-t-il à gagner à ce que la paix règne parmi vous ? Rien, si ce n'est la satisfaction qu'éprouve un bon père à voir sa famille bien rangée. Vos procès ne le ruinent pas, vos débauches ne le déshonorent pas, vos rixes et vos haines ne le blessent pas. Sans doute, il en souffre, mais pour vous, et par l'affection qu'il vous porte. Il n'attend, du reste, aucun profit des succès de son ministère ; il n'en sera ni plus riche, ni plus à l'aise, quand vous vous serez réconciliés, quand vous aurez évité des procès, quand vous fuirez les cabarets, quand vos enfants auront mis fin à leurs désordres. Il en éprouvera une satisfaction toute spirituelle ; mais sa bourse n'y aura pas gagné un écu. Il vivra et mourra tout aussi pauvre après qu'auparavant.

Et si par hasard il s'avise de vous donner un conseil politique, pour une affaire d'élection, par exemple, il y a cent à parier contre un que c'est dans votre intérêt et dans l'intérêt de l'ordre. Je vous affirme que, pour mon compte, je n'ai jamais voté sans avoir consulté mon curé, et que je m'en suis toujours bien trouvé. L'expérience a prouvé que mes choix ont été les meilleurs. J'entendais quelquefois les démocrates crier à mes côtés : C'est l'homme du curé, je n'en veux point. Je disais, moi, au contraire : C'est l'homme du curé, je le prends. Et j'ai bien fait. Les représentants nommés par nos démocrates ont jeté peu après le masque qu'ils avaient pris pour séduire le paysan. On a reconnu, mais un peu trop tard, que ces prétendus amis du peuple étaient des socialistes renforcés, des ennemis jurés de la religion et de la propriété, et qu'en réalité la liste du curé était la seule bonne.

Habitants des campagnes, je vous parle d'après une expérience de soixante-dix ans. Depuis que j'ai l'usage de raison, je n'ai rien entrepris sans l'avis du prêtre. Je me suis fait une loi de lui soumettre toutes mes idées un peu importantes, toutes mes démarches, tous mes projets de quelque valeur : et jamais ses conseils ne m'ont trompé. Mon père avait fait comme moi, mes enfants marchent sur nos traces; et jamais, non jamais, une seule fois, nous n'avons eu lieu de nous en repentir. Essayez, et vous verrez. Vous verrez qu'en morale, en justice, en politique, en affaires temporelles même, c'est souvent le prêtre qui voit le plus juste. Et la raison en est facile à comprendre : il prend la loi de Dieu pour flambeau. Avant de consulter le Code civil, il consulte la conscience, qui est un guide bien plus assuré. Il apprécie les hommes et les choses d'un point de vue plus élevé; et, dégagé, d'ailleurs, de la plupart des passions et des affections qui nous aveuglent, il a le coup d'œil plus ferme et plus juste.

Il me semble qu'il y a une bénédiction, même temporelle, attachée à ses avis. En tout cas, on ne le méprise

jamais impunément. Ecoutez ce que disait là-dessus un grand homme de ce siècle : « Je vous ai souvent dit mes
» secrets sur les sentiments de vénération que m'inspire
» un prêtre. Vous rirez peut-être de moi quand je vous
» dirai que je porte ce respect jusqu'à la superstition,
» mais le fait est que je ne puis m'en défendre. Je n'ai
» jamais connu une seule personne traitant les ministres
» de l'autel d'une manière inconvenante qui ait prospéré
» dans le monde. Il y a, même sur cette terre, une ma-
» lédiction jetée sur ces gens-là (1). »

Hélas ! je dois constater avec tristesse que ces sentiments ne sont pas universellement les vôtres. Et ce n'est pas le moindre succès de vos ennemis d'avoir su vous indisposer contre votre guide le plus naturel et le plus sûr. Depuis longtemps ils visaient à ce résultat, et ils ne sont pas loin de l'obtenir. Frères, du jour où le prêtre sera sans influence parmi vous, votre perte commencera. Ecoutez bien ceci :

Un jour les loups se dirent entre eux : Les brebis sont si bien gardées que nous ne pouvons pénétrer parmi elles. C'est à peine si nous en attrapons, par-ci par-là, quelqu'une écartée du troupeau. Avisons donc à un moyen de nous débarrasser de ces chiens incommodes, qui nous réduisent à mourir de faim. — Là-dessus, ils entrèrent en pourparler avec les brebis, et leur dirent : Quelle manie avez-vous de garder ces hargneux animaux, qui à chaque instant vous donnent des coups de dent pour vous faire rentrer dans les rangs, et vous empêchent de prendre gaîment vos ébats, et d'aller paître où bon vous semble ? Ils vous distraient même pendant votre sommeil, par leurs aboiements inopportuns, et vous font croire à des périls imaginaires. Croyez-nous : renvoyez-les. — Les brebis crurent à ces conseils perfides, et renvoyèrent leurs chiens. Mais, bientôt après, elles avaient toutes disparu les unes après les autres.

---

(1) O'Connell, *Lettre confidentielle*.

Vous devinez le sens de l'apologue. Les brebis, les honnêtes et innocentes brebis, c'est vous, gens simples et droits, qui ne soupçonnez jamais la ruse. Le chien fidèle, c'est le gardien de vos âmes, ce prêtre vigilant et sévère qui songe nuit et jour à écarter de vous le péril ; parfois ses cris vous importunent, ses avertissements vous ennuient ; vous trouvez bien dure sa morale, ses menaces bien exagérées, ses plaintes bien amères : et pourtant tout cela part du tendre amour qu'il vous porte, et de la crainte qu'il a de vous voir périr. Enfin, les loups, ce sont ces hommes sans Dieu et sans foi, ces révolutionnaires impies qui rêvent le bouleversement universel, et qui, ayant besoin de vous pour cette œuvre satanique, vous flattent pour vous séduire et vous trompent pour vous perdre.

Laboureurs, les révolutions ont perdu des hommes en grand nombre, des villes, des nations entières : l'histoire l'atteste, et notre propre expérience nous le prouve. Montrez-moi un homme, une ville, une nation, qu'un prêtre fidèle ait perdus.

Ah! croyez-moi, restez du côté de votre meilleur ami. Nous autres, pauvres paysans, nous sommes exposés à bien des piéges ; on nous berne, on nous trompe. Des hommes que nous ne connaissons pas, ou d'autres que nous connaissons trop bien, cherchent à nous gagner à des idées nouvelles ; et pour cela ils nous inspirent du mépris ou de l'éloignement pour notre vigilant gardien, pour le pasteur de nos âmes : bien sûrs qu'un troupeau sans pasteur est vite dispersé.

Laboureurs, je voudrais voir écrits sur toutes vos portes les derniers mots qu'un homme de bien m'adressait avant de mourir :

« Je me suis souvent repenti d'avoir négligé les avis du prêtre, jamais de les avoir suivis. »

LETTRE X^e.

Le peuple.

Un des caractères propres des révolutions, c'est de fausser le sens des mots. Les mots n'étant que les expressions des idées, il est tout naturel, quand on veut confondre celles-là, qu'on commence par brouiller ceux-ci. Désordre dans les mots, désordre dans les idées, désordre dans les faits : voilà, en peu de paroles, l'histoire des révolutions.

On a fait, si je ne me trompe, des dictionnaires pour toutes les sciences, et même pour les arts et métiers. En lisant les journaux, je me suis amusé quelquefois à parcourir leur quatrième page, souvent pleine d'annonces; j'y voyais figurer beaucoup de dictionnaires. J'y ai inutilement cherché le *Dictionnaire des révolutions*. Ce serait pourtant un livre utile : au moins on y verrait le sens que les révolutionnaires attachent aux mots.

Dans la première révolution nous avions les *Suspects*, les *Feuillants*, les *Modérés*, les *Girondins*, les *Aristocrates*, les *Contre-révolutionnaires*, les *Fédéralistes*, et bien d'autres expressions dont le sens n'a jamais été fixé, qui ont dit tout ce qu'on a voulu leur faire dire, et ont mené une foule de gens à l'échafaud.

Dans le vocabulaire de nos plus récentes révolutions, il est surtout deux mots que j'aurais cherchés avec empressement, afin d'être fixé sur leur sens : ce sont les mots *jésuite* et *peuple*.

Qui est-ce qui pourrait me dire clairement ce que c'est qu'un jésuite, dans le sens révolutionnaire? L'histoire, le bon sens, et même les anciens dictionnaires, nous disent qu'un jésuite est un religieux de la Compagnie de Jésus ; un membre de cette illustre et éminente société que fonda, il y a un peu plus de trois siècles, Ignace de Loyola, laquelle a produit une foule d'hommes distingués, entre autres douze mille écrivains et huit cents martyrs ; qui a donné au monde des saints comme saint François-Xavier, saint François de Borgia, saint Louis de Gonzague, etc... ; qui a semé l'évangile en Chine, au Japon, en Perse, en Syrie, en Abyssinie, dans les deux Amériques, etc... ; qui a combattu toutes les hérésies et tous les schismes ; enfin, qui occupe une des places les plus glorieuses qui existent dans les annales du catholicisme. Voilà, au fond, ce que c'est qu'un jésuite.

Mais cette glorieuse compagnie étant extrêmement redoutable aux impies et aux révolutionnaires de toutes les espèces, tous se sont ligués pour la détruire, ou, du moins, pour l'expulser des principaux Etats d'Europe, et ils en sont venus à bout. Ce serait une curieuse histoire à vous conter que celle-là ; je n'en ai pas le temps. Bref, le mot de jésuite a été si bien retourné, répété, rebattu, noirci et calomnié par ces gens-là, qu'il est devenu un non-sens sous lequel on peut cacher toutes sortes d'injures.

Pour mon propre compte, j'ai vu faire de ce mot respectable le plus étrange abus. En 1814, il signifiait tout simplement disciple de saint Ignace; en 1822-24, membre de la congrégation; en 1826, membre de la *camarilla* (1); en 1828-29, catholique tout simplement, ou ultramontain ; en 1830, ami de la royauté, et partisan du ministère Polignac ; sous Louis-Philippe, il a voulu dire

---

(1) C'était le nom que le libéralisme avait inventé pour désigner un certain nombre de conseillers de la couronne, à l'influence desquels on attribuait les actes de la royauté de 1815 à 1830. (*Note de l'Editeur.*)

partisan de la liberté d'enseignement ; en 1848, partisan d'un pouvoir régulier ; puis ami de l'ordre, de la propriété, ennemi des clubs, des commissaires et des 45 centimes (système Ledru-Rollin) ; ami de Barbès (système Blanqui ; ami de Blanqui (système Barbès) ; ami de Cabet (système Louis Blanc ; ami de Louis Blanc (système Cabet) ; ami de Proudhon (système Leroux) ; ami de Leroux, ou de tout autre (système Proudhon), etc..., etc..., etc... Je ne finirais pas, si je voulais tout dire.

Eh bien ! ne trouvez-vous pas qu'il faudrait un dictionnaire pour s'y reconnaître ? Je gagerais même que ce nom respectable n'a pas encore pris sa dernière forme. S'il vous plaît, demandez donc à ceux qui vous en parlent ce qu'ils entendent par jésuite ? Quant à moi, j'ai regret de voir, par-ci par-là, des paysans même répéter ce mot, sans savoir ce qu'il veut dire, et donner un sens injurieux à une des expressions les plus honorables qu'il y ait au monde.

J'ajoute que je serai toujours du côté des jésuites : sûr, par là, d'être toujours d'un autre avis que les gens à qui je n'aimerais pas à ressembler.

Ensuite, qu'est-ce que le peuple, dans la bouche des révolutionnaires ? Autre expression dont on abuse étrangement. Ci-devant, dans le temps de ce gros bon sens, dont un grand écrivain a dit qu'il est le *maître du monde* (vérité qui n'est plus vraie aujourd'hui), dans ce temps-là, dis-je, on entendait par peuple la collection d'êtres grands ou petits, riches ou pauvres, qui composent une nation, et vivent sous un même gouvernement. Tout au plus en exceptait-on, en haut, le roi et quelques grandes familles qui composaient ce qu'on appelait l'aristocratie ; et, en bas, la partie vile et souillée, l'infime bas-fond de la société, ceux que la dépravation, l'ignorance crasse, des mœurs brutales et le crime, surtout, avaient séparés du reste de la nation, aussi naturellement que la lie se sépare du vin. Cette portion dédaignée et digne de l'être, arce qu'elle était comme le résidu, comme la sécrétion du corps social, s'appelait tout simplement *canaille,* d'un vieux mot latin, dit-on, qui exprimait déjà la même chose, il y a deux mille ans (1). Et, dans ce temps-là, personne ne s'y trompait.

Plus tard, les révolutions sont survenues, et comme leur but est de retourner, de renverser, ainsi que leur nom le porte, c'est-à-dire de mettre en haut ce qui est en bas et en bas ce qui est en haut, elles ont dû naturellement recueillir cette lie pour lui donner la préférence. C'est alors que la canaille commença proprement à faire acte de présence : elle leva le nez, elle fit la grosse voix, elle se montra, elle hurla, elle gesticula d'une manière étrange, et obligea enfin de compter avec elle. Naturellement encore, ses meneurs la flattèrent : ils avaient besoin d'elle, et l'encens enivre. Souvenez-vous bien de ce que je vous disais du vieux compliment de Satan à nos premiers parents. La canaille devint le peuple, la nation, le pays; on la nomma grande, héroïque, immense, généreuse, sublime. On peut la suivre d'étape en étape, dans sa marche progressive vers le pouvoir. Timide d'abord et aisée à refouler, elle grandit peu à peu, par la faiblesse de l'autorité; ses sourds murmures deviennent une voix, sa voix devient un rugissement. Elle nous donne successivement les *grandes journées* de la Révolution (c'est ainsi qu'on les appela, et qu'on les appelle encore) : les 5 et 6 octobre, le 20 juin, le 10 août, les 2 et 3 septembre, etc... Suivez les bandes de l'huissier Maillard et de Jourdan Coupe-Tête, le fameux bataillon des Marseillais, toute cette cohue de gens ivres et débraillés, qui dansent autour des échafauds et pétrissent la boue avec le sang : vous croyez peut-être que c'est là la plèbe? Non : c'est le peuple, la nation, la France, l'héroïque population de Paris et des départements. Et la racaille, où est-elle ? Eh !

---

(1) *Canalicolæ,* habitants des quartiers voisins du Tibre, où la misère semblait avoir fixé son rendez-vous, à Rome. (*Note de l'Editeur.*)

mon Dieu, ce sont ces nobles, ces prêtres, ces magistrats, ces ouvriers, ces paysans, ces domestiques, etc..., qu'on traque, qu'on emprisonne, qu'on juge, qu'on guillotine ou qu'on noie, parce qu'ils sont coupables d'avoir aimé Dieu et le roi.

Voilà, dans le langage révolutionnaire, ce que c'est que le peuple et la canaille.

Or, toutes les révolutions sont sœurs, ou, au moins, cousines-germaines. Les successeurs de Robespierre et de Danton, en adoptant les idées de leurs devanciers, n'en ont pas répudié le langage. Ils ont donc dû maintenir la canaille au rang du peuple, et le peuple au rang de la canaille. On ne parle pas toujours clairement, il est vrai; car, quelque révolutionnaire que l'on soit, on rougirait d'avouer ses sympathies pour la lie impure qui couve au fond des villes. Toutefois, c'est là que tendent les prédilections; c'est de ce côté-là que les compliments tournent. Aussi bien, c'est là que gît l'espoir des révolutions; on ne recrute que dans ces rangs l'armée qui est nécessaire pour opérer une émeute : car, comme il s'agit de renverser, c'est à ceux d'en bas qu'il faut s'adresser : ceux d'en haut n'entendent pas de cette oreille.

Désormais donc, habitants des campagnes, vous comprenez ce que les hommes de désordre désignent par le peuple. Aussi, quand vous entendrez les gens du parti dire, par exemple, que le peuple meurt de faim, croyez que cela veut dire tout simplement : nos émeutiers ont soif. Proclament-ils que telle et telle chose est la volonté du peuple? Dites, sans vous gêner, que c'est là le mot d'ordre qu'ils ont soufflé à leurs bandes déguenillées. *La volonté du pays; les droits du peuple; le peuple attend; le peuple sait*, etc..., autant de formules qui veulent dire : Le peuple, pour nous, c'est cette cohue sans nom qui crie, hurle, enfonce les portes, brise les réverbères, défonce les tonneaux, pille, saccage, et cherche, enfin, par toutes sortes de voies, la solution du grand problème: *manger sans travail le fruit du travail des autres.*

Ce qui m'étonne, c'est que ces contre-sens de mots et d'idées passent avec tant de facilité dans le langage ordinaire. Je le dis, la honte au front : il n'y a pas que les démagogues qui donnent au mot *peuple* le sens que nous expliquions tout à l'heure. Quand, en 1830, une misérable émeute culbuta, par une pitoyable surprise, la plus vieille et la plus belle monarchie du monde, j'ai entendu des hommes qui passaient pour sensés, des riches, de grands propriétaires, des industriels, de bons gros bourgeois, des officiers, des lettrés, des académiciens, des administrateurs, et bien d'autres, crier, d'abord en prose : *Le peuple a vaincu ! vive le peuple de Paris ! le grand peuple de* 1830 ! et ensuite chanter en vers :

> *Peuple* français, *peuple* de braves,
> La liberté rouvre ses bras !
> On nous disait : Soyez esclaves, etc.

Ce fut ainsi, pendant je ne sais combien d'années, un chœur de louanges à l'honneur du glorieux *peuple* de Juillet. Ah ! que ces sottises me faisaient mal au cœur, à moi, pauvre vieux paysan, qui avais vu les folies de la première révolution ! Dès ce moment j'augurai que les choses iraient mal, et que plus d'un de ceux qui avaient applaudi s'en repentiraient bientôt.

Je voudrais, chers laboureurs, pouvoir vous dire ici librement ce que j'ai appris de certain sur la qualité et le nombre des prétendus héros de Juillet. Vous verriez avec honte et douleur, j'en suis sûr, en quelles mains se trouvent parfois jetées les destinées d'un grand peuple. En tous cas, je le demande au premier bourgeois venu : Quelle différence y a-t-il entre le *peuple* de Juillet 1830, et le *peuple* de Février 1848 ? Quelle différence y a-t-il entre le *peuple* de Février 1848, et le *peuple* du 15 Mai et du 23 Juin 1848 ? Quelle différence y a-t-il eu et y aura-t-il jamais entre tous les *peuples* du monde, qui se sont avisés ou s'aviseront de culbuter trônes, dynasties, charte, constitution, ordre de choses quelconque ?

De plus habiles que moi pourront y en trouver : quant à moi, je n'y en vois aucune : c'est toujours le *peuple* qui renverse, et, qui plus est, ce sont toujours des *jésuites* qui sont renversés.

Il serait bien temps qu'on ouvrît les yeux. L'expérience a parlé assez haut, ce me semble, pour que ceux qui ont un reste de bon sens ne se laissent plus prendre à des piéges aussi grossiers. Et pourtant, à l'heure où je parle, combien de rentiers, d'industriels, de commerçants, de bourgeois, parlent encore des victoires du *peuple*, de *jésuites*, de *révolutionnaires*, de *blancs*, et de mille autres choses aussi vides de sens !

Laboureurs, le peuple c'est vous, c'est vous surtout, vous qui formez la majorité des Français, vous qui payez la plus lourde part des impôts, vous qui donnez des soldats à la patrie, vous qui nourrissez tout le monde. Le peuple qui a droit de parler et d'exprimer ses vœux, ce n'est point cette tourbe impure que les villes fournissent pour l'émeute : véritable ramassis de gens sans aveu, d'ouvriers débauchés, de repris de justice ; immondices qui se déposent au fond de la société, comme la vase au fond des fleuves. Le vrai peuple, encore une fois, c'est vous. Vous qui êtes vingt-six millions, vous qui pourriez, si vous le vouliez, composer à vous seuls les corps délibérants, dicter des ordres, et assurer à jamais le règne de la justice et des lois.

Vous souviendrez-vous de cela, si jamais le cas se présente? Pourriez-vous être encore la victime de quelques centaines de ces galériens, qui se font un jeu de votre repos, de votre tranquillité et de votre avenir? Sera-t-il toujours vrai de dire que vous êtes un troupeau d'imbéciles qui se laisse mener à volonté? Et aura-t-il toujours raison, celui qui écrivait :

Les sots, depuis Adam, sont en majorité?

LETTRE XIe.

De l'affaiblissement de l'autorité paternelle.

Toutes les autorités se tiennent par la main. Au fond même, il n'y a qu'une seule autorité : celle de Dieu. Maître souverain et absolu de toutes choses, Dieu veut bien départir une portion de son pouvoir à quelques hommes, qu'il élève au-dessus des autres, avec la redoutable charge de commander, et sous la réserve de lui rendre compte, un jour, de l'usage qu'ils auront fait de la mission qui leur était donnée.

Dans les temps écoulés, on aimait à voir dans ses supérieurs l'image de Dieu : l'autorité était crainte et respectée. On croyait, comme saint Paul l'enseigne, que *celui qui résiste au pouvoir résiste à l'ordre de Dieu même*. Dans ce temps-là, on n'imaginait pas que le pouvoir fût le bien de tout le monde, une sorte de propriété commune, divisible par tête. La forme monarchique était la seule admise, la seule réputée juste, sage et vraie. L'autorité ne se partageait pas plus que le soleil.

En effet, le ciel étant une monarchie, la terre ne pouvait mieux faire que de l'imiter. Aussi avions-nous, dans l'ordre religieux, le pape ; dans l'ordre civil, le roi ; dans l'ordre domestique, le père. C'était partout la forme monarchique, et partout les choses allaient bien.

L'impiété, sous la forme de protestantisme et de démocratie, a renversé tout cela. Elle a secoué l'autorité de Dieu, l'autorité du pape, l'autorité des rois : comment l'autorité du père y aurait-elle tenu ?

Aussi celle-là s'en va-t-elle avec les autres. L'esprit révolutionnaire a sapé le foyer par sa base. Je n'ai pas besoin de rappeler que les démocrates de 93 ont déclaré que l'enfant appartient à l'Etat, avant d'appartenir à sa famille. Dès lors, le père n'avait pas plus de droits sur son fils que sur la caisse publique : il en avait le trente-millionième. Naturellement, l'enfant savait cela de bonne heure : car il apprenait à lire dans les *Droits de l'homme* et dans la Constitution. Je demande quel respect ce petit démocrate en herbe pouvait avoir pour son père ? Quand on le fouettait, il pouvait dire, comme un ancien : — Je suis citoyen romain : j'appartiens à la République, et non à vous. — Et le père n'avait rien à répondre.

Il est évident que cet esprit n'est pas mort avec les folies de 93. Il s'est insinué dans les mœurs, il y est resté, et il y restera jusqu'à ce que tout soit remis sur sa base. La manière indigne dont la jeunesse a vu traiter l'autorité depuis soixante ans n'a pas pu lui en inspirer un grand respect. On a joué avec Dieu, avec l'Eglise, avec les rois ; comment ne jouerait-elle pas avec ses parents? Quand l'enfant entend son père démocrate blasphémer tous les pouvoirs, rire de toutes les autorités, rejeter dédaigneusement tout ce qui est au-dessus de lui, comment ne se demanderait-il pas à lui-même : Cet homme qui ne veut pas qu'on lui commande, de quel droit me commande-t-il ?

Aussi le relâchement des liens de famille est-il prodigieux, depuis l'époque révolutionnaire. Ce respect profond que l'enfant portait à ses parents, et aux vieillards, en général, a fait place au mépris et à l'insubordination. En me rappelant l'autorité que notre bon père exerçait sur nous, la ponctualité avec laquelle nous exécutions ses ordres, la crainte respectueuse que nous inspirait sa présence, la douleur que nous éprouvions quand nous lui avions fait la moindre peine, je ne puis m'empêcher de mesurer la distance qui sépare ce temps-là de celui-ci. Combien y a-t-il de pères qui soient les maîtres chez eux? Combien y a-t-il de ménages où les enfants soient respectueux et obéissants? Que de fois j'ai été témoin de l'indocilité de la jeunesse, des paroles grossières, injurieuses même, dont elle accueillait les ordres les plus raisonnables! Que de fois j'ai vu des pères, des mères, baisser tristement la tête, ou essuyer les larmes que leur arrachait l'indigne conduite de leurs enfants!

Mais aussi, hâtons-nous de le dire, ces déboires étaient bien mérités. Les parents buvaient la lie qu'ils s'étaient eux-mêmes préparée. Leur négligence, leur faiblesse à l'égard de leurs enfants, étaient l'unique source des désordres sur lesquels ils versaient des larmes tardives et inutiles. C'est quand l'arbre est petit qu'on le redresse, c'est dans le bas âge qu'il faut plier la nature de l'enfant, et lui faire contracter les bonnes habitudes qu'il doit conserver toute sa vie. Or, rien de plus déplorable que la mollesse des parents sur ce point; ils se font littéralement les esclaves de leurs enfants. J'ai vu, je vois tous les jours des pères et mères accorder à des cris, à des larmes, aux plus simples caprices, tout ce qu'exige un marmot encore aux langes. Je vois des mères, surtout, ne savoir rien refuser aux importunités calculées des petits êtres qui les tyrannisent. On cède par faiblesse, on plie faute de courage; peu à peu les exigences augmentent d'un côté, tandis que les forces diminuent de l'autre. Voilà comment il se fait qu'à peine parvenu à l'âge de l'adolescence, un enfant domine ses parents. Au berceau, il ne s'agissait que d'une pomme ou d'un joujou, il est vrai; plus tard, il s'agit de toute autre chose. Ce sont des licences que l'on se donne, des compagnies dangereuses, des fréquentations suspectes, des sorties nocturnes, des parties de jeu ou de cabaret, etc. En vain le père, la mère, élèvent la voix; on continue à les traiter comme on les traitait autrefois; l'objet a changé, le fond reste le même; la débile main du père ou de la mère ne peut plus ressaisir les rênes qu'elle a laissé échapper.

J'ai dit ailleurs (1) combien mon père était sévère à notre égard : jusque là qu'à vingt-cinq ou trente ans, nous lui obéissons encore, comme à six ou huit ans. J'ai suivi la même méthode, et je m'en suis bien trouvé. On a plus d'une fois blâmé ma sévérité ; on me trouvait dur de priver ainsi mes enfants de ce qu'on est convenu d'appeler les amusements du jeune âge. Pour moi, je songeais beaucoup plus à assurer leur avenir qu'à leur procurer de stériles ou dangereux délassements. Je savais que Dieu me punirait plutôt pour n'en avoir pas fait des chrétiens que pour ne les avoir pas amusés. Aujourd'hui, je me félicite du parti que j'ai pris ; et je crois que beaucoup de ceux qui ont fait autrement sont moins rassurés que moi. Plus d'un de ceux qui raillaient alors ma conduite m'ont avoué plus tard qu'ils auraient bien fait de m'imiter.

Habitants des campagnes, je vous le dis : soyez pères, soyez mères dans la force du terme, et non sujets et esclaves de vos enfants. Rappelez-vous qu'il est cent fois plus facile de relâcher de son autorité, que de la reprendre quand on l'a perdue. Souvenez-vous que la force est nécessaire pour corriger les défauts du jeune âge, et que c'est être cruel à son égard que de ménager en lui ce qui doit, un jour, enfanter tant de malheurs. Eh! voyez déjà les désordres qui s'introduisent dans nos campagnes ; que de fois n'en avez-vous pas gémi! Que de fois ne vous en êtes-vous pas plaints! Eh bien! la source en est là : dans le relâchement de l'autorité paternelle. Si les pères avaient mieux veillé sur leurs fils, et les mères sur leurs filles : si, au lieu d'une lâche incurie ou d'une molle condescendance, on avait déployé une vigilance assidue et une autorité prudente et ferme, ces tristes spectacles n'affligeraient point nos yeux ; la simplicité, la

(1) Voyez les *Mémoires d'un vieux paysan*.

tempérance, les bonnes mœurs, la paix, la religion, enfin, régneraient encore parmi nous. Croyez-moi, ne relâchez rien de votre autorité ; elle vous a été donnée tout entière, elle vous sera redemandée tout entière. Faites-vous craindre et obéir. Si, pour le chrétien, la crainte du Seigneur est le commencement de la sagesse, pour l'enfant la crainte de son père est le commencement du bonheur et de la vertu. C'est un fol amour que celui qui ferme les yeux sur les vices d'un enfant, ou craint de les punir ; agir ainsi, ce n'est plus être père, c'est être bourreau.

LETTRE XIIe.

Une pratique.

Quelle que soit la distance qui sépare mes opinions de celles du sergent-major Langeron, nous ne sommes cependant point brouillés. Chaque fois qu'il me rencontre, il m'adresse la parole, et se plaît même quelquefois à me faire des objections sur des matières religieuses ou politiques ; et je ne sais s'il en sort toujours bien content de lui-même.

Un soir, je venais d'accomplir un des actes les plus importants de la vie chrétienne : je venais de me confesser. J'ai besoin de dire que la confession, cet acte si répugnant, si coûteux à la plupart des hommes, m'a toujours été extrêmement facile, et même doux. Dès ma jeunesse, j'ai pris goût à cette pratique, et c'est la marque la plus signalée de la bonté de Dieu à mon égard : car c'est à elle que j'ai dû la tranquillité et le bonheur de toute ma vie.

Habitants des campagnes, en est-il un parmi vous qui ait le cœur troublé ? Qu'il aille déposer ses peines dans le sein d'un prêtre, c'est-à-dire dans le sein de Dieu : et bientôt il sera soulagé.

Langeron commença par se moquer de moi. Je lui demandai s'il est plus ridicule de confesser le mal que de le faire ? Il me semble que la honte consiste à pécher, et non à avouer son péché.

— Sergent, lui disais-je, quand mes garçons étaient petits, leur caractère était bien différent. Dès que l'un avait commis une faute, il se retirait à l'écart, et boudait ; l'autre, au contraire, venait se jeter entre mes bras, et me dire en pleurant : Papa, je vous ai fait de la peine, je vous en demande pardon ; oubliez ma faute : je ne la commettrai plus. Lequel vous eût semblé le plus aimable et le plus digne de pardon ?

— Le dernier, me répondit-il.

— Eh bien ! voilà notre histoire à nous deux. Si vous avez le malheur de faire une faute, vous la cachez, vous la niez, vous l'oubliez peut-être ; moi, je cours la jeter dans le sein de Dieu, par l'entremise du prêtre, en lui disant : J'ai péché contre vous, je me repens, et ne ferai plus comme cela.

— Et vous recommencez, reprit Langeron. Alors, à quoi sert de confesser ses fautes, puis qu'on est exposé à y retomber ?

— Trop souvent, cela est vrai, je retombe dans mes fautes ; mais pourtant, chaque fois que je les confesse, je les déplore sincèrement, et me propose en réalité de les éviter, autant que me le permettra la fragilité humaine. Langeron, pourquoi faites-vous de temps en temps la lessive ?

— Pour laver mon linge sale, morbleu !

— Et vous recommencez à le salir ! Il me semble qu'il faudrait, ou ne jamais laver son linge, ou ne plus le salir de nouveau.

Il garda le silence.

Un autre jour il me dit : Ce sont les prêtres qui ont inventé la confession.

— Ce serait déjà bien, lui dis-je, et je m'estimerais heureux de m'en servir, rien qu'à cause de cela. Je crois les prêtres, et surtout les bons prêtres, capables d'inventer de bonnes choses. A ce propos, je m'étonne que votre maître, le grand Napoléon, ait tant usé de poudre : esprit fort comme lui ou comme vous, j'aurais voulu me servir de tout autre moyen de guerre ; mais de poudre, jamais !

— Pourquoi ? me dit le sergent ébahi.

— Parce que c'est un prêtre qui a inventé la poudre.

Langeron resta court. Je repris :

— Vous avez entendu parler de notre bon vieux curé, que votre père aimait tant, et qui nous a laissé, à tous, de si grands regrets (1) ? Eh bien ! dans sa sollicitude pour nous, il avait inventé un remède assez efficace contre la fièvre, si ordinaire dans notre contrée. Vous vous en êtes servi plusieurs fois, sergent, et avec fruit ; comment avez-vous pu vous y décider ? Ce remède venait d'un prêtre.

Langeron fut encore plus interdit, et me laissa dire tout ce que je voulus.

— Quand donc, continuai-je, la confession serait l'invention des prêtres, je l'accepterais encore comme un remède, comme un baume aux plaies de mon âme, comme une consolation à mes peines. Elle me rafraîchit ; c'est pour moi un bain salutaire ; elle me fortifie, elle m'aide à supporter les maux de la vie, et c'est tout ce qu'il me faut ; que ce soit donc un prêtre qui l'ait inventée, peu m'importe : c'est une bonne invention, cela me suffit. Une femme d'esprit (2) disait : « Le diable lui-même viendrait en personne pour faire le bien, qu'il faudrait aller au-devant de lui en procession et avec la bannière de la paroisse. »

---

(1) Voir les *Mémoires d'un vieux paysan*.
(2) Mme de Sévigné.

» Au fond, vous comprendrez bien que je dis tout ceci par pure supposition : car la confession a été instituée par Dieu, et non par l'homme. En disant qu'elle est l'invention du prêtre, vous prouvez, cher sergent, qu'en croyant être un incrédule, vous n'êtes qu'un ignorant. Pourriez-vous me dire le nom du prêtre qui l'a inventée, le siècle et le lieu où il a vécu ? Evidemment, une pratique aussi importante, aussi universelle, ne peut pas avoir été introduite au hasard, par le premier venu ; et il serait par trop ridicule d'admettre que le genre humain tout entier, que des lettrés illustres, des rois, des hommes de génie, aient sottement courbé la tête sous un joug humiliant, fabriqué de main d'homme, et, qui plus est, d'un homme inconnu.

» Dites-moi, Langeron, savez-vous le nom de l'inventeur de la confession?

— Non.

— Eh bien ! moi je le sais. C'est un prêtre, en effet ; il vivait sous Tibère, et se nommait Jésus-Christ. Voici même la manière dont il l'institua. Après sa glorieuse Résurrection, et un peu avant de monter au ciel, il réunit ses Apôtres, leur souffla dessus, et leur dit : *Recevez le Saint-Esprit ; les péchés seront remis à ceux à qui vous les remettrez, et ils seront retenus à ceux à qui vous les retiendrez* (1). Et depuis plus de dix-huit siècles que ces paroles ont été prononcées, ce souffle divin n'a cessé de circuler dans l'Eglise, et ce mystérieux pouvoir de s'y exercer. Le précepte de la confession, transmis par les Apôtres au monde entier, s'est perpétué, et se perpétuera éternellement, pour être la consolation des bons, et la pierre d'achoppement des méchants.

— La confession humilie, et Dieu n'a rien pu faire d'humiliant pour l'homme.

— Hélas ! tout ce que Dieu a fait pour l'homme après sa chute, n'a été que pour l'humilier. Est-ce donc pour

---

(1) Joann., xx, 23.

l'exalter que Dieu lance à notre premier père cette ironie amère : *Voilà Adam devenu comme l'un de nous ?* Est-ce pour l'élever ou pour l'abaisser qu'il le maudit, et qu'il maudit la terre à cause de lui, qu'il le chasse du paradis terrestre, qu'il le condamne à gagner son pain à la sueur de son front, et le livre en proie aux maladies et à la mort ? Les contraires se guérissent par les contraires : l'orgueil avait perdu le premier homme ; l'humilité pouvait donc seule le guérir. Or, je ne vois pas d'acte plus propre à confondre l'orgueil que la nécessité de confesser ses fautes.

— A Dieu, oui ; à un homme, non. J'accorde qu'il soit utile, et même nécessaire de se confesser ; mais qu'on ne se confesse qu'à Dieu seul, et non à un simple mortel, faible et pécheur comme nous.

— Eh ! c'est précisément parce que cet homme est un simple mortel, faible et pécheur comme nous, que l'orgueil se trouve humilié, et que le but est atteint. Il n'y a pas, ce me semble, grand'peine à dire au fond de son cœur : J'ai volé, j'ai médit, j'ai blasphémé; pardonnez-moi, Seigneur, si cela vous convient. Ce langage est facile ; l'âme la plus endurcie et la plus hautaine peut s'en accommoder. On est mauvais juge dans sa propre cause : il risque fort que cette confession faite sans témoin ressemble beaucoup plus à une justification qu'à une condamnation, et qu'elle ne suppose pas un grand repentir. Mais cet aveu détaillé, circonstancié, fait à un de nos semblables ; cette nécessité d'explorer les coins et recoins de notre conscience, de préciser les circonstances de lieu, de temps et de nombre ; cette obligation de répondre, comme un criminel devant son juge, aux questions qui nous sont adressées ; cette incertitude si notre repentir sera jugé suffisant pour nous mériter l'absolution de nos fautes : voilà ce qui saisit l'orgueil au vif, et lui met le front contre terre. Tout cela est plus atterrant que le sac et la cendre. Que de fautes on commet seul sans rougir, et qu'on n'ose commettre devant un témoin ! Que de mauvaises actions on éviterait, si on savait qu'on sera obligé de les avouer! Et la meilleure preuve que la confession est un grand remède, c'est que l'orgueil la fuit, et que l'humilité la recherche ; c'est que tous les vices la redoutent, et que toutes les vertus s'en accommodent. Par le seul fait qu'un homme s'éloigne du tribunal de la pénitence, on peut affirmer à coup sûr qu'il a une plaie à l'âme, une plaie qu'il rougit de découvrir, ou un vice qu'il veut conserver : c'est la haine, c'est l'injustice, c'est l'impureté, ou quelque autre lèpre de ce genre ; c'est l'orgueil, du moins, qui domine ce cœur rebelle, et lui inspire un profond dégoût, une grande aversion, peut-être, pour une pratique si chère aux âmes pures et détachées d'elles-mêmes.

» De plus, la rémission des péchés n'est pas l'unique objet de la confession. Tout homme a besoin d'avis et de lumières dans ses doutes, de force dans ses faiblesses, de consolation dans ses peines, d'encouragement dans ses langueurs, de guide enfin, de conseiller et d'ami. Or, c'est là, c'est dans la confession qu'il trouvera tout cela. Dites-moi, sergent, quand vous vous contentez d'un sec et stérile aveu fait à Dieu dans le secret de votre cœur, la lumière, la force, la consolation, vous viennent-elles au même degré ? Vous n'oseriez le dire.

— Je ne reconnais, dit enfin Langeron, à aucun homme le droit d'explorer ma conscience, et de me condamner ou de m'absoudre. Mon âme est un asile inviolable : je refuse à qui que ce soit la permission d'y entrer.

— Et moi aussi, sergent. Si vous veniez, par exemple, me demander compte de mon intérieur, fussiez-vous armé de votre vieux sabre, je vous renverrais avec mépris. Tous les tribunaux, toutes les puissances de la terre ne m'extorqueraient pas l'aveu d'une seule faute vénielle. Mais, Langeron, ce n'est pas à un homme que je me confesse, à proprement parler; mais bien à Dieu. Car ce prêtre n'est là que comme un intermédiaire, un délégué, qui ne garde juste de l'homme que ce qu'il en faut pour m'humilier, et qui prend le reste dans sa qualité de représentant de la Divinité. Car ce prêtre se confesse comme moi, et subit lui-même le joug qu'il m'impose. C'est un médecin qui sonde mes plaies, et n'en peut jamais parler. C'est un ambassadeur qui vient de la part du Maître, et retourne vers lui, sans s'arrêter le long de la route. C'est Jésus-Christ, enfin, sous une forme visible, m'appliquant les fruits de sa Passion. Ainsi le côté naturel de la confession me confond, m'humilie, m'anéantit ; le côté surnaturel me relève, me console, me fortifie et me guérit.

» Ce juge délégué de Dieu a, du reste, le pouvoir de me lier ou de me délier : or, il ne peut décider que d'après ma confession. A moins de nier l'Evangile, il faut convenir de cela. D'autre part, si je n'écoute pas l'Eglise et son ministre, je suis condamné par Jésus-Christ même comme païen et comme publicain. *Si quelqu'un vous écoute,* dit-il à ses Apôtres et à tous ses prêtres, *il m'écoute ; si quelqu'un vous méprise, il me méprise.*

» Sergent, j'écoute Jésus-Christ et je me confesse : vous, vous ne vous confessez pas, et vous le méprisez : lequel de nous deux sera le plus fier au jour du jugement ? »

Langeron secoua la tête, et s'en alla.

Habitants des campagnes, ce divin sacrement est le salut du monde. Tous les vices, tous les maux, tous les désordres, toutes les injustices, toutes les révolutions, sortent du cœur : tout cela est le fruit de l'orgueil. Or, ce sacrement va jusqu'au cœur ; seul il atteint l'orgueil. Regardez bien autour de vous : comptez sur vos doigts les ivrognes, les libertins, les voleurs, les usuriers, les hommes haineux, les jeunes gens débauchés, les jeunes filles scandaleuses, etc., que vous pouvez connaître ; et voyez combien il y en a parmi eux qui fassent un saint et fréquent usage de la confession. Pas un. Comptez, au contraire, les hommes rangés, paisibles, laborieux, bons voisins, bons époux, bons pères, bons amis ; les mères vraiment sages, les jeunes filles vraiment pures, les jeunes gens vraiment irréprochables, et vous trouverez toujours que leur bonne conduite se rattache à la sainte pratique de la confession. C'est la confession qui conserve le peu de bien qui reste encore parmi nous ; elle est notre dernière sauvegarde.

Ah ! si cette foule impure qui végète au fond des grandes cités connaissait encore le chemin du confessionnal, comme les révolutions auraient vite disparu !

Laboureurs, regardez bien, en entrant dans vos églises, ce petit meuble caché dans un coin, et dites-vous : La société entière repose là-dessus. Du jour où le confessionnal deviendra désert, la dernière heure du monde aura sonné.

LETTRE XIIIe.

Un homme important.

Il est encore parmi vous un homme bien important : c'est l'instituteur. Suivant que ses dispositions sont bonnes ou mauvaises, il peut beaucoup pour le bien, ou beaucoup pour le mal. C'est à lui que sont confiés vos enfants. Ne pouvant vous-mêmes dispenser à ces innocentes créatures l'instruction nécessaire, soit parce que vous n'en avez pas le temps, soit parce que vous n'en avez pas la capacité, vous êtes obligés de vous décharger de ce soin sur un autre. Et l'homme à qui vous les remettez, c'est l'instituteur.

Autrefois, tous les vieillards s'en souviennent, c'était l'Eglise qui se chargeait elle-même de fournir des instituteurs. Remplissant dans toute son étendue l'ordre de son divin Maître : *Allez, enseignez toutes les nations*, elle se chargeait, en effet, à elle seule d'enseigner à l'homme tout ce qu'il doit savoir : le dogme et la morale, par le prêtre ; et les premières lettres, par l'instituteur. L'instituteur était ainsi l'auxiliaire, le lieutenant du prêtre ; les deux enseignements concordaient, ou plutôt n'en faisaient qu'un, et tout allait pour le mieux.

Peut-être était-on un peu moins savant qu'aujourd'hui ; mais, d'un autre côté, on était plus simple, plus réglé, plus droit, plus juste, et surtout mieux instruit de ses devoirs et plus fidèle aux pratiques de la religion. Certes ! cela compensait bien quelque déficit de géographie et de grammaire.

La Révolution, qui a détruit tant d'autres choses, ne pouvait laisser celle-là debout. Non-seulement elle ôta aux prêtres l'éducation de la jeunesse, mais elle en confia le soin à l'Etat. L'Etat, qui n'a ni foi, ni culte, déclara même que les enfants lui appartenaient avant d'appartenir à leurs parents. — C'est un préjugé général répandu en France, disait un révolutionnaire, que les enfants appartiennent à leurs parents. Cette erreur est très-funeste en politique... Les progrès de la philosophie la déracineront (1). — L'Etat s'empara donc des enfants, avec défense à qui que ce fût d'enseigner même l'*a b c* aux pauvres, sans sa permission et ses brevets. Cela a duré soixante ans. Vous avez tous vu cela, et il n'y a que peu d'années encore que les communes étaient obligées de recevoir un instituteur des mains de l'Etat, sans avoir été seulement consultées, et ne pouvaient même venir à bout de se débarrasser de celui qui ne leur convenait pas. Cet état de choses a un peu changé ; une loi plus large attribue une certaine liberté aux communes pour le choix de leur instituteur, et c'est précisément pour cela que j'aimerais à vous donner un avis là-dessus.

(1) Le représentant Béranger, séance du 13 octobre 1797.

L'expérience de ces dernières années a prouvé qu'il s'est glissé, je ne dirai pas chez tous les instituteurs, mais chez quelques-uns, un esprit funeste de révolution et d'impiété. Mille faits plus clairs les uns que les autres ont révélé que le socialisme est parvenu à gagner un assez bon nombre de ces importants fonctionnaires, et à s'en servir comme de puissants moyens pour propager ses doctrines. Le scandale même est monté si haut, que l'Assemblée Législative se crut obligée d'armer les préfets d'un pouvoir extraordinaire pour parer au danger. Elle leur a donc accordé le droit de suspendre tout instituteur qui serait convaincu ou soupçonné avec fondement de professer et de prêcher le socialisme. Quelques révocations ont eu lieu, et cela a suffi pour maintenir dans un ordre, au moins apparent, ceux qui auraient été tentés d'imiter leurs coupables confrères.

Mais le mal n'est que dissimulé, et non guéri. Les loups sont moins dangereux quand ils hurlent, que quand ils approchent en silence. Je sais de science certaine que des instituteurs ont continué leur malheureuse propagande, en s'entourant seulement de plus de précautions, pour ne pas donner prise à l'autorité contre eux. J'ai recueilli des discours, des phrases prononcés par plus d'un, qui attesteraient une corruption profonde. J'en connais qui ne pratiquent aucun devoir religieux, se moquent de leur curé, lisent des livres très-dangereux, et même les prêtent. Il en est dont les mœurs sont plus que suspectes. Or, qui peut mesurer le mal que de pareils hommes peuvent produire dans leur petit troupeau ? Un jour, entrant par hasard dans la salle d'école d'un village, je lus, parmi les exemples de lecture et d'écriture, cette sentence écrite en grosses lettres : *L'unique loi de l'homme, c'est le plaisir !* Entendez-vous, laboureurs ? Et voilà la morale qu'on enseignait à quelques-uns de vos enfants !

Je n'ai pas besoin d'insister davantage sur la nécessité où vous êtes d'y regarder de près sur ce chapitre. Vous savez aussi bien que moi quelle influence peuvent exercer sur de jeunes intelligences, l'exemple, la parole, les leçons d'un homme que l'enfance est habituée à voir si au-dessus d'elle. Il ne faut quelquefois qu'une action, qu'un mot, qu'un signe, pour commencer la perte d'une jeune âme. J'ajoute que l'ascendant de l'instituteur n'est pas circonscrit dans l'enceinte de son école ; elle s'étend quelquefois sur le village entier, et même au delà. Plus instruit, plus *alluré* que la plupart des habitants de la campagne, l'instituteur devient facilement un homme important. Il écrit les lettres, rédige les marchés, aborne les propriétés, mesure les bâtiments, et rend mille petits services de ce genre qui lui acquièrent vite la confiance du paysan. Il parle du reste assez correctement, a une tournure moins commune, porte un certain vernis d'éducation : toutes choses qui font que l'honnête laboureur le croit au-dessus de lui. Et c'est de cette sorte d'autorité morale qu'il lui est facile d'abuser, s'il est malintentionné. J'ai vu des populations entières retournées sens dessus dessous par ce redoutable levier. Un seul homme, sans avoir l'air d'y toucher, avait troublé l'harmonie, et substitué à la paix la plus profonde la guerre la plus acharnée.

Loin de moi pourtant la pensée de jeter le moindre discrédit sur cette classe si importante et si digne d'intérêt. Les cas dont je parle sont des exceptions ; mais ces exceptions peuvent toujours se produire sur un point donné. Honneur donc, m'écrierai-je, à l'instituteur vraiment digne de ce nom ! Honneur à l'homme qui a accepté la grave mission de former l'esprit de la jeunesse, et qui a puisé dans la pensée religieuse la bonne volonté nécessaire pour la bien remplir ! Honneur à ce fonctionnaire laborieux et modeste, qui cherche dans la satisfaction du devoir accompli une compensation aux fatigues, aux soins incessants que demande de lui son obscure condition ! Honneur, enfin, à l'homme dévoué qui comprend sérieusement qu'il a charge d'âmes, se fait l'auxiliaire utile de la religion, et ne s'occupe pas moins de former de jeunes cœurs à la vertu que de diriger vers la science de jeunes intelligences ! Mais, en même temps, malheur à l'homme perverti de cœur ou d'esprit, qui ose accepter la redoutable charge d'instruire la jeunesse ! Malheur à l'homme sans foi ou sans mœurs qui vient s'insinuer au milieu du troupeau, et y apporte la lèpre qui le ronge lui-même ! Malheur à l'instituteur orgueilleux et hautain, qui a pris la foi en dédain, qui a secoué le joug des pratiques religieuses, et donne au sein d'une commune l'exemple de l'abandon du service de Dieu ! Malheur à celui qui, séduit lui-même par les décevantes promesses du socialisme, s'efforce d'infiltrer cette funeste erreur au sein des populations, et abuse de sa position pour hâter la ruine de la foi, et le bouleversement de l'ordre social ! C'est le loup perfide caché sous une peau de brebis, et ravageant à loisir le troupeau qui lui est confié. C'est le chancre cruel qui ronge le corps à petit bruit.

Habitants des campagnes, veillez, veillez sur ce danger, et ne vous laissez pas surprendre. Si l'instituteur qui enseigne au milieu de vous est religieux et édifiant, entourez-le de votre affection, de vos soins, et, j'ose le dire, de votre reconnaissance. Mais s'il est animé de sentiments tout opposés, si vous apprenez qu'il soit le partisan et surtout le prédicateur de cette doctrine monstrueuse qui ne tend à rien moins qu'à renverser la religion, la famille, la propriété : oh ! alors profitez de la liberté que la loi vous accorde; plaignez-vous, criez, accusez, signalez à l'autorité le loup perfide qui vous dévore, et n'ayez de repos que quand il sera hors de vos confins.

Beaucoup de départements sont déjà infectés de la lèpre du socialisme ; et il est démontré que c'est surtout par les instituteurs que ce mal hideux s'est propagé.

Laboureurs, veillez donc !

LETTRE XIV°.

Chacun a besoin de son prochain.

Un jour de dimanche, sortant de la grand'messe, je trouvai, sur le cimetière, Langeron, entouré d'un groupe, et pérorant sur l'inégalité des conditions. Vous savez, chers amis, que c'est là le grand sujet que le socialisme exploite. Les raisonnements de Langeron n'étaient ni bien concluants, ni bien nouveaux; mais ils ne laissaient pas que de faire une certaine impression sur les braves gens qui l'écoutaient. Quelqu'un m'ayant apostrophé, je m'arrêtai pour prendre part à la conversation. Le sergent, qui me craignait un peu, se tut; mais un de ceux qui étaient là prit la parole, et me répéta à peu près tout ce que Langeron venait de déclamer.

— N'est-il pas vrai, père Charrue, me dit ce paysan, qu'il y a une grande différence entre les diverses conditions, et que cette inégalité est injuste?

— Qu'il y ait une grande inégalité entre les conditions, j'en conviens, Antoine; mais qu'elle soit injuste, je ne l'accorde pas.

— Est-ce que nous ne naissons pas tous égaux?

— Non. Nous ne naissons, ni ne vivons, ni ne mourons égaux.

— Pourquoi l'un, enfin, naît-il pauvre, et l'autre riche?

— Pourquoi l'un naît-il boiteux, et l'autre droit? Pourquoi l'un naît-il intelligent, et l'autre imbécile? Pourquoi l'un naît-il bien portant, et l'autre malade?

— A la bonne heure, père Charrue; mais ces inégalitéslà sont inévitables, et ne peuvent se réparer. Il en est d'autres, au contraire, auxquelles on peut obvier.

— Lesquelles?

— Celles de condition et de fortune.

— De condition! Je ne vois pas trop comment nous pourrions être tous d'égale condition. Ni nos goûts, ni nos aptitudes, ni nos talents, ni nos forces, ne nous permettent de remplir tous les mêmes emplois, ni d'exercer les mêmes fonctions. Est-ce que vous vous sentez capable de commander une flotte, Antoine? Est-ce que vous pensez que le premier venu est bon pour enseigner les mathématiques, pour conduire une armée, ou administrer une province? Non, sans doute, puisque tout le monde n'en a pas le talent. Voudriez-vous seulement nous construire une mécanique un peu compliquée? Vous ne le pouvez pas : vous êtes un bon laboureur, et c'est tout. Si donc les hommes naissent avec des talents inégaux, comment voulez-vous qu'ils occupent des conditions égales? Je ne vous comprends pas.

— Je conviens que tout le monde ne peut pas être dans le même emploi; car alors la société ne serait plus possible. Mais je voudrais qu'au moins tous les emplois fussent également honorés, et également honorables.

— Egalement libres, également soutenus et protégés par la loi, j'en suis d'avis; mais également honorables, c'est impossible. Voyez, Antoine, il y a une certaine nature de choses que les mots ne sauraient changer; et jamais, quoi qu'on fasse, le talent d'un savetier ou d'un corroyeur ne sera mis au niveau de celui d'un grand général ou d'un grand ministre.

— Soit encore. Mais, père Charrue, ne pourrait-on laisser à chacun l'emploi qui lui convient, et attribuer à tous la même part de biens et de jouissances? Il me semble que, même dans des conditions inégales, on peut mériter également. Je voudrais que toutes les portions fussent les mêmes, et que personne au monde n'eût plus qu'un autre.

— C'est une grosse question que vous remuez là, Antoine, et il faudrait de gros livres pour la traiter. Je me contente de vous en dire deux mots.

« Entendez-vous que le sol soit partagé par parts égales entre tous les citoyens? Dès demain l'inégalité reparaîtrait : car l'un vendrait sa part, et l'autre l'achèterait ; l'un cultiverait son champ admirablement, l'autre le laisserait en friche ; l'un serait vigoureux et aurait six enfants aussi vigoureux que lui, l'autre serait célibataire et infirme : ainsi du reste.

» Voulez-vous dire que le sol appartiendrait à l'Etat, et que l'Etat en partagerait lui-même les produits? Alors, de deux choses l'une : ou l'on donnerait à chacun selon son travail, ou l'on donnerait selon les besoins. Dans le premier cas, c'est toujours l'inégalité : car l'un est actif, et l'autre ne fait rien ; l'un est fort, l'autre faible, etc. Dans le second cas, personne ne voudrait plus travailler, puisque, le paresseux ayant les mêmes avantages que l'homme laborieux, il serait ridicule de se condamner à un labeur pénible pour nourrir des fainéants. Ainsi bientôt le sol tomberait en friche ; personne surtout ne voudrait plus des travaux fatigants, et nous arriverions bientôt à une autre égalité, à l'égalité dans la misère. »

Ces raisonnements parurent faire quelque impression sur Antoine et sur ses amis. Quant à Langeron, il sifflotait, en regardant en l'air. Un peu après, Antoine reprit :

— Pas moins, père Charrue, convenez avec nous que c'est bien triste, pour nous autres pauvres laboureurs, d'être condamnés à suer toute l'année pour nourrir un tas de fainéants qui ne nous rendent pas le moindre service. Le laboureur ne demande rien à personne, et est obligé de travailler pour tout le monde.

— Que le laboureur travaille pour tout le monde, rien de plus vrai ; mais que personne ne travaille pour lui, rien de plus faux. Tout se lie dans le monde, père Antoine ; et la société est une longue chaîne qui commence partout, et ne finit nulle part. Je ne parlerai pas de ceux que vous

16

appelez des fainéants, et dont vous ne recevez, dites-vous, aucun service ; je pourrais pourtant vous démontrer qu'un grand nombre d'entre eux vous sont utiles, les uns directement, comme les législateurs, les jurisconsultes, les gouvernants, les administrateurs, les savants, qui inventent ou perfectionnent les arts, etc. ; et les autres indirectement, en ce sens qu'ils consomment vos denrées, et que, s'il n'y avait pas de consommateurs, vous ne sauriez que faire de vos produits. Mais je veux seulement m'arrêter à cette idée : que vous n'avez besoin de personne. Vous n'y avez jamais réfléchi, Antoine, j'en suis sûr ; car autrement, avec le bon sens qui vous caractérise, vous ne diriez pas une pareille sottise.

» Voilà l'habit que vous portez, par exemple : il n'est pas des plus élégants, sans doute, mais enfin il est de laine, il est chaud, décent, et suffit à vous défendre contre les injures de l'air. Eh bien ! suivez un peu avec moi la série d'ouvriers qu'il a fallu pour vous le procurer. D'abord un éleveur de moutons, puis un berger, puis un marchand de laine, puis un laveur, un cardeur, un teinturier, un fileur, un tisserand, un tailleur d'habits. Mais chacun de ces individus, ou du moins la plupart, ont eu besoin de drogues ou d'instruments qu'ils n'ont pu se procurer par eux-mêmes. Je prends le teinturier : il lui a fallu de l'indigo, par exemple : or, l'indigo vient d'outre-mer, et pour passer la mer, il faut des vaisseaux. Mais un vaisseau nous demande un bûcheron, un charpentier, un scieur de long, un voiturier, un constructeur, un cordier, un fabricant de voiles, un menuisier, un capitaine, des matelots, etc. Prenons entre ceux-ci le charpentier : il a eu besoin d'une hache, laquelle suppose un propriétaire de mines de fer, un acheteur de mines, un voiturier, un charbonnier, un forgeron, un maître de forges avec ses commis, un marchand de fer, un taillandier. Mais ce commis, nécessaire dans une forge, a besoin d'instruction : il faut qu'il sache lire, écrire et calculer : ce qui suppose d'abord du papier, lequel à son tour suppose des chiffonniers, des dégraisseurs, des ouvriers papetiers, etc., etc.; puis un instituteur, lequel suppose des écoles, des maîtres, des tables, des plumes, de l'encre, laquelle à son tour suppose des fabricants des diverses drogues qui la composent : et ainsi de suite à l'infini.

» Voilà en abrégé, Antoine, ce qu'il faut pour vous faire un habit. Et je supprime mille détails qui me mèneraient trop loin. Voulez-vous que je parle de votre chapeau, de vos souliers, ou du moindre de vos meubles? Ce sera la même chose, ou à peu près. Voulez-vous que je décompose, pour ainsi dire, pièce par pièce, votre maison? Eh bien! vous verriez que, toute modeste qu'elle est, elle a exigé le concours de plus de cinquante métiers, lesquels à leur tour en supposent cent autres, et ainsi jusqu'au bout.

» Il me semble que ce simple aperçu doit vous rendre sensible ce que je vous disais tout à l'heure, à savoir que tout se lie et s'enchaîne dans le monde. Et Dieu l'a ainsi voulu, afin de nous obliger à nous appuyer les uns sur les autres. Son dessein est que nous vivions dans une dépendance mutuelle, et que personne ne puisse dire : Je me suffis à moi-même.

» Antoine, direz-vous maintenant que vous travaillez pour tout le monde, et que personne ne travaille pour vous? »

Antoine ne répondit rien, et l'on se sépara.

LETTRE XVᵉ.

La religion de l'honnête homme.

Les passions ont de tout temps vécu au fond du cœur humain, et les passions n'aiment pas à porter le joug. La religion, qui vit de mortifications et de sacrifices, les gênait : elles l'ont mise de côté.

C'est au siècle dernier, au moment où l'orgueil et la volupté régnaient à peu près en souverains, que l'on a inventé la religion de l'honnête homme. Elle a pris naissance dans ce vers d'un homme qui fut l'incarnation de l'orgueil, Voltaire :

> Soyez juste, il suffit : le reste est arbitraire.

L'école philosophique, pétrie de l'orgueil de son maître, accueillit ce principe ; les grands, corrompus par le libertinage, y applaudirent. Puis la Révolution passa là-dessus, en étouffant pendant quinze ans toute foi religieuse positive dans les âmes ; l'empire lui succéda, avec sa politique de succès et ses idées fatalistes : et il fut reçu que la bonne religion est celle qui consiste à ne pas tuer et à ne pas voler, et que le type de la perfection, c'est l'honnête homme.

Qu'est-ce que l'honnête homme ? Il y a longtemps que je fais cette question, et personne ne peut y répondre. Dans ma jeunesse, on parlait beaucoup du bon chrétien, et fort peu de l'honnête homme. L'honnête homme est tout neuf, il est le fruit de l'impiété et des révolutions.

Une chose m'a frappé : c'est que tout le monde est,

ou veut être, honnête homme. L'honnête homme est partout, même aux galères. Un de mes amis a rencontré à Brest un ancien notaire de ses amis qui se plaignait d'être, lui, honnête homme, condamné à vingt ans de galères. Cet *honnête* galérien n'avait commis que deux cent vingt-cinq faux, et il trouvait qu'il n'y avait pas de quoi lui ôter son titre d'honnête homme. Je vois tous les jours des individus se pavaner parmi nous du titre d'honnête homme, lesquels vivent paisiblement des usures et des injustices commises par leurs pères. Il m'a pris envie d'examiner de près tous ceux de ma connaissance qui, dédaignant de pratiquer la religion chrétienne, se contentent de la religion dite de l'honnête homme : je n'en ai guère trouvé qui ne soient coupables de quelque injustice. L'un est un négociant qui ne craint pas de tromper sur certaines marchandises, en prétendant qu'il perd assez d'un autre côté ; l'autre est un laboureur qui dissimule le défaut d'un animal, pour le vendre plus cher ; celui-ci est un marchand de vin, qui *baptise* adroitement le vin qu'il débite ; celui-là est un distillateur, qui donne des produits chimiques pour des produits naturels ; cet autre est un domestique ou un ouvrier, qui attrape de celui qui l'emploie tout ce qu'il peut au delà de son salaire, sous prétexte que ses travaux ne sont pas suffisamment payés ; puis c'est un fils ou une fille qui volent dans le ménage, l'un pour avoir de quoi boire, et l'autre de quoi se parer ; puis c'est une femme qui soutire tout ce qu'elle peut en cachette de son mari, afin de favoriser sa propre vanité ou celle de ses enfants ; puis c'est un voisin qui mord sciemment sur le champ de son voisin, etc., etc... Essayez d'aller dire à toutes ces personnes-là qu'elles ne sont pas d'honnêtes gens, et vous verrez quelle colère leur montera à la tête. Et pourtant l'honnête homme est celui qui ne vole pas !

Parlerai-je maintenant des mœurs ? Il est triste de le dire : le plus honteux libertinage s'arrange parfaitement avec le titre d'honnête homme. Je connais des libertins tarés, des hommes qui ont mené presque toujours la vie la plus licencieuse, et qui néanmoins se vantent d'avoir la religion de l'honnête homme. Fi d'une religion pareille ! Fi d'une religion qui peut se greffer sur la fange et l'ordure ! Aussi, j'ose le dire, il n'est pas d'affront plus grand pour moi que le titre d'honnête homme, et je ne me l'entendrai pas appliquer sans rougir. Il avait raison ce grand écrivain qui disait : « Je ne sais ce qu'est la vie d'un coquin : je ne l'ai jamais été ; mais celle d'un honnête homme est abominable (1). »

Chrétien, je le suis ; j'ai, du moins, toujours cherché à l'être : je suis de la religion de Jésus mort sur la croix ; de la religion qui prêche la justice, la chasteté, l'humilité, le désintéressement, le pardon des injures, la charité pour tous ; je suis de la religion qui prescrit un culte extérieur et public, qui exige la fréquentation du saint lieu, la réception des sacrements, l'obéissance au Décalogue et aux lois de l'Eglise, et je n'en connais pas d'autre. Je suis fier du titre de chrétien-catholique ; je répudie celui d'honnête homme, dans le sens qu'on y attache ; ou, si vous aimez mieux, je ne reconnais pour honnête homme que le véritable chrétien.

Laboureurs, je sais que déjà cette prétendue religion de l'honnête homme a chez vous plus d'un partisan. Voltaire, qui jadis ne hantait que les palais et les salons, descend peu à peu sur vos fumiers. J'en ai entendu plus d'un d'entre vous (et je puis vous dire que ce n'étaient pas les meilleurs), se vanter, eux aussi, de n'avoir d'autre religion que celle-là. J'en suis honteux pour eux. Eh ! comprenez donc, s'il vous plaît, que cette prétendue religion n'est qu'un voile commode pour cacher ses vices et son indifférence sur la grande affaire du salut. Le bon sens vous dit assez qu'il n'y a pas rien que deux commandements faits à l'homme, l'un de ne pas tuer, et l'autre de ne pas voler ; mais qu'il y en a encore de ne pas blasphémer, de ne pas profaner le jour du Seigneur, de ne pas mentir, de ne pas calomnier, de ne

---

(1) J. de Maistre. *Lettre au chev. de Saint-Réal.*

point se souiller par des pensées, des paroles, des désirs
ou des actes impurs, etc.; que, de plus, il y a des préceptes
qui commandent d'agir, qui imposent des devoirs : comme
de s'abstenir de viande en certains jours, d'assister aux offices divins, d'approcher des sacrements, etc... Votre bon
sens vous dit aussi que la source de tous ces commandements est la même, et qu'il est absurde de n'en prendre
que deux, et de laisser là les autres. Il vous dit encore
qu'une religion sans pratiques extérieures est une religion
tronquée; que partout les chants, les cérémonies, la prière,
le sacrifice, etc..., ont fait partie du culte rendu à Dieu ;
et que quiconque s'en est dispensé n'a jamais eu d'autre
qualification que celle d'impie.

J'insiste, du reste, sur cette observation : que le plus
avide du titre d'honnête homme est celui qui le mérite le
moins. Vous pourrez vous convaincre par vous-mêmes que
cette commode religion compte parmi ses membres des
gens de toute espèce. L'essentiel est d'échapper à la
police, c'est-à-dire de voler habilement, et d'une certaine
façon qui ne heurte pas trop l'opinion publique. En sorte
que si j'avais à définir ce que c'est que la religion de l'honnête homme, je l'appellerais :

La religion de tous ceux qui ne sont pas pendus.

LETTRE XVIe.

Un problème dont on ne parle pas.

O vous tous que le socialisme cherche à séduire par ses
doctrines et à envelopper dans ses filets, savez-vous quelle
injure il vous fait? Il vous prend pour des pourceaux.

Cette expression a peine à tomber de ma plume ; mais elle n'est point exagérée. C'est cela, et pas autre chose : on nous prend pour des animaux à l'engrais.

En effet, que nous promet-on dans ce nouveau monde du socialisme? Des vertus? des joies spirituelles? les charmes de la piété? l'avant-goût du ciel? Non : mais des jouissances animales, des voluptés sensuelles, des bouteilles bien pleines, des tables bien chargées, des satisfactions organiques, et rien de plus. Nous serons gros, gras, bien repus, bien rebondis ; nos joues seront rosées, nos lèvres riantes, nos estomacs bien saturés ; nous danserons sur l'herbe verte, pour nous amuser et gagner de l'appétit; après avoir bien mangé, nous digérerons, et après avoir digéré, nous mangerons de nouveau ; puis un doux sommeil viendra réparer nos forces épuisées, et le lendemain nous ramènera les mêmes plaisirs.

Nous roulerons ainsi de festins en festins. Le bal à plaisir, les repas au son du fifre, un léger et gracieux travail aux accords de la clarinette ; de la santé, des aises de toute sorte, une exemption absolue de peines, de soucis et de douleurs : voilà ce que nous annoncent nos grands réformateurs. Nous aurons l'heureuse indolence du bœuf qui rumine au pâturage, n'ayant aucun pressentiment du coup qui l'attend à l'abattoir, et ne savourant que l'herbe fraîche et la rosée.

Vous comprenez, chers confrères, que je ne crois pas un mot de toutes ces rocamboles. Ce n'est pas à un vieux paysan, qui a manié si longtemps la charrue et la herse, que l'on fera croire que la terre, devenue tout à coup sensible aux charmes de ce nouveau monde et aux sons de la musique, nous donnera d'elle-même des fruits et des fleurs. La terre est dure, et les gazettes ne la touchent pas. Elle continuera, comme par le passé, à nous donner, et encore pas toujours, des moissons et des fruits, si nous la travaillons ; et des ronces et des épines, si nous la laissons en friche : c'est sa consigne depuis six mille ans.

Cependant, je veux bien admettre un moment toutes

ces billevesées : nous voilà donc tous parfaitement logés, chauffés et nourris ; tout nous va, tout nous sourit, tout nous engraisse ; on nous a même débarrassés du mal de dents, de la migraine, des rhumatismes et de toutes les douleurs possibles : jusque là, c'est bien : mais la mort? Nous a-t-on délivré de la mort? On pourra bien encore, comme un membre de la Convention en fit un jour, dit-on, la proposition, décréter qu'on ne mourra plus. Mais comment exécuter le décret? La mort est comme la terre, elle a l'oreille dure : elle n'écoute pas les clarinettes. Elle fera son ouvrage comme à l'ordinaire : car elle aussi a sa consigne, et jusqu'à présent elle n'y a pas manqué.

Nous mourrons donc bien beaux, bien forts encore, bien replets ; nous mourrons à table ou entre deux festins, au son des danses voisines et des flûtes, sur un lit de soie ou sur une couche de fleurs, et sans aucune maladie : c'est bien joli, mais nous mourrons, enfin : le plus hardi de ces charlatans n'a pas encore osé dire le contraire. Et alors, que deviendrons-nous? Notre corps sera promené sur un char de triomphe, toujours avec accompagnement de danses et de trompettes ; il sera embaumé, déposé dans une touffe de fleurs, et confié à la terre, où les vers viendront sans doute le manger : à moins qu'on ne lance contre les vers quelque arrêt de police qui leur défende de nous toucher.

Et notre âme? Et cette meilleure partie de nous-mêmes; ce souffle divin et immortel qui anime nos membres ; cette substance invisible, mais réelle, qui a conscience d'elle-même, dont la présence fait la vie, dont l'absence fait la mort; ce principe spirituel, intelligent, libre, qu'on peut nier ou souiller, mais non détruire ; notre âme, encore une fois, que deviendra-t-elle? Je sais que pas un de ces hardis novateurs n'a osé, ou n'a pu, répondre raisonnablement à cette grave et redoutable question. La plupart d'entre eux ne la soulèvent même pas. Un seul a essayé de renouveler une vieille erreur, abandonnée depuis deux mille ans, et qui consiste à dire que l'âme, en quittant son corps, passe dans un autre, et de cet autre dans un troisième, et ainsi de suite, et pour toujours. Mais la preuve, il ne l'a pas donnée ; et exposer de pareilles niaiseries, c'est les réfuter.

Je parle à des hommes qui sont chrétiens. Laboureurs, nul de vous ne s'assimile aux animaux de son étable. Aucun ne met en doute que tout chez nous ne meurt pas avec le corps. Il y a au fond de nous-mêmes une voix qui crie: nous portons en germe une espérance qui demande à se réaliser. Nous ne saurions nous décider à considérer ce monde comme notre dernière demeure, et concentrer nos soins à nous y créer un lit commode, et une auge bien fournie. Arrière ! arrière ces honteuses pensées ! Nous ne sommes pas des êtres d'un jour, destinés à des jouissances purement animales. Il se peut que quelques philosophes corrupteurs et quelques bourgeois corrompus en soient venus à se persuader que l'existence de l'homme se borne au tombeau, et qu'en conséquence, ils aient cherché à se procurer ici-bas la plus grande somme de liberté et de volupté possible. Mais telle n'est pas notre croyance, à nous, fidèles enfants des campagnes, qui sommes héritiers des antiques traditions, et qui avons sans cesse sous les yeux les merveilles du Créateur.

Oui, la nature est belle, quand elle se montre parée de sa robe de printemps ; quand ses forêts lui font une couronne, et ses prairies un tapis ; quand ses oiseaux gazouillent ; quand ses ruisseaux murmurent ; quand il s'élève comme un concert de joie et d'espérance, dont les vallées, les plaines, les bois et les montagnes composent les diverses parties. Et, certes ! notre cœur ne restera pas insensible à ce spectacle, bien que l'habitude le lui rende familier. Mais nous savons que derrière ce magnifique ouvrage se cache une main créatrice, qui nous a donné une destinée plus haute, et nous réserve ailleurs de plus sublimes beautés. Et nous nous écrions alors avec un grand saint : *Que la terre me dégoûte, quand je regarde le ciel* (1) !

Oui, c'est un grand spectacle que celui de la nature par une nuit d'été. Ce calme solennel, cette sorte de recueillement, après les bruits du jour ; ce silence universel des forêts et des campagnes ; cette fraîcheur délicieuse qui repose l'âme et les sens ; ce beau ciel avec ses milliers d'étoiles, semées, comme des clous d'or, sur une voûte d'azur ; ces mondes superposés aux mondes, que l'œil ne saurait compter, et que la pensée même devine à peine ; cet accord silencieux des sphères invisibles, auquel la terre joint de loin son hymne mystérieux : oui, tout cela est beau, tout cela émeut l'âme et la transporte. Mais encore voudrait-elle, cette âme, s'élever plus haut, et elle répète tout bas avec un autre saint : *Ces choses sont bien belles, mais Celui qui les a faites est encore plus beau* (2).

Non, non : on n'enchaînera pas l'immortelle habitante dans ces limites, bien trop étroites pour elle, malgré leur immensité. Ce n'est qu'une prison, après tout ; et, quelque belle que soit la cage, l'oiseau lui préfère la liberté. Nous sentons au dedans de nous un élan qui nous emporte bien au delà de cette enceinte. Nous savons que ce monde a été créé pour l'homme, mais que l'homme a été fait pour Dieu. Nous savons encore que toutes ces beautés passeront ; que le doigt qui les a faites leur a assigné un terme au delà duquel elles n'iront pas. Un jour, d'un mot, le Dieu tout-puissant effacera ces splendeurs, éteindra ces globes lumineux, et refoulera au néant ces merveilles que notre œil admire. Si petits que nous paraissions devant l'immensité des cieux, nous sommes pourtant plus grands que les cieux : car ils passent, et nous ne passons pas ; ils mourront, et nous sommes immortels.

Voilà pourquoi, laboureurs, il nous faut repousser du

---

(1) Saint Ignace de Loyola.
(2) Saint Augustin.

pied ces doctrines misérables qu'on voudrait nous imposer, et qui tendent, je vous le répète, à faire de nous de vils animaux. Nous voyons de trop près l'action de la Providence pour ne pas la reconnaître. Dieu nous donne chaque année trop de preuves de son domaine absolu sur la nature, pour que nous admettions que de mauvais rhéteurs et des arrangeurs de phrases puissent faire marcher les choses autrement. L'ouvrier des villes, qui ne voit que le produit de ses mains, peut croire, s'il lui plaît, à la toute-puissance de l'homme ; nous, qui voyons sans cesse l'action de Dieu, nous ne devons sentir que notre faiblesse. Le bois ou l'ivoire sortent des mains de l'artisan comme il les a voulus ; nos moissons ne nous viennent que comme le bon Dieu nous les donne. Et des charlatans viendront nous dire que, si on les laisse libres d'arranger le monde à leur façon, ils nous assureront une vie aisée, des récoltes immanquables, des vendanges magnifiques ; nous préserveront du tonnerre, des gelées, des pluies, de la sécheresse, de la grêle, etc...? En vérité, laboureurs, c'est nous croire trop simples. Qu'ils aillent conter à d'autres ces niaiseries !

Et encore, je vous le redis en finissant, quand même ils pourraient nous tenir parole, quand même ils réaliseraient leur prétendue félicité ; vu qu'ils ne peuvent nous conduire que jusqu'à la mort, et non au delà, nous devrions encore les congédier, eux et leurs doctrines. L'éternité est trop longue pour l'échanger contre le bonheur d'un moment ; Dieu est trop puissant et trop redoutable pour le braver en face. Entendons, entendons cette voix terrible nous crier : *Que sert à l'homme de gagner le monde entier, s'il vient à perdre son âme* (1) ?

Chers amis, vous en ferez ce que vous voudrez : quant à moi, je suis trop fier pour me mettre au niveau d'un animal, pour préférer mon estomac à ma conscience, les plaisirs du corps à ceux de l'âme, une auge bien pleine à

(1) Matth., XVI, 26.

des devoirs bien remplis, un misérable écrivain à mon doux Rédempteur, et la place qui m'est réservée au ciel à un rang quelconque parmi les esclaves des sens.

LETTRE XVIIe.

Une chose inexplicable.

On a fait des élections municipales dans ma commune, et il s'est passé à cette occasion quelque chose dont j'aimerais à avoir l'explication.

Je suppose qu'un homme, ignorant ce qui se passe dans notre monde actuel, soit tout à coup transplanté au milieu de nous, et qu'on lui dise : Nos lois nous accordent la faculté de nommer nous-mêmes nos représentants. Jadis on nous les imposait ; mais comme le pouvoir ne nous consultait pas, il en résultait que nos représentants ne nous représentaient pas, et que nos administrateurs nous administraient mal. Du moins on nous le faisait croire ainsi. Nous nous sommes depuis si bien battus, que nous avons fini par obtenir, ou plutôt par extorquer du pouvoir le droit d'élire qui bon nous semblerait. Eh bien ! devinez qui nous avons choisi ?

Il n'y a pas de doute que l'étranger répondrait : Vous choisissez des hommes qui représentent le mieux possible vos pensées, vos désirs, vos opinions ; en deux mots, vous cherchez et élisez d'autres vous-mêmes.

Cet homme se tromperait. C'est tout le contraire qui est arrivé, qui arrive, et qui arrivera encore longtemps. J'en donne pour exemple ma propre commune. Certes ! je ne dirai pas que tous y soient des saints ; mais le très-

17

grand nombre des habitants y sont bons et sages ; la plupart sont restés fidèles à la foi de nos pères, et si tous ne la pratiquent pas, tous du moins la respectent, et ne souffriraient pas que l'on y portât atteinte. Le prêtre qui vit au milieu d'eux est honoré. On ne voit pas en lui seulement un *honnête homme,* mais un envoyé de Dieu, un ministre de la vraie religion ; et ceux même qui ne recourent point à son ministère seraient, pour la plupart, au désespoir de lui causer la moindre peine.

Comme le pouvoir municipal a des rapports nécessaires et fréquents avec l'autorité religieuse, il paraissait tout naturel que les habitants, libres de choisir qui bon leur semblait, fixassent leurs choix sur des hommes honorables et religieux. Point du tout : sur douze membres du conseil, il y en a onze qui ne donnent pas signe de vie chrétienne. Plusieurs d'entre eux sont en guerre ouverte avec le curé ; deux sont des impies fieffés, traitant la religion de niaiserie bonne pour les vieilles femmes ; trois ou quatre sont des libertins connus ; il y en a un qui est fils d'usurier, et qui jouit paisiblement des injustices de son père ; un autre est ivrogne, un autre socialiste, etc... En sorte que cette commune religieuse est représentée par des hommes sans religion, et que des paysans et des bourgeois craignant Dieu mettent à leur tête des hommes sans Dieu.

Voilà ce qu'il m'est impossible de comprendre. Habitants des campagnes, il faut que vous soyez bien sots. Comment ! vous tenez à la religion, et vous nommez des hommes qui n'ont à cœur que de la détruire ! Vous respectez votre curé, et vous mettez en face de lui des hommes qui le haïssent ! Vous aimez à avoir votre église propre et décente, et vous vous faites représenter par des hommes qui l'estiment moins qu'une écurie ! Vous désirez vivement voir la morale et l'ordre régner dans la commune, vos enfants fuir les cabarets, et vous mettez à votre tête des piliers de cabaret ! C'est vraiment inconcevable.

Plaignez-vous, après cela, des désordres toujours croissants, de la licence de la jeunesse, de la désertion des temples, de l'abandon des devoirs religieux, des tracasseries qu'on suscite au prêtre que vous vénérez : c'est vous qui avez voulu tout cela ; ce sont vos détestables choix qui ont causé tout le mal. Avant de donner vos suffrages, il fallait vous demander à vous-mêmes : Cet homme qui aspire à me représenter, a-t-il mes idées ? Est-il religieux, probe, moral ? Dans le cas où il en eût été ainsi, votre suffrage devait se porter sur lui ; dans le cas contraire, vous deviez le repousser comme un candidat indigne. Au lieu de cela, qu'avez-vous fait ? Vous vous êtes laissé mener comme des sots ; vous avez voté, ici par peur, là par influence, ailleurs par esprit de coterie ou de parenté, etc... Un des candidats vous avait rendu un service, un autre vous en promettait, un troisième vous flattait, un quatrième vous effrayait, un cinquième vous invitait à boire, un sixième vous donnait une poignée de main, un septième vous saluait avec grâce, un huitième vantait votre femme ou vos enfants, un neuvième vous faisait compliment sur votre belle culture, etc... Et c'est pour ces motifs futiles que vous avez donné vos voix à des hommes irréligieux, immoraux, à tout ce qu'il y a de moins convenable dans la commune ! C'est indigne. Mais, encore une fois, vous auriez mauvaise grâce à vous plaindre. Si le bien public ne se fait pas ; si l'intérêt général est sacrifié aux intérêts particuliers ; si, surtout, aux jours de désordre qui sont, hélas ! encore possibles, le socialisme trouve parmi vous des échos et des complices ; si, jusqu'au sein des autorités mêmes, l'esprit révolutionnaire rencontre de dociles instruments, en sorte que les méchants soient soutenus, et les bons abandonnés : oh ! alors baissez la tête, humiliez-vous, et dites, en vous frappant la poitrine : *Meâ culpâ, meâ culpâ, meâ maximâ culpâ.*

LETTRE XVIIIe.

Souvenirs.

Quand une calamité a pesé sur nos campagnes, quand l'ouragan a abattu sur toute une contrée son vol destructeur, quand la peste a passé dans une cité, les traces de leur passage restent longtemps visibles ; la mémoire des peuples en garde un long souvenir. Le père parle encore à ses enfants des suites de ces fléaux ; il rappelle le jour, l'heure, l'année de leur apparition ; les enfants répètent, à leur tour, ce qu'ils ont appris de leurs pères ; et c'est ainsi que, pendant de longues générations, ces dates funèbres restent imprimées dans les traditions populaires.

Les rives de la Loire se souviennent encore du déluge qui les affligea, il y a quelques années ; Marseille parle encore de sa peste.

Il est aussi des fléaux d'un autre genre qui laissent des traces bien plus profondes, et surtout bien plus redoutables. Je veux parler de ces désastres cruels qu'on appelle si justement révolutions, c'est-à-dire renversements. Vrais ouragans des nations, véritables fléaux de Dieu, elles marquent aussi, comme des dates funèbres, dans le cours des siècles ; elles courent comme le vent, elles brisent comme la grêle, elles tuent comme la peste ; l'œil les reconnaît longtemps à la trace du sang, et, mieux encore, aux immenses débris qu'elles laissent derrière elles. Ce qu'est la campagne quand la tempête y a passé, et que le regard n'aperçoit partout que des moissons abîmées, des ruisseaux débordés, des arbres fracassés, les nations le sont aussi quand le génie révolutionnaire y a accompli son œuvre, et qu'il est venu à bout d'y produire ces terribles bouleversements qui amoncellent les ruines.

Mais pourquoi la mémoire du peuple en perd-elle sitôt le souvenir ?

Il y a un peu plus de soixante ans, le ciel et la terre furent témoins d'un de ces ouragans furieux, dont l'histoire n'avait pas encore offert de précédent. La plus belle, la plus riche, la plus puissante nation du monde, celle qui marchait depuis longtemps à la tête de la civilisation, qui donnait le ton à tous les peuples pour les belles-lettres, pour les bonnes mœurs, pour les sciences, pour les arts, pour la guerre même ; cette nation, dis-je, se trouva tout d'un coup courbée sous une force brutale, et traînée dans le sang et la boue. Elle était, d'un trait, descendue au plus profond de l'abîme. Ses mœurs s'étaient changées subitement ; elle avait perdu le sens ; sa tête était en délire ; elle regardait brûler tout ce qu'elle avait adoré ; et terrifiée, stupéfiée, comprenant à peine ce qui se passait sous ses yeux et en son nom, elle recevait la loi de quelques bourreaux qui se disaient législateurs ; et, malgré l'horreur que lui inspiraient au fond ces sanglantes tragédies, elle avait fini par se taire devant le fatal couperet, qui lui enlevait les meilleurs de ses fils.

Le sillon que traça cette affreuse tourmente est visible encore. De longtemps ses ravages ne seront réparés Tout, jusqu'au langage, fut bouleversé alors. Énorme instrument de destruction, la Révolution a ébranlé ce qu'elle n'a pas renversé. Je défie qu'on me montre une institution, une base sociale, une grande chose qu'elle n'ait secouée, si elle ne l'a détruite. Ces mouvements sont semblables aux tremblements de terre, qui font bondir les plus humbles collines, et ébranlent les plus hautes montagnes. Tous les rangs ont eu leur part dans ce *renversement;* la France était vraiment la tête en bas et les pieds en l'air.

Encore une fois, pourquoi de tels souvenirs s'effacent-ils si vite ?

Vieillards, vous vous rappelez, comme moi, ces jours de sinistre mémoire; vous avez vu les abominations qui s'y commirent. Il n'en est pas un de vous qui n'ait connu quelque victime du tigre révolutionnaire ; la Terreur a pesé sur nos hameaux les plus reculés, comme sur nos grandes villes; vous avez vu vos parents dans la consternation, vos amis dénoncés, vos prêtres poursuivis: on ne vivait plus, on ne respirait plus ; le moindre bruit épouvantait; on ne savait plus à qui se fier ; les murs mêmes avaient des oreilles; et la France offrait l'image d'un camp partagé en deux troupes ennemies, dont l'une fournissait les victimes, et l'autre les bourreaux.

Vieux cultivateurs, ne vous en souvenez-vous plus ?

Les familles les plus honorables étaient alors poursuivies à outrance. La fortune la mieux acquise et la mieux employée; le nom le plus glorieusement porté ; les services les plus éclatants rendus à la patrie; la vertu, la science, le mérite en tout genre, étaient autant de titres à la haine des méchants, et au choix intelligent de la guillotine. On mourait pour toutes les raisons qui auraient dû faire vivre; on arrivait aux emplois par tous les vices qui déshonorent. C'était le bon qui tombait; c'était le méchant qui prospérait. C'était le règne insolent du vice, le tombeau sanglant de la vertu.

Dites-moi, vieillards, en avez-vous perdu tout souvenir ?

Alors, on ne s'en prenait pas seulement à l'homme, mais à Dieu même. Ces espèces de Nérons plébéiens levaient insolemment leur front vers le ciel ; ils avaient juré d'en faire descendre Celui que les saints y adorent. Du moins, ils avaient fait serment d'effacer son nom de dessus la terre, d'y détruire son culte, d'éteindre son souvenir dans toutes les âmes ; ils voulaient façonner le peuple à leur image, c'est-à-dire créer une génération d'athées. Les temples furent donc fermés. Il était défendu, sous les peines réservées aux plus grands crimes, de rendre un culte au Créateur du ciel et de la terre. Que dis-je ? Pour avoir dénoncé, arrêté, emprisonné un homme, un innocent ; pour avoir livré une famille, une ville, une province même aux fureurs révolutionnaires, on était loué et récompensé ; mais, pour avoir incliné la tête devant Dieu, formé sur soi le signe de la croix, pour avoir donné asile aux prêtres martyrs, assisté au saint Sacrifice dans quelque lieu caché, on était incarcéré, traduit devant des tribunaux de sang, et parfois condamné à l'échafaud. Il n'en est pas un d'entre vous qui ne puisse confirmer ce que j'avance ; vous avez tous eu des parents ou des connaissances, sur qui ces lois de fer ont pesé. Enfants alors, ces scènes terribles agissaient sur vos jeunes imaginations ; vous aviez peur, vous trembliez... Dites moi donc pourquoi vous ne vous en souvenez plus ?

Vieillards, vous que les anciens poëtes appelaient la *mémoire des peuples*, comment se fait-il que cette époque lugubre soit sitôt pour vous tombée dans l'oubli ?

Et, si vous vous en souvenez, que ne le rappelez-vous à vos fils? Que ne leur répétez-vous ce que vous entendîtes, ce que nous vîtes, dans ces jours à jamais maudits ? Que ne leur racontez-vous quel voile de tristesse pesait sur nos campagnes, quand le nom de Dieu n'y était plus invoqué ; quand la cloche était muette, ou peut-être fondue pour de profanes usages ; quand l'église, veuve de prières et de saints cantiques, servait de magasin à fourrage ou d'écurie ; quand le saint jour du Seigneur était profané par le travail, auquel nos animaux eux-mêmes se prêtaient avec peine ; quand on était privé des sacrements et des consolations religieuses ; quand le malade, sur le point de passer à son éternité, faisait partout chercher un prêtre fidèle, qui pût lui adoucir les angoisses de l'heure dernière, et souvent, hélas ! on ne le trouvait pas? Que ne répétez-vous tout cela dans le sein de vos familles ? Par là, vous inspireriez à vos enfants une vive et salutaire horreur de ces épouvantables désastres, et des causes qui les ont amenés. Vous leur apprendriez à détester les révolutions, ces sources intarissables de malheurs. Vous les tiendriez enfin en garde contre de nouvelles tentatives, peut-être plus terribles encore que celle dont vous avez été les témoins.

Car, croyez-en aux instincts prophétiques de ceux que leurs lumières ont mis à même de prévoir l'avenir : malgré le calme apparent, l'horizon se charge, la nue s'épaissit. La race des hommes que nos souvenirs maudissent n'est pas éteinte, tant s'en faut : les troncs de 93 ont poussé des rejets. Quand, après ce long orage, le ciel s'éclaircit, vous vous rassurâtes. — C'est bon pour une fois, disiez-vous : les Israélites n'ont passé qu'une fois la mer Rouge ; nous ne baignerons non plus qu'une fois dans ces mares de sang. — Erreur ! le mal est toujours possible à la perversité de l'homme. L'Enfer ne se lasse pas dans sa haine, et toujours il peut trouver parmi les hommes des instruments pour ses abominables desseins. Ce n'est plus par douzaines, mais par centaines, qu'il se rencontrera, non-seulement des lions comme Robespierre et Danton ; mais encore des hyènes comme Coffinhal et Dumas, des bouchers comme Jourdan *Coupe-Tête* et l'huissier Maillard, et surtout une canaille avide de sang, pour danser autour de l'échafaud, en carmagnole et en bonnet rouge. Que ceux qui le nient, attendent.

Aussi bien, peut-il en être autrement ? La secousse terrible, dont vous avez été les témoins, ne saurait rester sans suites. Les nations ne se guérissent guère de ces blessures profondes ; il n'est pas aisé de rétablir dans les esprits les idées saines, dans les cœurs les saintes affections. Le vertige révolutionnaire est comparable à l'ivresse ; qui a bu, boira. L'ivrogne est malade le lendemain, il est vrai ; mais il a encore soif, et il oublie son malaise en recommençant à boire. Le Chinois retourne avec délices à l'opium, qui l'abrutit et le tue. Ainsi en est-il d'un peuple révolutionnaire. Les buveurs de sang ont laissé des successeurs ; les pillards de biens nationaux ont excité des convoitises ; et la canaille sans-culotte, la famille des *Marseillais*, a laissé une longue queue qui ne demande qu'à fretiller.

Hâtez-vous donc de prévenir vos enfants des nouveaux malheurs qui peut-être les menacent. Apprenez-leur, surtout, à discerner les révolutionnaires. Vous n'aurez pas de peine à reconnaître les fils aux traits des pères : ils ont le type de famille. D'ailleurs, ils s'appelaient naguères eux-mêmes les *Rouges*, la *Montagne*, les *Révolutionnaires*, les *Enfants de la guillotine :* toutes dénominations que vous connaissez de vieille date, et qui doivent encore vous faire tressaillir. Comme leurs devanciers, ils parlent fort de *liberté* et d'*affranchissement :* vous savez ce que ces mots signifient dans leur bouche. Comme leurs aînés, ils affichent un grand amour pour le petit, pour le prolétaire, pour ce qu'ils appellent simplement le *peuple :* vous vous souvenez que Robespierre, lui aussi, était philanthrope, et que le journal du cruel Marat s'appelait l'*Ami du peuple*. Rien de nouveau donc sous le soleil révolutionnaire. Aussi avez-vous entendu ces enfants, légitimes ou bâtards, des hommes de la Terreur, exalter leurs pères ; leur décerner la couronne de grands citoyens ; les appeler, même à la tribune, des *héros*, des *hommes sublimes*, des *ouvriers de l'humanité*. Chaque jour leurs discours de clubs ou leurs colonnes de journaux encensaient ces noms, haïs de tout cœur honnête ; et, bien loin de désavouer leurs doctrines ou leur conduite, ils ont osé faire l'apologie des unes, et se proposer d'imiter l'autre. Il n'y a donc pas à s'y méprendre : c'est bien 93 que l'on voudrait recommencer ; et quand même tous ne le voudraient pas, ils seraient entraînés par la force des choses à dépasser leur but.

Ici encore j'en appelle à vos souvenirs. Croyez-vous que les terroristes de la première révolution avaient prévu dès l'abord les conséquences de leurs démarches ? Non. Tenez pour sûr qu'aucun d'entre eux ne voyait bien clairement où leur audace les conduirait. Ils étaient méchants, sans nul doute ; ils étaient orgueilleux, débauchés, impies, amis du désordre ; plusieurs même avaient le goût

17.

du meurtre. Néanmoins ces vices avaient des limites ; et je suis convaincu que si beaucoup d'entre eux eussent vu par avance les torrents de sang qu'ils devaient faire couler, ils auraient reculé d'horreur. Mais une logique inflexible préside à la destinée des peuples ; les événements s'enchaînent avec une rigueur absolue. Ils avaient voulu les causes, ils eurent les effets ; ils avaient fait librement le premier pas, ils glissèrent jusqu'au terme.

Et c'est justement cette considération qui doit vous faire craindre les fils plus que les pères. Ceux-ci allaient un peu en aveugles ; ceux-là y vont avec connaissance de cause. Les pères ont été emportés, les fils marchent librement ; les anciens ont fait plus de mal qu'ils n'en voulaient, les nouveaux en veulent plus qu'ils n'en peuvent. Effroyable différence ! Elles ont raison ces voix sinistres qui partent tout bas de leurs rangs, et qui disent : Une autre fois nous ne manquerons plus notre coup.

Anciens de nos campagnes, nous vous le répétons encore : Tenez vos enfants en garde contre les révolutionnaires et leurs doctrines. Dites-leur souvent : Nous avons vu à l'œuvre les rouges d'autrefois : craignez, craignez les rouges d'aujourd'hui. Les enseignements sont les mêmes, les promesses sont les mêmes, les moyens sont les mêmes ; le but et les résultats se ressembleront aussi. La vipère a fait des petits. Les tigres ont laissé leur nichée. Fuyez, fuyez, jeunes gens, les héritiers des bourreaux de vos pères. Bouchez vos oreilles à leurs discours menteurs. Ils voudraient vous séduire, vous endormir, du moins, et vous réduire à l'inertie ; ils mettent des peaux de brebis, pour mieux vous tromper : mais ne vous y laissez pas prendre ; croyez-en à notre vieille expérience : l'approbateur du crime en est déjà le complice. Nous reconnaissons ces révolutionnaires à leur profil et à leur langage : ils ont la doctrine de Babœuf, et l'audace de Danton. Encore une fois, ne vous fiez pas à leurs paroles séduisantes et à leurs compliments flatteurs : sous ces paroles mielleuses, sous ces voix flûtées, il y a une arrière-gorge de tigre et le goût du sang.

LETTRE XIXe.

Quelques preuves à l'appui.

Il y a des gens, surtout à la campagne, qui ne manqueront pas de taxer d'exagération, et peut-être d'invention, ce que j'ai dit dans ma dernière lettre, à savoir : qu'il existe encore aujourd'hui des hommes prêts à recommencer les forfaits de la première révolution. Je n'affirme pourtant que ce que je sais, et je tiens à prouver mes affirmations. J'aurais bien de l'ouvrage, si je voulais citer tout ce qui s'est dit ou imprimé, à ma connaissance, dans ces derniers temps, et qui accuse ces projets révolutionnaires et cette soif de sang, dont certains hommes sont tourmentés. Il y a d'ailleurs des choses que la plume se refuse à transcrire. Ainsi, si je dis qu'il y a des écrivains assez pervers pour vouloir abolir le nœud du mariage et établir la plus affreuse immoralité, le premier nom qui me vient sous la plume, c'est celui de Fourier. Or, il est impossible de citer cet auteur : tant ses pages sur ce chapitre sont crues de cynisme et d'impudence. On n'en pourrait croire à ses oreilles. Ainsi, si j'affirme qu'il y a des hommes qui ont porté l'audace de l'impiété jusqu'à s'en prendre à l'idée de Dieu même, il me vient aussitôt en mémoire les passages où le plus révolutionnaire des révolutionnaires, Proudhon, va jusqu'à appeler Dieu même le mal : passages tellement blasphématoires, tellement sataniques, que l'oreille se révolte à les entendre lire. Ainsi, si j'affirme qu'il y a des hommes qui rêvent l'anéantissement de la propriété, je trouverai vingt, trente, quarante passages dans ce même Proudhon, et dans d'autres, où il est établi, sous une forme quelconque, que *la propriété est le vol,* c'est-à-dire que ceux qui possèdent ont volé ce qu'ils ont, et que les en dépouiller, c'est faire acte de justice.

Je me contente aujourd'hui de citer quelques documents très-positifs et très-authentiques, empruntés aux révolutionnaires suisses, et qui prouveront à qui voudra les lire, que la nouvelle conjuration antisociale n'est pas bornée à la France, mais s'étend encore à d'autres pays, et même à l'Europe entière. On saura, du reste, que nos révolutionnaires français sont dans les mêmes idées, tiennent le même langage, et vivent dans les mêmes espérances.

« Vous savez, » écrivait au comité révolutionnaire central le nommé Magari, « vous savez les efforts que nous
» faisons pour gagner les ouvriers. Les moyens les plus
» simples sont ceux qui réussissent le mieux. Il faut exci-
» ter leur soif des jouissances, et leur peindre sous les
» couleurs les plus appropriées à leur ignorance la mi-
» sère qui les ronge. Nos instituteurs primaires (labou-
» reurs, notez ceci !) sont d'un puissant secours pour cette
» propagande. Mais il en manque sur plusieurs points. Le
» clergé les combat et les démasque : donc, guerre à
» mort au clergé, qui veut tuer notre poule aux œufs
» d'or...

» La bourgeoisie est perdue : elle a fait son temps,
» comme la vieille aristocratie, qu'elle a supplantée. C'est
» au tour du prolétaire, et le prolétaire suivra notre im-
» pulsion. Qu'on tonne contre les rois et les prêtres ! Dé-
» truisez ces deux mobiles de la vieille société, et vous
» verrez ce qui restera de ses ruines. » (Magari, *Lettre
» au comité central,* 1834.)

« N'oublie pas les compliments, écrit un autre, du
» nom de Peters. On peut maltraiter, piller, dépouiller
» un pauvre ouvrier isolé ; il se laisse faire. Car, en face
» d'un homme éclairé, il a peur. En public, et lorsque

» l'ouvrier s'agglomère avec d'autres, la scène a changé.
» Alors l'agneau, qui se laissait tondre, devient loup. J'ai
» déjà fait souvent cette expérience. Mais ce loup a encore de petits faibles : il aime l'encens, comme un comédien. La flatterie lui monte au cœur, comme elle
» monte à la tête d'une coquette. Quand on tient vingt ou
» trente prolétaires sous ses mains, il faut adopter le
» principe de Schüller, leur dire des choses qu'ils ne
» comprennent pas, et qu'on leur explique *ad libitum* (1);
» puis, sans périphrases, leur dire, avec un grand air
» d'enthousiaste conviction, qu'ils sont justes, généreux,
» héroïques, les rois de ce monde et les intelligences de
» la terre... Je sais fort bien qu'il est peu réjouissant de
» se plonger dans cette fange, de se faire orateur de cabaret ou de ruelle, pour respirer les exhalaisons avinées
» de ces gens-là : mais le but couvre tous ces désagréments.
» Le peuple a besoin d'une grosse dose de flatterie (laboureurs, attention !) Emoussez votre palais pour parvenir à toucher le sien ; et quand les ouvriers, je crois,
» ont un grand homme en perspective, soyez sûr qu'alors
» vous les conduirez comme des enfants. » (Peters, *Lettre
à Kauschenplatt*, 19 février 1836.)

Habitants des campagnes, je vous prie de relire ces passages, et surtout de bien peser ces mots : *Il faut leur peindre sous les couleurs les plus appropriées à leur ignorance la misère qui les ronge*. Et ceux-ci encore : *N'oublie pas les compliments... Le peuple a besoin d'une grosse dose de flatterie*. Mais continuons nos citations :

« Ne sois pas timide, écrit un autre à l'un de ses amis :
» emprunte librement à ces gens-là (aux riches); mange
» et bois bien, afin de vivre longtemps et d'être heureux
sur la terre. » (Aug. Becker, *Lettre à Weitling*.)

« L'affaire de Stroltzmeyer est finie, dit le docteur Breidenstein à Mazzini. Il est condamné à la peine de mort.

---

(1) A volonté. (*Note de l'éditeur.*)

» Il n'est pas un traître ; mais sa légèreté est tout aussi
» dangereuse. » (1834.)

Voilà comme ces *frères* et *amis* se traitent entre eux. L'article premier de leur réglement est ainsi conçu : « Toute trahison commise par un membre de l'associa-
» tion mérite la mort. » Et qu'est-ce qu'une trahison ? Ce mot est bien vague. Mais, poursuivons :

« Nous avons parmi nos frères des cœurs qui ne voient
» pas où nous allons. Ils sont religieux par un sentiment
» puisé sur les genoux des grand'mères. Nous ne devons
» pas rompre en visière avec ce sentiment, qui est un
» fanatisme d'enfance. Il faut l'absorber dans un autre.
» Nous pouvons faire du Christ une divinité : mais il a
» été prolétaire, dirons-nous. Faisons-en le souffre-dou-
» leur des pharisiens, les aristocrates de son temps. Par-
» lons du Christ avec un certain respect. Oublions sa
» passion, pour ne songer qu'à ses tribulations matériel-
» les. C'est ainsi que nous gagnerons peu à peu nos en-
» durcis dans la dévotion. » (Madeff, *Lettre à ses adeptes*, 1843.)

Et c'est ainsi qu'ils en agissent. Rien n'est choquant comme le sacrilége abus qu'ils font du nom du divin Rédempteur. Ils s'efforcent de le représenter comme un prolétaire malheureux, opprimé par les riches de son temps, ou comme un démocrate, victime des persécutions du pouvoir. C'est par là qu'ils espèrent repousser d'eux le reproche d'impiété, et gagner les esprits simples. C'est un acte d'hypocrisie à ajouter à tant d'autres méfaits. Laboureurs, ouvriers, vous y laisserez-vous prendre ?

La preuve que le socialisme est impie, nous la trouvons dans cette pensée de Guillaume Marr, un des chefs de la secte :

« Le résumé de toute dégradation de l'homme, dit-il, la
» dégradation de l'homme même, est la soi-disant reli-
» gion chez nous appelée christianisme. »

Et cette pensée leur est commune à tous. Et voilà comment ils aiment Jésus, l'auteur du christianisme !

Un autre écrit de Lausanne à un de ses amis :

« Ne dis pas que le vol et la communauté des femmes
» sont choses licites : tu effarouches un sentiment que les
» riches et les sots appellent la pudeur. C'est convenu
» entre nous, il n'est pas besoin de le proclamer si haut.
» Ce qu'il faut prêcher, c'est le besoin de la vengeance
» contre l'ordre social qui a si longtemps tenu nos têtes
» écrasées sous son pied de vipère. Pour monter ta lyre
» au diapason convenable, il te faudrait des flots de sang.
» Un jour nous en ferons couler plus qu'il n'y a de gout-
» tes d'eau dans ce lac (le lac de Genève). Pourquoi se
» faire du vol une ressource légale, quand nous annon-
» çons qu'il n'y aura plus ni *tien* ni *mien ?* Pourquoi par-
» ler de la communauté des femmes, quand la promis-
» cuité est un devoir ? Laisse donc aux pauvres d'esprit
» ces moyens vulgaires. Nos affaires avancent terrible-
» ment ici, et ailleurs. Je te le dis en joie : le vieux monde
» est au plus bas ; il craque, et c'est nous qui naissons à
» la nouvelle Jérusalem. » (Maximilien Stepp, *Lettre à
Weitling*, 17 janvier 1841.)

On lit les paroles suivantes dans une lettre adressée
au journal de Lausanne, intitulé *Pholkerbund (Alliance
des Peuples) :*

« Il ne nous manque plus qu'une volupté : c'est de
» pendre de nos mains le dernier prêtre au cou du der-
» nier riche. Je fais quelquefois d'heureux rêves : je crois
» voir Rome s'abîmer au dernier éclat des trônes qui
» croulent. Rome, c'est la Babylone des temps modernes ;
» contre elle la Jérusalem sanglante du prolétaire s'avance
» comme l'ange réparateur. Puisse-t-elle, moi vivant,
» écraser tous ceux qui veulent dominer l'humanité, et
» qui se croient du génie, de la naissance, de la fortune
» ou de l'autorité ! Nous nivelons, nous nivelons ; et un
» jour la société, vieille, bâtarde, décrépite, se trouvera
» toute honteuse d'être condamnée à mourir par ceux
» dont elle a méprisé les noms. Quel beau jour ! » (Kohl-
meyer, *Lettre au Pholkerbund.*)

Je pourrais pousser ces citations beaucoup plus loin, et surtout en puiser dans nos révolutionnaires français, qui ne le cèdent à celles-là ni en impiété ni en audace.

Je me contenterai de mettre sous vos yeux les lignes suivantes, récemment éditées, et qui vous prouveront clairement quel est le but véritable de ces prétendus réformateurs de l'humanité. C'est une plume française qui les a écrites, en tête d'un livre déjà ancien, depuis longtemps oublié, mais remis au jour, en haine de la religion catholique. On y lit donc :

» IL FAUT QUE LE CATHOLICISME TOMBE.

» Celui qui entreprend de déraciner une superstition caduque et malfaisante (le catholicisme)... s'il possède l'autorité, doit avant tout éloigner cette superstition des yeux du peuple, et en rendre l'exercice *absolument et matériellement impossible*, en même temps qu'il ôte toute espérance de la voir renaître (1).

» Il y a *une* religion qui se glorifie d'être incompatible avec les libertés modernes. Si la Révolution avait vu clairement cette différence, elle aurait pu, en concentrant ses forces, ses inimitiés, ses décisions, *éliminer* ce culte, qui exclut la civilisation moderne. Mais... *elle a manqué d'audace*... et le culte (catholique) qu'elle avait mission d'abattre est sorti de ses mains plus entier, plus indompté que jamais. NE REFAISONS PAS LA MÊME FAUTE (2).

» Non : point de trêve avec l'INJUSTE (3) !

» Il s'agit ici non-seulement de réfuter le papisme, mais de *l'extirper*; non-seulement de l'extirper, mais de le *déshonorer*; non-seulement de le déshonorer, mais DE L'ETOUFFER DANS LA BOUE (4) !...

En voilà assez pour vous faire comprendre que je n'exagérais point en vous disant qu'il existe une race d'hommes pervers qui rêvent la destruction de la religion,

---

(1) Edgar Quinet, *Préface des OEuvres de Marnix de Sainte-Aldégonde*, p. 31.

(2) *Ibid.* p. 57 et suiv. — (3) *Ibid.* p. 42. — (4) *Ibid.* p. 7.

et l'effusion du sang humain. Lisez, relisez et méditez les passages que je viens de mettre sous vos yeux ; et dites-vous à vous-mêmes que des milliers, des centaines de milliers de personnes sourient à ces affreuses menaces, et attendent avec impatience le moment de les exécuter.

Habitants des campagnes, mon sang bouillonne dans mes veines, malgré les glaces de l'âge, quand je songe qu'il en est parmi vous qui partagent ces atroces idées ; et qu'un jour, si jamais le socialisme est le maître, il se trouvera des laboureurs pour se faire les instruments de la destruction des temples et du massacre de leurs frères...

Seigneur, serais-je condamné à vivre assez pour être témoin d'une telle infamie ?

LETTRE XXe.

Deux plaies.

Le mal qui nous ronge tous, c'est l'orgueil. Et notre orgueil se manifeste surtout en ce que nous aimons fort à dominer les autres, et que nous ne souffrons pas que d'autres nous dominent.

Nous voudrions tous être riches, moins, peut-être, pour jouir de nos richesses que pour l'emporter sur nos semblables. Nous ne sommes pas fâchés de voir des gens au-dessous de nous ; mais nous supportons impatiemment qu'il y en ait au-dessus.

C'est là un des grands artifices des révolutionnaires, d'avoir surexcité chez l'homme des champs le désir d'avoir, et l'envie contre ceux qui possèdent. Tel a été le résultat de ces *compliments*, de ces flatteries perfides, adressées depuis quelques années à la classe agricole. On a eu le talent de faire croire aux laboureurs, aussi bien qu'aux ouvriers, *qu'ils sont justes, généreux, héroïques, les rois du monde et les intelligences de la terre*. Ce révolutionnaire avait raison : le peuple aime l'encens, et avec l'encens on fait tourner toutes les têtes.

Je le dis donc avec tristesse : l'orgueil et l'envie nous rongent. Ces deux vices sont les plus anciens : aujourd'hui ce sont les plus universels. L'orgueil perdit Adam ; l'envie perdit Caïn : nulle paix n'est possible au monde avec l'orgueil et l'envie.

Le fermier voit d'un œil jaloux le propriétaire ; le propriétaire voit d'un œil jaloux le rentier ; le plus pauvre est jaloux du plus riche, et personne n'est content de sa condition. De là à aimer les révolutions, il n'y a pas loin ; car chacun, dans ces bouleversements, espère trouver mieux qu'il n'a. C'est ainsi qu'on laisse faire, si on ne fait pas soi-même. Et il arrive que quelques douzaines de scélérats accomplissent tranquillement leurs desseins, sans qu'on leur en demande le moindre compte, sans qu'on y trouve seulement à redire.

J'ai vu le temps où ce vice hideux de l'envie était inconnu parmi nous. Chacun labourait en paix son sillon, content du peu qu'il avait, et n'ayant d'autre ambition que de l'augmenter par son travail et ses économies.

Pourquoi ces jours-là sont-ils si loin de nous ?

LETTRE XXIe.

Aux Révolutionnaires.

> L'avenir est à nous.
> (*Journaux démocratiques.*)

Hommes de désordre, nous comprenons votre joie. L'ange rebelle l'éprouva le premier, lorsque, ayant vu nos premiers parents flétris de son souffle, et toute leur postérité vouée à la douleur et à la mort, il put poser sur la terre entière sa griffe immonde, et dire à Dieu : Nous partagerons !

Oui, ce jour-là, son bonheur fut grand, si le bonheur est conciliable avec la haine, si la joie peut pénétrer en enfer. D'un coup d'œil, il voyait l'immense postérité d'Adam blessée au cœur ; il comptait autant de victimes que l'humanité allait compter de membres. Il avait, d'un seul coup, sali le fleuve des siècles ; il avait jeté son dévolu sur des millions d'êtres libres, et défiguré en eux l'image de Dieu même ; dans son duel gigantesque avec le principe du bien, il avait vaincu. Encore une fois, il dut jouir : le sarcasme, à défaut de la joie, dut distendre ses lèvres.

Or, cette joie, qui n'est pas le bonheur, il vous l'a transmise, à vous ses premiers-nés. Vous aussi, vous comptez des victimes. Chargés de continuer son œuvre, votre zèle n'est pas sans succès. Les nuages que vous avez semés dans l'air s'épaississent : ils portent dans leurs flancs la tempête. Révolutionnaires, triomphez ! Vous pouvez aussi lever les yeux vers tous les coins de l'horizon, et dire à Dieu : Nous partagerons !

Hélas ! je constate moi-même le progrès de vos doctrines. Je le dis, la douleur dans l'âme et la honte au front : Oui, vous recrutez jusqu'au sein de nos campagnes; oui, vos rangs se grossissent. Le bas-fond de la société s'agite à votre voix ; le lest impur du navire tressaille; tous les vices, tous les malaises, tous les appétits coupables, saluent l'avenir que vous préparez. Encore quelque temps, et une moitié du monde vous appartiendra. L'Allemagne, l'Italie, l'Espagne, la Belgique, la Suisse, le Portugal, l'Angleterre, aussi bien que la France, sentent vos doctrines couler dans leurs veines, comme un poison lent et sûr. Ce ne sera plus alors comme au jour où les voix révolutionnaires se perdaient, lugubres et exécrées, dans le silence des airs, comme les cris des reptiles meurent au fond du cloaque. Non : vous aurez un grand auditoire : vos tréteaux seront dressés au soleil ; vous pourrez expliquer et appliquer ces systèmes fameux, dont l'annonce depuis si longtemps nous fatigue et nous épouvante. On verra ce que peut le génie du mal, dégagé de ses liens. Satan, sorti du *puits de l'abîme*, où Dieu le tenait enchaîné, pourra voyager librement sur la terre désolée ; des choses effrayantes se verront ; une dernière fois la lutte s'engagera : et peut-être le mot final sera-t-il prononcé alors ; peut-être le monde sera-t-il condamné à périr.

Révolutionnaires, c'est vous qui devez fermer le livre des temps. L'Evangile nous a prédit, en termes énergiques, ces *jours d'abomination et de désolation*, où les cieux verront s'éteindre leurs dernières étoiles, après que la terre aura vu mourir les dernières lueurs de sa foi. Cette époque sera la vôtre. Dieu, avec un dédain amer, vous livrera ses restes. Le nombre de ses élus une fois complet, il vous abandonnera cette lie fétide que le temps charriait avec regret ; il vous jettera, laissez-moi vous le dire, les débris du monde putréfié. C'est votre part.

Mais quand vous en serez les maîtres, quand vous aurez mis la griffe sur cette proie ignoble, alors, je vous le dis, la trompette sonnera l'heure de l'agonie, et puis celle du réveil.

Depuis soixante ans je vous observe, et vos progrès ne m'étonnent pas. Ils étaient prédits. Pour nous, humbles croyants, le passé n'a point d'énigmes, l'avenir point de mystères. Notre Maître nous a tout dit. Ne hurlez pas si fort ; ne vous enorgueillissez pas : quand la foi s'est retirée d'un monde, il est facile de s'en emparer. Partout où la vie s'en va, la gangrène se met vite. Les vers, vous le savez, rongent l'homme le plus vigoureux, dès qu'une fois il est au cercueil ; et l'hyène lâche et rapace lèche et déchiquète le cadavre du lion. Voilà votre office. Vous êtes les vers ignobles qui doivent ronger le cadavre de la société.

Et quel obstacle vous opposerait-il, ce monde décrépit? De toutes parts il tombe en ruines. J'ai vu toutes ses bases s'ébranler une à une, toutes ses vieilles institutions tomber. Si quelque chose m'étonne, c'est qu'il résiste encore une heure à vos efforts. Oui, voilà ce qui me surprend, moi qui le vois depuis si longtemps rongé par la luxure, aveuglé par l'orgueil, desséché par l'impiété. Il me semble qu'il n'y a plus guère qu'à souffler dessus, pour le faire tomber en poussière. De quelque côté que je tourne mes regards, je vois la foi s'éteindre : cette vieille foi qui fit, pendant quinze siècles, la grandeur et la prospérité de la France. En y réfléchissant, je vois se reproduire, trait pour trait, ce tableau que traçait du peuple juif le plus grand de ses prophètes : *Malheur à la nation pécheresse, au peuple chargé d'iniquités, à la race perverse, aux enfants criminels! Ils ont abandonné le Seigneur, ils ont blasphémé le Saint d'Israël, ils se sont rejetés en arrière de lui. En quel endroit vous frapperai-je, ô vous qui entassez prévorications sur prévarications? Toute tête retombe de langueur, tout cœur déborde de tristesse. Depuis la plante des pieds jusqu'à la tête, il n'y a pas un en-*

droit sain. Ce n'est que blessure livide, plaie et enflure, et personne pour y appliquer le remède ou y verser l'huile (1).

Révolutionnaires, voilà la proie que Dieu vous livre. Elle est digne de vous, et vous êtes dignes d'elle. Il y a égalité entre un monde usé de débauche, et les derniers-nés des révolutions. Persévérez donc : sapez, sapez en haut et en bas : vous pouvez frapper en sûreté. *Depuis la plante des pieds jusqu'à la tête,* c'est-à-dire depuis l'ouvrier perverti qui rugit en bas, jusqu'à l'industriel, jusqu'au bourgeois épicurien, qui se repaissent en haut, il n'y a pas une partie saine, pas une place où vous ne puissiez, sans difficulté, enfoncer vos dards ou appliquer vos griffes. La chair gangrenée ne résiste pas : elle tombe d'elle-même. Voilà pourquoi vos succès sont si rapides. Ah ! si cette société, que votre haine poursuit, eût gardé la foi qui vivifie, l'espérance qui console, l'austère vertu qui maintient, que vos efforts seraient faibles contre elle ! Elle vous eût écrasés d'un coup de pied, d'un seul regard ! Ah ! si ces institutions sociales que vous calomniez à outrance reposaient encore sur le piédestal que Dieu même leur avait donné, vous auriez beau vous heurter contre elles : béliers d'enfer, vous vous y briseriez la tête. Mais le souffle dissolvant de l'impiété a passé par là : vous pouvez ramasser ces débris.

Satan doit sourire à vos œuvres. En entendant les blasphèmes qui sortent de votre bouche, les chœurs des démons doivent, ce me semble, nouer leurs rondes impures. Parfois il m'est venu en pensée, en lisant vos livres et vos journaux, que le grand révolutionnaire, le premier-né des émeutiers, Satan, doit être jaloux. Le premier, il est vrai, il nia l'autorité ; le premier il proclama l'égalité absolue ; le premier il ne voulut point de supérieur. Ses conseils démocratiques égarèrent une foule d'anges, et le ciel vit naître ce que la terre a imité, depuis, tant de fois : une émeute, une insurrection contre

---

(1) Isaïe, I, 4-6.

l'autorité, une négation des lois de l'ordre éternel. Mais si le blasphème fut alors, comme aujourd'hui, le mot de ralliement des bataillons rebelles, ce blasphème avait au moins des limites. Témoins des grandeurs de Dieu, jusque là citoyens du ciel, les émeutiers ne purent nier ni l'existence du Créateur, ni ses suprêmes attributs. Satan ne put dire ce qu'un de vos maîtres a osé écrire : « Dieu, c'est sottise et lâcheté ; Dieu, c'est hypocrisie et mensonge ; Dieu, c'est tyrannie et misère ; Dieu, c'est le mal (1). » Ce blasphème gigantesque dépassait visiblement la puissance même de l'enfer. Et voilà pourquoi je dis que Satan doit être jaloux. La terre lui a donné un frère aîné. Je ne sais s'il eût osé l'espérer ou le craindre, le jour où il tombait dans l'abîme.

Révolutionnaires, vous avez applaudi, vous applaudissez encore à ces énormités, les plus prodigieuses qu'une langue humaine ait pu proférer. La malice de l'homme ne peut, quoi qu'elle fasse, aller au delà. Satan l'aîné a planté son drapeau au bout de la carrière ; et vous courez de votre mieux vous ranger sous ses plis. Vous répétez à l'envi, les uns plus haut, les autres plus bas, les horreurs qu'il hasarda le premier. Il fut le géant du blasphème ; vous êtes ses petits, et vous donnez le menu de sa pièce. Allez, allez ! la société qui peut entendre, sans frémir, de pareilles monstruosités, n'est plus digne de vivre.

Quel intérêt aurions-nous à dissimuler vos progrès ? Nous les constatons, comme on constate les ravages de l'ouragan, la marche du choléra, les envahissements de l'incendie. Je ne m'explique pas la niaise bonne foi d'une foule d'honnêtes gens, qui croient atténuer ou détruire le mal en le niant : comme si on supprimait la peste, en cachant le bulletin de ses victimes ! Que sert à l'aveugle de nier le soleil ? La foi s'éteint, la charité s'affaiblit : toutes

---

(1) Proudhon, *Système des contradictions économiques*, t. 1er, p. 416, 417. Nous demandons pardon de répéter ces horribles paroles.

les croyances s'en vont une à une ; il n'y a rien, plus rien de respecté en religion, en morale, en politique, en finances, en littérature, en histoire, en économie sociale. Un immense discrédit enveloppe tout ce qui vient du passé ; on n'a pas laissé debout une seule des colonnes sur lesquelles repose la société : et l'on en veut presque à celui qui prédit des bouleversements ! On se moquait aussi du sage Noé, quand il annonçait le déluge ; Sodome dansait, quand le feu du ciel descendit sur elle ; et Jérusalem emprisonnait, sciait et écartelait ses prophètes, quand ils l'avertissaient de sa ruine : et pourtant qu'est-il advenu ?

Révolutionnaires, vous êtes dans vos droits, comme y sont l'orage et la peste. Dieu vous a mis en main le fouet et le marteau : fustigez ! écrasez ! Vous obéissez, sans le savoir, au Dieu que vous blasphémez ; son doigt intelligent guide votre haine aveugle : vous irez jusqu'où il voudra, mais pas plus loin. Son but est de châtier, par vous, *ce peuple chargé d'iniquités, cette race perverse, qui s'est rejetée en arrière de lui*. Attilas révolutionnaires, obéissez ! Voyez comme tout se prépare pour votre œuvre de destruction. Les bons mêmes s'aveuglent et s'endorment dans une fatale sécurité : ils nient le péril ; *les têtes les plus fortes tombent de langueur; les cœurs les plus généreux sont saisis de tristesse* (1); la tâche est bien facile. Ne vous pressez donc pas, ne vous tourmentez pas : laissez les étais se pourrir encore un peu plus, et un coup de hache suffira à faire crouler tout l'édifice.

Je ne sais s'il en restera beaucoup d'entre vous pour jouir de leur œuvre, et contempler les ruines. Samson fut écrasé sous le temple qu'il renversa. Les loups-cerviers de 93 montèrent sur l'échafaud après les brebis. Les révolutions sont des abîmes sans fond, et la guillotine est sans pitié. Il se peut, cependant, que quelques-uns de vous survivent à la débâcle qui se prépare. Mais qu'ils ne soient

---

(1) Omne caput languidum et omne cor mœrens. (*Isaïe*, 1.)

pas trop fiers du succès ; car il est difficile de bâtir solidement sur la fange. Le fruit de la victoire durera peu : on ne construit pas sur le néant, on ne fonde rien sur le chaos. La main qui a fixé la terre sur son axe, a aussi établi la société sur sa base : et cette base ne se dérange pas impunément. Le fou qui aspire à remplacer la Providence, ce géant d'impiété qui veut faire tourner le monde dans un autre sens (1), cet ivrogne de la déraison et du blasphème n'a pas encore pu créer un grain de sable. C'est un nain comme tous les autres. Sa haine est un peu plus audacieuse, son fiel un peu plus épais : et voilà tout. Croit-il que sa parole obscurcira le ciel, que sa bave noircira le soleil ? Pauvre homme !

Pour moi, je crois volontiers qu'il est temps que ce monde finisse. Je n'hésite pas à dire au bon Dieu : Seigneur, l'escabeau n'est plus digne de vos pieds ; que pouvez-vous espérer encore de ce nid de péchés et d'immondices ? Vous avez tout usé avec l'homme : douceur et sévérité, providence et miracles, châtiments et bienfaits : c'est fini. Recueillez donc encore les quelques élus qui vous restent ; et puis laissez, laissez ce vieux décrépit s'affaisser dans sa pourriture ; qu'il aille où l'entraîne le poids de ses iniquités : les corbeaux et les reptiles sont prêts.

Révolutionnaires, le fidèle éprouve une sorte de joie à sentir les cahots du char que vous menez vers l'abîme. Il lui tarde que le Dieu qu'il sert ne soit plus blasphémé. Mais il vous attend au dernier des jours, si justement appelé le jour des justices. Là, les comptes seront réglés, et pour toujours. Patience !

En attendant, souffrez qu'on vous nomme par votre nom, qu'on abaisse le masque dont vous vous couvrez, et qu'on se montre du doigt la double tache qui vous est marquée au front : une tache de boue, et une tache de sang

(1) Proudhon.

LETTRE XXIIe.

Un despote.

Que feriez-vous, laboureurs, si, au sein de vos hameaux, quelqu'un s'avisait tout à coup de s'arroger une autorité sans bornes, de trancher à droite et à gauche, de faire des réglements publics, de défendre telle chose à l'un, de prescrire telle chose à l'autre, de culbuter les administrations, de fixer des contributions, d'imposer enfin sa volonté la plus capricieuse à tout le monde? Assurément, vous vous récrieriez bien haut, et vous demanderiez à cet impertinent de quel droit il s'arrogerait une telle autorité. Probablement même, sans plus de compliments, vous le mettriez à la porte; et vous auriez raison. En tout cas, ce serait la chose du monde la plus étrange qu'on vous vît tout à coup, devenus dociles comme un troupeau de moutons, vous incliner sous la verge de cet homme, céder à ses caprices, attendre ses volontés et obéir ponctuellement et sans vous plaindre à tout ce qu'il lui plairait d'ordonner.

Et ce spectacle, vous le donnez cependant, nous le donnons tous. L'impertinent, le capricieux maître, c'est Paris. Abusant de son ascendant, de l'avantage de sa grande population, cette despotique cité nous régente comme de petits garçons. Depuis soixante ans, elle s'est mise sur le pied d'imposer ses volontés à la France, de faire et de défaire, sans consulter personne; et toutes les provinces sont là, en expectative, courbées respectueusement devant cette insolente maîtresse, disposées à en accepter même des coups de fouet, s'il lui plaît d'en donner. Il convient à Paris de renverser un trône : il remue ses égouts, en fait sortir quelques centaines de crocheteurs, qui se ruent sur un palais, sur une dynastie, sur n'importe quoi, et les font disparaître en un instant. Et le lendemain, le télégraphe fait jouer ses fils, et apprend à quarante-quatre ou quarante-cinq mille cités, bourgs et villages, que le gouvernement est changé, que Paris l'a voulu, et qu'il n'y a rien à dire. Et les quarante-quatre ou quarante-cinq mille cités, bourgs et villages disent : C'est bien ! merci, bonne ville de Paris !

Paris est ainsi la tête, le cœur, le cerveau de la France : ou plutôt, Paris, c'est la France.

Il n'en était pas ainsi autrefois. La cour de nos rois était à Fontainebleau, à Compiègne, à Blois, à Versailles, etc., et c'était là que les regards étaient tournés : ce qui ôtait singulièrement de l'importance de Paris. Le gouvernement était où était la cour, et non où était la foule. De plus, la centralisation, qui nous afflige maintenant, n'existait pas alors. Paris n'était pas le siége unique des affaires civiles, administratives, judiciaires, politiques, littéraires, le centre unique de toutes les forces gouvernementales. Maintenant, quand Paris éternue, toute la France se mouche. Dans ce temps-là, Paris se fut abîmé dans un déluge, dans un incendie ou dans une émeute, que toutes choses auraient continué leur train ailleurs. Chaque province avait son petit centre à elle, sa capitale, son administration, ses tribunaux, ses coutumes, même ses poids et mesures. Tout cela relevait directement, non de l'émeute ou du hasard, mais du roi. Autour de cette capitale de province, de ces États et de ces tribunaux de province, s'agitaient librement, sans choc, sans bruit et sans retard, une foule d'intérêts respectables, qui sont aujourd'hui ou frustrés, ou déplacés, ou tourmentés. Et de cette division de la France en petits gouvernements résultait une foule d'avantages, dont je vais dire les principaux.

1° Des institutions communales plus larges et plus développées, donnant à chacun la part de liberté qu'il pouvait légitimement réclamer. Il s'ensuivait que chacun se tenait pour satisfait, et qu'il n'était pas nécessaire d'armer une moitié de la France pour garder l'autre.

2º Chacune des divisions de la France avait une importance à peu près égale, et pesait autant que Paris dans les destinées de la patrie. D'où il suivait que Paris pouvait faire des émeutes (ç'a toujours été son plaisir), mais point de révolutions.

3º La grosse administration n'étant pas enfouie dans la paperasserie de la capitale ; nos écus n'allaient pas s'enterrer inutilement dans les caves de la Banque.

4º Les riches propriétaires restaient en province à exercer leurs fonctions honorifiques ou salariées, et leurs écus y restaient avec eux. Rapprochés de leurs propriétés, ils y faisaient plus volontiers des améliorations, au grand profit de l'agriculture, aujourd'hui si délaissée.

5º Les hommes de loisir, au lieu de s'en aller à Paris mendier une place ou une renommée quelconque, et y manger leurs rentes, vivaient bel et bien dans leur pays, s'occupaient de gagner les suffrages de leurs concitoyens, et mettaient leur amour-propre, leur intelligence et leur argent au service de la contrée. Ils occupaient *gratuitement* une foule de petites places, maintenant chèrement rétribuées.

6º Les bons ouvriers, les artistes habiles, n'émigraient pas vers la capitale dans l'espoir, souvent déçu, d'y trouver de la renommée, de l'ouvrage et de l'aisance. Chacun restait dans son pays ; et il en résultait une émulation de province à province, qui ne pouvait qu'entretenir le travail, et procurer un lent et sage progrès.

7º L'impôt payé par la province, les rentes perçues sur les campagnes étaient dépensés presque en totalité dans les lieux mêmes qui les avaient produits. De cette sorte, Paris n'était point une énorme sangsue suçant, à elle seule, tout le fruit de nos sueurs.

8º Enfin, Paris, l'insolent Paris, ne nous jetait pas à la

tête, à chaque instant, des gouvernements nouveaux. Chacun faisait tranquillement ses petites affaires, parce que chacun comptait sur l'avenir.

Laboureurs, vous me demandez à quoi ceci tend, et si c'est vous qui pouvez remédier au mal? Oui, jusqu'à un certain point. Car si vous exigiez de ceux qui sollicitent vos suffrages, qu'ils travaillent à décentraliser la France, il faudrait bien que cela se fît. Par là, nos provinces reprendraient un peu de vie, et peut-être le malaise qui les accable diminuerait-il. Laboureurs, vous oubliez trop ce que je ne puis assez vous répéter : vous êtes la majorité, vous êtes le vrai peuple, vous êtes la France. Du jour où vous voudrez et saurez vous entendre, de ce jour-là tout dépendra de vous : gouvernement, impôts, lois, armées, etc... Etes-vous éternellement condamnés à être menés comme une bande d'oies, ou comme un troupeau de brebis?

LETTRE XXIII_e.

L'occasion.

L'homme est né méchant, dit-on ; moi je crois qu'il est plutôt né faible. C'est la faiblesse qui nous tue. Le plus grand de nos dangers, c'est de voir faire le mal.

Je signalerai une cause qui perd une foule d'habitants des campagnes : c'est cette réunion d'hommes que l'on est convenu d'appeler foire ou marché. La foire et le marché gâtent prodigieusement le laboureur. De tous les pièges que le démon lui tend, c'est le plus fréquent et le plus sûr. Je n'avance point une parole à la légère, quand je dis que de la multiplication des foires et des marchés date la dégénérescence de nos campagnes.

Dans mon temps, une foire était une rareté. Il y en avait quatre par an dans la principale localité du pays ; et toutes portaient le nom du saint dont elles suivaient la fête. Hors de là, il eût fallu aller loin pour avoir une foire, et l'on en était rarement tenté, vu le petit nombre des affaires, la difficulté des chemins, et surtout cet amour de la vie sédentaire et paisible qui caractérisait alors le laboureur. Aller à la foire était, dans ce temps-là, une chose importante. On en parlait longtemps d'avance ; on s'y préparait de loin ; on partait dès la veille ; mais, certes ! on n'y allait jamais sans cause. J'avais quinze ans quand mon père m'y conduisit pour la première fois ; et je ne sais si jamais conquérant entra plus fièrement dans une ville prise, que moi dans la bénie localité où se tenait cette foire.

Depuis, on a singulièrement multiplié ces réunions. Il n'y a si misérable chef-lieu de canton, si pauvre agrégation de quelque centaines d'âmes, qui ne veuille avoir sa foire. Là où il n'en existait pas, il y en a cinq ou six ; là où il y en avait quatre, il y en a douze. Mon chef-lieu de canton a aujourd'hui deux foires et deux marchés par mois.

Le commerce a augmenté, dit-on. Oui, et la débauche aussi. Il y a quelque chose qui va plus vite que le mouvement commercial : c'est l'ivrognerie, l'immoralité, le mépris des lois de l'Eglise, le blasphème, l'injustice, la paresse, la fraude, etc... Et tout cela, qu'on me permette de le dire, est en grande partie le résultat de la fréquentation des foires et des marchés. Qu'on m'appelle rétrograde tant qu'on voudra : j'affirme, sur mes quatre-vingts ans d'expérience, que la foire est une triste école pour le laboureur, et l'occasion ordinaire de sa perte.

C'est là, en effet, que le laboureur apprend à fréquenter le cabaret. On ne va guères à la foire sans boire un coup. On s'attable, on trinque, on cause, on perd son temps et son argent, et l'on contracte des goûts de taverne que l'on rapporte au village. Souvent c'est le plus clair profit de la journée.

A la foire, on s'accoutume à jurer et à blasphémer. C'est là surtout qu'on entend retentir ces odieuses paroles, qui ne devraient jamais sortir de la bouche d'un chrétien, et dont le Ciel a tant de raisons de se montrer irrité. Le saint nom du Seigneur n'y est guère prononcé que d'une manière inconvenante ou criminelle.

C'est à la foire qu'on apprend à tromper son prochain. Assistez, par hasard, à la vente du bétail, et voyez par combien de ruses et de fraudes le vendeur cherche à circonvenir l'acheteur. C'est un jeu de dupes et de fripons. La duplicité s'y appelle finesse, le mensonge habileté. L'essentiel est d'échapper à l'action des lois. On ne songe plus qu'il y a un Juge qui lit dans la conscience, et qui saura un jour démêler les intrigues de l'injustice humaine.

C'est à la foire que l'on apprend à déchirer la réputation du prochain. Là est le rendez-vous de toutes les nouvelles, de tous les bruits, de tous les scandales du pays. On les y débite, ou on les y apprend. Rentré au village, on s'empresse d'en servir sa famille et les voisins. Malheur à la personne dont le nom a été une fois jeté en proie aux langues d'un marché! Vrai ou faux, le mal qu'on a dit d'elle est cru, augmenté, colporté : sa réputation est atteinte pour toujours.

C'est à la foire que le jeune homme, que la jeune fille, compromettent et perdent souvent leur innocence. Ah! que d'âmes perdues à travers cette licence de paroles, de gestes, d'actions, qui règne ordinairement dans ces tumultueuses réunions d'hommes, où comme à l'ordinaire, toutes les vertus s'isolent, et tous les vices se mettent en commun! Je le répète : j'ai vu la corruption des mœurs croître en proportion de la multiplicité des foires et des marchés. Aussi rien de plus vrai que ce mot de ma mère en réponse à l'une de mes sœurs, qui sollicitait la permission d'aller à la foire : Mon enfant, une fille chaste ne demande jamais à aller là.

C'est à la foire que les rixes et les haines prennent naissance. Je ne me souviens pas d'avoir jamais vu ces réunions se passer sans qu'il y ait eu quelques coups de donnés. C'est la suite ordinaire des parties de table, où l'on ne garde pas de mesure, et des marchés, où l'on ne met plus de bonne foi. J'ai vu des hommes partir côte à côte en bons amis, et s'en revenir brouillés : ils sortaient de la foire.

C'est à la foire qu'on apprend à fouler aux pieds les lois de l'Eglise. Si, par exemple, le jour où elle tombe est un vendredi, un jour de carême ou un jour de quatre-temps, lequel d'entre vous aura le courage de pratiquer la loi du jeûne ou de l'abstinence? Bien peu sauront résister à l'occasion. Tel se ferait un crime de manger gras chez lui, un jour défendu, qui n'aura pas la force de surmonter le respect humain, et, dans cette circonstance, fera comme les autres.

J'ajoute que la foire est souvent une occasion de ruine pour le cultivateur. Sans parler du temps et de l'argent qu'il y perd, il m'a été donné cent fois de remarquer que c'est là que prend naissance cet esprit de paresse, dont quelques agriculteurs sont entachés. C'est là aussi que naît et se développe cette manie de spéculation, qui est, pour plus d'un, une pierre d'achoppement. Le spectacle du mouvement que présente un jour de foire donne envie d'y prendre part. A force de voir vendre et acheter, on veut aussi acheter et vendre. On y prend ces habitudes de maquignonnage, dont le résultat est l'apauvrissement et la ruine. Tel est parti le matin sans aucune intention arrêtée, qui s'en revient le soir, après avoir sottement acheté ou sottement vendu : l'occasion s'est présentée, on était gris peut-être, quelques connaissances ont aidé, et la faute s'est faite. Car les foires sont toujours encombrées d'une foule d'oisifs, spectateurs officieux de ce qui se passe, lesquels se mêlent de tout, parlent de tout, donnent des renseignements, des avis, des conseils sur tout, discutent les prix et excitent les contractants à conclure, dans l'espoir d'être invités à boire : fonction dont ils se tirent admirablement. Somme toute, j'ai peu vu de laboureurs assidus aux foires se maintenir dans la probité et dans l'aisance ; et j'en ai vu une foule qui, pour les avoir trop fréquentées, ont ébréché leur fortune ou déshonoré leur nom.

Est-ce à dire qu'il soit défendu d'aller à la foire ? Non ; c'est parfois une nécessité. Il est peu de cultivateurs qui n'aient, de temps à autre, des raisons d'y paraître. Mais on ne doit le faire que pour de bons motifs, et avec beaucoup de prudence. Il faut surtout se tenir en garde contre le cabaret, cet écueil funeste, ce séjour pestiféré, où tant de vertus et de fortunes font naufrage.

Mon père nous répétait encore, peu de temps avant sa mort : — J'ai été quelquefois à la foire ; mais jamais je n'y ai déposé mon bâton. — Que de laboureurs aujourd'hui voudraient pouvoir en dire autant !

LETTRE XXIVe.

Marie.

Le nom le plus doux qui ait jamais réjoui le ciel et parfumé la terre ; l'image la plus gracieuse, la plus pure que l'imagination de l'homme puisse rêver ; le culte le plus virginal, le plus aimable que le ciel ait confié à la terre !

Personne, nous le croyons, n'est exclu de la tendresse

de Marie. Il y a place pour tous dans ce cœur éminemment maternel. Cependant il nous semble qu'elle aime particulièrement les campagnes, que c'est là que ses regards se plaisent surtout à descendre ; nous pensons que le parfum de nos fleurs est pour elle un encens d'agréable odeur.

Nos paysans ont eu la pensée de lui consacrer le plus beau de leurs mois : le mois de l'espérance, le mois des fleurs. C'est là une heureuse idée : il y a un rapport tout particulier entre cette nature riante, joyeuse, épanouie, et celle qui fut la plus belle fleur de l'humanité, et se nomme encore la *Rose du Paradis*.

Le culte de Marie fut de tout temps populaire dans nos campagnes. On ne pouvait autrefois faire un pas sans trouver quelque signe, quelque monument destiné à rappeler son souvenir : là une petite chapelle, ici une image, que des mains pieuses ornaient de fleurs. Presque chaque maison avait sur sa porte, ou à un de ses angles, une petite niche renfermant la statue de cette Mère vénérée. Ses fêtes étaient les plus solennelles, les plus riantes, les plus chéries de toute l'année. On les chômait presque toutes. Chacun éprouvait un plaisir secret à honorer Celle qui, du pouvoir infini que Dieu lui offrait, n'a accepté que le droit de bénir et de pardonner.

O Marie ! bien des vœux purs sont montés vers vous, dans ces jours de foi naïve. Je comprends que vos regards aimassent à s'abaisser sur ces vertes campagnes, sur ces humbles hameaux, où tout, pour ainsi dire, s'efforçait de les attirer : et la beauté de la nature, et l'innocente simplicité des cœurs.

Aujourd'hui tout cela a notablement changé. Il y a bien encore des fêtes, un culte, de la pompe, plus que jamais peut-être : mais le fond a disparu. Le goût de la toilette a envahi nos plus modestes villages, et le culte sincère de Marie ne va jamais avec ce goût-là. Une jeune fille aime encore les fêtes : mais c'est pour y paraître. On ne s'inquiète nullement d'imiter celle que l'on prétend honorer.

Et c'est surtout chez l'homme que le culte de la sainte Vierge s'efface. Beaucoup de nos paysans rougiraient aujourd'hui d'être dévots à Marie. Combien n'y en a-t-il pas qui seraient honteux de tenir un chapelet à la main! — C'est l'affaire des femmes, disent-ils. — Comme si Marie n'était pas notre mère à tous! Comme si la dévotion envers elle n'était pas, pour l'homme comme pour la femme, une marque de prédestination! Comme si Marie n'était pas pour tous la porte du ciel! Ah! je ne sais de quel front ces chrétiens infidèles se présenteront un jour au jugement de Dieu. A cette heure solennelle, où notre sort sera décidé pour l'éternité, nul doute que le suffrage de la sainte Vierge ne pèsera considérablement dans la balance. Elle sera le principal témoin pour ou contre nous. Oh! encore une fois, que diront, qu'oseront dire, à ce moment formidable, ceux qui auront dédaigné ici-bas le service de cette Reine toute-puissante, ceux qui regardaient son culte comme l'affaire des femmes? Il me semble que ce sera en vain qu'ils tendront des mains suppliantes vers la Mère des miséricordes : elle leur répondra : — Je ne vous connais pas; vous avez rougi de moi devant les hommes, je rougis de vous à mon tour devant mon divin Fils.

Mon père avait contracté la sainte habitude de réciter chaque jour le chapelet, et tous les jours de dimanches et de fêtes, le rosaire. Ses enfants l'ont conservée après lui. Même quand j'étais soldat, au milieu de la dissipation des camps et de la fatigue de la marche, je n'y manquais point. Une fois, après une chaude bataille qui avait duré tout le jour, accablé d'épuisement et de sommeil, je me souvins, à onze heures du soir, que je n'avais point encore payé à ma Mère la dette du jour. Malgré l'accablement et la fatigue, je me mis à genoux dans un coin, et récitai dévotement mon chapelet. J'ai toujours cru que c'est à cette pieuse pratique que j'ai dû d'avoir échappé à tant de périls, et surtout d'avoir conservé ma foi parmi tant d'exemples d'impiété.

Dans la saison des travaux, quand la journée du laboureur est si remplie, que c'est à peine s'il a le temps de respirer, eh bien ! je trouvais encore un petit moment pour me souvenir de ma Mère, et lui offrir mon hommage quotidien. A défaut d'autre loisir, je disais mon chapelet en allant de la maison aux champs, ou en revenant des champs à la maison. Quand nous étions de compagnie, Thérèse et moi, nous le récitions ensemble. Je ne saurais dire quelle douceur particulière j'éprouvais à satisfaire à cette dévotion. Je n'ai jamais douté qu'elle n'ait été la première source du bonheur dont j'ai joui, et du succès qui a accompagné mes travaux.

Car c'est ma conviction profonde que Marie ne s'intéresse pas seulement au bien spirituel de ses enfants, mais aussi à leurs avantages temporels. Marie est mère en tout sens : sa tendresse envers nous est sans bornes. Elle entend le cri de l'indigent, comme la voix du pécheur ; les larmes de l'affligé l'émeuvent comme celles du pénitent. L'histoire est pleine du récit des calamités qu'elle a détournées ou arrêtées, des maux qu'elle a guéris, des succès, même temporels, qu'elle a obtenus. Or, sa puissance n'est point diminuée, ni son bras raccourci. Pourquoi ne pourrait-elle aujourd'hui ce qu'elle a pu autrefois ? Donc, si vous êtes si souvent désolés par les intempéries des saisons, si tant de maux vous accablent, vous ne pouvez, ô habitants des campagnes ! vous en prendre qu'à vous-mêmes. Vous ne savez plus recourir à la *Consolatrice des affligés;* votre confiance en elle a disparu ; son culte s'est éteint dans vos âmes ; vous ne songez plus à elle ; elle est, en quelque sorte, forcée de ne plus songer à vous. Qui sait ? Plus d'un d'entre vous, peut-être, sourira de pitié en lisant ces lignes : convaincu qu'il n'y a aucun rapport entre le ciel et la terre, que tout ici-bas va au hasard, et que l'invocation des saints est une pure superstition. Tels sont les progrès qu'a faits l'impiété, qu'il peut se trouver des *esprits-forts* de cette trempe, jusqu'au sein des plus obscurs hameaux. Sans doute, ce sont de rares exceptions; mais n'est-il pas vrai que la foi s'affaiblit parmi vous, que la dévotion à la sainte Vierge, en particulier, y diminue de jour en jour? Je le dis, la honte sur le front et la douleur dans l'âme : j'ai vu bien des paysans ne plus savoir ce que c'est que le chapelet, ignorer même l'*Angelus*, même la *Salutation angélique!* Je ne croyais cela possible que parmi les bourgeois de nos villes.

Ô Marie! vous n'abandonnerez pourtant pas nos campagnes, que vous avez si longtemps aimées ; vous ne détournerez pas les yeux de dessus ces populations, qui vous furent jadis si dévouées, et parmi lesquelles vous comptez encore un bon nombre d'âmes fidèles. Souvenez-vous que, si nos champs furent maudits à cause d'Ève coupable, ils ont été de nouveau bénis à cause de vous, ô la plus pure et la plus grande de toutes les femmes! Car vous avez réparé tous les torts de la mère du genre humain ; et si nos prairies produisent encore des fleurs, nos vergers des fruits, et nos champs des moissons, c'est à vous qu'ils le doivent. Souvenez-vous que c'est au sein des campagnes que la bonne foi, la simplicité, la piété, la chasteté, l'innocence, toutes les vertus chrétiennes, ont trouvé leur dernier asile ; et que, si déjà bien des victimes y ont succombé aux vices du siècle, c'est des villes qu'est venu le souffle empesté qui les a perdues. Souvenez-vous, ô très-pieuse Vierge Marie! que la simplicité même de l'homme des champs peut être son danger et sa ruine, en ce qu'il se laisse facilement séduire, et accueille sans défiance les doctrines perverses qui lui sont enseignées. Que ce soit là son excuse à vos yeux : ayez pitié de son ignorance et de sa faiblesse. Réveillez en lui la foi ; affaiblissez pour lui l'influence funeste des cités ; rendez-lui ces mœurs simples, ces mâles et austères vertus, inconnues d'un siècle amolli et sensuel. Que partout le règne de Dieu se rétablisse dans les champs ; que partout les louanges de Dieu et les accents de la piété montent vers le ciel, avec l'encens des fleurs et les chants des oiseaux. Surtout, ô Marie! que votre nom y soit connu et glorifié. Car c'est là, souvenez-vous-en, que se dressera votre dernier autel ; et du jour où les campagnes auront cessé de vous invoquer, de ce jour-là votre culte sera anéanti, et votre nom quittera cette terre pour remonter au ciel.

LETTRE XXVe.

Un condamné.

Je n'en veux pas à la bourgeoisie : pourquoi lui en voudrais-je? Mon âme a vécu jusqu'ici sans colère et sans haine. J'ai pu condamner les fautes, et maudire les erreurs ; condamner ou maudire les personnes, jamais!

Un des révolutionnaires que je citais plus haut a dit : « La bourgeoisie est perdue, elle a fait son temps comme la vieille aristocratie, qu'elle a supplantée. C'est au tour du prolétaire, et le prolétaire suivra notre impulsion. Qu'on tonne contre les rois et les prêtres : détruisez ces deux mobiles de la vieille société, et vous verrez ce qui restera de ses ruines (1). »

Cet anathème contre la bourgeoisie me paraît fondé. Il me semble, en effet, que son tour est passé, et que le sceptre lui tombe des mains. Je vais dire pourquoi.

Les classes ont, comme les individus, des devoirs à remplir ; devoirs dont la rigoureuse exécution est exigée, sous peine d'en porter ici-bas le châtiment. Car, si Dieu peut ne pas punir en ce monde l'homme individu, qu'il retrouvera toujours dans l'éternité, il ne peut épargner

---

(1) Voir, plus haut, Lettre xixe.

les sociétés ou les classes, qui ne vivent pas au delà de cet horizon terrestre.

Or, la royauté fut chargée pendant quatorze siècles de diriger les affaires de ce monde. Appuyée sur l'aristocratie, dont elle n'était que le couronnement, elle remplit assez bien son office pour que la religion fût florissante et la société ordinairement tranquille. Dieu lui accorda pour cela la longévité sur la terre. Puis, comme elles avaient toutes deux, çà et là, forfait à leurs devoirs ; comme, en beaucoup de pays, elle s'était faite hérétique, et, en France, immorale, Dieu jugea le temps venu de la punir. Il prit pour cela le meilleur de ses membres, et livra sa tête au bourreau. L'aristocratie suivit, et paya à la guillotine une dîme abondante.

Naturellement, la bourgeoisie occupa le haut bout. De seconde qu'elle était, elle devint la première. Elle fit un gouvernement, ou plutôt des gouvernements, à sa façon, leur infusa une forte dose de son esprit : de cet esprit mesquin, étroit, jaloux, matérialiste, qui la caractérise. Surtout, elle avait obligation de relever le culte de Dieu, de restaurer la religion, et de lui donner ces gages de foi et de dévouement sincère que les rois, même les plus mauvais, que les seigneurs, même les plus corrompus, lui avaient toujours accordés.

Au lieu de cela, que fit-elle ? Elle se moqua de Dieu et de ses saints, déserta ses temples, abandonna les sacrements, se montra hostile au clergé : à tel point que le prêtre n'avait pas de plus grand ennemi, ou plutôt n'avait d'ennemi, que le bourgeois de sa paroisse, si par malheur il y en avait. Elle s'efforça de contre-carrer partout l'action de l'Eglise, soit aux chambres, soit aux conseils de toute espèce qu'elle s'était créés, soit dans ses tribunaux, soit dans ses administrations (1), soit même

---

(1) Il m'est arrivé d'analyser rigoureusement le personnel des fonctionnaires de plusieurs villes : j'ai trouvé qu'il y en a un sur

dans la cour bourgeoise qu'elle s'était faite. Bien entendu qu'elle donnait l'exemple de tous les vices. Elle n'avait que deux choses en vue : les affaires et les plaisirs. Et comme tout lui souriait, comme les écus circulaient et procuraient l'aisance et la joie, elle se crut solide à tout jamais : en sorte qu'à la veille même des révolutions, elle n'avait jamais mieux bu ni mieux dormi.

Cependant le sol se minait. Des voix prophétiques se faisaient entendre. On lui annonçait sa chute prochaine; on lui disait que, si les rois ont porté quinze cents ans le sceptre, c'est qu'ils s'appuyaient sur l'autel. Elle n'y voulut pas croire; et comme tout semblait calme, elle avait fini par s'imaginer que Dieu s'était retiré du gouvernement du monde, pour lui faire place, à elle, le plus sot des souverains.

Je l'ai vue et observée le lendemain de la révolution de Février. Le coup la frappa, d'abord : elle écouta, elle dressa l'oreille, elle eut peur. Un instinct secret lui disait qu'elle allait être détrônée, et que son successeur était là. Les figures des vainqueurs de Février étaient si patibulaires, leurs gestes si sauvages, qu'on dut se croire enfin tombé dans le règne de la démagogie : mais la première surprise passa; insensiblement un peu d'ordre se mit dans le désordre; les vainqueurs parurent même reculer, et les vaincus revinrent sur l'eau. En entendant, dans les premières élections, reparaître les noms chéris des hommes qui l'avaient guidée pendant dix-huit ans, la bourgeoisie se crut encore une fois sauvée.

Ce fut surtout le côté religieux qui me préoccupait dans mes calmes observations. Je me disais : Ces aveugles, sans doute, ouvriront enfin les yeux, et comprendront que la plèbe qui se soulève n'est que leur brutal disciple et leur fidèle écho. Car, enfin, elle ne fait qu'appliquer ce droit *sacré* de l'insurrection, que la bourgeoisie

---

trente (y compris les officiers militaires) qui remplit l'important devoir de la communion pascale.

a élevé si haut. Tous ces gros ventrus sentiront, je l'espère, qu'un empire fondé sur les intérêts purement matériels est à la merci du hasard, et n'a pas la moindre solidité. Ils comprendront de quelle importance il est d'appeler Dieu à bâtir la maison; ils se repentiront amèrement de leur guerre, aussi acharnée que sotte, contre l'Eglise, contre les Jésuites, contre tout ce qui cherchait à donner quelque base à l'édifice social. Ils apprécieront, j'en suis sûr, les conséquences de leur athéisme pratique : ils rentreront en eux-mêmes; ils se diront : *Dieu seul est grand*, et reviendront en foule se presser dans ses temples et autour des tribunaux sacrés. Ils supplieront enfin les prêtres, les *Jésuites*, de reprendre ce saint empire sur les masses, sans lequel la foule n'est qu'une bête déchaînée.

Quelle n'était pas mon erreur! Le lendemain, on vit bien, il est vrai, les bourgeois faire tout bas quelque petit aveu. Ils parlaient du prêtre avec une sorte de respect; ils le saluaient même, et allaient jusqu'à lui dire : La religion est vraiment bonne à quelque chose. Mais de pratiques religieuses, mais de temples, mais de sacrements, il ne fut pas la moindre question. On reprit peu à peu ses habitudes, on renoua ses relations commerciales, on fit des affaires comme l'on put, et l'on rentra dans l'ancienne sécurité sur l'avenir.

Je raconte ce que tout le monde a vu comme moi. J'en ai conclu, et j'en conclus encore, que la bourgeoisie est frappée d'une incurable cécité. A l'heure où je parle, elle continue à dédaigner ses devoirs religieux; elle n'a pas relevé ses yeux vers le ciel; on ne la voit point, rejetant loin d'elle la perruque de Voltaire, rentrer dans la voie chrétienne; elle ne sent pas le péril; elle ne dit point, dans sa détresse : *Seigneur, sauvez-nous, nous périssons!* Et, dans le cas où une nouvelle tempête éclaterait, elle compte... sur qui? sur Dieu? sur un miracle du Ciel? Non : mais sur les gendarmes et sur les fusils. Elle ne se souvient déjà plus que son roi bourgeois Louis-

Philippe d'Orléans avait, lui aussi, beaucoup de fusils et beaucoup de gendarmes, et qu'il n'en est pas moins allé mourir sur une terre étrangère.

Oui, Magari le révolutionnaire a raison : « La bourgeoisie est perdue : elle a fait son temps, comme la vieille aristocratie, qu'elle a supplantée. »

Nous aurons eu ainsi :

Quatorze cents ans du régime de la royauté ;

Soixante ans du règne de la bourgeoisie.

Et le reste..... Dieu seul le sait.

Le mal pourtant n'était pas, n'est peut-être pas encore sans remède. Il n'aurait fallu à la bourgeoisie qu'un retour véritable, sincère, unanime, aux principes religieux et monarchiques. Et tout eût pu se réparer. Malheureusement, les préjugés de cette classe sont si enracinés, qu'elle descendrait plutôt vers le socialisme, qu'elle ne remonterait vers la religion de ses pères. Son aveuglement sur ce point est aussi réel qu'inexplicable.

Le bourgeois ne croit plus qu'au bon vin et aux écus.

Laboureurs, voilà les gens qui se donnent pour vos guides. Ah! prenez bien garde de les imiter!

LETTRE XXVIe.

Mon voisin.

Un bon voisin est chose rare. Dès le temps de mon père, nous en avons eu qui nous ont incommodés. Notre système était de supporter d'eux beaucoup de petites contrariétés, sans avoir l'air d'y faire attention : de peur, disait mon père, que, si une fois nous venions à entrer en difficulté avec eux, il nous fût impossible d'en sortir.

— Il n'y en a qu'un, ajoutait-il, qui s'est toujours montré irréprochable. De celui-là, nous n'avons jamais eu qu'à nous louer. Toujours de bonne humeur, toujours disposé à obliger, il m'a sans cesse ouvert son cœur et son trésor. Que de fois j'ai eu recours à lui dans ma tristesse, et m'en suis revenu consolé ! Cultivez-le, mes enfants ; entretenez sans cesse de bons rapports avec lui, et vous vous en trouverez bien.

Pour ma part, j'ai été fidèle à suivre ce conseil de mon père. J'ai rarement passé un seul jour sans aller voir celui que nous appelions *notre voisin*. Dans le temps des travaux, quand j'avais employé toute la journée à faucher, à moissonner, et que je rentrais harassé de fatigue, je trouvais encore la force d'aller souhaiter le bonsoir au *voisin*, de causer un moment avec lui, et il me semblait que j'étais délassé. Thérèse avait aussi contracté cette habitude : et tel était l'attachement qu'elle portait à cet aimable *voisin*, que, des arrangements de famille étant sur le point de nous obliger à changer de logement, la chère femme s'y opposa de tout son cœur, par la raison que nous nous éloignerions du meilleur de nos amis. Je me rendis facilement à son avis. Le fait est que quand la pauvre créature avait le cœur un peu triste (et qui n'a, hélas ! ses moments de chagrin ?) elle se rendait aussitôt chez le *voisin*, et lui confiait toutes ses peines. Presque toujours, comme moi, elle s'en revenait consolée : tout au moins, le fardeau de sa douleur était bien allégé. Elle lui conduisait très-souvent ses enfants ; elle le priait de les bénir, de leur donner son amitié : et lui, dans sa grande bonté, ne s'y refusait pas.

Laboureurs, vous devinez quel est cet ami, ce *voisin*. Notre maison était près de l'église, et c'est de Jésus-Christ que j'entends parler. C'est bien là le véritable ami, le seul même qui mérite ce nom. Son cœur et ses trésors sont sans cesse ouverts à qui veut y puiser ; et il est infiniment regrettable qu'on recoure si peu et si mal à cette source intarissable de bénédictions. Quand j'étais jeune, c'était un usage fort répandu chez les habitants des campagnes d'entretenir de fréquents rapports avec le Saint-Sacrement. Ainsi, quand rien de pressant ne s'y opposait, on se fût fait scrupule de ne pas assister à la messe : et j'ai vu souvent, dans le temps des travaux, notre vieux curé la célébrer longtemps avant le jour, afin de donner à chacun la faculté de profiter de ce bienfait, sans nuire à sa besogne. Et ceux qui n'avaient absolument pu se procurer cet avantage s'en dédommageaient en venant, le soir, visiter le bon voisin.

Que perdait-on à cette pieuse pratique ? On n'y perdait rien, et on y gagnait tout. Ce doux mystère est le cœur du christianisme ; il est le foyer de la piété, de la chasteté, de l'humilité, et surtout de l'amour. C'est par lui que les haines s'éteignent, que le goût des vices se déracine, que l'attachement au devoir se fortifie. Dans ce temps-là, la foi naïve établissait entre Jésus-Christ et ses enfants une sorte de familiarité qui a bien disparu depuis. Ainsi, dans les incendies, dans les inondations, le curé, pressé par la voix publique, exposait le Saint-Sacrement; et pendant que les valides opposaient au fléau tous les obstacles possibles, les infirmes, les femmes surtout, et les enfants, le curé en tête, se prosternaient devant le divin Rédempteur, et lui demandaient s'il ne se lèverait pas bientôt pour protéger ses serviteurs. J'ai vu quelquefois des faits bien étranges : le feu, par exemple, s'arrêter d'une manière si subite, qu'il était difficile de n'y pas voir un effet surnaturel. — C'est le voisin ! c'est le voisin ! disait mon père, en levant les yeux au ciel ; j'ai bien pensé qu'il ne laisserait pas ses enfants dans l'embarras.

L'action directe de cet hôte céleste sur l'âme de ses enfants était quelquefois très-sensible. Un jour, nous vîmes entrer chez nous un habitant du village, qui saisit vivement la main de mon père, et y mit un écu de six *livres*. — C'est fini ! dit-il les larmes aux yeux, il n'y a pas moyen d'y tenir : le *voisin*, père Charrue, ne me laisse de repos ni jour ni nuit. Pour la première fois, j'ai essayé de tromper ; mais je ne m'y retrouverai plus. C'est un tourment insupportable. Vous ne vous étiez pas aperçu de la fraude : mais Lui voit bien tout. Tenez, voilà vos six *livres*.

Une autre fois, un de nos laboureurs avait (je ne sais comment, car cela n'arrivait guère) recueilli quelques gerbes d'avoine, un dimanche après vêpres, sans qu'il y eût apparence de danger. Le soir, il vint à la prière, et voilà que le *voisin* le gronda si fort, que le pauvre homme se mit à pleurer, et demanda pardon tout haut de sa faute, protestant qu'il ne s'y retrouverait plus.

Laboureurs, je ne sais ce que vous avez gagné à perdre cette précieuse influence. Le *voisin* est toujours là : mais vos cœurs s'éloignent de lui. Il appelle, et personne ne répond. Bien plus, il est renfermé à clef dans son temple : j'ai souvent eu la douleur, en parcourant vos villages, d'en trouver les églises fermées pendant le jour. C'est de peur des voleurs, m'a-t-on dit. Excellente raison, quand la foi manque assez pour que le Roi du ciel reste des jours entiers sans adorateurs.

Dans ma jeunesse, il n'en était point ainsi. Mon père était dans l'habitude de ne visiter jamais, dans les lieux où il allait, aucune maison avant l'église. — A tout seigneur tout honneur, disait-il : allons d'abord voir le Seigneur de l'endroit. — Un jour qu'il portait au marquis de *** le prix du fermage de quelques pièces de terre qu'il tenait de lui, celui-ci le gronda de ce qu'il était venu à une heure aussi avancée. — Je vous demande pardon, monsieur le marquis, mais j'ai d'abord dû saluer le Seigneur du village. — Et comme le marquis, se rejetant fièrement en arrière, demandait : Y a-t-il ici un autre seigneur que moi ? — Oui, oui, répondit mon père avec son fin et gai sourire : c'est Jésus-Christ, votre maître et le mien.

J'ai passé bien des moments en présence du Saint-Sacrement : j'affirme qu'il n'en est point sur lesquels ma pensée se repose plus doucement. Si j'avais un regret, ce serait de n'avoir pas encore donné un temps plus considérable à la visite de cet hôte sublime, dont la *conversation n'a jamais d'amertume, et dont le commerce n'engendre jamais l'ennui* (1). C'est là, je le répète, le plus sûr asile de l'homme ; c'est l'ami le plus fidèle et le plus sûr, le consolateur le plus doux : avec un peu de foi, on trouve chez lui des remèdes à tous ses maux, des lumières dans tous ses doutes, des appuis dans toutes ses faiblesses. La réception fréquente de ce divin sacrement est surtout d'une telle utilité pour l'homme, que je ne comprends pas l'indifférence qu'on témoigne maintenant pour lui. Mon père ne passait jamais un mois sans s'approcher de la table sainte, et l'effet produit en lui par ce banquet céleste était tel, que, les trois jours qui suivaient, nous voyions sa bonne figure resplendir d'une joie toute particulière. Nous avons tous pris de lui cette sainte habitude, et, pour ma part, je n'y ai jamais manqué.

Aujourd'hui, je vois que l'indifférence des villes a gagné aussi nos campagnes. On s'éloigne du saint temple, on n'éprouve que de la froideur ou du dégoût pour Celui qui est le pain de vie. Beaucoup de paysans ne communient pas : un grand nombre déjà ne satisfont plus au devoir pascal. Quelques femmes partagent même cette funeste langueur ; et, de tous les habitants de nos villages, un des plus abandonnés, un des plus dédaignés, c'est le Roi du ciel et de la terre. O laboureurs, mes frères, ne vous plaignez plus alors si tant de misères vous accablent ! Quand la créature abandonne le Créateur, on ne peut plus s'étonner que le Créateur à son tour délaisse la créature. Ah ! ce serait bien le cas de vous répéter ce que saint Jean-Baptiste disait déjà, à propos du même Sauveur, aux Juifs aveuglés : *Il y en a un au milieu de vous que vous ne connaissez pas* (2). Nul doute que ce ne soit à ce cou-

---

(1) Sap., viii, 16.
(2) Joan., i, 26.

pable abandon qu'il faille attribuer en grande partie ce malaise qui pèse sur votre condition, et qui fait que, sur cinq ménages de cultivateurs, il y en a quatre de malheureux. De là ces haines qui vous divisent, car vous avez quitté le foyer de toute charité ; de là ce goût de la débauche et de l'intempérance, car vous vous éloignez de Celui qui met un frein aux passions du cœur humain ; de là cette facilité à vous laisser entraîner à des doctrines funestes et à des rêves chimériques, car vous rejetez Celui qui est *la voie, la vérité et la vie ;* de là ce trouble intérieur et extérieur qui s'attache à vous, comme un ver rongeur, parce que vous tournez le dos à Celui qui est le *Roi de paix ;* de là, enfin, ces désastres qui affligent vos campagnes : orages, inondations, grêles, gelées, etc., parce que vous offensez Celui qui tient en ses mains le calme et la tempête.

Habitants des campagnes, si vous persévérez dans cette voie fatale, le bonheur restera à jamais inconnu parmi vous.

Je vous entends souvent vous plaindre qu'aucun commerce ne va plus parmi vous. Cela est vrai. Mais voulez-vous que je vous dise quel est celui qui va le plus mal ? C'est le commerce avec le ciel.

Eh bien ! quand celui-là tombe, c'en est fait de tous les autres.

LETTRE XXVIIe.

Conversion.

Je viens d'être témoin d'un spectacle singulier, et je ne puis m'empêcher de vous en parler.

Langeron est passé de vie à trépas. Ce sergent-major si superbe, si fier de sa demi-science, si avancé dans les doctrines démagogiques, a enfin trouvé son maître : la mort lui a imposé silence.

Quand la maladie qui depuis longtemps le tourmentait eut pris un caractère plus grave, notre curé se présenta chez lui. Il ne voulut point le recevoir. — J'ai vécu en honnête homme, lui fit-il dire ; je ne crains rien, comme qu'il en tourne.

Vous entendez, lecteurs : Langeron avait été ivrogne, libertin, blasphémateur, propagateur de livres obscènes, corrupteur de la jeunesse, démagogue exalté, et pourtant il était honnête homme. Vous voyez donc bien que ce titre-là convient à tout le monde, excepté au vrai chrétien.

Malgré nos discussions, Langeron m'aimait. Il disait souvent : — Le père Matthieu Charrue est un bigot ; mais c'est un homme franc ; on ne saurait le haïr. — Informé de la gravité de son état, je crus devoir hasarder de lui rendre visite, et de lui dire un mot de salut. Qu'y risquais-je ? Et puis l'image de son brave et digne père me revint en mémoire ; il me sembla que ce vieil ami me faisait signe du haut du ciel d'accomplir cette œuvre de charité.

Quand j'arrivai, le sergent se débattait avec une fièvre violente ; ses traits étaient bouleversés, et je ne sais si c'était réalité ou imagination de ma part, mais il me sembla que le désordre de sa face n'était pas tant l'effet de sa maladie que de son trouble intérieur. En me voyant, il essaya pourtant de sourire ; il me tendit même sa main amaigrie, et déjà baignée des sueurs froides de la mort.

— Langeron, je viens vous voir.

— Merci, père Charrue. C'est pour la dernière fois.

— Ici-bas, peut-être. Mais nous nous reverrons ailleurs.

— Où ?

Il me dit ce mot avec une telle inquiétude dans le regard, que je vis clairement que le remords le travaillait. Il me sembla que c'était le cas, ou jamais, de pénétrer dans le vif de la question.

— Sergent, lui dis-je, je ne vous ai jamais rien caché de ma manière de voir. Que vous semble aujourd'hui des opinions du père Charrue ? Parlez franchement.

— Qu'elles peuvent être vraies, répondit-il avec effort.

— Langeron, dans la position où vous voilà, travaillé par la douleur et en face de la mort, de quelle ressource vous sont les hommes que vous avez pris pour guides, et les livres que vous avez lus ?

— D'aucune, je le confesse.

— M. de Voltaire, qui était votre idole, est-il un bon consolateur à l'heure de la mort ?

— Hélas ! soupira-t-il tristement.

— Avez-vous trouvé dans M. Proudhon, dans M. Fourier, dans M. Considérant, dans M. Pierre Leroux, quelque bonne pensée pour vous soutenir dans ce moment suprême ?

Il sourit amèrement, et fit un signe négatif.

— J'ai appris que vos amis les socialistes sont venus hier vous voir en foule. Que vous ont-ils dit pour vous consoler ?

— Ah ! qu'ils m'ont ennuyé, me répondit-il, avec leurs

projets homicides, et leurs grands mots révolutionnaires!

— Et pas un d'eux ne vous a rassuré? Pas un d'eux ne vous a versé un peu de baume dans l'âme? Ne vous ont-ils pas parlé de la mort, et de ce qui doit la suivre?

— Ils m'ont dit que l'homme meurt tout entier, et qu'il n'y a pas à s'inquiéter de ce qui se passe au delà du tombeau.

— Et qu'en pensez-vous?

— Je tremble. Mais ils m'ont défendu de voir un prêtre. Ils ont intention de faire quelque bruit à l'occasion de mon convoi.

— Cela doit être. Après vous avoir joué pendant votre vie, il faut bien qu'ils se servent encore de vous après votre mort. Sergent, c'est assez, c'est trop, d'avoir si longtemps porté le joug : il faut aujourd'hui vous en affranchir. Vous êtes né chrétien : il faut mourir chrétien.

— Quoi?... que dites-vous? Impossible!.... répondit-il par syllabes entrecoupées. Je ne me démentirai pas : on meurt comme l'on a vécu.

— Je n'y vois point de nécessité. Vous avez fait l'incrédule toute votre vie : l'avez-vous jamais été?

— Jamais entièrement, je l'avoue. Mais.... ma tête s'est brouillée, et je n'y vois plus rien.

— Pardonnez-moi, Langeron, vous y voyez. La mort est une grande lumière; elle ne laisse rien dans l'ombre. Vous lisez clairement ces mots : Dieu! ciel! enfer! éternité! Est-ce vrai?

Je le vis pâlir : il fit un effort pour se retourner.

— Plus d'hésitation, sergent; pas de vaine obstination, point de sotte bravade. Le Dieu qui va vous juger n'a rien à craindre de vous, et vous avez tout à craindre de lui. Je vous avais prédit que vos tristes doctrines vous quitteraient à la mort. Ai-je eu raison? Vous voilà maintenant seul, abandonné de tout, sans point d'appui, inquiet du passé, épouvanté de l'avenir : réveillez-vous, pendant qu'il en est encore temps; mais hâtez-vous; car un moment peut tout perdre sans ressource.

— Et s'il n'y a point d'enfer?

— Et s'il y en a un? La prudence veut que vous vous rangiez du côté le plus sûr. Y eût-il doute, vous ne devriez pas mourir dans l'incertitude. Mais l'enfer existe, vous le savez bien : vous avez longtemps cherché à vous étourdir là-dessus; peut-être même, dans l'ivresse du plaisir, avez-vous cru quelquefois vous être débarrassé de l'effrayante idée d'une éternité de supplices. Mais, Langeron, le délire une fois passé, l'idée vous reprenait; vous sentiez qu'elle n'était pas morte, mais seulement endormie : car votre éducation chrétienne, la foi de votre enfance vivait toujours au fond de votre cœur, comme une plante sous des décombres. Ah ! si, en niant l'éternité des peines, on la supprimait !.. Mais il ne sert à rien de faire comme les enfants, qui ferment les yeux et croient qu'on ne les voit pas. Des milliers de négations et de blasphèmes n'ôtent rien à Dieu de sa puissance ni de ses droits. Il vous a fait pour lui : il vous réclame, Mais il veut de votre part un acte sincère et libre; il vous laisse le choix entre un bonheur ou un malheur sans fin : choisissez. Langeron, je vais vous chercher un prêtre.

— Oh! dit-il avec une sorte d'effroi, un prêtre !.... Je l'ai repoussé hier : il me maudirait aujourd'hui; n'y allez pas, père Charrue.

— J'irai, sergent, et vous vous confesserez, et vous mourrez, comme vous auriez dû vivre, en bon chrétien. Ce matin, dans ma prière, j'ai cru voir votre bon père, mon vieil ami, assis dans le ciel, me montrer du doigt le lit de douleur où gémissait son fils. Il m'a semblé l'entendre dire : Cet enfant prodigue reviendra; le bon Dieu lui fera grâce, et je l'attends dans le ciel. Voyons, voudriez-vous tromper sa tendresse?

Ici les larmes se firent jour dans les yeux du mourant, et son émotion fut si vive que je craignis un instant de le voir expirer. Mais bientôt il reprit connaissance, et je lui dis :

— Je vais chercher un prêtre, Langeron ; vous vous

réconcilierez avec votre Dieu, et vous irez rejoindre votre bon père dans le ciel.

Il fit un léger signe d'affirmation, me serra la main, et je partis. L'étonnement du prêtre fut grand, quand je lui eus exposé l'objet de ma visite. Mais il fut bien plus grand quand il eut accompli son ministère, et qu'il eut vu le prodige que la grâce venait d'opérer. J'ai toujours pensé que cette faveur signalée était due, après Dieu, aux prières du bon père Langeron, et à l'excellente éducation chrétienne qu'il avait donnée à son fils. Heureux, cent fois heureux, l'enfant qui a eu un bon père, une bonne mère ! Il y a bien à espérer que la foi ne périra jamais entièrement chez lui.

Je revis le sergent après qu'il eut reçu les sacrements. Il priait, les yeux fixés sur un crucifix. Son visage était serein, et ses joues mouillées de larmes. Dès qu'il me vit, il me tendit la main.

— Merci ! merci ! père Charrue ; je vous dois le bonheur. C'est maintenant seulement que je commence à vivre. Ah ! quelle joie sainte inonde mon âme ! Qu'il fait bon aimer Dieu, et que ne l'ai-je compris plus tôt ! Me voici prêt à mourir. Plus rien ne m'attache à la vie. Si j'avais pourtant désiré quelques jours de plus, c'eût été pour expier mes iniquités et réparer mes scandales. Mais Dieu ne le veut pas, et, dans sa miséricorde, il daigne se contenter de mes désirs : qu'il soit béni ! Père Charrue, je meurs calme et tranquille : je vous remercie mille fois.

— De rien, mon bon ami, de rien : le bon Dieu a tout fait. Et moi aussi j'aurais bien aimé à vous voir vivre, et savez-vous pourquoi ? Afin que vous pussiez désabuser quelques-uns de vos anciens amis, les révolutionnaires. Dites-moi, Langeron, que pensez-vous de leurs doctrines ?

— O mon ami ! ne m'en parlez plus. Quel aveuglement ! quelle folie ! Que cela paraît triste aux lueurs de l'éternité ! Oui, oui, je le vois clairement maintenant :

j'étais trompé, j'étais abusé ; on me cachait la vérité, pour me repaître de mensonges. Tout le système consiste à s'appuyer sur les mauvais instincts, pour ébranler les enseignements de la foi ; on se préoccupe exclusivement du temps, pour faire oublier l'éternité. Qu'ils sont coupables les hommes qui égarent à ce point les populations ! Que leur compte sera terrible ! Je gémis moi-même de leur avoir servi d'instrument pour la perte de quelques-uns. Que je voudrais pouvoir montrer à ceux que j'ai trompés ce que je vois maintenant ! Que je voudrais pouvoir crier à tous : — Prolétaires, ouvriers, laboureurs, on vous trompe ! Il n'y a pas de vérité ni de bonheur hors de l'Evangile !

Ce fut dans ces sentiments que Langeron passa ses derniers moments. Quelques *frères* et *amis*, instruits de sa conversion, vinrent lui en faire des reproches, et le traitèrent de *lâche* et de *traître*. Il leur répondit paisiblement que la lumière s'était faite pour lui, et que, si Dieu lui renvoyait la santé, il la consacrerait exclusivement à combattre ce qu'il avait jadis préconisé. Il ajouta que le *lâche*, à ses yeux, était celui qui n'avait pas la force de vaincre les mauvais penchants de la nature, et que le *traître* était celui qui abandonnait le Dieu de qui il a tout reçu. Il leur prédit ensuite que leurs funestes doctrines feraient couler des torrents de sang, si jamais elles triomphaient, et que ce sang retomberait sur leurs têtes.

On m'a rapporté que quelques-uns d'entre eux, touchés de ses paroles et de son aspect, sont revenus à des sentiments meilleurs.

Le sergent mourut dans la nuit qui suivit cette visite. Il avait épuisé le reste de ses forces à rendre hommage à la vérité, et à réparer, autant que possible, ses scandales. Quand je retournai chez lui, le matin, il était paisiblement endormi du sommeil du juste. La paix de ses derniers instants respirait encore sur sa figure, et ses mains s'étaient roidies en serrant le crucifix.

Seigneur, Dieu des miséricordes, daignez vous souvenir, un jour, que vous avez bien voulu me choisir pour être l'instrument de ce prodige de votre bonté, et ayez pitié du pauvre père Charrue !

LETTRE XXVIIIe.

Le repos du dimanche.

Un autre point sur lequel on ne saurait trop attirer votre attention, c'est le repos du dimanche. Nous avons six jours pour travailler : et, certes, c'est assez pour nos besoins, pour nos forces, et même pour nos animaux, les compagnons de nos peines. Dieu, en se réservant le septième, a évidemment autant songé à notre bien qu'à sa propre gloire. L'instinct de la nature nous dit que nos corps ne peuvent soutenir un travail de tous les jours, quand, d'ailleurs, les intérêts de notre âme ne réclameraient pas un moment de repos, pour nous occuper plus sérieusement de la grande affaire de l'éternité.

Par quel étrange dérangement voit-on donc la loi du dimanche si souvent et si outrageusement violée ? Quel fatal esprit entraîne les habitants des campagnes à transgresser un précepte, auquel Dieu tient d'une manière toute spéciale ? Car, toutes les fois qu'il daigne se communiquer, par révélation, à quelque âme privilégiée, nous voyons toujours que la première plainte qu'il formule, c'est que le jour qui lui appartient soit profané.

Voilà encore, laboureurs, un des funestes effets de l'influence des villes sur vous. Naguère, ce n'était qu'au sein des cités qu'on pouvait voir transgresser le saint repos du dimanche. L'Etat lui-même, par un inconcevable aveuglement, donnait le scandale : on voyait des ouvriers travailler, en plein soleil, aux édifices publics. Les affaires particulières, à plus forte raison, se traitaient ce jour-là comme les autres jours : sur les ports, dans les ateliers, dans les magasins, dans les chantiers, dans les rues, partout l'œil du chrétien était affligé de ces désolantes infractions à la loi du Seigneur, et l'on ne se consolait qu'en voyant nos campagnes garder le plus profond repos, et consacrer uniquement à la prière et à d'innocentes récréations le jour destiné à réparer les forces de l'âme et du corps.

Aujourd'hui, cet état de choses est bien changé. Je vois, sous les plus légers prétextes, et souvent même sans prétexte, des laboureurs se livrer à leurs travaux accoutumés. J'ai vu mener le fumier, labourer, herser, tailler la vigne, faire les choses les moins pressantes et les moins nécessaires : comme si l'on eût eu à cœur de blesser Dieu, pour ainsi dire, par une insultante bravade. Et l'exemple gagne. Il est des départements, que je pourrais citer, où le jour du dimanche n'est point distingué d'un autre. Quelle morale peut-il y avoir dans de tels pays? De quel œil Dieu doit-il voir ces campagnes, où tout, en quelque sorte, lui montre une infraction à sa loi ? Et, par un redoublement d'impudence, souvent on consacre un autre jour de la semaine au repos, ou plutôt à la débauche, et à des orgies aussi propres à affaiblir le corps que l'esprit. Quel renversement!

Oui, oui, laboureurs, laissez-moi vous le crier de toute l'énergie de ma foi : oui, voilà encore une des causes de vos embarras, de vos misères, de votre détresse. Dieu détourne ses yeux d'une terre qui est travaillée en dépit de ses lois. Dieu rejette de sa face des enfants infidèles, qui prennent plaisir à le braver dans ses affections les plus chères. Et seriez-vous assez insensés pour espérer pouvoir vous passer de son aide? Penseriez-vous vous enrichir sans le secours de Celui qui tient en ses mains toute richesse? Ce serait chez vous la preuve que toute foi est éteinte. Eh bien! rapportez-vous-en à l'expérience, et croyez à la vérité de cette observation, que j'ai faite, et bien d'autres avant moi : Le travail du dimanche n'a jamais enrichi personne : il est, au contraire, le signe d'une ruine assurée.

J'ai vu, en effet, bien des maisons, où l'on avait contracté l'habitude de travailler le dimanche, s'écrouler complétement. Je citerais vingt établissements industriels, à quelques lieues à la ronde seulement, qui ont expié par une ruine rapide et humiliante cet outrage à la majesté du Maître que nous servons. Il semble que Dieu mette un soin particulier à punir, même dans l'ordre temporel, ceux qui prennent ainsi plaisir à l'offenser, et qu'il déjoue, avec une attention spéciale, les calculs de l'ambition, qui voudrait bâtir sans lui et malgré lui.

Tout donc nous engage à observer le saint repos du dimanche. C'est ce jour-là que l'âme se retrempe dans l'atmosphère vivifiante de la religion; que, par l'assistance aux offices divins, par l'audition de la parole évangélique, par de saintes lectures, elle est rappelée au souvenir de ses immortelles destinées. Quoi que l'on fasse, hélas! le travail extérieur distrait, absorbe, appesantit et entraîne l'âme vers la terre; elle a besoin, de temps en temps, d'un peu de liberté pour reprendre son vol vers le ciel. Une application non interrompue à des travaux manuels abrutit à la longue; ce contact perpétuel avec la matière finit par nous identifier avec elle. Et, pour s'en convaincre, il suffit de pénétrer dans ces ateliers où la loi du dimanche est méconnue. Quelle dégradation dans ces malheureux ouvriers! quel abrutissement! quelle ignorance de leurs premiers, de leurs plus essentiels devoirs!

Laboureurs, prenez garde de tomber dans cet excès. Vos forces physiques elles-mêmes exigent ce relais dans le travail; et, si vos animaux pouvaient parler, ils vous diraient qu'eux aussi ont besoin de quelque relâche pour réparer leur vigueur épuisée. C'est un fait connu que, dans le temps de la Révolution, ils se prêtaient avec une peine extrême à la division de la semaine en *décadi*. J'ai vu de malheureux bœufs presque expirer sous les coups, plutôt que de travailler le dimanche, surtout dans les commencements ; et j'ai entendu un paysan révolutionnaire dire naïvement : — Ah ! l'ancien bon Dieu qu'ils ont détrôné avait encore mieux arrangé tout cela !

Je le répète donc, et je voudrais, pour le bien faire entendre, avoir une voix de tonnerre : Tout votre bonheur spirituel et temporel repose sur ce principe :

Souvenez-vous de Sanctifier le jour du Seigneur !

LETTRE XXIXe.

Faiblesse.

Les tempéraments s'affaiblissent, dit-on. Je le crois, ou plutôt je le vois. Ce n'est cependant point une raison pour se dispenser absolument de toute loi et de toute observance gênantes. Il n'y a rien de si tristement curieux que le degré de mollesse où l'on est descendu dans nos cités, en ce qui touche le service de Dieu. Me trouvant à la ville, un jour d'hiver, j'assistai à l'office de la cathédrale. Je puis dire que je fus choqué de voir à quel point on porte la délicatesse et la sensualité. Des dames, très-chaudement vêtues, se faisaient porter par leurs servantes leur livre de prières et un chauffe-pieds. J'en vis une qu'une odeur quelconque incommodait, et qui fit jeter du sucre dans sa chaufferette. Une autre s'était fait apporter un vase d'étain rempli d'eau chaude, pour mettre sous ses pieds ; et, comme le sermon avait été un peu long, elle fit remporter le vase pour remplacer l'eau, devenue trop froide. Une troisième, qui tenait à avoir la poitrine chaude, à cause d'un commencement de rhume, avait un petit chat dans son manchon. C'était une jeune personne de quinze ans ; j'appris, par hasard, qu'elle avait dansé jusqu'à deux heures du matin, au bal de la préfecture. D'autres respiraient des senteurs, ou s'administraient des pastilles, de la jujube, de la gomme, tout le long de la messe, et en passaient à leurs voisines, comme au village nous nous passons du pain bénit. J'en remarquai une qui, à peine revenue de la table de la communion, se glissa quelque petite douceur dans la bouche : ce qui me scandalisa fort. Quant aux courants d'air, c'est une des grandes terreurs du siècle. Il serait bien à souhaiter que l'on craignît autant le péché mortel. Au début du sermon, ce ne fut que chuchotements, agitation, têtes retournées : une malheureuse porte latérale amenait un peu de frais. J'avoue que je n'y sentais rien ; mais je n'ai qu'une peau de vieux paysan, et je n'entends rien aux délicatesses. On n'aurait pas entendu un mot du sermon, si le prédicateur lui-même n'eût crié à trois reprises : *Fermez cette porte !* Un bedeau obéit, et le calme se rétablit.

En sortant de la messe, je fus surpris de voir que le peu d'hommes qui y avaient assisté n'étaient guère moins en progrès que les femmes sur ce chapitre. Ils étaient emmitouflés, enfermés, empaquetés, pour ainsi dire, dans leurs vêtements. Je me demandais comment ils pouvaient porter ces gilets, ces habits, ces redingotes, ces paletots, ces manteaux empilés les uns sur les autres. Comme il y avait un peu de boue, tous portaient double chaussure. Je ne pus m'empêcher de rire. J'en vis plusieurs qui avaient la figure si bien emmaillottée de foulards, qu'on voyait à peine le bout de leur nez. Je me rappelai alors, involontairement et par contraste, ces vieux paladins, ces héros d'autrefois, ces braves et intrépides chevaliers dont parlent nos histoires, qui combattaient des jours entiers sous des armures, que deux hommes d'aujourd'hui soulèveraient à peine ; couchant sur la dure, bravant le chaud, le froid, la faim, la soif ; tentant et exécutant des entreprises qui semblent dépasser les forces humaines. Puis, me rabattant sur ces êtres rabougris, sur ces hommes-femmes qui frisent le pavé de nos villes, je me demandais si c'étaient bien là les descendants de ces preux, et comment la race du lion peut ainsi dégénérer en chien de cuisine, et le paladin en *hommelette*.

Il est surtout deux points sur lesquels le siècle s'est singulièrement relâché : le jeûne et l'abstinence. L'Eglise, en établissant ces lois, connaissait la nature humaine ; elle savait fort bien qu'en cela elle n'exigeait rien au-dessus de nos forces. L'Eglise est mère avant tout ; dix-huit siècles d'expérience ont prouvé qu'elle connaît à fond le tempérament de l'homme. J'ai vu les lois du jeûne et de l'abstinence régulièrement observées, et rien n'en allait plus mal. Aujourd'hui elles sont presque universellement délaissées, au moins dans les villes, et je ne sache pas qu'on s'en trouve beaucoup mieux. Je ne parle pas des mondains, des incrédules proprement dits : pour ceux-là, il n'y a ni foi, ni loi : tout se borne chez eux à la vie des sens, et à la courte existence qui nous sépare du tombeau ; dès lors, pourquoi se gêneraient-ils ? pourquoi se refuseraient-ils leurs aises ? Mais je veux parler des croyants, des personnes dévotes même ; on ne se figure pas avec quelle facilité elles se dispensent de l'observation de ces lois de pénitence. J'ai appris les plus curieux détails sur la manière dont on arrange sa conscience sur ces deux articles. D'abord, pour le jeûne, personne ne s'y croit obligé ; on parle de la faiblesse de son tempérament, d'aigreurs d'estomac, de migraines, de je ne sais combien d'incommodités que le jeûne produit. Comme si l'Eglise avait entendu flatter la nature, en imposant ce précepte ! Quant à l'abstinence, sous le moindre prétexte on la met de côté. Le plus léger mal suffit, ou même la crainte de ce mal. On m'a cité des personnes qui passent des nuits entières au bal, grasses d'ailleurs, fraîches, dodues, bien portantes, et qui se dispensent de l'abstinence, *par raison de santé*. Et ce qu'il y a de plus curieux, c'est que ces personnes pratiquent, ou croient pratiquer la dévotion.

Sous ce rapport, j'accuse hautement la médecine moderne. C'est à elle, en très-grande partie, que ce relâchement est dû. J'ai vu le temps où les médecins étaient croyants ; il était rare, excessivement rare qu'ils prescrivissent l'usage du gras, les jours défendus ; et encore n'était-ce que pour une circonstance donnée. Mon père, élevé et nourri dans les principes de la foi, refusa, étant malade et à soixante-seize ans, de prendre du bouillon de veau un vendredi ; le médecin n'insista pas, et le bon vieillard se remit aussi bien de son indisposition. Une autre fois, ayant la fièvre, il refusa de prendre une infusion, parce que c'était un jour de carême, et que son jeûne, disait-il, aurait été rompu. Et il était septuagénaire ! Aujourd'hui, à tout propos un médecin ordonne l'usage de la viande : l'apparence seulement d'une indisposition suffit pour l'autoriser. J'ai connu une dame à qui on l'avait prescrit pour un mal de dents. La médecine est aujourd'hui matérialiste ; rien d'étonnant à ce qu'elle fasse si bon marché des lois de l'Eglise qu'elle rejette, ou de Dieu en qui elle ne croit pas. Les médecins religieux eux-mêmes (et ils sont rares), cédant à l'enseignement de leurs maîtres ou à l'entraînement de la coutume, se montrent aussi sur ce point d'une facilité qui va jusqu'à l'abus. Déplorable connivence de la science avec le relâchement des mœurs !

Habitants des campagnes, ce mal commence à vous gagner. Je vois, sous ce rapport, une décadence qui m'étonne et m'effraie. Dans ma jeunesse, on eût montré au doigt un paysan qui aurait eu la faiblesse de manger de la viande par respect humain. Je n'ai pas connu alors une seule auberge, même en ville, où l'on en servît, hors le cas de nécessité, les jours défendus. Aujourd'hui, où en est-on ? Où en êtes-vous vous-mêmes ? Je vous laisse juges. Combien n'y en a-t-il pas parmi vous qui violent sans scrupule le précepte de l'abstinence, chez eux-mêmes, sous les yeux de leurs enfants ? Et parmi ceux qui n'oseraient encore afficher à ce point le mépris des lois de l'Eglise, combien y en a-t-il qui résistent à l'occasion ? qui, étant à la foire, ou en route, ou chez une connaissance, ne se laissent lâchement aller à faire comme les autres ?

Ah ! que vous êtes dégénérés de vos pères ! Comme vos caractères sont affaiblis ! Dans mon enfance, j'ai ouï raconter qu'un laboureur, ami de mon père, s'étant trouvé à une table où l'on faisait gras, tint ferme, malgré les railleries des convives, et finit par leur imposer silence, en disant, comme le vieil Eléazar : qu'il ne convenait point à son âge de donner un scandale à la jeunesse, et de se montrer infidèle à son Dieu ; que si, par une lâche condescendance, il cherchait à éviter les railleries des hommes, il n'échapperait point à la juste sévérité de son Juge... Ce ferme langage fit taire les railleurs, et le noble vieillard n'en fut que plus honoré.

Souvenez-vous, encore une fois, laboureurs, mes frères, que les bienfaits du Ciel se mesurent, en général, sur notre fidélité à ses lois ; et que celui qui abandonne Dieu ne peut se plaindre d'en être abandonné.

LETTRE XXX.

Regrets.

J'ai des regrets. En parcourant nos campagnes, ces regrets se réveillent. Jadis, une foule de petits monuments nous rappelaient la pensée de Dieu, et ces monuments ont disparu. Nos aïeux avaient compris combien il importe d'entretenir sans cesse dans l'homme le souvenir de sa destinée suprême ; et ils avaient semé, pour ainsi dire, parmi leurs habitations et dans leurs champs, ces signes pieux qui ne laissent point oublier au chrétien qu'il n'est ici-bas qu'en passant, et qu'il y a au-dessus de sa tête un Juge qui l'attend.

Si j'ai bonne souvenance, il y avait huit croix dressées sur les divers points de notre territoire. Il y avait, de plus, trois oratoires dédiés aux saints et saintes les plus honorés dans la paroisse. Chaque année, aux jours de fête de ces saints, le curé y célébrait la messe, et le peuple y affluait, non-seulement du village, mais aussi des lieux circonvoisins. C'étaient des solennités pour nous. Ces jours-là, ces petits temples étaient garnis de fleurs, de fruits nouveaux; et c'était un spectacle vraiment édifiant que cette foule pieusement agenouillée aux alentours, au milieu d'une campagne riante, sous la voûte bleue du ciel, parmi les chants des oiseaux et les parfums des fleurs. Je ne mentionne pas les images de la Vierge fixées aux coins des murs, dans le creux des chênes, qui rappelaient sans cesse le souvenir de cette bonne Mère, protectrice des campagnes. Nul ne passait auprès sans se signer. Un signe de croix, c'est peu de chose, semble-t-il. Et c'est beaucoup, et c'est tout, pourtant, que ces signes de la foi souvent répétés. Ils attestent et entretiennent tout à la fois le feu sacré de l'amour divin.

Tout cela a disparu, dis-je : le souffle révolutionnaire a emporté ces monuments de la foi de nos pères, comme une tempête balaie le chaume de nos champs. Les trois oratoires, vendus à l'encan comme biens nationaux, ont été immédiatement démolis; et les images sacrées, vénérées depuis des siècles, ont été indignement profanées et brûlées. Les vrais chrétiens en gémirent profondément; mais, comme toujours, une poignée de méchants audacieux triompha. Plus tard, mon père forma le projet d'en rebâtir un; mais il éprouva tant de difficultés, de la part de la municipalité et des autorités supérieures, qu'il dut y renoncer. Quant à nos huit croix, elles furent toutes abattues. On en a depuis relevé deux, pour servir de but à la procession des Rogations.

N'est-il pas déplorable qu'à mesure que les hommes tendent à se matérialiser, les objets qui pourraient les retenir sur la pente disparaissent? Le sergent Langeron trouvait bien que le clocher de notre église était trop haut et faisait fumer les cheminées voisines, en brisant le cours du vent. Il proposa au conseil municipal de le raser, et sa voix trouva quelque écho. Il ne nous manquait plus que cela. Aujourd'hui, il ne faut à l'homme que des objets matériels : tout ce qui tend à l'arracher à ses plaisirs et à ses affaires choque sa vue : il détourne volontairement ses yeux du ciel, comme si, oubliant Dieu, il pouvait s'en faire oublier, et éviter la mort et ses suites, en se cramponnant de toutes ses forces à la vie.

Oui, je vous regrette, monuments de simplicité et de foi, souvenirs sacrés de ma première enfance. Votre vue me récréait, m'édifiait, me consolait dans mes peines. Ma piété naïve se fût fait un crime de passer près de vous sans vous saluer, sans vous adresser quelques saintes aspirations. Je vous vois encore : ma mémoire vous replace aux lieux que vous occupiez, et mille circonstances se rattachent pour moi à votre souvenir. Vous vous mêliez, vous vous entrelaciez, pour ainsi dire, à nos travaux et à nos jeux; vos noms désignaient les diverses portions de notre territoire; vous étiez comme des jalons pour le voyageur, et des lieux de repos pour le laboureur fatigué. C'était près de vous qu'on se réunissait; vous deveniez comme autant de petits centres, autour desquels on aimait à se recueillir. Hélas! et aujourd'hui nos enfants ont déjà perdu votre souvenir; et quand il arrive à un vieillard de parler de vous, les plus jeunes demandent ce que vous étiez, et où vous étiez. Monuments de la foi, êtes-vous donc perdus pour toujours?

Un autre objet de mes regrets (et il me faut du courage pour le dire) ce sont les buissons, et ces bouquets de verdure qui diapraient nos champs. J'entends d'ici les amis du progrès rire, à ce seul énoncé; mais ces rires ne m'émeuvent pas. Oui, gens du progrès, je regrette ces haies de chèvrefeuille et d'aubépine, qui bordaient nos sentiers, et nous envoyaient mille douces odeurs, que l'on cherche en vain maintenant dans nos campagnes. Oui, je regrette ces bosquets formés, là, de jeunes hêtres, ici, de vieux chênes, ailleurs, de peupliers et de poiriers sauvages, sous lesquels il faisait si bon s'asseoir, respirer et contempler. Oui, je regrette ces oasis qui coupaient si agréablement la monotonie des champs, et reposaient l'œil de ces teintes uniformes que revêt quelquefois la nature. Les buissons! c'était la poésie de nos campagnes. Leurs verts massifs ou leurs riantes bordures se dessinaient partout, le long des chemins, dans les plaines, aux flancs des coteaux. C'était le rendez-vous des oiseaux : la fauvette, le chardonneret, le loriot, le pinson, la verdière, le rossignol même, y faisaient leurs nids; et, dans une belle matinée de mai, c'était quelquefois un concert ininterrompu, qui réjouissait l'oreille et le cœur. Où retrouverons-nous maintenant ces innocents plaisirs? On y a gagné, je l'avoue, quelques ares de terre ; en déracinant ces gracieux ornements, on a augmenté de trois francs peut-être, de six, si l'on veut, le revenu de notre territoire : cela vaut-il ce que l'on a perdu ? Nos plaines fatiguent le regard par leur monotonie ; nos oisillons ont fui ; un silence morne, une aridité désolante, s'offrent à nous de tous côtés ; et quand il nous arrive de faire quelque course un peu longue sur nos propres domaines, nous ne savons plus où nous arrêter pour nous reposer. Encore une fois, ces six francs de produit ne sont-ils pas achetés bien cher ?

Mais cette question a aussi son côté moral. Ces petites îles de verdure étaient jadis le théâtre de nos joies de famille. Chez nous, par exemple, quand venait quelque jour de fête, quelque anniversaire joyeux de la naissance d'un de nos parents, et que nous avions été sages, le dimanche, après les vêpres, on s'acheminait tous, grands et petits, vers un groupe de ces arbres séculaires ou de ces buissons embaumés. Ma mère avait préparé un gâteau un peu plus friand qu'à l'ordinaire ; mon père avait fait venir, de la bourgade voisine quelque petite *surprise;* on s'était muni de lait frais, de fruits, et je laisse à deviner quelle joie, quels sauts et quelles gambades accompagnaient l'expédition. Assis sur un lit de verdure, on prenait là le champêtre goûter, assaisonné de tout ce que la jeunesse, le bonheur et l'appétit peuvent donner de doux et de savoureux. Non, je ne crois pas que jamais banquet royal ait procuré des joies aussi pures. A coup sûr, il ne pouvait y en avoir de plus innocentes. En face d'une nature riante, près des champs fécondés par nos travaux, sous l'éclat tempéré d'un soleil d'été, animés par la douce gaîté de notre père et de notre mère, qui n'étaient heureux qu'au milieu de leur famille, que manquait-il, je le demande, à notre félicité pour être complète ?

Et cet usage ne nous était point particulier ; il était général, au contraire. On n'avait point alors l'immonde cabaret, pour arracher l'homme à ses devoirs et aux jouissances du foyer. Quelquefois, plusieurs familles s'unissaient pour ces innocentes récréations, et alors la joie était doublée. Cela avait encore l'avantage de resserrer les liens de parenté ou de bon voisinage : et, tandis que les petits enfants s'ébattaient ensemble, les parents devisaient de leurs espérances ou de leurs soucis. On en revenait plus content de soi, plus unis les uns aux autres, mieux disposé à reprendre ses travaux ; et, nous autres enfants, nous nous consolions d'un plaisir passé par la perspective d'un nouveau plaisir.

Aujourd'hui, qui a remplacé ces innocents délassements? Regardez autour de vous, et voyez. Voyez ces misérables bouchons se dresser, çà et là, jusque dans vos plus modestes hameaux. Voyez, chaque dimanche, une foule toujours trop nombreuse se presser dans ces dangereux repaires, et s'y livrer à une ruineuse débauche. Là, le fils de famille vient consumer le fruit du vol commis dans la maison paternelle, et perdre sa foi, ses mœurs, son temps, et souvent sa santé. Là (chose hideuse!) le père dévore honteusement la subsistance de sa femme et de ses enfants. Là, l'ouvrier avale en quelques heures le produit des travaux de la semaine. Que d'argent englouti dans ces immondes réduits! Que de familles en détresse! Que de fortunes ruinées! Que de dettes contractées! Et pendant que le père emploie ainsi misérablement son temps, la mère gémit ou s'emporte au coin du foyer, les garçons se débandent à droite et à gauche, et les jeunes filles vont où leur innocence et leur pudeur ont tout à risquer. Gens du progrès, trouvez-vous que l'on ait beaucoup gagné au change ?

Oui, je vous regrette, buissons, oseraies, chênaies, îles de verdure, qui embellissiez nos campagnes et serviez d'abris à nos jeux innocents ! Oui, je vous regrette, premiers témoins de mon enfance, amis précieux, confidents de mes premiers plaisirs ! Mais, je le confesse, vous ne pouviez, vous ne deviez pas subsister plus longtemps. Car avant vous avaient disparu ces mœurs simples, souvenirs du temps des patriarches. Vous aviez vu le souffle révolutionnaire dévaster nos campagnes, y détruire tous les signes de la foi de nos aïeux ; vous aviez vu le luxe, la cupidité, la haine, l'impiété, la débauche, le libertinage, envahir peu à peu nos populations, jadis si pures, et y faire de trop nombreuses victimes. Vous aviez vu la taverne s'établir, et étendre au loin son hideux domaine. Un autre régime, d'autres mœurs, succédaient aux usages du vieux temps. Dès lors vous deviez tomber sous le fer ou le feu ; la hache du progrès ne pouvait vous laisser debout. Témoins, accusateurs et juges, votre présence importunait. A votre place nous avons donc les choses que j'ai dites : la cupidité qui ronge, la haine qui divise, le luxe qui épuise, la débauche qui énerve, l'impiété qui flétrit. Beau progrès, vraiment !

Il est vrai que le territoire rapporte six francs de plus par an.

LETTRE XXXI°.

Une visite en haut lieu.

On accorde, ce me semble, trop de place à l'esprit dans le monde. La facilité de produire des pensées brillantes (car c'est en cela que l'esprit consiste, selon moi) est un don qui peut facilement tourner à l'abus. On en a vu, dans le siècle dernier, un mémorable exemple. Quel homme eut plus d'esprit que Voltaire, et quel homme fit plus de mal à la religion, à la morale, et, par suite, à la société ? Tout ce qui brille n'est pas diamant. La vertu seule, et non l'esprit, donne du prix à l'homme. Et cependant le siècle est ainsi fait, que l'on dédaigne l'homme simple et vertueux, pour courir après l'homme d'esprit. Il n'est fausseté si visible, mensonge si évident, injure, impiété, obscénité, blasphème si révoltant, qu'un homme d'esprit ne fasse passer, s'il y met de la grâce. Avec un peu d'esprit, on rend le vice estimable et la vertu ridicule. L'esprit, à mon avis, est le principal auteur de nos maux.

Qui se ressemble s'assemble. C'est probablement là l'origine des académies. Les beaux esprits, lassés de semer isolément leurs bons mots, résolurent de se réunir, pour se louer réciproquement, s'attirer les louanges d'un public quelconque, et fabriquer des pointes en commun. Je me suis demandé bien des fois à quoi servent les académies, et je n'ai jamais pu me répondre. J'ai demandé à des gens de talent (qui n'étaient pas académiciens) d'où venaient les académies, et à quoi servaient les académiciens : l'un d'eux me répondit que les académies venaient de Babel, et que les académiciens servaient à perpétuer la confusion des langues.

Une circonstance fortuite me mit à même de constater que cette réponse n'était pas une pure plaisanterie. Etant un jour à la foire dans la capitale de ma province, pour vendre une paire de bœufs gras, j'entendis dire qu'il y aurait dans la soirée séance académique. La curiosité me piqua. J'étais bien aise de voir, une fois en ma vie, ce que c'est qu'une académie. M'étant donc débarrassé de mes affaires de bonne heure, je me dirigeai vers le lieu de la réunion.

Il y avait une foule de femmes, quelques jeunes gens, point ou peu d'hommes. Ce fait me frappa d'abord. J'en conclus que la partie sérieuse de l'humanité ne prend à ces sortes de spectacles qu'un intérêt minime. Quant à la femme, elle court à l'esprit, comme le papillon à la chandelle. Les académiciens entrèrent gravement ; il y en avait de vieux, il y en avait de jeunes ; toutes les classes de la société paraissaient avoir fourni, là, leur contingent : magistrature, barreau, administration, armée, médecine, sciences. J'étais tout yeux et tout oreilles.

La séance s'ouvrit par un discours de récipiendaire. Le nouvel élu était un avocat, libéral, esprit-fort, grand admirateur de Voltaire. Après s'être excusé sur la nullité de ses titres (il n'avait, me dit un voisin, de sa vie écrit une ligne), il prit pour texte *L'influence de l'éloquence sur les mœurs*, et s'en donna à plaisir sur ce beau sujet. Il parla de tout : de Démosthènes, de Cicéron, de Gui Coquille, de d'Aguesseau, de Mirabeau, de Danton, et surtout de Voltaire, dont il trouva moyen de faire l'éloge le plus pompeux que mortel ait jamais osé. Il parla maintes et maintes fois de la barbarie du moyen-âge, des langes de la superstition, de l'émancipation de l'esprit humain, etc. Les dames applaudirent. Quand il eut fini, le président lui répondit que sa modestie était trop grande ; que lui seul ignorait son mérite ; que l'académie se trouvait fière de compter dans son sein un homme aussi distingué, etc... Les dames applaudirent encore.

Ensuite vint un discours sur *Les effets de la réforme protestante sur les sciences et les lettres*. L'auteur, qui était catholique de naissance, y montra pour le protestantisme une bienveillance, une tendresse, une admiration que le meilleur huguenot eût à peine égalées. Moi, pauvre paysan, je souffrais des impertinences que cet homme débitait avec tant d'assurance, et je me demandais comment des catholiques pouvaient les supporter. Les dames applaudirent.

Ce discours fut suivi d'un autre fort différent : c'était une dissertation *Sur la victoire de Constantin*. L'auteur, croyant sincère, y démontrait la possibilité et l'existence du miracle de l'apparition de la croix à ce grand prince. Il réfutait avec beaucoup de force les arguments de ceux qui ne veulent y voir que des effets naturels. Je voyais pendant ce temps-là le sourire errer sur les lèvres de quelques confrères. Les dames battirent des mains.

On eut ensuite une pièce de vers. L'auteur, homme à cheveux blancs, était, me dit-on, président d'un des tribunaux de la ville. La pièce, fort légère, était semée, çà et là, de quelques traits d'une liberté qui touchait de près à la licence. Plus d'une fois la rougeur me monta au front. Les dames se regardaient en riant. Le ton badin avec lequel ces légèretés étaient débitées ajoutait encore à l'effet : et la plupart des confrères souriaient gaîment, surtout *aux pointes* ; on applaudissait de la tête et du geste. L'œuvre était intitulée *Épître à la lune*, et finissait par un compliment aux dames. Quand la lecture fut achevée, les académiciens donnèrent le signal, et tout l'auditoire, surtout les dames, battirent des mains avec une sorte de frénésie. Quant à moi, j'étais outré, et songeais : Voilà donc à quoi sert l'esprit ! Voilà donc à quoi servent les académies !

Un membre fit ensuite un rapport sur une question historique. Un prix avait été proposé pour l'auteur du meilleur mémoire sur je ne sais quel point assez obscur de l'histoire de France. Le rapporteur était un bon gros ventru, brave épicier, cheveux gris, face épanouie, lunettes vertes, lequel avait fait sa fortune dans le demi-gros, et quittait assez volontiers le comptoir pour l'académie. Quand il prit la parole, mon voisin me dit : Voici un pauvre diable qui a été dans un fier embarras. — Comment cela ? répondis-je. — Eh ! mon Dieu ! il faut qu'il parle de ce qu'il n'a pas lu. Le mémoire à couronner s'est égaré chez lui parmi des pains de sucre ; mais c'est égal : il ne perdra pas la carte pour autant. — En effet, l'épicier rapporteur parla une demi-heure des qualités et des défauts des divers mémoires soumis à son jugement, et adjugea le prix au n° 4, précisément celui que ses commis avaient égaré dans son magasin. Les dames applaudirent.

Je ne mentionne qu'en passant une dissertation fort savante sur *Les mœurs des hannetons*, faite par un employé de l'octroi. Mon attention ne se soutint qu'avec peine sur le système ganglionnaire de ces intéressants animaux. Le sujet étant fort vaste, l'auteur l'avait divisé en cinq ou six parties principales ; mais, fort heureusement, il ne lut que les deux premières, et remit le reste à la prochaine séance.

Je suais là depuis trois heures, et me disposais à me retirer, quand on annonça le compte-rendu d'un concours sur une matière agricole. Ceci me touchait ; j'attendis. La question proposée était celle-ci : *Quelles sont les variétés du sol dans le département, et les meilleures méthodes de culture à y appliquer?* Je demandai d'abord quel était celui qui rendait compte du concours ; on me répondit que c'était un architecte. Je m'informai s'il avait quelque pratique d'agriculture : on me dit qu'il n'avait jamais manié que du plâtre, étant né d'un maçon de la ville même, qu'il n'avait guère quittée que pour habiter Paris trois mois. Il n'en aborda pas moins le sujet avec un aplomb imperturbable, discuta sur les sols, les engrais, les charrues, les assolements ; cria beaucoup contre la routine, contre l'esprit retardataire du laboureur ; entassa une foule de propositions puisées dans les livres ; mêla quelques vérités à beaucoup d'erreurs, et finit par décerner la médaille de 300 fr. au mémoire n° 7, dont l'auteur se trouva être un notaire de la ville, beau-frère de l'architecte, ami des membres du comité, et qui de sa vie non plus n'avait vu un sillon de près. Je ne me souviens pas d'avoir entendu plus d'erreurs et de non-sens entassés dans un discours de trois quarts d'heure. Néanmoins les académiciens admirèrent la science de leur confrère, et les dames applaudirent beaucoup. Je me retirai.

Je me retirai, en cherchant à me rendre compte de l'impression qu'une telle scène devait laisser dans l'opinion publique. — Voilà donc, me dis-je, ce que l'on regarde comme l'élite des hommes d'esprit et de talent ! Voilà ceux qui tiennent le haut bout dans le monde littéraire ! C'est là, du moins, l'opinion qu'en a le public : et bien que la science, le jugement, l'esprit même, et surtout la vertu, soient souvent à côté des académies, il n'en est pas moins vrai que pour la foule, qui ne raisonne pas, ce brevet d'académicien est une sorte de passe-port d'homme instruit, et un titre à la considération. Or, quel résultat une séance comme celle à laquelle je viens d'assister doit-elle produire? On y a entendu tour à tour louer le protestantisme et le catholicisme, sainte Thérèse et Voltaire, d'Aguesseau et Danton; un homme, chargé d'appliquer de temps en temps les lois aux délits contre les mœurs, a lui-même porté atteinte aux mœurs; tout cela s'est fait avec un égal talent, une égale science, et surtout avec beaucoup d'esprit. Conclusion : Donc on peut tout faire agréer, tout faire passer avec un peu d'esprit; et en réalité, il n'y a plus rien de vrai ni de faux absolument.

Voilà ce que le public a dû emporter de cette scène de comédie. Merci, messieurs les académiciens!

M'étant informé plus en détail du personnel de cette académie, j'appris que, hormis deux ou trois membres qui sont sincèrement chrétiens, tous les autres sont des incrédules, portant la perruque de Voltaire. Plusieurs ne mettent jamais les pieds à l'église; quelques-uns mènent une conduite scandaleuse; d'autres sont connus par une haine furieuse contre les prêtres. L'auteur de l'*Epître à la lune* mourut dans l'année même, et refusa les secours de la religion à son lit de mort.

Et voilà, encore une fois, des hommes qu'une certaine considération entoure! des hommes à qui une vaine opinion donne le sceptre dans le domaine de l'intelligence! Et voilà à quoi servent l'esprit, la littérature, la science!

Ah! je conçois des académies dans un temps comme il y a deux cents ans, par exemple. Quand la même foi unissait les esprits et les cœurs, quand le catholicisme régnait dans les mœurs et les lois, qu'alors des hommes d'esprit se réunissent pour traiter des questions religieuses, morales, scientifiques, littéraires; qu'ils cherchassent sérieusement ensemble le moyen de résoudre quelque problème intéressant d'histoire, d'érudition, d'ad'agriculture : cela se comprend. Mais que des hommes partant des points les plus opposés se réunissent sur un terrain commun, qu'ils y plantent leurs drapeaux, y brisent des lances pour l'erreur ou la vérité, pour Jésus-Christ ou pour Mahomet ; que chacun d'eux ait le droit d'y étaler ses doctrines, de s'y montrer catholique ou voltairien, sérieux ou égrillard, homme d'ordre ou révolutionnaire ; qu'un public de jeunes gens et de femmes assiste à ces parades littéraires, y applaudisse, et en sorte un peu plus sceptique ; oh ! voilà ce que je ne conçois pas ; voilà ce que je ne saurais souffrir.

Laboureurs, pourquoi vous ai-je parlé d'académies ? Ce sujet ne vous regarde guère. Cela est vrai : aussi je vous en demande pardon : mais cette malheureuse *visite* me pesait sur le cœur. Et encore j'étais bien aise de vous dire que, si vous avez jamais eu de l'estime pour ce qu'on appelle l'esprit, vous ferez bien d'en rabattre. L'esprit est un moyen de destruction : rien de plus. Le jugement, le bon sens, la vertu surtout, édifient : l'esprit renverse. C'est par d'héroïques vertus que les apôtres et les martyrs ont fondé la religion : au plus bas, au plus vil des hommes, à Voltaire, il n'a fallu que de l'esprit pour la détruire dans bien des âmes. Tenez pour certain que, si Satan se donnait la peine de venir chez nous vivre en bourgeois, comme il a beaucoup d'esprit, il serait infailliblement membre de plusieurs académies, et s'y attirerait de nombreux applaudissements.

Estimez donc l'homme probe, judicieux, vertueux, sincèrement attaché à la religion. Quant à l'homme d'esprit qui n'est que cela, estimez-le autant qu'il le mérite, c'est-à-dire peu de chose. Et pour le bien voir, demandez à quoi ont servi toutes les académies ? quelle bonne idée elles ont inventée ou répandue ? à quoi ont abouti tous ces jeux littéraires, ces parades, ces compliments et ces pointes ? combien cela a amélioré de cœurs ou d'intelligences ? Et vous verrez ce que l'on vous répondra. Un pauvre missionnaire bien inconnu, bien obscur, pèsera plus dans la balance de l'éternité, et même dans celle du temps, que cette foule réunie de papillons littéraires, dont les fadaises amusent les désœuvrés de nos villes. Car ce pauvre prêtre sauve des âmes, et ceux-ci en perdent.

Habitants des campagnes, une once de vertu vaut mieux que cent livres d'esprit.

LETTRE XXXIIe.

Autrefois et aujourd'hui.

C'est quelque chose de merveilleux que la facilité avec laquelle les erreurs s'introduisent dans l'opinion des peuples. Quelque chose de plus étonnant encore, c'est la difficulté de les extirper, une fois qu'elles y ont pris racine. Qui n'a entendu parler, par exemple, des vices de l'ancien régime ? A qui persuaderait-on aujourd'hui que les prétendus abus d'autrefois n'étaient pas intolérables ? A qui surtout ferait-on croire que le sort général de l'humanité était alors beaucoup plus supportable qu'aujourd'hui ?

Rien de plus vrai cependant. Un examen détaillé démontrerait que les charges individuelles étaient alors bien moins considérables, tandis que les avantages étaient plus grands. On parle fort aujourd'hui de liberté, de bien-être, de progrès ; mais les belles paroles sont peu de chose, quand les faits n'y répondent pas. Un travail curieux, non moins qu'instructif, serait le tableau d'une localité prise en particulier, et comparée avec elle-même, à cent ans de distance, seulement. Car, en pareille matière, les généralités ne signifient rien ; peu importent les théories générales, les affirmations générales, le prétendu bien-être général, quand les individus sont malheureux.

Or, ce travail, il nous a pris fantaisie de le faire, par rapport à une localité assez importante. Nous regrettons qu'il ne nous soit pas permis d'en donner les détails, où entreraient forcément des noms propres, des indications précises, qui pourraient blesser des susceptibilités. Nous nous contentons de poser les faits suivants :

Sous le point de vue religieux et moral, la distance de 1750 à 1850, par exemple, est prodigieuse. D'une part, l'accomplissement des devoirs religieux, l'assistance aux offices, les divers genres de dévotion établis sous le nom de confréries ; de l'autre, les naissances illégitimes, le vagabondage, la mendicité, les procès, les banqueroutes, les suicides, les condamnations judiciaires, et mille autres chapitres de ce genre, nous fourniraient les détails les plus piquants et des comparaisons accablantes. Le lecteur devine pourquoi nous ne pouvons donner des chiffres.

Au point de vue matériel, il nous suffit de dire que là où une seule famille, composée de onze membres, sollicitait jadis la charité publique, TROIS CENTS pauvres sont aujourd'hui à la charge du bureau de mendicité.

C'est une assez jolie différence.

Et nous défions qu'on trouve beaucoup de communes populeuses où des faits pareils ne se reproduisent pas.

Or, il me semble qu'on a mauvaise grâce à se vanter de bien-être et de progrès, quand on a tant de haillons à montrer, ou plutôt à cacher. Il nous semble qu'une prospérité qui se résout en misères n'est pas une prospérité véritable. Car, en résumé, un peuple n'est riche que quand le nombre de ses pauvres diminue ; comme un malade ne se guérit que quand ses infirmités s'en vont.

Qu'importe, en effet, que le riche ait plus de facilité pour satisfaire ses désirs et ses caprices, qu'il soit mieux logé, mieux nourri, mieux vêtu, mieux voituré, si à côté de lui une foule de misérables languissent sans vêtements, sans nourriture, et quelquefois sans asile? Le bonheur de quelques-uns n'est pas le bonheur de tous. On rirait d'un homme qui se prétendrait sain, parce qu'un de ses organes serait intact, tandis que les autres seraient malades.

Il serait vraiment temps qu'on sortît des déclamations, pour entrer dans les réalités. Je me lasse d'entendre parler de cette *belle France*, de cette *riche contrée*, de cette *heureuse région*, de ce *sol inépuisable*, etc..., quand tant de malheureux y gémissent, en proie à la souffrance et au dénûment. Il est absurde, ce me semble, de tant préconiser le xixe siècle comme le siècle des lumières et du progrès, quand il s'avance si péniblement, escorté de ses révolutions et rongé de ses misères. Avouons-le ingénument : c'est une duperie de vanter les merveilles de l'époque, quand on ne peut faire un pas hors de sa demeure sans être interpellé par la voix d'un pauvre, ou frappé par l'aspect d'une infortune. On aura beau me chanter sur toutes les gammes le bonheur de l'Angleterre, quand je sais que, sur ses douze ou quinze millions d'habitants (je ne parle ni de l'Irlande, ni de l'Ecosse), elle a QUATRE MILLIONS d'indigents! Et quels indigents! On aura beau me vanter les magnificences de Paris, quand je sais que QUATRE-VINGT-DIX MILLE de ses habitants végètent chaque hiver dans la plus affreuse misère, et attendent de la charité privée ou publique le morceau de pain qui doit chaque jour les arracher à la mort.

Sans doute, il y a cent ans, nos routes étaient moins belles, nos véhicules moins commodes; nous n'avions guère de canaux, et point de chemins de fer. Au lieu de fin drap d'Elbeuf, nous usions du droguet. Nous n'avions pas de parquets cirés, ni de lampes Carcel, ni de cheminées à la Rumfort. On ne parlait pas même d'allumettes chimiques, ni de daguerréotype, ni d'écoles régionales, ni de gaz, ni de télégraphie électrique, ni de machines à vapeur. Mais on vivait, mais on avait le nécessaire ; mais le nombre des pauvres était extrêmement restreint, et au peu qui s'en rencontrait la charité publique subvenait abondamment. Ces pauvres étaient honnêtes ; on savait que l'infirmité ou des malheurs inévitables les avaient plongés dans la misère. Dès lors personne ne leur refusait un faible secours. Que dis-je ? Ils avaient parfois leurs douceurs : pas un festin de noces, pas un régal de fête, dont ils n'eussent leur petite part. Ils étaient presque des membres de la famille ; rarement étaient-ils obligés de sortir des limites de la paroisse, pour aller mendier leur pain. En parcourant tous les registres de la populeuse bourgade dont je parlais plus haut, je n'ai trouvé, dans l'espace d'un siècle, qu'un *seul* mendiant étranger mort dans son sein.

Qu'on tourne et qu'on retourne la question comme l'on voudra : voilà des faits, et nous offrons d'en fournir la preuve. Eh bien ! on ne fera jamais croire à un homme de bon sens qu'un état de choses où chacun vivait content, où l'indigence était extrêmement rare, où la charité subvenait facilement aux besoins du pauvre, fût plus malheureux que la situation actuelle, où les indigents se comptent par milliers, où, avec la meilleure volonté et les meilleurs bras du monde, on est souvent en peine de gagner son pain quotidien, où DEUX MILLIONS d'hommes (c'est le chiffre peu suspect de M. Christophe Moreau) voudraient être aux galères, si ce n'était la flétrissure.

Et pourquoi, d'ailleurs, cette activité inquiète, cette turbulence des sociétés modernes? Pourquoi ces révolutions incessantes ? Ah ! l'homme qui se porte bien dort paisible dans son lit ; c'est le malade qui se tourne et se retourne sur sa couche de douleurs. Si le bien-être va toujours augmentant, comment se fait-il que le besoin de changement s'accroisse sans relâche et sans terme? Heureux, a-t-on dit, les peuples qui n'ont pas d'histoire ! Le bien-être des masses se traduit ordinairement par un sentiment de paix profonde, de jouissance tranquille : une nation ne crie pas, ne fait point de bruit, quand elle a ses besoins satisfaits. Par aucun argument imaginable on ne me prouvera qu'un peuple se soulève parce qu'il est heureux. Et ce ne sont plus des jeux du cirque, des spectacles, des combats de gladiateurs, ni des courses à l'hippodrome, que demandent nos modernes prolétaires, comme jadis la populace corrompue de Rome; mais du pain, mais un peu de viande, mais un habit chaud, mais au moins le travail, qui procure tout cela. Il n'y a que la roue mal graissée qui fasse du bruit : c'est la faim ou un malaise quelconque qui, pour l'ordinaire, fait hurler l'émeute.

Je trouve, il est vrai, des révolutions dans l'histoire. La vieille France a eu aussi ses troubles, ses combats de rue, et même ses barricades. Mais c'étaient de rares, de très-rares accidents; mais cela se bornait à quelque grande ville, ou à une étroite contrée; mais c'étaient des coups montés par la politique ; mais les mécontentements étaient factices, ou soldés par la haine ou l'ambition d'un grand. Ce n'était point, comme aujourd'hui, une large et sourde conspiration, un mouvement général, un trouble dans les entrailles même de la société. Car, sans vouloir justifier ici les atroces desseins du socialisme, nous ne pouvons cependant nous empêcher de reconnaître que ses monstrueuses doctrines n'ont trouvé tant d'échos en France et en Europe, que parce qu'un malaise intime y avait préparé les esprits. C'était le cri de prétendue délivrance jeté à une classe nombreuse et redoutable, mais réellement malheureuse : à ces prolétaires vivant du travail quotidien, et voyant ce travail diminuer chaque jour devant les progrès de l'industrie; à ces hommes *serrés dans les liens de fer de la pauvreté*, pour employer l'énergique langage de l'Ecriture (1). Encore une fois, la mine était prête au moment où l'on en approchait la mèche ; la maladie exis-

---

(1) Vinctos in mendicitate et ferro. (*Ps.* cvi.)

tait, quand on vint à parler du remède. Est-ce qu'un homme bien portant songe au médecin ? C'est le malade, torturé par des maux qu'il ne peut guérir, qui s'accroche au premier charlatan, au premier empirique se vantant d'avoir un spécifique. Quel effet auraient produit, pensez-vous, chez le peuple de nos campagnes, les blasphèmes d'un Proudhon, les utopies d'un Cabet, les niaiseries d'un Pierre Leroux, les théories d'un Louis Blanc, il y a un siècle seulement? A supposer même qu'on eût pu les traduire en un langage accessible aux intelligences de ce temps-là, ces monstruosités n'auraient soulevé qu'un immense dégoût, ou un inextinguible éclat de rire. Il y avait pourtant alors des différences sociales, des inégalités, des injustices même ; tout n'était pas rose dans la condition du peuple : les gelées et les grêles passaient, comme aujourd'hui, sur nos campagnes ; la famine venait parfois le visiter. Mais ce peuple, dans son admirable bon sens, ou plutôt dans son admirable foi chrétienne, savait faire la part de chaque chose, et n'imputait point à son gouvernement ou à l'état social ce qui était le vice de la nature humaine, ou la sage disposition de la Providence. Convaincu, avant tout, que la terre est un lieu de passage, il lui semblait que le petit lot de félicité, échu à chacun, est à peu près tout ce qu'il y a à espérer depuis la grande chute primitive. On avait l'honnête nécessaire, on ne demandait pas davantage ; ou, si on aspirait à quelque chose de mieux, c'était lentement, modérément, par des moyens légitimes, et non par des bouleversements et des tempêtes. On ne sacrifiait pas un bien-être modique, il est vrai, mais réel, mais solide, à un bonheur chimérique, à une félicité dont le moindre défaut serait de plonger l'homme dans la fange du vice. On croyait, enfin, que le peuple le plus heureux est celui qui se contente le mieux de ce qu'il a ; et on se gardait d'imiter le chien de la fable, lâchant sa proie pour courir après l'ombre.

Qu'on cesse donc d'insulter à ces siècles de bon sens et de foi. Il sied mal à l'époque turbulente où nous vivons, à une ère de révolutions, d'émeutes, de blasphèmes, de banqueroutes, de suicides, de régicides, d'attentats de toute espèce, de tourner en dérision des jours de douce sécurité, de bonheur modeste et de vertus paisibles. Il sied mal surtout à un siècle guenilleux, rongé, dans ses bas-fonds, de vermine et de gale ; étalant en haut un hideux égoïsme, en bas une sombre et jalouse rapacité ; offrant le triste spectacle d'une moitié de l'humanité épiant l'heure de dépouiller l'autre : oui, il lui sied mal de rire d'une époque de simplicité et d'ordre, où chacun vivait sans gêne ; où le riche donnait volontiers au pauvre ; où le pauvre ne portait point envie au riche ; où le prolétaire (il était rare) souffrait volontiers le propriétaire, le roturier le noble, le sujet le roi ; où chacun savait se tenir à sa place ; où, enfin, tous les rouages de la société se coordonnaient et agissaient ensemble, au lieu de se gêner, de se briser et de se détraquer sans cesse. Je le répète : qu'on cesse de jeter l'anathème au passé, au profit du présent : car la comparaison serait accablante.

Prôneurs des révolutions, adorateurs des *grands principes de* 89, remballez donc vos arguments. Ah ! si la prospérité publique devait se mesurer sur des pages d'impression, et même sur des théories et des promesses, nous serions de cent coudées au-dessus de nos pères. Mais, malheureusement, il n'en est point ainsi. Un poëte a dit :

L'énigme a quatre mots : le peuple veut manger !

Je me soucie peu de vos déclamations et de vos dithyrambes. On ne nourrit pas, on n'habille pas avec cela. Les quelques millions d'affamés qui grelottent dans nos villes et dans nos hameaux n'ont que faire de vos démonstrations sur le papier, de vos statistiques arbitraires, de vos chiffres complaisants : ils demandent à manger ! Les *grands principes de* 89 leur importent même peu, fort peu. Encore une fois, ils redemandent la paisible et modeste aisance de leurs pères, la condition pure et simple de ces *bonnes gens du vieux temps*, que vous avez tant plaints, ou dont vous avez tant ri.

Oui, dira-t-on, mais la liberté! La liberté compense bien tout cela, et nos pères ne l'avaient pas. Ils mangeaient, cela est vrai, mais ils étaient esclaves; nous, nous avons faim, mais nous sommes libres!...

Est-il vrai que la liberté tienne lieu de tout, même du pain, même du travail qui procure le pain? J'en doute, pour mon compte; mais accordons-le pour un instant.

Est-il vrai que nos pères étaient esclaves, et que nous sommes libres?

Je le nie.

Guerre aux priviléges! ce fut le mot d'ordre de la Révolution française. Quelques esprits jaloux et brouillons, ne pouvant rien supporter au-dessus d'eux, prirent en haine la noblesse et les distinctions dont elle jouissait. Oubliant les services qu'elle avait rendus, on ne vit plus que les honneurs qui en étaient la récompense. C'était injuste. Mais enfin on cria tant et tant aux priviléges, que le peuple tout entier s'en prit aux priviléges, et s'imagina de bonne foi qu'en les abolissant il doublerait au moins son bonheur.

L'égalité ne s'accommodait plus des priviléges, disait-on: on jura de les détruire. La liberté ne pouvait s'exercer sous les priviléges: on déclara qu'ils seraient exterminés.

Et ils le furent.

Mais d'abord est-il vrai que l'égalité sociale soit un droit? Je le nie. Aucun homme, en naissant, n'est égal à un autre homme : car tous apportent, dès le sein de leur mère, des qualités et des aptitudes diverses. Or, tôt ou tard, ces qualités et ces dispositions diverses se traduiront en une inégalité de talents, de vertus, de défauts, etc., laquelle entraînera naturellement une différence dans les positions sociales. La vertu sera à tout jamais un privilége sur le vice, la science sur l'ignorance, le génie sur l'incapacité, et même la fortune sur l'indigence. C'est comme cela nécessairement, inévitablement : jamais on ne renversera cette loi de la nature.

Non-seulement il y a eu et il y aura toujours des priviléges d'un homme sur un homme, mais encore il y en a et il y en aura d'une classe sur une autre. Partout, même sous les constitutions les plus démocratiques, la loi investit de certaines distinctions, de certains priviléges les magistrats, par exemple, les juges, les guerriers, les représentants, les prêtres, etc. Jamais l'ordre ne se constituera nulle part sans ces distinctions, sans ces priviléges. Du jour où le prêtre sera l'égal du laboureur, le magistrat du chiffonnier, de ce jour, la société n'aura plus de base, elle courra forcément à sa ruine.

— Oui, dira-t-on ; mais nous distinguons fort le privilége qui vient de la loi, et celui qui venait de la naissance. — D'accord. Mais le privilége reste : et peu importe au prolétaire que l'homme qui le domine soit au-dessus de lui en vertu de la loi civile, ou par droit de naissance, ou par droit de fortune. Il y a des priviléges, et des privilégiés au-dessus de lui : c'est là l'essentiel.

Donc :

Priviléges de naissance (1),
Priviléges d'éducation,
Priviléges de vertu,
Priviléges de talent,
Priviléges de fortune,
Priviléges de position sociale,
Priviléges de charge,
Priviléges d'honneur,
Priviléges de pensions ;

Tout autant de priviléges que l'immense majorité des hommes verra toujours au-dessus de sa tête.

Mais passons là-dessus.

(1) Qui regardera jamais comme chose indifférente de naître d'un homme illustre ou d'un homme obscur? d'un homme de génie ou d'un idiot? d'un citoyen vertueux ou d'un scélérat? d'un millionnaire ou d'un mendiant? etc., etc.

Est-il vrai que la liberté ne put s'exercer sous l'ancien régime ? En d'autres termes, est-il vrai que le peuple soit aujourd'hui plus libre qu'autrefois?

Je ne le crois pas. On a poursuivi les priviléges à outrance ; ils ont reparu sous d'autres noms. On a repoussé les assujettissements avec horreur ; ils sont revenus sous d'autres formes.

Exemple : La dîme a été abolie. On trouvait dur de donner le dixième du produit de son champ pour entretenir le pasteur des âmes : on en a été dispensé. Seulement, au lieu de payer ce tribut sous le nom de dîme, on le paie maintenant sous forme d'impôt. Seulement, tandis que la dîme était proportionnelle à la récolte, l'impôt est d'une rigueur absolue, et se paie toujours, qu'on récolte ou qu'on ne récolte pas. Seulement encore, au lieu de verser la dîme entre les mains d'un homme pieux, qui la rendait, d'abord en soins spirituels, et puis en aumônes, on la remet aux mains d'un percepteur, qui la verse dans les caisses de l'Etat, d'où elle va soudoyer des théâtres, des danseuses, des fêtes publiques, et autres choses de ce genre. Et encore, quand la gelée ou la grêle avait détruit ou diminué vos récoltes, le pasteur écoutait vos plaintes, s'attendrissait sur votre sort, mêlait ses larmes aux vôtres ; et, au lieu d'exiger de vous ce que vous ne pouviez pas donner, vous donnait ce que vous n'aviez nul droit d'exiger. Aujourd'hui, essayez de fléchir le percepteur : la loi est inexorable : vous paierez, ou vous aurez le garnisaire, l'expropriation, et tout ce qui s'ensuit. — Il est évident que vous êtes plus libres que vos pères !

Autrefois, la chasse était, il est vrai, le droit exclusif des seigneurs. Quiconque s'arrogeait le plaisir de braconner pouvait être puni des galères. C'était dur. On a aboli cela. Maintenant il est loisible à chacun de courir le gibier, sauf à être pris par le garde champêtre, à passer en police correctionnelle, et à payer l'amende. Ne fissiez-vous que plumer une alouette devant votre porte en temps prohibé, vous êtes saisi, et on *verbalise* contre vous. C'est une somme de cinquante ou de cent francs, peut-être : bagatelle ! C'est le double quand il y a récidive : bagatelle encore ! Jadis, le grand seigneur remettait volontiers les peines et les amendes ; et je doute que jamais personne ait tâté des galères pour avoir pris un lièvre au lacet. Aujourd'hui, la police est inexorable, et le percepteur ne fait pas grâce d'un centime. — Evidemment, vous êtes plus libres que vos pères !

Autrefois, le métier des armes était volontaire. Le *privilége* des seigneurs était de se battre et de mourir pour la patrie. Les régiments leur appartenaient, et portaient même leurs noms ; étaient invités à se ranger sous les drapeaux tous ceux qui se sentaient le goût des armes et quelque instinct d'honneur. C'était à prendre ou à laisser. Aujourd'hui, la conscription vous enlève vos fils ; qu'ils aient ou n'aient pas le goût de la guerre, il faut qu'ils marchent. Cultivateur, négociant, manœuvre, vous voilà privés de leurs bras. Pendant sept ans, ces pauvres jeunes gens iront traîner leurs loisirs dans les casernes, et y contracter des habitudes perverses ou le dégoût de leur état. Le riche, il est vrai, pourra échapper à ce désagrément, moyennant une somme d'écus ; mais le pauvre, mais le laboureur, mais la grande majorité des citoyens, le subiront. — Evidemment, vous êtes plus libres que vos pères !

Autrefois, les gens du seigneur étaient requis de venir réparer, par exemple, une ornière trop profonde, une fondrière, où le véhicule de la châtelaine était exposé à verser. On n'était pas difficile alors en fait de routes ; mais enfin quelquefois les trous devenaient si profonds, les cahots si durs, qu'il fallait bien y porter remède. Alors, dis-je, les gens du domaine étaient obligés de s'armer, qui d'une pelle, qui d'une pioche, et de combler le plus gros du précipice. Cela s'appelait une corvée : chose extrêmement fâcheuse, et dont le nom fait encore dresser les cheveux à la tête. — Aujourd'hui, il n'en est plus question : mais vous avez la prestation. Vous êtes citoyens français ; chaque année vous devez trois jours de travail à la grande ou à la petite vicinalité. Etes-vous, par hasard, laboureur ou roulier, et muni, c'est-à-dire affligé d'une paire de bœufs maigres, d'un âne étique, ou de cinq ou six haridelles ? Ce sera encore tant par tête d'animal. Au bout du compte, la somme d'argent ou de travail sera assez ronde. — Evidemment, vous êtes plus libres que vos pères.

Et comme l'égalité veut que les charges pèsent sur tous indistinctement, une riche veuve qui a voiture et chevaux de luxe est exempte de la prestation. En revanche, le curé n'en est pas affranchi. J'en connais un qui, ayant reçu sa feuille de prestation, envoya son bréviaire au maire, en priant cet honnête magistrat de pourvoir à ce que le service divin ne souffrît point d'interruption pendant son absence, et de vouloir bien aussi se charger des baptêmes, mariages, visites de malades, catéchisme et port de sacrements qui pourraient se rencontrer dans la journée.

Autrefois existait la taille. La taille ! ce seul mot fait frémir. Beaucoup ont parlé de la taille, sans trop savoir ce que c'était. Nos paysans tremblent encore en songeant que leurs pères furent TAILLABLES et CORVÉABLES ! Eh bien ! la taille était tout simplement un impôt, ou personnel ou foncier. Il était, en général, très-minime : j'ai connu des villages où il se réduisait à un boisseau d'avoine par ménage. Seulement, dans certaines circonstances, fort rares, on l'augmentait arbitrairement, au *prorata* des besoins. C'est ce que notre libéralisme révolutionnaire a appelé : être TAILLABLE A MERCI. Condition terrible : être taillable à merci ! Pour rien au monde le laboureur ne voudrait être taillable à merci ! On l'a donc débarrassé de la taille. — Mais en revanche on nous a donné l'impôt : impôt foncier, impôt mobilier, impôt personnel, impôt des portes et fenêtres, impôt des patentes, impôt indirect, impôt de centimes additionnels. Avec ce petit cortége d'impôts, qui ne fait que croître et embellir, on arrive à donner à l'Etat, au département, à la commune, une assez jolie portion de son revenu. Je connais des propriétaires de maisons qui paient des sommes considérables, et n'ont point de locataires. Je connais des laboureurs qui en sont aussi pour des sommes assez rondes, et que la gelée, l'inondation ou la grêle ont affligés plusieurs années de suite. Jadis, le seigneur avait ordinairement des entrailles, et n'était point trop dur envers ceux qui ne pouvaient rien. Mais l'Etat, le département, la commune, n'ont que des bureaux, et point de cœur : ils sont impitoyables. Le percepteur ne s'informe jamais si vous avez des locataires, ou si vous êtes grêlé. Il vous envoie son avertissement, et vous payez. — Oui, mais vous n'avez plus la taille. Evidemment, vous êtes plus libres que vos pères !

Jadis, on voyageait comme on voulait. Vous pouviez regarder au nord ou au midi, et vous mettre en route sans que personne vous demandât où vous alliez. Votre passe-port, c'était votre bonne figure et votre qualité d'honnête homme. On ne vous confondait ni avec un voleur, ni avec un assassin. Aujourd'hui, de quelque côté que vous tourniez vos pas, vous êtes susceptible d'être arrêté. A peine hors de chez vous, vous voilà suspect. Le premier gendarme, le premier sergent de ville, le premier maire de village venu a droit de vous demander poliment qui vous êtes, d'où vous venez, où vous allez, et pourquoi vous y allez. En vain même déclinerez-vous vos nom, prénoms, âge, profession, lieu de domicile : il peut ne pas s'en contenter, et vous prier d'exhiber votre passe-port. Si vous n'en avez pas, il est en droit de vous confiner au *violon*, en attendant que vous ayez trouvé une caution, ou qu'il ait consulté le procureur du tribunal ou le lieutenant de gendarmerie.— Evidemment, vous êtes plus libres que vos pères !

Autrefois, on laissait la rivière aux pêcheurs, et la justice aux juges. Chacun n'avait d'autre besogne que de suivre son droit chemin, sans s'inquiéter du voleur qu'on arrêtait ou du meurtrier qu'on pendait. C'était l'affaire des gens de loi de discuter les crimes ou délits, et de leur appliquer les lois. Aujourd'hui on vous oblige, tous les deux ou trois ans, à quitter vos affaires pour huit, dix, douze ou quinze jours, et à venir sur le siége du juge écouter des débats, et condamner quelques-uns de vos frères à la prison, aux galères ou à l'échafaud. Sans doute, vous aimeriez mieux vaquer à votre négoce. Il n'est pas agréable, j'en conviens, de juger son semblable, un homme qui fut peut-être plus malheureux que criminel. Mais enfin la loi est telle : on vous fait l'honnêteté de vous prendre quinze jours de votre temps pour vous rendre l'arbitre de l'honneur ou de la vie d'un de vos concitoyens. Et si vous manquez à l'appel, c'est une amende de cinq cents francs : une vraie bagatelle ! — Evidemment, vous êtes plus libres que vos pères !

Jadis, il existait des corporations qui assuraient du travail à chaque ouvrier. En vertu de cette institution, l'artisan probe et laborieux était sûr de gagner son pain. Un fonds de réserve, sorte de caisse d'épargne, formé de faibles sommes prélevées sur les salaires, constituait une ressource certaine pour les cas de maladie ou de chômage. Jusqu'au lit de la mort, la confrérie suivait son protégé, le consolait, le soignait, l'assistait, lui procurait des secours spirituels et temporels, et même accompagnait son corps à la dernière demeure. Malheureusement, il y avait dans les réglements de ces confréries certains articles qui faisaient un devoir de la loyauté, de l'honneur et de la tempérance. On devait être chrétien, pour en faire partie; le blasphème, l'ivrognerie, y étaient défendus ; il était prescrit d'assister aux offices, de recevoir les sacrements ; on y avait même un patron, une bannière et une fête particulière. Horreur ! cela gênait la liberté. 89 a balayé tout cela. Aujourd'hui, l'ouvrier est libre de blasphémer tant qu'il veut, de boire tant qu'il peut, de se vautrer dans la paresse et dans la débauche ; mais aussi l'atelier se ferme, le travail chôme, la misère vient. On ne va plus à la messe, mais on prend le chemin de l'hôpital. On n'a plus ni sou ni maille ni bouillon, ni remède ; mais on ne va plus à confesse. On meurt de fièvre ou de faim ; mais on peut en liberté maudire Dieu et ses saints. — Evidemment, nous sommes plus libres que nos pères !

Il est inutile de pousser plus loin ce triste parallèle. Nous le pourrions cependant. Contentons-nous de dire, en résumé, que depuis que ce *régime du vieux temps* a disparu, la gêne, la misère, tous les crimes et tous les vices ont au moins décuplé en France. Nous avons, il est vrai, le plaisir de voir des prodiges d'industrie, des machines admirables ; nul ne peut nier que les arts d'agrément n'aient fait d'immenses progrès. Un paysan du dernier siècle qui ressusciterait aujourd'hui, pourrait à peine en croire à ses yeux. Mais en voyant la détresse où gémissent ses enfants et les enfants de ses amis, qu'il se garderait de leur porter envie ! Qu'il regretterait bientôt le *vieux régime*, où l'on vivait paisible, dans une bonne et joyeuse médiocrité ! Avec quelle intime conviction il répéterait le vieil adage : *Tout ce qui reluit n'est pas de l'or.*

Habitants des campagnes, j'ai vu sans étonnement, mais avec tristese, que les révolutionnaires sont venus à bout, en ces derniers temps, de vous faire peur du retour à l'ancien régime ; j'ai vu un grand nombre d'entre vous trembler à la seule pensée que la dîme, la taille, la corvée, allaient être rétablies. Qu'il faut que vous soyez simples pour vous effrayer de pareils fantômes ! Etes-vous assez ignorants pour ne pas comprendre que cela n'est plus possible ? Mais, dût-il, cet *ancien régime,* renaître parmi vous, je vous en féliciterais, loin de vous en plaindre. Je l'ai vu, moi, tout entier et tel que vos pères l'ont supporté : j'ai vu aussi celui qui lui a succédé. Eh bien ! je le dis dans toute la simplicité de mon âme :

Puisse l'ancien régime renaitre a jamais parmi vous!

LETTRE XXXIIIe.

Le démocrate pur sang.

Le démocrate a vécu de tout temps ; mais il brille plus particulièrement sur le fond terne de l'âge où le Ciel nous a fait naître. C'est sur les étoffes usées que les taches apparaissent le mieux. Dans ce vide d'idées et de croyances où notre siècle ballotte, le démocrate se découpe, comme une balafre sur une laide figure.

Le démocrate est vieux. Le jour où l'homme sortait de terre, le démocrate vivait déjà sous la peau du serpent. Les doucereuses paroles du roi de l'abîme à la femme d'Adam sont la première constitution démocratique, la première édition des *Droits de l'homme*, dont on ait connaissance. Toutes les suivantes n'ont fait que délayer celle-là : *Vous serez comme des dieux* (1). Le démocrate nous promet cela depuis longtemps, sur la foi de son père Satan, ce vieux repris de la justice de Dieu. Mais, s'il faut juger de l'avenir par les échantillons du passé, je supplie le démocrate de ne point faire de moi un dieu : j'aime mieux rester un homme.

Le démocrate mène, en général, une vie souterraine. Il appartient à la classe des rongeurs. Il creuse. Il fouille.

(1) Chacun sait que le terme extrême du communisme est l'époque promise par Proudhon, où l'homme sera à lui-même son roi et son Dieu. Que l'erreur est vieille ! Et on a donné cela pour du neuf !

Il mine. De temps à autre, il met le museau à l'air ; puis il rentre dans son trou. Il est brave en paroles, mais timide en action. Un peu d'énergie de la part du pouvoir le trouble et le déconcerte sans cependant le décourager. Il a la prudence du serpent et la ténacité du renard. Il se persuade qu'à force de creuser le sol, on cause un éboulement. A-t-il tort ?

Le démocrate porte un type qui ne se dément pas. Sauf quelques légères variantes, sa figure est la même. Héritier de la jalousie du prince des ténèbres, il hait l'autorité ; c'est là son cachet principal. Il ne peut rien souffrir au-dessus de lui : son orgueil est incommensurable. Il combat à outrance les lois, non parce qu'elles sont mauvaises ou injustes, ou parce qu'il pourrait mieux faire ; mais parce que ce sont des lois, c'est-à-dire des émanations d'une autorité quelconque, qui n'est pas la sienne. De là vient que tous les gouvernements, quelles que soient leur origine, leur nature et leurs conditions, sont sûrs d'avoir en face d'eux, pour ennemi acharné, le démocrate. Le démocrate s'attache à tout pouvoir, comme l'ombre à tout corps. Il n'y a de gouvernement nulle part, sans la plaie du démocrate.

Le démocrate a toujours le même but : renverser ce qui est. Son talent principal, ou plutôt unique, est d'exagérer les défauts et les faibles du pouvoir existant. Il vit de critique et de haine. C'est le chancre qui s'attache aux parties saines. Il sait grandir les vices et dénigrer les vertus. Sa langue est maligne, son œil scrutateur, sa plume incisive. Il dévore à merveille. Pas de prestige qui tienne sous l'action de sa méchanceté. Il ne boit que du venin et ne jette que du fiel. Nommez-moi un grand nom, trouvez-moi un grand homme, montrez-moi un héros, un saint, un ange, qui vous voudrez : le démocrate en fera un nain, un être ridicule, un monstre, et cela dans un tour de main. Hélas ! il s'en prend bien à Dieu même !

Le démocrate a toujours les mêmes moyens : les menées ténébreuses et la calomnie. Qu'il s'appelle de ce

nom, ou de cet autre, ou de tel autre encore, n'importe !
il ne procède jamais que par voie de conjuration ou de société secrète. Il hait le grand jour, et la vérité, qui est une
espèce de grand jour. C'est un oiseau de nuit. Il travaille
à petit bruit ; il tisse un réseau aux mille nœuds pour envelopper son ennemi ; puis, quand sa toile est ourdie, il
attend, comme l'araignée, il épie, il guette sa proie, jusqu'à ce que le hasard ou un coup de main heureux la lui
ait livrée. Et après? Après, il fait comme l'araignée : il
mange et boit, il suce et dévore : c'était bien tout ce qu'il
demandait.

Le démocrate a toujours le même levier : la haine ; et,
pour cela, il a toujours recours au même manége : irriter
le petit contre le grand, le faible contre le puissant, le
pauvre contre le riche. C'est là son art, et il en use à merveille. Le sage, le bon, le fort, tendent à unir les hommes
entre eux, à ne faire de la société qu'une seule famille de
frères : le démocrate tend, au contraire, à tout brouiller,
à tout désunir : son cri de ralliement commence toujours
par *A bas! A bas* celui-ci ou celui-là ! *A bas* ceci ou cela ! Il
a toujours quelque chose à renverser, toujours une portion de l'humanité à ameuter contre les autres. La raison
indique que les inégalités sont nécessaires, parce qu'elles
sont providentielles ; la charité apprend le moyen d'en effacer les inconvénients, de rapprocher les rangs sans les
confondre ; mais le démocrate ne s'arrange pas de cette
doctrine : il veut du bruit et du trouble ; il persuaderait
bien, s'il le pouvait, au pinson qu'il est aussi fort que l'aigle, et au hareng qu'il est l'égal de la baleine.

Le démocrate a toujours les mêmes auxiliaires et les
mêmes recrues. Il descend à fond de cale du vaisseau de
l'Etat, et recueille tout ce qu'il y trouve. Vous n'étiez que la
canaille : vous devenez le peuple. Vous étiez des dégradés : vous voilà des majestés. On vous avait stigmatisés,
marqués du fer chaud : qu'on se prosterne devant vous !
Et quand, pour un cas grave, pour une émeute d'apparat,
on vous aura fait paraître ; bien que débraillés à faire peur,

avinés, hurlant, écumant, vrais types d'enfer, vous serez néanmoins le peuple fort, magnanime, sublime, réclamant, avec le calme qu'inspire le sentiment du droit, la portion d'héritage dont on vous a injustement privés. La baguette du démocrate est plus puissante que celle des fées.

Le démocrate est fanfaron. Il se rengorge volontiers : il y a du capitaine *Fracasse* dans son faire. Il est toujours, à l'entendre, l'immense majorité des citoyens ; il s'appelle légion, nation, univers. C'est toujours au nom de l'humanité qu'il parle : lui seul en comprend les besoins, les tendances et les vœux. Or, l'humanité, pour le démocrate, c'est lui-même. Il fait sonner haut ses prétentions, ses espérances ; toujours l'avenir lui tend les bras. Il y a deux mille ans, Catilina promettait déjà aux démocrates, ses frères, la conquête de l'univers. Hélas !

Le démocrate a toujours la même enseigne, et sur cette enseigne toujours les mêmes mots : liberté, égalité, fraternité. Et ce qu'il y a de remarquable, c'est qu'il a toujours interprété ces mots de la même manière. Caïn en a donné le sens le premier. Au nom de la liberté, il trouve mauvais qu'Abel offre à Dieu un sacrifice à sa manière ; au nom de l'égalité, il entend dominer sur lui ; et au nom de la fraternité, il le tue. Voilà le texte et le commentaire. Les démocrates de 93, ayant retrouvé le manuscrit et les notes de Caïn, en firent une semblable application : au nom de la liberté, ils défendirent, par exemple, d'adorer Dieu ; au nom de l'égalité, ils brûlèrent les châteaux, volèrent et pillèrent ceux qui possédaient ; et au nom de la fraternité, ils dressèrent la guillotine.

Le démocrate est pourtant aisé à satisfaire, très-aisé ; et je m'étonne que les rois et les gouvernements ne le devinent pas, ou, s'ils le savent, ne mettent pas le moyen en pratique. Ce moyen, cette recette infaillible, c'est de donner au démocrate de l'argent et des places. Oui, laissez de l'argent et des places à ma disposition, et je veux convertir tous les démocrates de l'univers. Avez-vous vu les purs, les incorruptibles de la première révolution? Comme ils léchèrent les bottes du premier consul! Ce *comte* Grégoire, ce *duc* Cambacérès, ce *comte* Carnot, ce *comte* Volney, et tant d'autres! Comme l'habit de courtisan leur allait bien! Et ces places au sénat! Et ces grosses pensions! Et ces cordons! C'était vraiment merveille de voir avec quelle souplesse se pliaient ces échines républicaines, qu'on avait crues jusque-là inflexibles! Et combien j'en connais qui se contenteraient à moins! Que de démocrates de village à qui une perception, une simple perception suffirait! Que de cerbères à qui un petit gâteau fermerait la bouche! O rois de l'Europe, si vous saviez!

Le démocrate est braillard. Si quelqu'un crie, jure, chante ou piaille, jurez que c'est un démocrate. Je le reconnais rien qu'au ton de voix. C'est au cabaret surtout que le démocrate pur sang se retrouve : le cabaret est son domicile, sa caserne, son temple et son autel. Le démocrate et la bouteille sont inséparables : je ne sais s'il est même possible de distinguer le démocrate de la cruche, et la cruche du démocrate. Le cabaret est la ruche où bourdonnent, où se rassemblent les abeilles de la démocratie. Supprimez les 335,000 cabarets, bouchons, tavernes ou estaminets, qui abreuvent la France, et la démocratie tombe à plat, et le démocrate devient un mythe.

Le démocrate est toujours mal à l'aise en ce monde, et c'est pourquoi il en cherche un meilleur. Toute botte le blesse, surtout celle qu'il ne porte pas. Il trouve les lois injustes, le pouvoir oppresseur, les grands dédaigneux, les curés intolérants, la police tracassière ; tout le choque et lui déplaît dans ce misérable ordre de choses, où l'on eut, pendant tant de siècles, la bêtise de ne pas se trouver trop malheureux. Et d'où vient ce chagrin profond, cette haine contre l'ordre social? Si vous écoutez le démocrate, c'est pur amour de l'humanité : il voudrait rendre le genre humain heureux malgré lui. Si vous allez au fond des choses, vous verrez que le démocrate a quelques raisons de chercher un autre monde, vu qu'il n'a rien dans celui-ci. Ordinairement, il est sans argent, sans crédit, sans réputation, sans état, sans goût pour le travail, sans religion, sans morale, sans envie de bien faire. Il n'a ni sou ni maille, ni pot ni caisse, ou ce qu'il a ne lui appartient pas. Alors, alors... vous comprenez. Oh ! quel zèle pur ! quel désintéressement ! quel noble amour de l'humanité !

Le démocrate viendra à bout de ses fins. La rouille mange les plus purs métaux ; le plus ignoble insecte dévore les meilleurs fruits. En rongeant toujours, le démocrate finira par miner le sol et renverser l'édifice. Je le crois. Les animaux rongeurs sont les plus terribles : rien ne saurait leur résister. On aura beau avoir le calme à la surface : qu'importe, si le sous-sol est miné ? Les plus belles moissons n'attendrissent pas le volcan. La démocratie n'est pas un principe, elle est une négation ; elle ne raisonne pas, elle frappe. Le démocrate n'est pas un soldat de la pensée, un homme de doctrine ; je ne crains ni sa science, ni sa raison, ni sa logique ; mais bien sa scie, sa pioche et son marteau.

En révolution, le pire n'est pas de souffrir ni de mourir ; mais de voir par qui l'on souffre, et quelle main vous étrangle.

LETTRE XXXIVe.

La ligue du bien public.

Quelques lecteurs, en lisant ces lettres, pourraient croire que je désespère du sort de la patrie.

A quoi bon, diront-ils, nous exciter au bien, si le bien n'est plus possible ?

Le bien est toujours possible. Vous me comprendriez mal, chers laboureurs, si vous concluiez de ces lignes qu'il n'y a pas moyen d'éviter les affreuses calamités qui nous menacent. Il est très-vrai que, d'après le cours ordinaire des choses, et si rien de ce qui est ne change, il viendra, selon moi, une époque de deuil et de sang, qui n'aura peut-être jamais eu son égale. Mais, je le répète, c'est dans le cas où rien ne changerait, où la bourgeoisie continuerait à vivre loin de Dieu, et où les campagnes imiteraient la bourgeoisie. J'ai voulu dire que nous sommes sur la pente qui conduit à ces malheurs, et que si nous ne nous y retenons, pendant qu'il en est encore temps, nous serons précipités dans d'effroyables abîmes.

Dieu l'a ainsi voulu, en nous créant libres : il n'y a guère de maux sans remède. L'homme peut ordinairement, par le bon usage de sa liberté, en réparer les abus. Mais il faut pour cela une grande énergie de volonté.

Pour faire le mal, il n'y a qu'à se laisser aller à la dérive. Pour remonter le torrent, il faut, au contraire, une force de résolution que l'on ne rencontre que rarement.

Les maux que nous éprouvons et ceux qui nous attendent étant le résultat de l'abandon de la religion, il s'ensuit que le retour à la religion est leur unique et véritable remède.

Si, au fait, nous y regardons de près, nous verrons que tous les désordres prennent leur source dans la transgression de quelque loi de Dieu, promulguée et maintenue par l'Eglise. Si les rois ont mal gouverné, si les riches ont abusé de leur fortune, si les pauvres ont pris leur condition en haine, c'est parce que les uns et les autres ont oublié les enseignements et les principes de la religion. Un roi vraiment religieux est toujours juste et sage ; un riche vraiment religieux est toujours généreux et charitable ; un pauvre vraiment religieux n'est jamais mécontent de son sort. Toutes les combinaisons politiques possibles ne sauraient remplacer l'esprit religieux. Il n'y a ni constitutions, ni lois, ni codes, ni armées, ni puissance, qui puissent étouffer ce sensualisme hideux qui désole les classes élevées, et cette ambition avide qui tourmente les classes pauvres.

Du jour où vous verrez la religion refleurir, le bourgeois et le prolétaire revenir au temple, dites-vous à vous-même : La société est sauvée. Mais tant que vous verrez subsister le triste état de choses dont nous sommes les témoins, soyez convaincus que les calamités dont je vous parlais tout à l'heure restent suspendues sur nos têtes, et que la ruine de la société n'est plus qu'une question de temps.

Il est évident, du reste, que, à vous seuls, habitants des campagnes, vous pourriez tout sauver : vous êtes le plus grand nombre ; aucune puissance ne saurait lutter contre la vôtre, si vous le vouliez. Et comment le pourrions-nous ? me direz-vous. Je vais vous l'exposer en peu de mots.

Quel que soit le genre de gouvernement que les révolutions nous préparent, vous serez toujours la partie la plus nombreuse, la classe prépondérante de la société. Vous ferez toujours, à votre gré, pencher la balance ; et tant qu'il sera vrai que deux et deux font quatre, il sera certain que vingt-six millions de laboureurs pourront faire la loi sur trente-cinq millions d'âmes. Mais pour cela, il faut deux choses : s'unir et agir.

1° S'unir. Il est bien clair qu'un faisceau de verges est difficile à rompre ; tandis qu'il est facile d'en venir à bout, si on le divise. Il en sera de même de vous : unis, vous serez invincibles ; divisés, vous serez battus. Mais, pour être unis, il faut un drapeau commun, un but commun, un guide commun : choses difficiles à trouver dans les temps de dévergondage et de trouble, où toutes les notions étant confondues, il est si malaisé de discerner le vrai du faux.

Or, regardez bien autour de vous : il n'y a qu'une

chose et qu'un homme qui n'aient jamais changé : cette chose, c'est la religion ; cet homme, c'est le prêtre.

J'ai quatre-vingts ans ; j'ai vu tout crouler autour de moi : huit ou dix constitutions, trois ou quatre dynasties, des codes, des systèmes, des chambres, des sénats, des doctrines de toutes sortes. Il n'y a que deux choses qui soient restées debout : la religion et le prêtre. C'est qu'ils sont tous deux l'ouvrage de Dieu, tandis que tout le reste est fait de main d'homme.

Vous n'avez pas de guides, et il vous en faut. Ignorants et droits, vous serez facilement égarés, si vous ne cherchez un fil conducteur à travers les mille et un systèmes qui se partagent le monde. Laissez donc ce qui passe, et prenez ce qui ne change pas : la religion et le prêtre : la religion pour flambeau, et le prêtre pour guide.

Du jour où nos vingt-six millions de laboureurs auront pris pour guides nos quarante mille prêtres, de ce jour la France sera sauvée.

Comprenez bien cela, habitants des campagnes : car tout l'avenir de la société est là.

Je ne dis point ceci aux bourgeois : je sais que leur orgueil se révolterait contre mes paroles. Depuis longtemps ils ont pris la religion en dégoût, et le prêtre en dédain. Ils ne voudraient point, du reste, céder aux avis d'un simple cultivateur. Laissez-les donc persévérer, s'ils le veulent, dans leur mauvaise voie ; mais gardez-vous de les imiter, et surtout de les prendre pour guides.

2° Agir. Il faut agir de toutes manières, en tout et partout. Vous ne péchez point, en général, par le défaut d'intelligence et de bon sens, mais par le défaut d'action. Vous êtes une masse lourde et inerte. Aussi vos ennemis comptent-ils bien là-dessus. Voyez quand on veut tondre une brebis : une faible femme, un enfant suffit. Mais s'agit-il de manier un lion ? Les hommes les plus forts ont peur. Vous êtes les brebis tondues par les révolutionnaires ; et vous pourriez être des lions. La preuve qu'on connaît bien votre naturel faible et débonnaire, c'est qu'on ne vous consulte jamais. On commence par faire tout ce que l'on veut; et après cela, on vous demande votre avis. Quelle dérision !

Votez donc, toutes les fois qu'il vous est donné de voter. Et si jamais le socialisme, maître de la position, venait à vous imposer ses lois, oh ! alors, levez-vous énergiquement, armez-vous de tout ce qui vous tombera sous la main, et protestez que vous êtes prêts à mourir plutôt que de sacrifier une de ces trois grandes choses dont il a juré la perte : la religion, la famille, la propriété.

Si vous êtes unis et si vous agissez, tout est sauvé. Si vous vous divisez, ou si vous restez dans l'inaction, tout est perdu.

LETTRE XXXVe.

Dieu le veut.

Ce fut un beau jour que celui où l'Europe, et la France en particulier, échauffées par la parole d'un grand saint (1) répétèrent ce mot, qui devait avoir un tel retentissement, et opérer tant de merveilles. Il s'agissait de sauver le monde de la barbarie, et, plus spécialement, d'arracher aux mains des infidèles les lieux témoins des souffrances et de la mort de notre Dieu La circonstance était grave. La fausse religion de Mahomet, comme un torrent qui se grossit en courant, menaçait d'envahir le monde chrétien. Les

---

(1) Saint Bernard.

rois et les grands, plus occupés de leurs intérêts que de ceux de la foi, s'endormaient, pour la plupart, dans une funeste sécurité, ou dépensaient leur activité en stériles et sanglants débats. Mais la papauté veillait ; mais le sacerdoce était debout. L'Europe croyante n'attendait qu'un souffle pour se ranimer, une voix pour sortir de son lourd sommeil. Cette voix, ce souffle, ne firent point défaut : la croix, la civilisation, le monde, furent sauvés.

Oui, ce mouvement fut magnifique. L'histoire en offre peu qui l'égalent. Ce seul mot : *Dieu le veut !* passa, comme une étincelle électrique, d'un bout de l'Europe à l'autre ; il éclaira les aveugles, il fit entendre les sourds, il fit lever les morts.

Oh ! que nous aurions besoin encore de quelque grande voix venue du ciel ; du souffle d'un prophète, d'un saint, d'un Bernard ou d'un Pierre l'Ermite (1) ! Que nous aurions besoin surtout de la foi de nos pères, de cette foi simple et profonde, qui écoute et obéit, qui agit et ne raisonne pas, qui peut détourner des fleuves ou soulever des montagnes !

Certes ! le danger n'est pas moins grand que du temps de nos pères. Un nouveau mahométisme tend à remplacer l'ancien, et n'aspire à rien moins qu'à envahir, comme lui, l'Europe et le monde. Encore une fois, qu'on ne se fie point à un calme apparent ; le danger est pressant, plus pressant qu'on ne veut le croire. Et aujourd'hui, comme alors, une funeste torpeur pèse sur la masse des hommes ; personne ne songe qu'à ses intérêts ; dans toutes les révolutions qui se succèdent, chacun ne mesure que la part de péril qui lui revient : nul ne s'inquiète de ce que deviendra la croix de Jésus-Christ, pourvu que sa personne et ses propriétés n'aient rien à craindre.

Et le nouveau mahométisme qui nous menace est d'autant plus dangereux, que, parlant, comme le premier, le

---

(1) Nom du moine qui prêcha la première croisade ; saint Bernard prêcha la seconde.

langage des sens, il nous surprend au milieu d'un âge sans foi, et déjà à moitié gagné à sa cause par un déplorable relâchement de mœurs. Que reste-t-il à faire pour réconcilier avec les nouvelles doctrines de la chair, des hommes qui ont depuis longtemps secoué le joug de la foi divine, et n'aspirent qu'aux jouissances matérielles? Il n'y a qu'un pas, et un pas aisé à franchir, de l'esclavage des sens au sale bourbier que le socialisme nous pétrit. Oui, vous tous qui avez banni les pratiques religieuses de votre conduite, et affaibli le dogme dans votre esprit, vous êtes déjà convertis, ou plutôt pervertis, par ce même socialisme que vous semblez combattre ; il a dans vos mœurs un complice assuré ; il a des intelligences au-dedans de vous. Des trois grands principes qu'il attaque : religion, famille, propriété, vous avez déjà sacrifié le premier ; et ce premier est la base des deux autres ; car, sans religion, il n'y a ni famille ni propriété. Vous êtes donc bien près de vous entendre : il y a encore entre vous et lui le fait de la possession ; mais il n'y a plus opposition de principes.

Oh ! quand donc ces claires et tristes vérités seront-elles comprises !

Qui donc viendra, d'une voix tonnante, répéter aux âmes engourdies : Levez-vous ! Dieu le veut !

Oui, rois de la terre, il faut revenir à l'esprit primitif de la royauté. La royauté vous fut confiée, vous le savez bien, non pour nourrir votre orgueil et vous emplir de de fumée, mais pour aider au développement de la vérité éternelle, et aider les peuples à atteindre leur but suprême, en leur procurant l'ordre et la prospérité dans l'ordre matériel. Il faut relever vers le ciel les esprits et les cœurs, trop longtemps courbés vers la terre ; il faut reconduire vers les hautes régions cette foule que l'on a trop longtemps inclinée vers la fange, en l'occupant presque exclusivement des intérêts d'ici-bas. Il faut surtout que vous donniez les premiers l'exemple de la soumission à la règle suprême, sous laquelle toutes les têtes sont de niveau. Il faut reprendre ce joug sacré de la religion catholique, apostolique, romaine, que vous avez trop longtemps rejeté, et donner à vos peuples l'exemple de la soumission à celui que le Fils de Dieu a chargé de paître ses brebis et ses agneaux. Votre salut et celui de vos sujets est à ce prix. Il le faut : Dieu le veut !

Oui, gouvernants, représentants, chefs des peuples, quel que soit votre nom, législateurs chargés de tracer les règles dont les citoyens ne peuvent s'écarter, vous devez chercher en haut les inspirations, et ne pas croire que la loi ait dans la volonté de l'homme ou dans de prétendues nécessités sa raison d'être ; mais bien dans Dieu, de qui toute puissance émane, de qui toute justice descend. Il faut que vous compreniez que tout ce qui se fait contre sa volonté, exprimée par son Eglise, est coupable et nul de soi. Vous devez vous convaincre que l'homme n'a, *par lui-même*, aucun droit de commander à l'homme; que la volonté divine peut seule donner le pouvoir et exiger l'obéissance; et que, du jour où la notion de Dieu est effacée des lois, toute autorité disparaît et toute soumission est absurde; que, de ce jour-là, la force seule fait la loi; et que, comme la force ne se combat que par la force, le monde devient une vaste et sanglante arène, où la violence succède à la violence, et la tyrannie à la tyrannie. Oui, il faut que vous croyiez cela, que vous laissiez tomber les voiles qui vous aveuglent; il le faut : Dieu le veut !

Oui, écrivains, rois de la pensée, directeurs de l'opinion, il faut que vous considériez désormais votre rôle comme une fonction sociale, comme une sorte de sacerdoce, et non plus comme un métier. Les idées, les opinions, et, par suite, les lois et les mœurs, sont en partie votre œuvre : c'est vous qui semez dans le monde les doctrines utiles ou funestes ; votre écritoire est une puissance, votre plume est un sceptre : vous pouvez calmer ou troubler la terre. Jusqu'ici, hélas! vous n'avez que trop souvent abusé de votre influence pour pervertir les esprits et les cœurs ; c'est à vous qu'il faut attribuer, en grande partie, les calamités qui ont pesé sur l'Europe et celles qui la menacent. Eh bien! vous devez, sous peine de prévarication, réparer le mal que vous avez fait, rétablir les principes que vous avez pris à tâche d'ébranler. Autrement l'anarchie continuera à régner dans les idées, et bientôt dans les faits. Souverains de la pensée, vous devez être les organes de la vérité et les promoteurs du bien. Il le faut : Dieu le veut !

Propriétaires, négociants, industriels, bourgeois, vous tous à qui la chute de l'aristocratie a donné le haut bout de la société, il faut que vous vous pénétriez de l'importance de vos exemples, et de la valeur de l'influence que vous exercez. Enfants des révolutions, vous êtes menacés par les révolutions ; héritiers de la fortune et de la position politique de l'ancienne noblesse, vous redevenez, comme elle, l'objet de la jalousie et de la haine des classes inférieures. C'est vous, il faut le dire, qui avez ouvert l'abîme qui nous menace : vous avez les premiers accueilli, propagé, ces principes désolants, gros de ruines et de tempêtes. Les révolutions ne feront jamais que retourner contre vous le levier dont vous vous êtes servis pour renverser ce qui vous dépassait. Eh bien ! il est temps d'abjurer de funestes doctrines. Ou vous voulez vous perdre, ou vous reviendrez franchement à la religion, qui peut seule nous sauver du naufrage universel. Plus d'hésitation possible : renoncez à Voltaire ; agenouillez-vous dans nos temples ; priez, jeunez, fréquentez les sacrements ; donnez au prolétaire l'exemple d'un retour sincère à la foi de vos aïeux ; redressez ce que vous avez renversé, adorez ce que vous blasphémiez ; mettez de côté ce stupide bel esprit, ces préjugés, ces railleries à l'endroit des choses saintes, cette indifférence pratique, cette insouciance fatale, ces parades d'incrédulité, tout ce fatras révolutionnaire qui ne peut qu'engendrer de nouvelles tempêtes. Oui, dépouillez-vous de tout cela nettement, franchement, ou résignez-vous à périr ; en un mot, pour vous sauver et nous sauver, redevenez chrétiens ; il le faut : Dieu le veut!

Et vous, habitants des campagnes, mes frères bien-aimés, oh ! je voudrais pouvoir vous faire comprendre que vous êtes le principal, et presque l'unique espoir de la société! Vous avez la puissance du bien par le nombre et par la volonté ; mais vous êtes froids, inertes, sans initiative ; vous êtes, pour ainsi dire, l'enjeu de toutes les ambitions, et l'enclume sur laquelle frappent tous les marteaux. Qui donc vous fera sortir de l'incrédulité dont vous êtes, en quelque sorte, enveloppés comme d'un suaire ? Jusques à quand comptera-t-on sur votre simplicité, pour vous égarer ou vous endormir ? Il faut aussi, ô peuple mort ! que vous vous leviez et que vous marchiez. Trop longtemps, mesurant le monde d'après vous, vous avez nié la gravité des circonstances, l'imminence du péril ; vous ne pouviez croire, braves et honnêtes gens que vous êtes, à la perfidie des ennemis de Dieu et de la société. Il faut qu'enfin le bandeau tombe de vos yeux ; il faut que vous compreniez bien que le calme le plus profond peut quelquefois recouvrir la tempête, et que les méchants n'ont pas cessé d'espérer. Soyez religieux, vigilants, unis; il le faut : Dieu le veut !

Oh ! encore une fois, quand viendra une voix d'en haut, une voix de tonnerre pour faire retentir cette parole solennelle : *Dieu le veut !* Quand viendra le souffle puissant qui reveillera les endormis! Qui nous suscitera, non pas un grand homme (nous n'avons que faire de grands hommes); non pas un savant (la science détruit et ne bâtit rien); non pas un guerrier (le sabre luit, divise et tranche, mais ne laisse que des plaies) ; non pas des législateurs et des sages (ils ont tous plus ou moins l'esprit de la tour de Babel) : non, rien de tout cela, rien de ce que les hommes honorent, chantent, envient ou applaudissent; mais un homme de Dieu; un esprit céleste dans un corps mortel ; une âme détachée de tout ici-bas, et entièrement livrée au souffle divin ; un Saint, enfin, qui parle au nom du ciel, agisse au nom du ciel, et ait en main la puissance des miracles, pour commander le respect, et faire taire toute voix de concupiscence et d'orgueil !

Alors la terre pourrait encore espérer le repos après ses longues agitations. La voix dirait librement : Faites ceci ou cela : Dieu le veut! Et tous les échos de la terre répéteraient à l'envi : *Dieu le veut! Dieu le veut!*

Habitants des campagnes, à défaut d'un envoyé du ciel, entreprenez l'œuvre du salut de la France. Sauvez la croix de Jésus-Christ, en lui restant fidèles et en pratiquant la religion ; sauvez la famille, en respectant ses lois ; sauvez la propriété, en ne souffrant pas qu'on y porte atteinte; fermez l'oreille aux promesses menteuses du socialisme ; persévérez dans la vieille voie, dans la voie qu'ont suivie vos pères ; ne vous en détournez ni à droite ni à gauche; et les efforts de nos ennemis expireront impuissants.

Faites cela ; car c'est votre propre intérêt.
Faites cela ; car c'est le salut du monde.
Faites cela ; car DIEU LE VEUT!

FIN.

TABLE.

Pages.

MÉMOIRES D'UN VIEUX PAYSAN.

Avant-propos de la première édition	v
I. — Trois profits à mourir où l'on est né	1
II. — Le lieu de mon berceau	3
III. — Ma naissance	6
IV. — Mon enfance	10
V. — Ma mère	15
VI. — Le seul homme que rien ne remplace	19
VII. — Mon éducation	23
VIII. — Le choix d'un état	26
IX. — Un vide	29
X. — La plus grande action de ma vie	32
XI. — Le travail des champs	36
XII. — Le foyer	41
XIII. — Un mariage	44
XIV. — Les procès	48
XV. — L'approche de l'orage	51
XVI. — Une habitude de famille	54
XVII. — Une perte pour tous	58
XVIII. — La souveraineté du peuple	62
XIX. — Parallèle	70
XX. — L'élément révolutionnaire dans les campagnes	75

		Page
XXI.	— Liberté.	78
XXII.	— Égalité	81
XXIII.	— Fraternité.	85
XXIV.	— Une victime.	88
XXV.	— L'agriculture et les révolutions.	93
XXVI.	— Le droit de propriété et la révolution.	96
XXVII.	— La famille.	98
XXVIII.	— Une visite.	102
XXIX.	— La guerre.	108
XXX.	— Acte de justice.	112
XXXI.	— Le retour.	113
XXXII.	— Grave résolution.	115
XXXIII.	— Quelques chagrins.	121
XXXIV.	— La discorde.	126
XXXV.	— Des méthodes d'agriculture	128
XXXVI.	— Une question d'économie agricole.	132
XXXVII.	— Une plaie.	141
XXXVIII.	— Le cabaret.	145
XXXIX.	— Un esprit-fort.	149
XL.	— Mon système d'éducation.	155
XLI.	— Une leçon.	160
XLII.	— 1830.	165
XLIII.	— Un mot sur les Banques agricoles.	169
XLIV.	— Séparation.	175
XLV.	— Communisme.	177
XLVI.	— Catégories.	182
XLVII.	— Conclusion.	191

LETTRES D'UN VIEUX PAYSAN

AUX LABOUREURS SES FRÈRES.

Avant-propos de la première édition.		197
Lettre Ire.	— Pourquoi j'aurais aimé à savoir écrire.	199
IIe.	— Par qui la France peut être sauvée.	205
IIIe.	— Un piége.	208
IVe.	— Le commis-voyageur.	215
Ve.	— Les brochures.	225
VIe.	— Le Café des Amis.	230
VIIe.	— Un signe de malédiction.	235
VIIIe.	— La montagne de misères.	238

	Pages.
Lettre IXe. — Un homme qui n'est pas comme les autres	245
Xe. — Le peuple	252
XIe. — De l'affaiblissement de l'autorité paternelle.	259
XIIe. — Une pratique	263
XIIIe. — Un homme important	270
XIVe. — Chacun a besoin de son prochain	275
XVe. — La religion de l'honnête homme	280
XVIe. — Un problème dont on ne parle pas	283
XVIIe. — Une chose inexplicable	289
XVIIIe. — Souvenirs	292
XIXe. — Quelques preuves à l'appui	299
XXe. — Deux plaies	305
XXIe. — Aux révolutionnaires	307
XXIIe. — Un despote	314
XXIIIe. — L'occasion	317
XXIVe. — Marie	321
XXVe. — Un condamné	326
XXVIe. — Mon voisin	330
XXVIIe. — Conversion	336
XXVIIIe. — Le repos du dimanche	342
XXIXe. — Faiblesse	345
XXX. — Regrets	350
XXXIe. — Une visite en haut lieu	355
XXXIIe. — Autrefois et aujourd'hui	361
XXXIIIe. — Le démocrate pur sang	377
XXXIVe. — La ligue du bien public	382
XXXVe. — Dieu le veut	389

FIN DE LA TABLE.

IMPRIMERIE DE BEAU, A SAINT-GERMAIN-EN-LAYE.

COLLECTION J. VERMOT

SÉRIE A 2 FR. LE VOLUME.

Beaux volumes grand in-18 (format Charpentier) de 400 pages.

VOLUMES PARUS.

Veillées militaires, par M. Alph. Balleydier, 1 volume.

Veillées de famille, par le même, 1 volume.

Veillées maritimes, par le même, 1 volume.

Veillées du peuple, par le même, 1 volume.

Contes et Nouvelles, par M. le vicomte Walsh, 1re série, 1 volume.

Contes et Nouvelles, par le même, 2e série, 1 volume.

Souvenirs historiques, par le même, 2e édition, 1 volume.

Yvon le Breton, par le même, 2e édition, 1 volume.

Gilles de Bretagne ou le Fratricide. Chronique du XVe siècle, 6e édition, 2 volumes.

Lettres vendéennes ou Correspondance de trois Amis en 1823, 8e édition, 2 volumes.

La Charrue et le Comptoir, par A. Devoille, 2e édition, 1 volume.

Le Tour de France, par le même, 1 volume.

Mémoires d'une Mère de famille, par le même, 1 volume.

Le Cercle de fer, par le même, 1 vol.

Le Proscrit, par le même, 1 volume.

Les Prisonniers de la Terreur, par le même, 1 volume.

Les Travailleurs, par le même, 2e édition, 1 volume.

Mémoires d'un Curé de Campagne, par le même, 1 volume.

La Croix du Sud, par le même, 1 vol.

Les Marguerites de France, suivies des Nouvelles Filiales, par Mme D'Altenheym (Gabrielle Soumet), 1 volume de 404 pages.

Les Deux Frères ou Dieu pardonne, par la même, 1 volume.

Les Anges d'Israël ou les Gloires de la Bible, par la même, 1 volume de près de 600 pages.

Veillées au coin du feu, par M. Alp. Cordier de Tours, 1 volume in-12 de 406 pages.

La Lyre des enfants, par le même, 1 volume.

Veillées amusantes, Scènes variées, Faits intéressants, Anecdotes piquantes, Bons mots, etc., qui contribuent plus d'une fois à ranimer une conversation languissante, et à ramener une gaieté franche et honnête dans les réunions du soir, par J. Loiseau du Bisot, 1 vol.

Littérature contemporaine, par M. Poujoulat, 1 volume.

Vie de Mme la marquise de La Rochejaquelein, par M. Nettement, 1 volume.

Le Tour du Cadran, par M. Alfred Des Essarts, 1 volume.

EN PRÉPARATION :

Une Physique amusante.

Œuvres de Cooper. Traduction nouvelle.

Les Faux Visages, par Mme la comtesse Drohojowska, 1 volume.

Les Veillées flamandes, par A. Cordier (de Tours).

Vie du Dauphin père de Louis XVI, 1 volume.

Saint-Denis. — Typographie de Drouard.